Karl Friedrich Leberecht Graul

Reise in Ostindien

2. Teil - Der Süden Ostindiens und Ceylon

Karl Friedrich Leberecht Graul

Reise in Ostindien

2. Teil - Der Süden Ostindiens und Ceylon

ISBN/EAN: 9783959137751

Auflage: 1

Erscheinungsjahr: 2018

Erscheinungsort: Treuchtlingen, Deutschland

Literaricon Verlag UG (haftungsbeschränkt), Uhlbergstr. 18, 91757 Treuchtlingen. Geschäftsführer: Günther Reiter-Werdin, www.literaricon.de. Dieser Titel ist ein Nachdruck eines historischen Buches. Es musste auf alte Vorlagen zurückgegriffen werden; hieraus zwangsläufig resultierende Qualitätsverluste bitten wir zu entschuldigen.

Printed in Germany

Cover: Indischer Maler um 1770, Râdhâ verhaftet Krishna, Abb. gemeinfrei

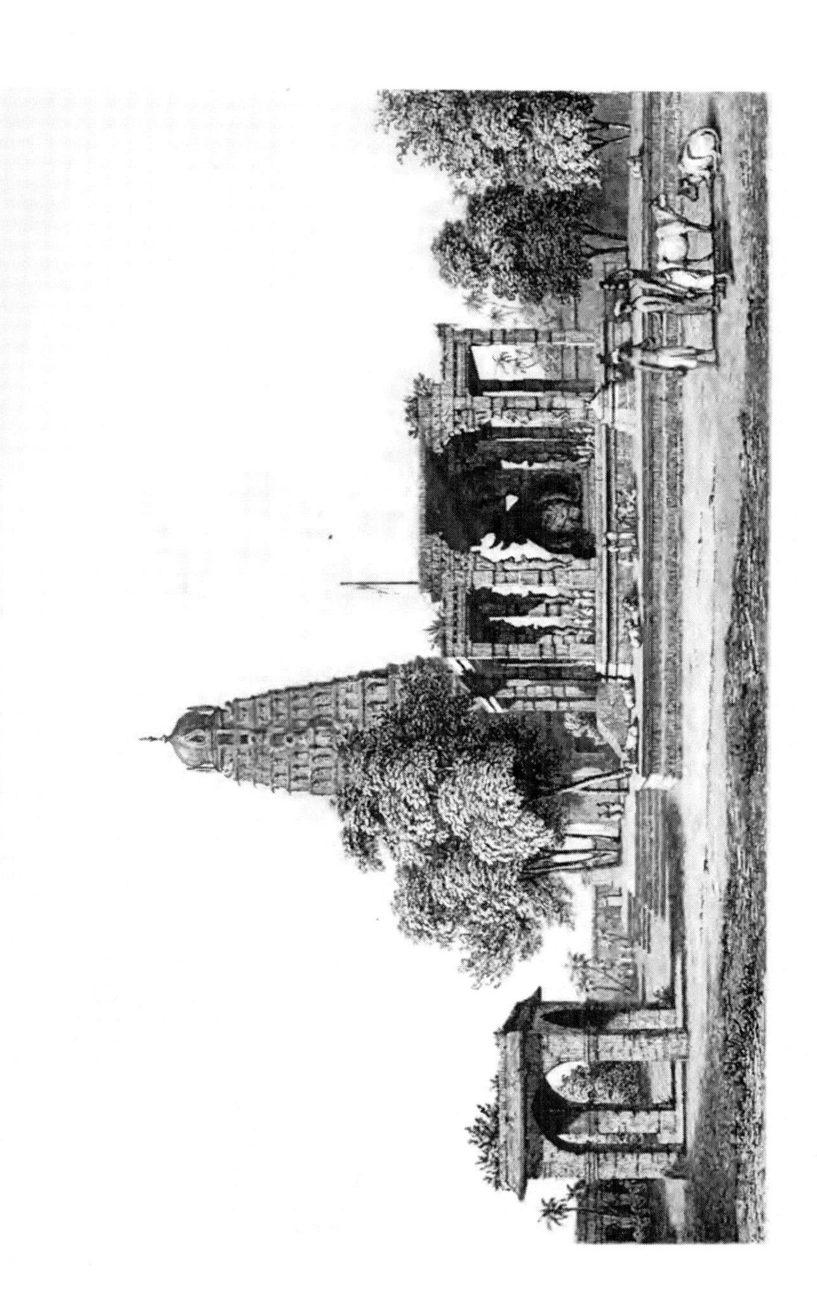

Reise in Ostindien

von December 1849 bis October 1852.

Von

K. Graul, D. Th.,
Director der evangelisch-lutherischen Mission zu Leipzig,
Mitglied der histor.-theologischen und der deutschen morgenländischen Gesellschaft.

Zweiter Theil:

Der Süden Ostindiens und Ceylon.

Erste Abtheilung.

Mit einer Ansicht des Siva-Tempels in Tanjore.

Leipzig, 1855.
Dörffling und Franke.

Seiner Majestät,

dem

König Friedrich VII. von Dänemark

als

Ausdruck ehrfurchtsvollen Dankes

für die großen Verdienste des Hohen Dänischen Königshauses

um die Gründung, Festigung und Ausbreitung

der

Evangelisch-Lutherischen Kirche in Ostindien

allerunterthänigst gewidmet.

Vorwort.

Hiermit übergebe ich den vierten Band meiner Reisebeschreibung dem Publicum. Er enthält die erste Abtheilung meiner Reise in den Süden Ostindiens und nach Ceylon.

Da meine indischen Specialstudien diesem Gebiete gelten und mein Aufenthalt daselbst von verhältnißmäßig langer Dauer war, so lag mir bei Abfassung dieses Berichtes die Versuchung nahe, meine Leser mit gelehrten Specialitäten über das Maß hinaus zu behelligen. Ich hoffe, es ist mir gelungen, dieser Versuchung gehörig zu widerstehen. Was ich in den Anmerkungen am Ende des Buches Gelehrtes gegeben habe, kann, ohne Eintrag für das allgemeine Verständniß, von dem Leser, den kein besondres gelehrtes Interesse zu dieser Lectüre führt, allenfalls ungelesen bleiben.

Diejenigen dagegen, welche grade an der wissenschaftlichen Seite meiner Reise das Hauptinteresse nehmen, verweise ich besonders auf meine „Bibliotheca Tamulica"*, wovon bereits zwei Bände vorliegen, auf die „Zeitschrift der Deutschen Morgenländischen Gesellschaft", wo ich Uebersetzungen aus den tamulischen Classikern zu geben angefangen, und auf das „Ausland", in welchem ich auf einen allgemeinen Leserkreis berechnete Proben aus der tamulischen Literatur nach einander mitzutheilen gedenke.

Die Freunde der christlichen Mission werden in diesem Bande nur vereinzelte Nachrichten und Urtheile in Bezug auf die Pflan-

---

* Siehe hinten S. 330, Anm. 86.

zung der christlichen Kirche im Tamulenlande finden. Ich vertröste sie auf den folgenden Band, worin eine zusammenhängende, vollständige Darstellung in dieser Beziehung geboten wird. Einstweilen dürfte die hier gegebne Detail-Schilderung von Land und Leuten nicht unwillkommen sein. Wer die christlichen Missionsbestrebungen in ihren Mitteln und Erfolgen verstehen und würdigen will, der muß vor allen Dingen das Missions-Terrain kennen.

Der fünfte und letzte Band, der die Reise in den Süden Ostindiens und nach Ceylon zu Ende bringt und mit der Rückkehr schließt, wird bald nachfolgen; er ist im Manuscript längst fertig und zum Theil auch schon gedruckt. Eine Karte von Südindien mit besonderer Berücksichtigung der dortigen Missionen wird ihn begleiten.

Noch Eines. Ich habe in die Beschreibung mehrere an Ort und Stelle geschriebne Briefe eingewebt und werde deren auch ferner einweben — freilich mit Zusatz und Weglaß. Es liegt mir nur daran, die ursprüngliche Frische der Darstellung zu bewahren. Den natürlichen Schmelz, den die unmittelbare Anschauung über Alles hinhaucht, kann die Erinnerung mit aller Kunst nicht nachmachen.

Mögen nur die Bilder des tamulischen Volkslebens, die ich in möglichster Anschaulichkeit dem Leser vorführe, nicht bloß durch den Reiz der fremden Farben die Einbildungskraft in ein angenehmes Spiel setzen, sondern vor allem durch den Ernst ihrer Züge die Erkenntniß „heimbringen", daß die wahre Verjüngungsquelle auch für dieses Volk nirgend anders als in dem lebendigen Brunnen des Evangeliums zu suchen ist. Das gebe Gott!

Inhalt.

I. Aufenthalt im Cavery-Delta.

II. Die Tamulen.

III. Reise in den Süden.

IV. Reise in das Innere von Ceylon.

Erste Abtheilung.

Erklärung der Ansicht.

Die Ansicht, welche die berühmte Siva-Pagode zu Tanjore vorstellt, führt dich mitten in den weiten Hofraum, der die gesammten H[illegible]ligthümer umschließt. Du siehst da im Vordergrunde das Man[illegible] mit dem vielgefeierten colossalen Stiere des Siva. Siehe die Beschr[illegible]bung S. 11. Hier nur die Bemerkung, daß die thurmartige Pagode im Hintergrunde, auch hier wie überall, nicht das eigentliche Heiligthum ist. Diese thurmartigen Pagoden liegen gewöhnlich in der äußern Umfassungsmauer des Tempelhofs mit seinen verschiednen Heiligthümern, und eine derselben bildet in der Regel den Eingang dazu.

I.

Aufenthalt im Cavery-Delta.

Von den Nilagiris über Tritschinopoli und Tanjore nach Trankebar.

Unsre Seele jauchzte mit den Vögeln um die Wette, als wir in den Morgenstunden des 26. April 1850 auf der schönen Bergstraße hinritten, die uns von Kaiti, in der Mitte der Blauen Berge, nach Cotagherry an dem Ostsaume derselben in sieben bis acht Stunden führen sollte. Wie die Badaga-Dörflein mit den frisch gepflügten Feldern und den weidenden Büffel- und Schaf-Heerden uns von den Hügeln her so traulich anschauten! Wie die Schoten, die wir in einem der europäischen Gärten zu Kunur blühen und reifen sahen, uns das Herz mit Heimathsgedanken durchsüßten!

Bald hinter Kunur frühstückten wir in einer grünen Schlucht bei einer frischen Bergquelle und setzten dann unsern Weg über luftige Höhen und durch heiße Gründe immer rascher fort. Unter den Wenigen, die uns begegneten, war auch ein langbärtiger Todava, dem „die Locke silberweiß glänzte, gebleicht von der Fülle der Jahre.“ In dem Hause des General Gibson zu Cotagherry, Cota-Hall, wurde uns der freundlichste Empfang. Der alte Herr war bereits so lange in Indien, daß, so oft ihn die Lust zur Rückkehr nach Alt-England anwandelte, er sich alsbald besann: „Doch fremd zu wallen in der Heimath .... Nein!“ Er hatte sich daher auf den Blauen Bergen für immer eingerichtet.

Eine reizende Umgebung war's. In der nächsten Nähe sanfte Hügel, hie und da mit der sogenannten Stachelbeere der Nilagiris bewachsen, und allenthalben von schönen Wegen überschlängelt; weiterhin hohe Berge, tiefe Schluchten und weite Durchsichten hinab in die blau-duftige Ebne des Tamulenlandes. Hinter dem Hause schmiegte sich ein allerliebstes, ich möchte sagen süd-europäisches Gärtchen an in Terassenform: unsre niedlichen Wiesenblumen durchwirkten den englischen Rasenteppich, heimische Erdbeeren wucherten umher, Myrthenbäume und Myrthenhecken, strauchhohe Fuchsia's und Heliotropen prangten und dufteten, die Fontaine plätscherte; aber zwischen den Pflanzen und Blumen der Heimath, die hier eine nie gesehene Pracht und Fülle entfalteten, lauerte das indische Chamäleon regungslos auf seine Beute.

Wir fanden in dem tiefer abseits gelegnen Obst- und Gemüsegarten unter andern europäischen Fruchtbäumen auch Aepfel und Birnen. Davon gediehen die erstern am besten, die letztern ließen sich nur zum Einmachen verbrauchen. Den indischen Nachtigallen mundet die europäische Pfirsiche nur zu wohl, und die indischen Hasen sind eben so unverschämte Garten-Verwüster, wie die unsrigen. Den letztern besonders widmete der greise Kriegsmann einen gründlichen Haß; er betrachtete sie als Reichsfeinde.

Die größte Lust hatte General Gibson an seinen meist englischen Kühen und Schafen, darunter auch zwei Schafe aus Aden, vorn schwarz und hinten weiß. Ein ganzer Stall, sauber wie ein Putzstübchen, wimmelte von Kaninchen, die nach dem Alter in räumige Käfige geordnet waren. Auch die Trut- und Perlhühner, die Tauben, Gänse und Enten wohnten allerliebst, und überall floß silberklares Wasser durch die belebten Räume, und sammelte sich wo es nöthig war in kleinen ausgemauerten Behältern.

Wir fühlten uns wie Kinder bei Vater Gibson, der nur Einen

europäischen Nachbar hatte, Herrn Cockburn, früher Collector in Salem, damals aber eine liebenswürdige Tochter mit ihrem ebenso liebenswürdigen Manne, Capitän Briggs, unter seinem Dache zeitweilig beherbergte. Eine wahrhaft deutsche Traulichkeit erhöhete den Werth der englischen „Comforts“, an denen das reizende Landhaus so reich war.

Leider waren die „schönen Tage von Aranjuez“ schon am 29. zu Ende. Unser sorglicher Gastfreund ließ meine Reisegefährtin in seinem bequemen Tragsessel die Nilagiris hinunter schultern; ich selbst wanderte zu Fuß nebenher. Alle Augenblicke stürzte sich ein Bächlein über den meist steilen, hochumwaldeten Bergpfad in die grüne Tiefe; Kaffepflanzungen fesselten von Zeit zu Zeit das Auge und durchheimelten die Oede des Urwaldes; anmuthige Schlingpflanzen mit rothen und blauen Glocken gaben den alten knorrigen Stämmen hie und da fast ein festliches Ansehn. Nach etwa zwei Stunden machten wir unter einem wilden Mangobaume Halt, der in zehn bis fünfzehn starken Aesten in die Höhe schoß.

Noch eine Stunde, und wir hatten den äußersten Vorsprung erreicht: der blühenden Mimosen mit halb gelben, halb rosafarbenen Schäfchen wurden immer mehr; der Urwald gestaltete sich lichter und lichter; schon unterschieden wir Baum-bekränzte Felder auf dem röthlich schimmernden Boden des Flachlandes; der Pfad wurde immer steiler und beschwerlicher; die Hitze doppelte sich bei steigender Sonne und stets sich senkendem Wege; ich griff, den trabenden Sesselträgern nacheilend, hastig nach einem wunderlich geformten Neste, und siehe da, ungeheure Ameisen überliefen im Nu meinen ganzen Leib und bereiteten mir feurige Schmerzen. Um halb elf Uhr endlich — wir waren schon vor fünf aufgebrochen — erreichten wir die Ebne. Wir passirten bei Sonnamallay die Bhavani, die mehr Sand als Wasser zeigte, und liefen erst gegen halb zwölf Uhr in den Hafen der

Ruhe ein, in das Rasthaus zu Matypolliam,[1] — ich keuchend, lechzend, triefend. O du Labe-Kühle der Blauen Berge, wo warest du geblieben?

Wir reisten jetzt zum ersten Male mit Post in Indien. Ein Laufzettel war uns vorangeeilt, um die rechtzeitige Aufstellung neuer Träger in gehörigen Zwischenräumen zu veranlassen. Die ganze Reise von Matypolliam bis Mayaveram, die uns beiläufig mehr als hundert Thaler aus dem Beutel zog, war auf fünf Nachttouren berechnet, jede etwa zu dreißig bis fünf und dreißig englischen Meilen. Am Tage konnten wir in dieser Jahreszeit um so weniger reisen, als wir, — den guten Brauch-seligen Tamulen zu ungeheuerster Verwunderung — unsern, nur auf der Westküste üblichen Mandjil gegen den Palankin nicht vertauscht hatten, der Mandjil aber mit seinem dünnen Zeugschirm gegen die Strahlen einer tamulischen Aprilsonne zu schützen nicht im Stande ist. Es reiste sich auf diese Weise ganz sänftiglich; der schaukelnde Mandjil wiegte, die Träger sangen, und die Nachtluft fächerte. Allein wenn wir dann bei allmählig steigender Sonne in dem Ruhehause anlangten, so fanden wir fast jedesmal, daß unsre Packträger hinten geblieben waren; sie kamen gewöhnlich erst spät Nachmittag, einmal gar erst als die Sonne sich abermals zur Rüste neigte und wir schon im Begriff standen wieder aufzubrechen. Sie legten sich eben unterwegs schlafen oder verzechten die Hälfte des nächtlichen Verdienstes vorweg, — und wir mußten uns fein gedulden, bis sie mit unsern Reise-Vorräthen und -Bequemlichkeiten ankamen. Ich saß dann wohl mit Hülfe des Polizeisoldaten zu Gerichte über sie; allein was halfs, wenn sie dann wehklagend zu Kreuze krochen.

Natürlich sahen wir bei dieser Art zu reisen von Land und Volk nur wenig. Das aber fanden wir schon in Matypolliam heraus, daß der häufige Verkehr mit Europäern auf den betroffenen Theil des letzteren ganz und gar nicht vortheilhaft wirkt. Ich will nichts davon sagen, daß der Ostindier,[2] der sich als Wirth in dem dortigen Ruhehause niedergelassen, für zwei bis drei Täßchen schlechten Kaffe's einen halben Thaler verlangte; aber unter denen, die bei unsrer Abreise eines Trinkgelds halber noch lange nebenher liefen, war selbst der Cotwal, jene Magistratsperson, die unter anderm auch für die Aufstellung von Postträgern zu sorgen hat. In dem Ruhehause zu Avenaschi, wo wir unsrer Packträger wegen von Mitternacht bis Sonnenaufgang liegen blieben, konnten wir kaum ein Plätzchen finden; ein Regiment, das für die Nilagiris bestimmt war, hatte Alles mit Menschen, Zelten, Ochsen und Karren überschwemmt. So mußten wir denn in furchtbarer Hitze weiter reisen, und ehe wir Nulloor erreichten, wo wir den zweiten Tag verbringen sollten, zerbrachen wir unglücklicher Weise noch einen unsrer Mandjils.

Eine eingehegte grüne Wiese umgiebt das friedliche Rasthaus zu Nulloor, dessen Aufseher mit dem lahmen Fuße, aber beispiellos flinker Zunge uns viel Spaß machte. Auch die beiden Polizeisoldaten wären das Zwerchfell angenehm zu erschüttern wohl geeignet gewesen, wenn sie nur mit ihrer gewaltigen Amtsmiene und ihrem geschäftigen Umherlaufen, Anschreien und Herzuzerren etwas auszurichten vermocht hätten. Ich selbst mußte zuletzt doch die neuen Träger zusammenholen und in Bewegung setzen.

Der nächste Ort, wo wir übertagten, war Caroor mit ziemlich bedeutendem Bazar am Amrawatty-Flusse. Da sich in dem einen Flügel des Rasthauses eine englische Beamten-Familie einquartirt hatte, so wurde uns bald die Wohlthat einer guten Tasse Thee, die wir in der That zu schätzen wußten; wir konnten ja, da wir mit Post reisten, keinen Diener bei uns haben, und waren somit stets an die sehr einfache Küche der alten Invaliden gewiesen, mit denen die Regierung die öffentlichen Rasthäuser zu besetzen pflegt.

Von Matypolliam bis Caroor hatten wir den meist steinigen Boden in der Regel nur spärlich bewachsen gesehen. Am folgenden Morgen die Augen öffnend, fanden wir uns bereits in der Spitze des Cavery-Delta's: das sagten uns die häufigen Kokosgruppen und die ungeheuren Bananengärten. Die Sonne vergoldete die ragenden Pagoden von Sriranga [3], als wir uns Tritschinopoly [4] näherten.

Für Tritschinopoly hatten wir uns bei der Post eine Rast von zwei Tagen ausgemacht. Wie gut, daß Vater Gibson bei seinem Sohn, dem anglikanischen Kaplan daselbst, uns ohne unser Wissen Quartier bestellt hatte: das öffentliche Rasthaus war ein rechter Backofen, in dem man nicht einmal ruhig rösten konnte; alle Minuten wurde man von einem Speculanten, von einem Hausirer, von einem Bartscheerer oder auch von einem Abenteurer einmal umgewendet.

In dem schönen, gastfreundlichen Hause des Caplans fanden wir alle englisch-indischen Vorrichtungen zur Abkühlung in vollem Gange: die Luftschwinge, den Fächer und die aus wohlriechenden Wurzeln gefertigte Matte, die, in der luftigsten Thüröffnung aufgehängt, von Zeit zu Zeit mit Wasser übergossen wird. Dennoch war's, als wenn man Gluth athmete. Da lernt man jene Winde hochschätzen, die, um mit dem Sama-Veda zu reden, „Heil und Freude spendende Arznei in's Herz bringen."

Mein gütiger Gastfreund ließ mich des andern Morgens in seinem Palankin nach Sriranga tragen. Unterwegs that ich gleich einen Blick in die von Schwarz erbaute Kirche. Hier also war es, wo ich den Spuren eines unsrer Missions-Patriarchen zuerst begegnete. Wie eine köstliche Salbe liegt sein Name noch immer ausgeschüttet über unsre gesammte Missionsthätigkeit in Ostindien. Die Engländer möchten ihn gar zu gern ganz als den Ihrigen betrachten; er arbeitete bekanntlich unter dem Patronat einer englischen Missionsgesellschaft.

Auf meinem Wege nach Sriranga passirte ich auch die in der That prachtvolle Brücke über den Cavery.[5] Welch ein großartiger Eingang zu der Tempelstadt mit ihren einundzwanzig Pagoden, allenthalben von heiligen Affen beklettert, die es nicht verschmähen, von Zeit zu Zeit aus ihrer heiligen Höhe in die gemeine Weltlichkeit herabzusteigen und sich von den benachbarten Bazaren einen irdischen Leckerbissen zu holen.

Man hielt eben einen feierlichen Umzug, voran Ranga Swami (Vischnu), eine kleine Figur in langem Purpurgewande. Der von lärmenden Trommlern berittne Tempelelephant schlug, mit anmuthiger Verbeugung, sich mit dem Rüssel demüthigst an die Stirn; bettelnde Brahminen aber schlugen sich wehmüthigst an den Bauch und riefen: Essen, Essen! Ich eilte durch das Säulenlabyrinth, in welchem der Gott auf seinen Umzügen zu rasten pflegt, der Aussicht halber auf ein plattes Dach. Ringsumher lagen die einundzwanzig Pagoden, darunter die des Ranga Swami mit vergoldeter Kuppel. Ein imposanter Anblick!

Sriranga ist das Paradies der Vischnu-Verehrer. Hier spielen sie die Hauptrolle. Sie sind überhaupt die Stolzeren. Wenn ein Vaischnava mit einem Saiva, d. i. ein Vischnu- mit einem Siva-Diener, über Religion streitet und der Eine fragt den Andern: „Was wirst du werden, wenn du verlierst?“ so antwortet vielleicht der Saiva: „Ich werde deinem Bekenntnisse folgen“, der Vaischnava aber: „Ich werde mir's Leben nehmen.“ Zwar der neuere Hauptverfechter des Vischnu-Sectenthums sagt im Eingange seiner polemischen Apologie gar demüthig: „Der gefleckte Löwe bückt sich, um einen Kraftsprung zu thun. Das Schäflein weiß nur sanft hinhüpfend zu springen. Die in gewaltigem Liede Starken schreiben eine Beugung vor dem Publicum[6]; ich Vereinzelter, der ich nur ein geringes Lied sinne, hab' es unterlassen.“ Es ist aber mit dieser Captatio benevolentiae-Demuth auch hier nicht weit her.

Im Uebrigen sind die Vaischnava's ziemlich gemüthlich, — in

den heiligen Liedern wenigstens, die sich als von ihren zwölf Aposteln[7] — wenn ich so sagen darf — verfaßt darstellen. Diese laden eben Alle zur geistlichen Mitfreude ein:

„Ehe noch euer Todesblatt zur Erde fällt — o ihr, die ihr ein Gemüth besitzt, das zu unserm Zirkel paßt — kommt ohne Schranke und schließet euch flugs an! Gläubige werdend — die stets von Herzen ein „Lob und Preis, Narayana!" singen so laut, daß Stadt und Land es wohl verstehen — kommt und singt das: „Herrsch' auf viele Jahre!"[8]

Sie gehen auch mit dem jungen Gotte in der Gestalt des Krischna ganz zuthulich um:

„Während viele Trommeln wirbelten, wurde das ganze Schäferdorf zu Laufenden, zu Niederfallenden, zu Jauchzenden, zu Suchenden, zu „Wo ist unser Herr?" Sprechenden, und zu Tanzenden."

„Am zweiten Tage aber, nachdem acht Tage um waren, pflanzte man allerorten einen Freudenbaum, und die Schäferinnen nahmen das Kind, das den großen Mandragiri trägt, auf den Schooß und jubelten."[9]

Zuweilen klingt es so spielig, daß es fast an die Art einer gewissen christlichen Gemeinschaft erinnern könnte, wenn es nicht zugleich so gar derb wäre:

„Wenn man es (das Krischna-Kind) hinlegt, stößt es also daß die Wiege kracht; nimmt man's auf, so zerknackt es die Hüfte; preßt man's an sich, so sagt es gleichsam: Ich vergehe, dieweil da am Leibe kein Raum zum Hüpfen ist."[10]

Doch wir müssen weiter. Mit der sinkenden Sonne brachen wir von Tritschinopoly auf, und am andern Morgen noch vor aufgehender Sonne waren wir in Tanjore.[11] Einige Offiziere, die von dem Rasthause bereits Besitz genommen, räumten uns sogleich ein Zimmer und stellten uns ihre Diener zu Gebote.

Bei dem anglikanischen Missionar Guest speisten wir seit Cota-Hall zum ersten Male wieder ordentlich zu Mittag. In dem Zimmer, in welchem der große Schwarz seine Seele „zu treuen Hürden" befohlen hatte, wurden wir empfangen; in einem benachbarten Zimmer, wo die Uhr von Schwarz noch immer traulich tickte, setzten wir uns zu Tische.

Nachher führte uns Miss. Guest zu dem weitberühmten Heiligthum, das auch eine kleine Stadt für sich bildet. Der in der That schön gearbeitete Stier, inmitten des weiten Hofraums, sagt deutlich genug, daß es hauptsächlich der Verherrlichung des Gottes Siva bestimmt wurde. Dieser h. Stier ist ein colossales Gebilde, 16 Fuß lang und mehr denn 12 Fuß hoch, aus einem einzigen Block schwarzen Granits, der, wie uns Geologen versichern, aus einer Entfernung von mindestens 400 englischen Meilen herbeigeschafft wurde. Die ungeheure Steinkugel (?) auf der Spitze der Hauptpagode hat noch stets dem Beschauer die neugierige Frage entlockt: Was für eine mechanische Kraft mag diese Riesen-Masse dahinauf gehoben haben? Die Ueberlieferung der Eingebornen antwortet: Man hat sie auf einer geneigten Bahn von nahezu zwei Stunden Länge an den Ort ihrer Bestimmung hinaufgeschafft. Wenn Göthe die schönen Steinbildnereien, namentlich an einem kleinen Tempel weiterhin am Ende des Hofs, gesehen hätte, vielleicht daß er dann sein wegwerfendes Wort: „In Indien möcht ich selber leben, hätt' es nur keine Steinhauer gegeben“ ein wenig gemodelt hätte.

Während wir so die „Löwen“ von Tanjore musterten, hatte der Radjah uns selbst gemustert. Er ließ sich angelegentlich erkundigen: Ihr Fremdlinge, wer und woher? Ich ließ ihm, nicht ohne ein gewisses Selbstgefühl, zurücksagen: „Landsleute von Vater Schwarz, o König!“

Wir sahen auch die von unserm Schwarz erbaute Missionskirche in dem sogenannten heiligen Fort.[12] An der Mauer nicht weit vom Eingange steht das Marmordenkmal mit schönen Basrelifs, das der Vorgänger und Vater des jetzigen Radjahs Sivadji, Serfodji, von dem Künstler Flaxman in England zu Ehren seines Erziehers, des

Missionars Schwarz, ausführen ließ. Der apostolische Mann liegt auf dem Todtenbette; die Hoffnung des ewigen Lebens blitzt aus seinem brechenden Auge, und webt wie ein Heiligenschein über sein edles Angesicht. Missionar Gerike steht in Amtstracht, die Bibel in der Hand, hinter ihm; vor ihm aber neigt sich der Radjah, von zweien seiner Staatsminister begleitet, liebend hernieder. Nicht weit vom Fußende des Bettes sieht man einige Waisenknaben um den scheidenden Vater trauern. Die Inschrift meldet, daß Schwarz am 26. October 1726 zu Sonnenberg geboren wurde und am 13. Febr. 1798 starb.

Ich kann mich nicht enthalten, hier in ziemlich wörtlicher Uebersetzung den englischen Vers mitzutheilen, den der dankbare Schüler selbst verfaßte und auf dem Leichensteine seines Lehrers in der mit dem Missionsgehöfte verbundenen Kirche eingraben ließ:

Fest warst Du, weise, demüthig;
Redlich, rein, unverstellt gütig;
Vater der Waisen, der Wittwen Stütze;
Tröster in jeglicher Trübsals-Hitze;
Denen in Finsterniß Helfer zur Klarheit,
Wandelnd und weisend die Wege der Wahrheit;
Segen den Fürsten, den Völkern — und mir.
Daß ich, mein Vater, nachwandele Dir,
Wünschet und bittet Dein Serfodji hier.

Das ist denn also das merkwürdige Zeugniß, das ein heidnischer König — taufen ließ sich Serfodji nie — einem der ersten unserer Missionare in Ostindien öffentlich ausstellte. Der Radjah verdankte übrigens nicht bloß seine Erziehung, sondern größtentheils auch seine Krone dem Vater Schwarz. Im Jahre 1798 nämlich wurde der tief verschuldete Rajah Ameer Singh von der britischen Regierung seines Thrones entsetzt, und daß man an dessen Stelle Serfodji, den Pflegesohn des Bruders, wählte, geschah hauptsächlich durch den politischen Einfluß des deutschen Missionars „in dem abgetragnen, altmodischen

Rock", der beiläufig ein Vermächtniß von ziemlich zwei Lac Rupi's — alles Geschenke von Heiden und Christen — der Mission in Tanjore hinterließ.

In dem geräumigen Hofe des königlichen Palastes, wo wir zwanzig bis dreißig, mit buntem Sattel geschmückte Elephanten vorfanden, hatten wir uns schon vorher umgesehen. Es war für diesmal unsres Bleibens nicht länger in dem schönen Tanjore.[13] Wir brachen um 8 Uhr von neuem auf, und um dieselbe Stunde des andern Morgens liefen wir auf tiefschattiger Straße unter Vögelgezwitscher in dem grünen Mayaveram ein und fanden in dem freundlichen Hause unsres Miss. Ochs eine freundliche Aufnahme. Kurz vor Mayaveram hatten wir noch einen derben Verdruß mit unsern Trägern, die nur der aufgehobne Stock zu ihrer Pflicht zurückführte. Nun war Hitze, Aerger und Beschwerde auf der langen Reise vergessen. Wir ruhten vom fünften bis zum achten in dem schönen Missionsgehöfte, als auf eignem Grund und Boden, und siedelten dann nach dem eine kleine Tagereise entfernten Trankebar hinüber, dessen weiße Häuser mit Säulenhallen und platten Dächern einen fast classischen Eindruck machten.

Wir zogen mit einigen unsrer Missionare alsbald in die schöne Jerusalemskirche, die, umgrünt und umblüht von üppigen Bäumen und Sträuchen, unsrer Herberge bei Miss. Cordes grade gegenüberlag, und ergossen unsre überströmenden Empfindungen in ein: „Nun danket Alle Gott." So andächtig hatten wir das schöne Lied nie zuvor gesungen; selten hatte der Orgelton so gewaltig an unsren Herzen gerissen. Die Kirche mit ihrem gutlutherischen Gepräge rief: Kinder, ihr seid hier wieder zu Hause bei der Mutter; laßt es euch heimisch werden, so lange ihr hier seid. Der umgebende Friedhof aber flüsterte: Pilger, sollte Einer von euch gar hier bleiben, sehet dort unter der säuselnden Palme ist ein stilles Plätzchen; da schlummert es sich so süß, wie unter einer deutschen Trauerweide.

Aufenthalt in Trankebar.

Ziemlich zehn Monate waren seit unsrem Aufbruch von Leipzig in's Land gegangen; nun hatten wir den Haupt-Zielpunkt unsrer langen Reise erreicht. Ich freute mich der eingetretnen Ruhe um so inniger, als das indische Klima von Anfang an auf meiner Gesundheit schwer gewuchtet hatte. Schade nur, daß meine ersten Berufsgeschäfte mit ungewöhnlichen Gemüthserschütterungen verbunden waren.

Gleich am folgenden Tage war das Himmelfahrtsfest. Die eingebornen Christen hatten die Kirche mit Blumengewinden, Palmzweigen und Kokosnüssen schön geschmückt. Das war denn nach langer Dürre wieder einmal ein voller lutherischer Gottesdienst; hatten wir doch des liturgischen Elements, in dem rechten Maaße, so lange entbehren müssen. Die Dissenter-Capellen bieten bekanntlich dessen zu wenig, die anglikanischen Kirchen zu viel. Nur unsre Kirche, die, in religiöser Beziehung, Geist, Leib und Gewand in ihrem Verhältniß zu einander recht würdigt, hält auch hierin die wahre Mitte.

Wie sich das Herz hob, wenn des Sonntags die Orgel aus unsrer schönen Missionskirche herüberscholl, und die alten heimathlichen Melodien aus dem „Duft und Nebel" der indischen Fremde emporstiegen. Und welche Lust, die meist so wacker übersetzten [14] Lieder unsrer sanglustigen Kirche, die selbst ein Heide „Herzschmelzer" nannte, unter „dem Haufen derer die da feiern" mitzusingen und so sich thatsächlich bewußt zu werden, daß der „heilige Geist durch Mannichfaltigkeit der Zungen die Völker der ganzen Welt versammelt hat in Einigkeit des Glaubens." Schade daß die Jerusalemskirche damals noch keine

Glocke hatte. Dafür eigneten wir uns das trauliche Geläut der benachbarten Zionskirche mit an, in welcher damals die Engländer ihren Gottesdienst hielten. Gehörte doch, vor dem Verkauf des dänischen Gebiets an die Engländer, die ganze Kirche der dänisch-lutherischen Gemeinde.

Fast ununterbrochen sang uns der Ocean sein Lied von der göttlichen Majestät vor. Die Wellen desselben brachen sich, nicht fern von unsrer Wohnung, an dem benachbarten Ufer mit großer Gewalt, so daß ein Donner dem andern folgte. Wir waren ja in Trankebar, d. i. „Wellen-Ort.“ [15] Durch die hintere Thür unsres Zimmers, das in eine freie, aber ringsummauerte Platform auslief, schaute das blaue Meer herein, betanzt von flinken Fischerbarken mit weißen Segeln. Die Honoratioren von Trankebar hatten dicht bei der Brandung ein paar Bänke errichtet. Dort saßen wir fast jeden Abend und tranken den von der Fluth gekühlten Wind. Die Brandung ist übrigens so stark, daß sie während der dänischen Zeit an 70 Fuß vom Lande hinweg gespült hat: so wenigstens wurde mir in Trankebar versichert. Eben ging die britische Regierung damit um, dem verderblichen Elemente Einhalt zu thun; sie wollte, — so hörte ich, — 200,000 Rupi's daran wenden.

Wir lebten auch mit der Thierwelt in den innigsten Verhältnissen. Fast jeden Morgen weckte uns ein Eichhörnchen, das sich von unsrem Kaffeetisch einige Brocken Appam [16] holte. Zwei gewaltige Krähen hielten dann schon Wache zu beiden Seiten der Thür, um lautschreiend dem armen Eichhörnchen die Beute abzujagen. Das aber, flinker als die schwarzen Bettelvögte, entschlüpfte meist in die sichre Behausung zwischen den Bambusstäben des Daches.

Uebrigens stehen die Krähen in Ostindien im Rufe eines großen esprit de corps; in Deutschland hackt zwar auch „eine der andern die Augen nicht aus“; dort aber halten sie um den Leichnam ihrer Genossen förmliche Todtenklage, und so oft die eine etwas findet, ruft sie die übrigen zu Gaste. Die letztere Thatsache wird daher von dem sivaitischen Lyriker „Tayumanasvami"[17] als Sinnbild geistlicher Gemeinschaft gebraucht:

„Selbst das Walddickicht schmilzt sympathetisch hin. Wenn der Affe „Gemüth" die Füße streckend läuft, was frommt's ihm nachzulaufen? Seht, jetzt ist die gelegne Zeit, nachzujagen dem Liebesstandpunkt, um so die Huld des gnadevollen All-Glanzes zu erlangen, der als Eines und als Vieles, ja als des Lebens Leben spielt und webt. Kommet her und tretet ein, Erdebewohner!"

„Schaut die Sippschaft der Krähen an; in Gemeinschaft speisen sie. Wohlan, das Wonne-Meer ungetheilter Seligkeit rauscht daher, wogt auf, schwillt an, — eingestaltet. Noch ehe der angenommene Leib dahinstürzt, zu stetem Wonnegenusse kommt her und tretet ein, Erdebewohner!"

Die Zeit von sechs Uhr Morgens bis gegen ein Uhr Nachmittags weihete ich meist dem Tamulischen. Mein Lehrer war der Katechet Nallatambi, jetzt wohlgeprüfter Candidat der Theologie, der jeden Vormittag zu mir kam. Ein aus Ehrerbietung zusammengesetzter Mann von etwas schwachem, aber redlichem Charakter. Er steht unter der Zahl derjenigen tamulischen Christen, deren ich mit Liebe und Achtung stets gedenken werde, mit obenan.

Nallatambi war früher in Tanjore. Von dort her, wo der tamulische Hans Sachs, ein Zögling des alten Schwarz,[18] stets einen Jüngerkreis um sich gesammelt, besuchte uns auch ein fahrender Poetenschüler, der ebenfalls eine Anstellung in unsrer Mission wünschte. Auf dem Boden hingekauert, trug er uns mehrere Lieder seines Meisters in der eigenthümlichen tamulischen Gesangsweise vor.

Die europäische Gesellschaft in Trankebar war fast durchgängig dänisch-deutsch: die drei Missions-Familien mitgerechnet, etwa zwölf bis dreizehn Gruppen und Einzelne — meist Ueberreste der dänischen Beamtenwelt — fast alle des Deutschen mächtig, so daß eben die deutsche Zunge als allgemeine Unterhaltungssprache diente. Das war ein europäisches Weltlein für sich. Der rauschende Flug der Weltgeschichte war nie bis an das Palmen-umsäuselte Gestade von Trankebar gedrungen; auf das dortige Publicum paßte das Wort von Platens nicht: „Wie ist bei euch der Kotzebue in Discredit gekommen?“; der war zu unsrer Zeit in Trankebar als „Leib- und -Herz-Poet“ meist noch ganz wohl gelitten. Ein alter dänischer Kriegsmann frug mich (damals sieben und dreißig Jahre alt) einmal allen Ernstes, ob ich zur Zeit des großen Brandes, — im letzten Jahrzehent des verwichnen Jahrhunderts, — in Copenhagen gewesen sei. „Die Uhr mag stehn, der Zeiger fallen; es ist die Zeit für uns vorbei.“

Es ist etwas Wehmüthiges um untergehende Größen. Alles sonnte sich so gern in der Erinnerung an die dänische Glanzperiode; von dem bunten und heitern Leben damals wußte man viel zu erzählen. Eine neue Sonne war indeß über Trankebar aufgegangen — die englische — repräsentirt durch den Arzt, den Caplan und ein paar Ostindier. Kam nun gar von Zeit zu Zeit ein englischer Collector oder ein englischer Officier auf dem Wege des Berufs nach Trankebar, so gerieth vollends Alles in Gährung. Schon hatte die dänisch-deutsche Sitte mit der englischen einen Streit auf Leben und Tod begonnen. „Wer soll den ersten Besuch machen, der Ankömmling oder der Ansässige?“ Das war damals die große Frage, an welche sich der nationale Kampf knüpfte.

Die bedeutendsten Tagesereignisse während unsres fünfmonatlichen Aufenthalts in Trankebar waren etwa folgende: Es kamen einmal ein paar Franzosen von Kareikal oder von Pondischery herüber; ein französisches Fahrzeug landete, um eingeborne Arbeiter für die Pflanzer auf Mauritius anzuwerben; ein englisches Regierungsschiff holte öffentliche Gelder ab; ein Schiffscapitän kam von Batavia zurück;[19]

der amerikanische Missionar Webb aus Dindigul suchte die heilsame Seeluft von Trankebar. Daß jedes dieser Ereignisse die europäische Welt von Trankebar zu seiner Zeit tief berührte, brauch' ich meinen geneigten Lesern wohl kaum zu sagen.

Wir verlebten übrigens recht trauliche Stunden mit dem europäischen Völkchen in Trankebar; durften wir doch, obschon nebenher Dänisch und Englisch, Französisch und Portugiesisch in dem kleinen Kreise gangbar waren, in unsrer lieben Muttersprache mit ihnen verkehren und über deutsche Verhältnisse plaudern. Fast alle hatten ja Europa nimmer gesehen, und wußten also nicht wie deutsche Aepfel, Pflaumen und Birnen schmecken. Da gab es Stoff zu angelegentlichen Fragen und zu „süßer Gegenrede" die Fülle. Früher, o Wunder! war einmal eine Kiste mit Aepfeln — freilich amerikanischen — zum Verkauf nach Trankebar gekommen. Wem ein deutsches Herz im Busen schlug, hatte sich die acht guten Groschen, die Ein Apfel kostete, nicht reuen lassen, freilich sehr zum Nachtheile seiner patriotisch-poetischen Stimmung, denn die nordische Frucht war auf der langen Reise dem Holz und Leder allzuähnlich geworden.

Die lieblichsten Tage verbrachten wir in den luftigen Wohnungen der Wittwe des Missionars Kämmerer und der Fräulein Kuhfut, die außerhalb der Stadt in anmuthigen Gärten lagen. Meist unter Tulpen-blüthigen Bäumen zwischen hellgrünen Reisfeldern führte der Weg dorthin. Ein erfrischender Anblick unter den sengenden Tropen! Schon vor Ende Mai nämlich kamen die ersten vorübergehenden Regenschauer,[20] und gegen Ende Juni füllte sich, von den Fluthen des Westmonsums in den Kurggebirgen, der tamulische „Nil". Da stand denn bald das ganze Delta unter Wasser, und der Landwind aus Westen, dem der schlaffe Küstenwind aus Süden bereits am 27. Mai die Herrschaft abgetreten, strich nun lustig und immer lustiger über die beflutheten Felder. Er brachte abwechselnd mit dem Seewinde, der seit dem 2. Juli sich alle Tage regelmäßig einstellte, „Heil und Freude spendende Arzenei.“ Meine Seele freuet sich noch jetzt der erquickenden Tropfen, die damals auf meine hingewelkten Kräfte fielen.

Auch die Eingebornen konnten die dänische Herrschaft noch immer nicht verschmerzen. Zwar forderten zu ihrer Zeit selbst die Dänen 30, ja 40 bis 50 Procent von dem Ertrag des Landes, aber sie nahmen es in Natura, und die Eingebornen konnten, wo sie sich bedrückt glaubten, stets gleich an den Gouverneur gehen; dazu hielt der König Teiche und Dämme in Stand. Leider kam die Regierung in Trankebar, die unglücklicher Weise fast bei Einer Familie war, wohl selten, wenn je, auf ihre Rechnung; sie machte in manchem Jahre sogar 20 bis 30,000 Rupi's Schaden. Den Engländern hat die Uebernahme des rings von ihren eignen Provinzen umschloßnen Gebietes natürlich nur einen geringen Mehr-Aufwand verursacht; sie sollen auch schon, trotz der 3 bis 4000 Rupi's, die sie an den König von Tanjore für die ursprüngliche Abtretung fortzuzahlen sich verpflichtet, in Einem Jahre an 73,000 Rupi's herausgeschlagen haben. Was man mir berichtet hat, das bericht' ich wieder.

Es hat einmal Jemand, der lange daselbst gelebt, Trankebar den billigsten Platz in der Welt genannt. Das ist wohl übertrieben; sehr billig aber läßt sich, wenn man auf gewisse europäische Artikel verzichten will und kann, fast allenthalben in Ostindien leben, besonders in Trankebar. Für ein Huhn zahlte man zu unsrer Zeit an dem letztern Orte einen guten Groschen; das Reis aber, — das tägliche Gericht — kostete uns in dem benachbarten Mayaveram, wo wir einen eignen Haushalt hatten, monatlich gegen sechs gute Groschen, und dabei aß unser Diener und ein Heer von Geflügel mit. Dagegen kommen Brot, Wohnung, Wäsche und Bedienung theurer zu stehen, als in Europa.

Die Arbeitslöhne für Eingeborne sind natürlich sehr niedrig. Wir zahlten unsrem muhamedanischen Schneider in Trankebar, der sich selbst zu beköstigen hatte, täglich 3 Gr. 4 Pf.; und in zwei und einem halben Tag brachte er ein Damenkleid zu Stande. Das Maaß zu nehmen verstehen die Herren nicht; man giebt ihnen eben ein altes Kleidungsstück der betreffenden Gattung als Muster hin; darnach arbeiten sie ein neues — ganz genau, und doch so „discret", daß sie etwaige Löcher und Unebenheiten in dem abgetragnen Musterstück nicht, wie jener chinesische Schneider, mit nachbilden. Für gewisse Kleidungsstücke freilich, die von den üblichen bedeutend abweichen, wie ein Frack, können sie trotz einem Pariser Schneider fordern. Wo ihnen die feste Handhabe des „Vazhakkam"[21] fehlt, da überfällt die guten Leutchen sogleich der Schwindel.

Das Vazhakkam hat übrigens auch ganz hübsche Seiten. Hier eine Scene in diesem Genre, die wir von unsrem Fenster aus auf der Straße beobachteten. Eine Frau, die sich eben nach Combaconum verheirathet hatte, nahm von ihren Aeltern Abschied, die ihr bis hieher das Geleit gegeben. Der junge Mann faltete die Hände, führte sie zur Stirn, legte sie dann auf die Brust und verneigte sich gegen seine Schwiegerältern. Sodann fiel die junge Frau, die Hände an der Stirn, auf die Erde, zuerst vor dem Vater, zuletzt vor der Mutter; die Aeltern aber hielten, wie segnend, die Hände über die Tochter. Eine überaus anmuthige und zarte Scene, die sich, auch nachdem man bereits geschieden war, in den gegenseitigen Bewegungen fortsetzte.

Beinah hätte ich die Katholiken[22] in Trankebar, in dessen nächster Nähe ein katholisches Dörflein liegt, ganz und gar vergessen. Auch hier standen sich damals Rom und Goa feindlich gegenüber. Der römische Priester, ein Franzose, spielte den Vornehmen und Liberalen; der Goa-Priester war blutarm, so arm daß er selbst Almosen von protestantischer Hand nicht verschmähte. Als ein gewisser englischer Heiden-Freund, früher Collector in Tanjore, damals, wenn ich nicht irre, Regierungs-Secretär in Madras, von einer schweren Krankheit genas, ließ ein Brahmine, — merke wohl, lieber Leser, ein Brahmine, — von dem Goa-Priester in der katholischen Kirche eine Danksagung halten. Eine merkwürdige Verschmelzung von Protestantismus, Brahmanismus und Katholicismus; so weit haben es unsre Mischmänner noch nicht gebracht.

Derselbe „Heidenfreund" war beiläufig gewohnt, daß schmeichlerische Brahminen sich vor ihm auf den Boden warfen; soll er doch selbst ein Rasthaus, wo Alle vom Orden der Zweigebornen unentgeldlich gespeist werden, gestiftet haben. Wenn dann so „ein Lump" von eingebornem Christen ihm in den Weg lief und bloß den landesüblichen Salam machte, so war ihm das stets ein Stich in's stolze Herz; er frug gleich: Who is that fellow? (Wer ist der Kerl?)

Doch zu angenehmern Scenen! In dem eigentlichen Hindu-Viertel, so recht in der Mitte von Trankebar, das von Süden nach Norden nur eine, von Westen nach Osten mehrere Straßen zeigt,[23] liegen in einem schönen Garten voll hochstämmiger Palmen und dicht-verschlungner Bananen die „Ziegenbalg'schen Plätze," ein Durch- und Ineinander von mehren Gebäuden, in deren einem zu seiner Zeit der Mann gewohnt hat, den der großherzige Friedrich IV. von Dänemark im Jahre 1704 als evangelischen Boten an seine heidnischen Unterthanen entsandte, und den die dänischen Kaufleute und Beamten bei seiner Ankunft in Trankebar auf dem Markte stehen ließen, — der später von dem christlichen Statthalter in Haft genommen wurde, und der unter dessen heidnischen Unterthanen den Grund zur evangelischen Kirche im Tamulenlande legte, — Ziegenbalg. Dort in dem Wohnzimmer jenes apostolischen Mannes verbrachten wir bei Herrn Apelt den zweiten Pfingstfeiertag im Kreise fast aller unsrer Missionare. Hast du alte knorrige Palme dort auch ihm gerauscht und geflüstert?

In einem der genannten Gebäude befindet sich jetzt das Seminar, eine Art höherer Bürger- und zugleich Pflanzschule für künftige

Lehrer, Katecheten und Prediger. Unter die Schüler desselben hatte sich eben ein junger Mensch — ich glaube, er war noch Heide — aus Salem eingeschlichen, der allerlei heidnischen Hocuspocus zu treiben sich nicht entblödete, wobei Haare und Asche von einem Todten,[24] eine gewisse Zauber-Wurzel und ein mit den Namen der Zöglinge beschriebner Zettel figurirten.

Das Seminar stand und steht noch unter der Leitung des Herrn Miss. Cordes. Man suchte und sucht noch einen tüchtigen europäischen Arbeiter, der sich ausschließlich dieser wichtigen Anstalt widmen könnte, auf welcher, als auf der Pflanzschule für ein einheimisches Pastorat, die Zukunft der evangelisch-lutherischen Kirche im Tamulenlande, die bereits nahe an 4000 Seelen zählt, hauptsächlich ruht. Hängt doch selbst das Gedeihen der 34 Volksschulen mit über 1000 Schülern größtentheils von dem Seminare ab, das dieselben mit tüchtigen eingebornen Lehrkräften zu versorgen hat. Europäische Schullehrer — dieß nur beiläufig, um einem heimathlichen Mißverständniß zu begegnen, — lassen sich in Ostindien nicht mit Vortheil brauchen. Ein Europäer findet sich nur mit Mühe in das indische Rechensystem; so schön mit dem Griffel auf Palmblättern schreiben, wie der Hindu, wird er wohl nie lernen, und mit seinem immerhin fremden Accente auch den Leseunterricht nie so gut geben. Dazu kommt, daß man ihm, die Wohnung eingerechnet, doch mindestens das Zehnfache an Gehalt bieten müßte; die eingebornen Schullehrer in unsrer Mission müssen sich nämlich an drei bis fünf Gulden monatlich — Alles in Allem — genügen lassen. Sie können es auch, indem Wohnung, Kleidung und Lebensmittel für den Eingebornen beispiellos billig sind.

Herr Apelt, unter dessen Aufsicht die äußern Angelegenheiten des Seminars stehen, hat auf eigne Hand eine kleine Gewerbsschule errichtet, um darin eingeborne Jünglinge in gewissen Hindu-Handwerken (namentlich im Schreinern und Tischlern) zu unterrichten. Ich nehme hierbei Gelegenheit, einen andern heimathlichen Irrthum in Bezug auf Aussendung von Handwerkern zu berichtigen. Mancherlei Versuche haben bereits zur Genüge dargethan, daß europäische Handwerker in Ostindien nicht fortkommen, ausgenommen etwa ein paar — namentlich Uhrmacher — in Bombay, Madras, Calcutta und einigen andern großen Städten, wo auf eine hinlängliche europäische Kundschaft zu rechnen ist. Das Klima würde der Ausübung von Handwerken, die sich im Schatten verrichten lassen, seitens der Europäer nicht unbedingt entgegenstehen, obschon es sich daheim sicherlich leichter hämmert, schmiedet und sägt, als in Ostindien, wo, auch ohne daß man einen Finger regt, den größten Theil des Jahres hindurch der Schweiß nur so herabrinnt. Die Haupt-Schwierigkeit ist aber die: wer soll an Orten, wo keine oder wenig Europäer sind, die europäische Arbeit abnehmen, die bei der sehr theuren Lebensweise des Arbeiters nothwendig sehr theuer werden muß? Man wende nicht ein, daß die bessern Werkzeuge des europäischen Arbeiters den Nachtheil der theuren Lebensweise aufwiegen, — mit den Maschinen in England, die den indischen Markt mit Allem versorgen, worin sie mit der indischen Hand concurriren können, vermag es der europäische Handwerker doch nicht aufzunehmen, besonders wenn er neben seiner Arbeit auch des Evangeliums warten soll. Wollte man aber eine Art Gewerbsschule gründen, um darin eingeborne Jünglinge in den Hindu-Handwerken durch europäische Werkzeuge und Handgriffe zu vervollkommnen, so würden eben ein paar Handwerker genügen.

Wie steht es denn aber mit europäischen Colonisten? Antwort: Unsre Missionen liegen im Süden Ostindiens auf einem Flachlande unter den Tropen. Daraus folgt zuerst, daß wir europäische Colonisten schwerlich brauchen können, — denn auf einem Flachlande unter den Tropen hat die Sonne eine solche Macht, daß der Europäer, welcher den Acker selbst bebauen wollte, ihr alsbald zum Opfer fallen würde. Selbst wenn das Tamulenland ein sechs bis sieben tausend Fuß hohes Tafelland wäre (wie etwa die Blauen Berge), — eigenhändiger Ackerbau sollte dem Europäer schwerlich gelingen, denn auch in solcher Höhe hat die Sonne eine furchtbare Gewalt. Dazu kommt, daß der an kräftige Nahrung und an mancherlei andere, dort sehr kostspielige Bedürfnisse gewöhnte Europäer mit dem eingebornen Arbeiter, der recht wohl mit einem Groschen auskommt, wo der Europäer einen Gulden braucht, durchaus nicht concurrirn kann. Nimmt man noch dazu, daß die Abgaben vom Grundbesitz so ungeheuer sind (30 bis 50 Procent), daß selbst der Hindu meist nur indem er die Regierung betrügt zu leben im Stande ist, so wird es wohl einleuchtend genug sein, daß wir für das Tamulenland europäische Missions-Colonien schwerlich brauchen können.

Mit Colonisations-Gedanken, namentlich für die Niccbaren, kamen im Jahre 1760 die ersten herrnhutischen Missionare nach Trankebar; allein 1803 heißt es: „Die hier zurückgebliebnen Brüder, Weber und Ramsch, haben ihr Etablissement aufgegeben, Garten und Felder verkauft, und gedenken nun mit der ersten Gelegenheit nach Europa zurückzugehen.“[25]

Noch immer erinnert der „Brüdergarten“ ganz dicht bei Trankebar an diese vergeblichen Versuche. Das dazugehörige Haus, jetzt im Besitze des Ostindiers Birch, einzigen Kaufmanns und Bankiers von Trankebar, mag zu seiner Zeit an 20,000 Rupi's gekostet haben; auf dem platten Dache, das aus mächtigen Steinen wohl gefügt ist, sollen die Brüder oft beieinander gesessen haben. Das Hauptgebäude war sonst von Werkstätten umgeben; zu dem Garten gehören noch immer, ich glaube nicht unbeträchtliche Reisfelder.

Das gar zu überschwengliche Lied, das ein in Schleswig herausgekommnes Missions-Gesangbuch in Bezug auf den Brüdergarten enthält, las sich an Ort und Stelle — ich weiß nicht wie.

Außer dem „Brüdergarten" erinnert auch der sogenannte „Brüderkuchen," — ein ganz artiges Gebäck, dessen Recept der eingeborne Bäcker in Trankebar für den europäischen Gaumen treulich bewahrt hat, — an den Aufenthalt der Brüder-Missionare daselbst. Im Uebrigen hat ihre dreiundvierzigjährige Wirksamkeit auch nicht eine Spur zurückgelassen; es ist als wären sie nimmer dagewesen.

Nähere und fernere Umgebungen von Trankebar.

Seit einem und einem halben Jahrhundert ist das Gebiet von Trankebar, dessen größte Ausdehnung von Westen nach Osten etwa anderthalb Stunde, und von Norden nach Süden zwei Stunden zur dänischen Zeit betragen mochte, von der lutherischen Kirche mit „unvergänglichem Samen" besäet worden. Es ist daher ganz natürlich, daß auf keinem andern unsrer Missionsfelder an der Coromandel-Küste die Christengemeinden und -Gemeindlein so dicht gesprossen und gewachsen sind, wie auf dem sonst dänischen Besitzthum zu Trankebar und auf den angrenzenden Strichen. Mein Beruf brachte es mit sich, die nahezu sechzig Ortschaften in nähern Augenschein zu nehmen, über die sich unsre dortigen Christen ausgebreitet. Mit den wichtigsten dieser Ortschaften will ich meine Leser bekannt machen.

Ich führe sie zuerst auf die Südseite des Upparu[26], der das Trankebarsche Gebiet in südöstlicher Richtung theilt, und etwas südlich von Trankebar mündet, nachdem er kurz zuvor ein andres Flüßchen aufgenommen, den Nandel-Aru,[27] der noch tiefer im Süden das französische Gebiet abgrenzt.

An einem südlichen Ausläufer des letztgenannten Flüßchens, etwa drei Viertelstunden von Trankebar, liegt Sandirapadi[28] („Mond-Dorf") ein Ort, der fast ganz einer halbzerfallenen, aber sehr reichen Pagode in Trankebar zugehört. Die grünen Baummassen bei Sandirapadi, die von unsrem Dache aus den Blick nach Süden begrenzten, erinnerten uns, von ferne gesehen, stets an unsre Anhaltischen Eichenwälder. Wir beschlossen daher eines Tages, an dem schattigen Saume derselben eine Art Piknik zu veranstalten, — die einzige Lustparthie der Art, die wir je im Tamulenlande gemacht haben. Wir konnten es aber mit dem besten Willen nicht zur deutschen „Waldlust" bringen; dazu braucht es durchaus deutsches Walddunkel, deutsche Waldfrische und deutsche Waldvögel.

Von unsrem Lagerungsplatze im Norden Sandirapadi's führte uns eine Allee von Oelbäumen, davon uns vier Arten gezeigt wurden, und von Tamarinden mit dichtem Gebüsch zu beiden Seiten, an den Begräbnißplätzen unsrer Christen vorbei, in's Dorf. Wir begaben uns in die nette Kapelle noch aus dänischer Zeit. Ein zweiundsiebzigjähriger Christ, mit weißem Bart und blauem Ueberwurf, der uns bereits Stühle dorthin geschickt hatte, machte uns alsbald seinen Besuch. Eine ehrwürdige Erscheinung. Er hatte in seiner Jugend etwas Deutsch gelernt, es aber längst wieder vergessen. Nicht so die deutschen Väter in Christo, die ihm noch lebhaft vor der Seele standen, obschon er mindestens „drei Menschenalter gesehen" hatte. Wir traten nachher auch in das Haus eines christlichen Webers, der sich des neugierigen Blickes, mit welchem wir die indischen Webe-Vorrichtungen musterten, weidlich freute.

Sandirapadi hat drei heidnische Tempel. Der eine, der Pidari, einer niedrigen Form der Kali, gewidmet, liegt am Saume des Dorfes; in der Mitte stehen noch zwei ansehnlichere Heiligthümer, das eine zu Ehren der Draupadi,[29] das andere für den im Tamulenlande so häufigen Dienst des Eiyenar.[30] In Bezug auf einen vierten (?) wollte man eben das Kudamabischecham[31], eine Art Weihe, vornehmen. Mehrere Brahminen waren schon damit beschäftigt, aus dem Kusagrase[32] Guirlanden zu winden; vor ihnen stand ein messingenes Gefäß, wohl für das Wasser, das, mit Gebetsformeln geweihet, über das Götzenbild gegossen wird, um so die Inwohnung der betreffenden Gottheit zu bewirken. Ein großer Banianenbaum beschattete den Eingang der Halle, in welcher die Zweigeborenen, — zum Theil mit recht rundlichen Bäuchlein — saßen, und zu der man auch uns den Zutritt ohne Weiteres gestattete.

Näher bei Trankebar, als Sandirapadi, liegt Poreiar[33], und zwar in westlicher Richtung. Dorthin wanderten wir zu wiederholten Malen, auch mit um die Kühle des „frischen Wassers", das dort bis dicht an das Missionshaus heran die Reisfelder überfluthete, aus erster Hand zu genießen.

Auf einer von blühenden Puvarasu-Bäumen[34] beschatteten Landstraße führe ich nun meine Leser ein halbes Stündchen westlich hin bis ganz in die Nähe unsres bedeutendsten Grundbesitzes, des sogenannten „Missionsgartens" zwischen Kottupaleiam[35] und Ozhugumangalam[36], der, halb Reisfeld halb Gartenland, die schönsten Kokos- und Palmyra-Palmen zeugt.

Hier nun überschreiten wir den Upparu. Da dicht am Wege stehen etwa einige erbärmliche Hütten, zeitweilig bewohnt von Kuravern, die, unsern Zigeunern ähnlich, das Land durchstreichen, und während du ihnen liebevoll das Evangelium an's Herz legst, wie andächtig sinnend auf die Leerung deiner Taschen zu speculiren im Stande sind.[37] Allenthalben aber siehst du zu dieser Zeit des „frischen Wassers", wie Männer die jungen Reispflanzen auf dem einen Felde ausziehen und Weiber sie auf ein andres Feld verpflanzen, das wie jenes unter Wasser steht.

Wir sind gleich nach dem Uebergange der Upparu-Brücke in Poreiar, dem zweitgrößten Orte in dem ehemals dänischen Gebiete, der sich, eine halbe Stunde lang, in südlicher Richtung nach Itschiladi [38] zu erstreckt. Die räumige und schmucke Bethlehems-Kirche, deren hundertjähriges Jubiläum im Jahre 1846 begangen wurde, sagt dir sogleich, daß schon unsre Väter in Poreiar mit Erfolg gearbeitet. Dicht dabei liegt ein großer, der Mission zugehöriger Garten, auf dessen sandigem Boden Palmyra's, Mango's, Oelbäume [39] und Kasch-Nüsse [40] wohl gedeihen. Die Mission besitzt in der Nähe noch andere Grundstücke von geringerem Umfang, theils mit Tamarinden [41] bepflanzt, theils mit Reis besäet. Auf einigen derselben sind aus alter Zeit Christen angesiedelt.

Ein bescheidnes Gebäude der Neuzeit, mit einem nicht unbedeutenden Garten dahinter, dient dem Missionar von Poreiar zur Wohnung. Dieß war zu meiner Zeit Herr Schwarz. In seinem Hause, das eine offne Aussicht nach Trankebar und dem Meere hat, konntest du damals ein Kiripilley, [42] bei dessen Anblick die Schlange zu erstarren pflegt, etwa so groß und auch fast so zahm wie ein Kätzlein, umherspazieren sehen. Dieser „Schlangentödter" ließ sich sogar auf den Schooß nehmen und streicheln.

Poreiar ist ein Sudradorf, hat jedoch auch ein Brahminen-Viertel. Unsre hauptsächlichsten Sudrachristen leben eben dort. Die Straße, in welcher die meisten beisammen wohnen, hat manches gar nicht unansehnliche Haus.

Wir begeben uns nun nach dem bereits erwähnten Itschiladi, im Süden von Poreiar, und zwar, ein wenig westlich abbiegend, über Mettupaleiam. [43] An der neuen Straße nach Kareikal sehen wir einige nicht üble Hütten der Paller, die auf der Leiter des bürgerlichen Ranges noch niedriger stehen als die Pariah's. [44] Sie sind ja eine Mischlings-Kaste. Nirgends in der ehemals dänischen Colonie wohnen mehr Muselmänner als in Itschiladi; auch die Katholiken haben hier eine Capelle. Das mit dem Orte verbundne, durchweg christliche Pariah-Dörflein, — eine Kokos-Allee mit Häusern zu beiden Seiten, und mit einem Schulhause am Ende — gehört der Mission.

Von Itschiladi führen nur Feldwege nach dem benachbarten Kattutsheri,[45] und von da zieht sich, durch eine ziemlich öde Gegend, eine Landstraße nach dem nordwestlich etwa eine halbe Stunde davon gelegnen Tilleijali, dem drittgrößten Orte in dem sonst dänischen Gebiete. Da dort der bedeutendste Tempel steht, so ist's wohl kein Wunder, daß in früherer Zeit die Missionsschule von den erbitterten Heiden zu wiederholten Malen zerstört wurde. Bei einem unsrer Besuche daselbst besahen wir auch die Pagode, die dem Siva gewidmet ist. Der Tambiran[46] ließ uns bereitwilligst in den Hof treten; allein ein junger Vischnuit, dessen Bruder so eben Christ geworden, versuchte uns hinauszuweisen. „Europäische Leute haben hier nichts zu schaffen; dieß ist eine tamulische Kirche. Geht hinaus, geht hinaus!“ — Auf unser Bedeuten, daß er als Vischnuit in diesem Siva-Heiligthume gar nichts zu sagen habe, gab er zur Antwort: „Ei was, Siva und Vischnu sind Eins.“

Tilleijali etwa gegenüber, auf der Nordseite des Upparu, zu welcher wir jetzt übergehen, liegt Todaripöttei. Bei dem dortigen Gutsbesitzer, dem Sohne eines unsrer Christen schon aus alter Zeit, war ich mit Herrn Miss. Schwarz einmal zu Gaste. Der Mann besitzt 50 Veli[47] Acker, und jedes Veli Reisland zahlt etwa 70 Rup. an die Regierung. Daraus läßt sich zur Genüge abnehmen, daß unser Wirth ein Mann bei der Stadt war.

Nachdem die meist von Heidenkindern besuchte Schule in seinem Hause geprüft war, ging es ans Traktiren. Erst durchsüßte man uns die Kehle mit zerschnittnem Zuckerrohr, dann kam gebratnes Hühner- und Hammelfleisch mit ganz eigenthümlicher Kruste; weiter brachte man wohl zwanzigerlei Fleisch- und Gemüse-Kari; Pompelmusen und Kaffee beschlossen das üppige Mahl. Wir hatten selbst einige europäische Eß-Werkzeuge mitgebracht, namentlich Teller; doch wurde uns alles einigermaßen Feste auf frischen Bananenblättern vorgesetzt. Die alte Mutter brachte die Gerichte schmunzelnd herbei, der Gutsbesitzer und ein mit uns gekommner Pariah-Häuptling setzten sie mit ernster Miene vor; zwei dienende Knaben schwangen über uns den kühlenden Fächer. Die letzteren mochten von der europäischen Eßweise noch keine sehr deutlichen Begriffe haben; einer derselben machte in der That Miene, uns den Kari in bloßer Hand zu serviren.

Ein Stündchen in nördlicher Richtung über Trankebar hinaus, doch etwas weiter vom Meere entfernt, liegt Perija-Manika-Pangu.[48] Dort war ich mehrere Male. Das Christengemeindlein daselbst besteht aus lauter Padeiatschi's[49]; jeder bebaut ein Stücklein Feld und bringt Stroh, Eier und Butter auf den Bazar nach Trankebar. Der Stammvater dieser Christen — sie gehören nämlich alle Einer Familie an — mag etwa 1760 die heilige Taufe empfangen haben. Da die Gemeinde lange schmählich vernachlässigt wurde, so wucherte der heidnische Aberglaube ganz in der Stille neben dem Christenglauben fort. Weihete man doch noch zur Zeit unsrer Missionare, die dem Unfug ein Ende machten, dem gemeinschaftlichen Stammvater Butter, Lichter u. s. w. und stellte an ihn, unter dem Schauer der Nacht, Orakel-Fragen. Frauen waren dabei die Mittelspersonen. Diese traurigen Vorgänge lassen einen ziemlich deutlichen Blick thun in die Entstehungsweise des Heroen- und Dämonen-Dienstes.

Wir besuchten dort unter andern auch eine steinalte Frau mit langherabwallendem, schneeweißem Haar. Sie betete unaufgefordert ihren Catechismus her. „Drei Kriegeszeiten" hat sie gesehn. Als wir sie nämlich nach ihrem Alter frugen, so antwortete sie: „Ich bin drei Kriege alt." Wie sie diese zählte, weiß ich jetzt nicht mehr zu sagen.

In Perija-Manikapangu sah ich neben einer Lehmgrube die erste Ziegelei der Eingebornen: zwei Oefen, eigentlich nur Erdhaufen mit Stroh, darunter die zu brennenden Steine gelegt werden. Der Wind fährt in die angezündeten Massen, und in einigen Tagen ist Alles zusammen gebrannt. Wir hatten eben 50,000 Ziegel für die Errichtung einer neuen Kapelle daselbst bestellt.[50]

Diese neue Kapelle kam in die Nähe eines Kali-Tempels zu stehen. Darüber murrten die Heiden, besonders des Friedhofs wegen, den wir mit der Kapelle verbinden wollten. Ihr Götze, den sie da vorbeitragen müßten, würde das nicht dulden, meinten sie. Er sollte uns dann nur verklagen, erwiederte Herr Cordes. Da rottete man sich zusammen, um ihm den Weg zu sperren.

Sobald man zu dem Westthore von Trankebar hinaustritt, kommt man nach Velipaleiam („Außen-Vorwerk"), einem sehr bevölkerten Dorfe mit vielen Christen, Sudra's sowohl als Pariah's. Dort besuchten wir unter andern auch einen jungen Christen, der sich, als Compagnon eines europäischen Kaufmanns in Mauritius[51], ein hübsches Vermögen erworben hatte. Auf seinem Tische prunkte eine Spieluhr.

Dicht bei Velipaleiam liegt Sattankudi, wo die eingebornen Christen von Trankebar und Velipaleiam ihre letzte Ruhestätte finden. Dort steht dicht neben dem „Brüdergarten" (S. 24) eine dem heil. Xaver geweihete Kirche. Auch in Sattankudi hat unsre Mission, außer dem Gottesacker, einen kleinen Grundbesitz mit einigen hundert Palmyrapalmen.

Ich war dort in dem Hause eines sehr reichen Heiden, der fort und fort drei Schiffe zwischen Pondichery[52], Marseille und Bordeaux gehen hat. Den mit bunten Göttergemälden ausgeschmückten Zimmern fehlte es selbst nicht an europäischen Sopha's und Stühlen; sonst freilich war alles hübsch indisch, d. h. eng, düster und winklig. Der Mann konnte es mit all seinem Reichthum nicht zu allgemeinem

Ansehn bringen, denn er entstammte einer Sudra-Mischkaste. Sein Erblasser hatte, auf seinen Geldsack pochend, sich den „Schirm" angemaßt und dadurch einen Sturm unter den reinblütigen Sudras heraufbeschworen. Die Regierung legte sich in's Mittel; er durfte den Schirm nur innerhalb seiner Kastengasse tragen. Das war zur Zeit der Dänen; seitdem ist es anders geworden.

Etwas östlich von Todaripöttey (s. S. 29) führt die Straße über Tirukadeijur nach Mayaveram. Schon Tirukadeijur liegt fast eine Stunde nördlich über das ehemals dänische Gebiet hinaus, und ein halb Stündchen östlich davon Tirumejnanam („Heilige Wahrheits-Weisheit"). Hier ist seit 1846, wo wir auf inständiges Bitten der Einwohner eine Schule anfingen, die erste neue Gemeinde von unsern Missionaren gesammelt worden. Sie steht jetzt unter der Leitung des Herrn Apelt. Ein nettes Kirchlein erhebt sich dort auf sandigem Boden, und da ein Zimmer für den gelegentlichen Aufenthalt des europäischen Seelsorgers damit verbunden ist, so besuchte ich, stets in Begleitung eines unsrer Missionare, das von Bäumen ganz anmuthig umgebne Dörflein mehrere Male.

Ich besah auch einige der umliegenden Dörfer, und darunter das eben erwähnte Tirukadeijur („Heilige Marktstadt"), dessen Hauptstraßen ein Viereck um die Pagode bilden. Dieser Ort, dessen ehemaliger Radjah zuweilen als Raubritter in Trankebar einfiel, zeichnete sich stets als ein streng heidnischer aus; dennoch war vor einigen Jahren, aus Mangel an ziehenden Händen, der große Götzenkarren bei der jährlichen Procession stecken geblieben. Schon dachten die Brahminen daran, ein kleines Gefährt für ihren geliebten Siva machen zu lassen; da aber bot der eifrige Gutsherr alles auf; was Füße hatte, mußte herbei, und was Hände hatte, mußte ziehen.

Die Siva-Brahminen, die wir dort trafen, hatten ganz und gar nicht das Ansehen, als ob sie sich den salbungsvollen Ruf ihres Vorkämpfers, des Manika-Vasacher,[53] zum heiligen Kampfe je zu Herzen genommen.

„Schlagt die Trommel des Worts, ihr Lehrväter, die ihr der Weisheit Schwert tragt! Fasset der Klugheit weißen Schirm, ihr Lehrväter, die ihr das Roß der Stärke reitet! Kommt herein, um der Waschung und der Asche heiliges Rüstzeug anzulegen! Wir wollen stürmen die Himmelsstadt, auf daß nicht komme das Heer der Maya (Täuschung).“

„Schreitet voran, Sivaknechte! Deckt die Flanken, Gläubige! Ihr Andächtigen (Jogi's) mit der leuchtenden Stärke treibt das Centrum! Deckt den Rücken, „Vollendete“ (Siddha's) von gewaltiger Macht! Wir wollen stürmen der Himmlischen Land, auf daß nicht komme das Heer des Unheils.“

Herr Wolff, der bei mir war, trug ihnen das Eine an was noth ist. Alles dumpf und stumpf. Als ich aber, auf ihre Bäuche zeigend, bemerkte: Eure Seligkeit sitzt da, nicht wahr? so brachen sie in helles Lachen aus. Einen gutmüthigen Spott weiß auch der Brahmine zu nehmen; ja er lacht über seinen eignen Hokuspokus mit, wenn man nur nicht bitter wird.

Es scheint überhaupt, als liege eine gewisse religiöse Naivetät allen Indogermanen im Blut. Wir sehen sogar die „heil. Vedas“ ganz naiv mit den Göttern umgehen.

„O Wolkengott, um großen Preis wirst du mir weggegeben nicht,
Um Tausend nicht, Zehntausend nicht, um Hundert, Hundertreicher! nicht.“[54]

So spricht einer der Vedasänger. Ein andrer aber stellt sich mit seinem Gotte gleichsam auf den Markt hin und ruft laut und vernehmlich:

„Wer kauft mir meinen Indra hier für zweimal fünf Stück Kühe ab?
Wenn er die Feind' erschlagen ihm, so geb' er ihn zurück an mich!“[55]

So freie Sprache wird sich der Teufelsanbeter, der sicherlich der nicht indogermanischen Urbevölkerung angehört, schwerlich erlauben; er steht zu dem Gegenstande seiner Verehrung im Verhältniß des Sclaven zum Herrn. Sonst aber macht sich die indogermanische Naivetät, so weit der brahmanische Gottesdienst in das Volk gedrungen ist, bei den Tamulen geltend genug.

Auch die Tamulen haben eine Art „Schwabenstreiche.“[56] Gleich der erste scheint auf die Verspottung des groben Götzendienstes abzuzielen. Er lautet so:

Es gingen einmal zwei Dummköpfe in einen Tempel, um den Gott Siva zu sehen. „Schwägerchen“, sagte der Eine: „Dort sprechen sie: Swami, Swami (Gott); sollte er das wohl sein? Ei, dieser Swami ist ja Stein.“ Ein Tempeldiener, der das hörte, stürzte auf ihn zu: „Schmähest du so den Gott?“ Er gab ihm zugleich eine tüchtige Tracht Schläge und jagte ihn zum Dinge hinaus. Als darauf die Beiden in einem Privathause mit einander aßen, sagte der Andere: „Schwägerchen, in dem Reis ist Stein.“ „Sag nicht Stein“ fiel ihm der Andere zornig in's Wort „du hirnverbrannter Narr, hast du nicht gesehen, daß ich eben Prügel darum gekriegt habe? Sag nicht Stein, sondern Swami!“ Damit gab er ihm zwei Ohrfeigen, jede eine gute Hand lang. Da sprach der Andere: „Schwägerchen, die beiden Ohrfeigen haben mir gut gethan; ich will hinfüro nicht wieder so sagen.“

Der Buddhaismus, welcher „die Milch“ der Naivetät in das „gährende Drachengift“ der Zweifelsucht verwandelte, hat zu der offenbaren Spottlust der Tamulen sicherlich beigetragen; vielleicht rührt sogar der eben erzählte Narrenstreich geradezu aus jener Quelle.

Doch zurück nach Tirumenjanam. Als unter dem furchtbaren Orkan, der das Osterfest von 1853 wie mit einer Posaune vom Himmel her einleitete, unser Kirchlein daselbst der versammelten Gemeinde über den Kopf zusammenstürzte, da frug ein heidnisches Mütterchen, auf eine benachbarte Pagode, — ich glaube eben die zu Tirukadeijur — hindeutend, gar spöttisch: „Warum hat denn euer Gott eure Kirche nicht geschützt? Siehe unsre Pagode da steht noch fest.“ Ja wohl seit vielen, vielen Jahrhunderten stehen sie fest, diese Hindutempel, und unsre Kirchen und Kirchlein schwinden vor diesen steinernen Riesen in nichts zusammen. Wenn da der Hindu, einigermaßen geweckten Geistes, vor seiner himmelanstrebenden und in der Erde festgewurzelten Pagode steht mit ihren weiten, stillen, geheimnißvollen Räumen, — da schwillt ihm das Herz hoch auf, und ich selbst habe, wenn ich einen solchen Tempel angestaunt, oft im Stillen mit sagen müssen: „So trieb auch der Künstler Ehrgeiz die Unverständigen, zu stärken solchen Gottesdienst" (Weisheit 14, 18). Die Anglikaner kennen diesen Zauber wohl; sie möchten daher diesen großartigen Pagoden, wenn nicht imposante, so doch würdige Kirchen entgegenstellen.

Der zweite neue Schößling unsrer Mission in Trankebar ist die Gemeinde zu Puthenur, etwa 2 Stunden westlich von Poreiar. Sie ist wie die zu Tirumenjanam aus den Aermsten der Armen gesammelt. Die Cholera hat in der letzten Zeit gewaltig unter ihnen gemähet. Das dortige Kirchlein liegt zwischen Puthenur und Sittambarakovil hart an der Straße auf offnem Felde.

Es war trotz des Septembermonates, der sonst wie Blei zu drükken pflegt, ein angenehmer, ich möchte sagen elastischer Tag, als ich Herrn Schwarz zum Gottesdienst dorthin begleitete; die weißen Oechslein trabten auf der schönen Straße wie muthige Pferde.

Kaum waren wir zu Poreiar hinaus, so stießen wir schon auf eine sogenannte „Sabei": eine Schaar von thönernen Pferden und ritterlichen Menschengestalten, zum Theil mit Streitaxt, die dem Parijeri, „dem Roßbesteiger", d. i. dem Eiyenar[57], im Sinne frommen Gelübdes gewidmet und stets unter einer schattigen Baumgruppe aufgestellt werden. Unser Knecht nannte sie gradezu die „Vorläufer" des Eiyenar, der wie der weiland „wilde Jäger" als nächtlicher Unhold jagt. Vor den thönernen Bildsäulen da am Wege nach Puthenur, unter denen sich übrigens auch weibliche Figuren befinden, wird jeden Dienstag und Freitag Abend geopfert. Nicht weit davon ist ein Tempel des

„roßbesteigenden“ Gottes. Davor steht ein Elephant, dem Tempel zugekehrt, und vor dem Elephanten ein Lingam. Hier pflegt man feierlich zu schwören. Man badet sich zu dem Ende in dem kleinen benachbarten Teiche, und stellt sich dann zwischen das Lingam und den Elephanten, so zwar daß man dem letzteren das Gesicht zuwendet.[58]

Den Eiyenar verehrt man auch häufig in einem bloßen Steine unter einem Veppu[59]-Maram, indem man Butter über den Stein gießt, und den Baum, wo möglich einundzwanzig Male, feierlich umwandelt. Dieß geschieht besonders an den Landstraßen.

Wir machten auch einen zweitägigen Ausflug nach Caverypattnam an einem der Ausflüsse des Cavery, im Norden Trankebar's. Der Weg führte uns, zum Theil durch wüstes Gestrüpp, zum Theil über Wiesengrund, ziemlich dicht am Meere entlang; wir kamen dabei durch mehrere Fischerdörfchen. „Stinkender Fisch“ wird in der tamulischen Grammatik als eines der charakteristischen Besitzthümer der Strandbewohner angegeben; davon sollten sich hier auch unsre Nasen praktisch überzeugen. Wir freueten uns, als wir den Arm des Cavery glücklich passirt hatten, in dessen Nähe das englische Rasthaus liegt, das uns für ein paar Tage beherbergen wollte. Es war nämlich gerade Fluth; so mußten denn die Ochsen zuweilen schwimmen, und wir bekamen den ganzen Wagen voll Wasser.

Hier lag einst, so berichtet uns die einheimische Sage, eine blühende Stadt, Pumpattanam.[60] Ihre tausend und aber tausend Schiffe holten Waaren aus Cotschin und Sumatra, aus Colombo und Calicut und verführten sie auf dem Cavery bis Tanjore; ihre Kaufmannshäuser glichen Königsschlössern; von Gold und Silber glänzte es allenthalben. Allein die üppigen Einwohner wurden je länger je hartherziger; kein Armer empfing aus ihren Händen eine Gabe der Liebe. Da machte sich Siva in der Gestalt eines Bettlers auf, um den reichsten und edelsten ihrer Bürger, den Pattana-Pilley, zu prüfen. Dieser war eben am Strande, um mehrere seiner reichbeladenen Schiffe zu besichtigen, die, längst verloren gegeben, endlich doch wohlbehalten eingelaufen waren. Der verkleidete Gott hinterließ im Hause des reichen Kaufmanns, wo man nicht einmal „kalten Reis auf ihn niedergeschauert“ hatte, ein Hand-Billet mit einem kurzen geistlichen Zuspruch. Pattana-Pilley empfing es, als er am Abend, vom Strande heimgekehrt, sich in's Bad begeben hatte. Das Wort der Weisheit zündete augenblicklich; mit Einem Male wie umgewandelt, verließ er Alles was er hatte, brannte sein Haus nieder und durchzog, seinem Gotte ein Loblied nach dem andern singend, das Land als freiwilliger Bettler. Die übrigen Einwohner wurden gegen ihren Willen zu Bettlern; denn der Gott, dem ihr unbarmherziger Sinn ein Gräuel war, erhöhete den Meeresboden an der Mündung des Cavery, und verstopfte so die Quelle ihres bisherigen Wohlstandes, den Seehandel.

Pattana-Pilley von Pumpattanam ist übrigens einer jener tamulischen Dichter, die gegen alles äußere Werk- und Formel-Wesen aneifern und den Ton auf innere Beschauung und Erfahrung legen.

„Warum sich mit Asche schmücken, warum mit Wasser handthieren? Du verstehest nicht das Ende heil. Schrift, wie man veränderten Gemüthes soll geboren werden. Was helfen sieben Millionen hochgepriesener Gebetsformeln? Das heißt am Strome ohne Kenntniß der Furt umher irren!“

„Den Urglanz, der, die acht Himmelsgegenden und die sechszehn Zwischen-Winkel durchdringend, herstürzt, anschwillt, aufsprießt, möchten die Thoren binden, einwickeln und unter den Arm fassen; in's Herz fassen sie ihn nicht. Den offenbaren Tag nennen sie Nacht — die Höllenkinder.“

Diese mystischen Strophen, die in einigen ihrer Ausdrücke fast an die Bibel anklingen, scheinen bei den jetzigen Bewohnern von Caverypattnam nicht verfangen zu wollen; wir sahen eben, ihrem hochgefeierten Dichter wie zum Trotze, eine ganze Menge Heiden von dort, zur Abwaschung ihrer Sünden, in dem heil. Flusse „mit Wasser handthieren." Es war Neumond. Im August aber feiern die Bewohner von Caverypattnam ein förmliches Badefest.

In unsrem einfachen, aber angenehmen, weil kühlen Rasthause hatten wir rechte Gelegenheit die Handthierung der Fischer auf der Welle und am Strande zu beobachten. Früh segeln sie in dieser Jahreszeit mit dem ersten Landwinde auf ihren leichten Kattamaram's[61] in die offne Fluth hinaus; von dem Seewind, der Mittags einsetzt, lassen sie sich wieder heim spielen. Sie versorgen sich für alle Fälle auf vier bis fünf Tage mit Lebensmitteln; denn wie wenn einmal der Seewind ausbliebe? Es kommt vor, daß Manche nimmer wiederkehren.

Am andern Morgen besuchten wir das benachbarte Fischerdorf, wo Frauen mit Ausweiden, Waschen, Trocknen und Einpacken der Fische beschäftigt waren, während Kinder die fleischgierigen Vögel verscheuchten. Hie und da lag auch ein Ballen bereits getrockneter Fische, die unter dem Namen Karuvadu von hier aus durch ganz Indien gehen. Kurz ich sah da wieder meine Tamulgrammatik vollkommen verwirklicht; denn also läßt sie sich über die Beschäftigungen der Strandbewohner vernehmen: „Fische salzen, Fische trocknen, getrocknete Fische verkaufen, Vögel verscheuchen, auf dem weiten Meere handthieren."[62]

Eine interessante Bekanntschaft machten wir in Caverypattnam. Der junge Brahmine, dem fast aller Grund und Boden daselbst eigenthümlich gehört, machte uns seinen Besuch. Ein wahrhaft schöner Mann mit großen schwarzen Augen, feinen Zügen und anmuthigen Manieren. Eintretend überreichte er uns in üblicher Weise ein paar Pomeranzen und dazu einen mächtigen Blumenstrauß. Obschon er sich fast bis zur Erde verneigte, so sah das doch in keiner Weise „servil" aus. Er verhüllte sich mit beiden Händen das Angesicht und lachte gar eigenthümlich „in's Fäustchen", während er uns mit einigem Widerstreben bekannte, daß auch er sich an diesem Morgen im Cavery gebadet habe. Ich fand ihn nicht unbewandert in den indischen Philosophemen; es schien übrigens als ob nur die Rücksicht auf seine Verwandten ihn vom offnen Uebertritt zum Christenthume zurückhielte. Er sandte uns einen Korb voll duftender Ananas und dergleichen.

Als wir schieden, war er zum zweiten Male bei uns. Wie segnend erhob er seine Hände und wünschte uns „Gottes Gnade“ zum Geleit. Ich werde die edle Gestalt dieses Nicodemus nie vergessen.

Ausflug nach Chillambram.

Schon am 2. Juni machte ich mich wieder einmal reisefertig. Es galt einem mehrtägigen Ausflug nach der berühmten Pagode von Chillambram oder richtiger Sittambalam.[63]

Um kein Heiligthum im Tamulenlande rankt das Immergrün religiöser Erinnerung und classischer Dichtung so üppig, als um den Aether-Linga-Tempel[64] in Sittambalam. Viele von den Legenden und Poesien der „dreiundsechzig Herrn“ oder „Sivaknechte“[65] sind damit irgendwie verknüpft; ganz besonders aber umglänzt ihn der gefeierte Name Manikavasachers, jenes sivaitischen Vorkämpfers gegen die Buddhisten, dessen Dichterherz — um im tamulischen Dichter-Geschmacke zu reden — wie der hohle Baumstamm mit seiner Honigfülle unter dem Andrang des reißenden Bergstroms, so im Ueberschwang himmlischer Liebe berstend, seine süßesten Empfindungen vor der gegenwärtigen Gottheit ausschüttet.

„In mir ist keine rechte Liebe zu Deinen h. Füßen, o Du Gemahl der Frau mit dem schönen duftigen Kauze! Durch Dein Wissen, das selbst den

Stein in weiche Frucht wandelt, hast Du mich zu einem Liebhaber Deines Fußes gemacht. Grenzenlos mein Gott, ist Deine Huld. Aber was und wie ich auch immer thue, — Du kommst ja nicht zu mir. O Herr des flekkenlosen Aethers, noch einmal setze Deinen Fuß auf mich!"

„Mein Vater! mein Nectar! Seliger! der Du einem Honig gleichst, der herabträufelt und mein Innerstes spaltet. Du bist eine unvergleichliche Speise, die aufgetischt dasteht, damit ich, als ein Zugehöriger der Dir zugehörigen Liebhaber, Dich genieße. Mein König, der Du in jeder Trübsal Deine Verehrer zurechtsetzest! willst Du mich denn — o sprich — verstoßen, daß ich in dieser Welt vergehen muß, mein König?"[66]

Es hat aber Manikavasacher nicht bloß einen großen Theil seiner Hymnen in dem Tempel zu Sittambalam gedichtet, er hat auch Sittambalam selbst in 400 Strophen verherrlicht, die als eben so viele Perlen in dem Kranze der tamulischen Literatur glänzen.[67] Diese 400 Strophen, — dem Wortverstande nach — Musterverse zu eben so vielen Motto's der Liebesdichtung, — bilden eine Art „Hoheslied"; denn unter den mannichfachen Bildern sinnlicher Liebe wird hier die innige Gemeinschaft der gläubigen Seele mit der Gottheit abgespiegelt. In jede Strophe aber ist ein Lob des „Gottes von Sittambalam" eingewoben.

(Die Vereinigung preisen.)

„Daß ich den Wohlschmack dieser Frau, deren Rede ambrosiaartig ist, preisen sollte, hat ein gutes Geschick entschieden und gefügt. O wer kennt das liebliche Verhältniß zwischen mir und ihr — hier in dem duftigen Garten auf dem steinigen Gebirge, der dem Haine und dem Hügel des Gottes von Sittambalam gleicht."

Doch es wird Zeit, daß ich den tamulischen Pegasus abzäume, und den tamulischen Ochsenwagen vorfahren lasse, der uns eben nach jenem gefeierten Orte bringen soll.

Nachdem ich noch am Abend des 2. Juni in Mayaveram eingetroffen, reiste ich am folgenden Abend gegen 5 Uhr mit Herrn Ochs auf der Straße nach Sittambalam (23 bis 25 engl. M. von Mayaveram) weiter. Wir kamen zuerst durch Tulukken Savadi[68] („Türken-Rasthaus"). Ein Muselmann nämlich hat hier ein Rasthaus für eingeborne Reisende, und daneben auch gleich einen kleinen Bazar zum Ausmiethen errichtet. Auf ähnliche Weise entstehen nach und nach viele neue Ortschaften an den Landstraßen. Man weiß hiebei nie recht, wo die wohlthätige Liebe aufhört, und die speculirende Selbstsucht anhebt; oft genug mag die letztere Anfang, Mittel und Ende sein.

Später passirten wir Veittisveren-Kovil, einen berühmten Wallfahrtsort[69] für Sieche aller Art. An dem dortigen Siva-Heiligthume sind Barbiere angestellt, die, gegen eine gewisse Abgabe an den Tempel, den Wiedergenesenen das Haar verschneiden, das diese dem „wunderthätigen" Gotte zur Zeit der Noth gelobt hatten.

Hier war es, wo Beschi,[70] jener sprachgewandte und geistreiche Missionar der römischen Kirche zur Zeit unsrer ersten Missionare, einen wohlgerundeten Vers voll lachenden Witzes aus dem Stegreif unter die lauschenden Heiden geschleudert haben soll. Er frug: Wem ist dieser Tempel gewidmet? Das Volk antwortete: Dem Vineitirttan (dem „Beseitiger des Jammers"), der schon viele Lahme, Blinde u. s. w. gesund gemacht. Da trug Beschi auf der Stelle folgenden Vers vor:

„Er selbst hat die Fuß-Schwulst; sein Schwiegersohn den Harn-Fluß[71], sein Sohn (Ganesa) die Bauch-Wulst. Er weiß seinen eignen Jammer nicht zu beseitigen; welchen Jammer je beseitigte denn Dieser?"

Möglich freilich, daß er den Vers schon in der Tasche hatte; er ist für einen Stegreif-Vers in der That fast zu fein und rund. Im Tamulischen aus dem Stegreif dichten ist doppelt schwer, da die tamulische Versbildung, an Strenge des Maaßes, der classischen Dichtung nahe kommt, an Reichthum des Zusammenklangs aber die abendländische Poesie gar hinter sich läßt.[72]

Der jetzige Tambiran von Veittisverenkovil, der die Güter der reichen Pagode nach eignem Gutdünken verwaltet, soll ein sehr harter und gewaltthätiger Herr sein. Er läßt seinen Unterthanen, dafern sie ihm nicht zu Willen sind, allenfalls das Haus über dem Kopf einreißen; eingebrachte Bananen, Kokosnüsse und dergleichen müssen zuerst der Pagode feil geboten werden; er selbst macht dann den Preis und verkauft das Billiggekaufte möglichst theuer. Kann er, verklagt, seine Richter nicht bestechen, so sucht er die Kläger einzuschüchtern. Unser Christengemeindlein daselbst, das erst 1852 entstand, und schon im folgenden Jahre sechzig Seelen zählte, hatte mit „seiner Herrlichkeit" einen sehr ernsten Strauß. Er vergriff sich geradezu an ihrer Habe, und die Mauern der Kapelle, die wir im Angesicht der großen Pagode für sie zu bauen anfingen, ließ er der Erde gleich machen. Erst die Gerichte konnten seinem „Dräuen und Wüthen" eine Schranke setzen.

Je mehr wir uns Schialli[73] (15 engl. M. nördl. v. Mayaveram) näherten, um so angenehmer wurde die Reise: ein unerwarteter Regenschauer hatte vor uns her den Weg gesprengt, die Luft gekühlt, und die Düfte der Pflanzenwelt entbunden. Gegen neun Uhr erreichten wir „kühl bis ans Herz hinan" das öffentliche Rasthaus.

Schialli mit vielleicht 6000 Einwohnern, in einer sehr fruchtbaren, von Dörfern wie übersäeten Gegend, macht den Eindruck großen Wohlstandes: man sieht eine Menge Frauen von goldenen Ohren-, Nasen-, Arm- und Fußringen strotzen. Es ist aber auch ein sehr heiliger Ort, der in den Legenden der „Siva-Knechte" neben Sittambalam keine unbedeutende Rolle spielt.[74]

Am andern Morgen früh begaben wir uns in die Stadt hinein, die, mit ihren langgestreckten Straßen und mit dem umgebenden Grün, mich fast an Mudabiddri erinnerte (S. Th. III, S. 194). In der Verandah eines Hauses, das dem Könige von Tanjore gehört[75], ließ sich

Herr Ochs in eine religiöse Unterredung ein, nachdem ein eingeborner Christ aus unsrer Begleitung durch die öffentliche Lesung eines christlichen Schriftchens einen Kranz von Zuhörern gesammelt. Daß religiöse Ceremonien die Sünden nicht wegnehmen, gestanden sie alle zu; daß alle Menschen von Einem Paare abstammen, wollten sie damit widerlegen, daß wir ja ganz anders aussähen, lebten und sprächen als sie; daß Gott Untergötter brauche, dafür führten sie das Beispiel des englischen Gouverneurs an. Einer meinte, alle Religionen seien im tiefsten Grunde wahr und falsch zugleich, jede habe eben nur ein Bruchstück der Wahrheit. Er erzählte dabei die bekannte Geschichte von den vier Blinden, die an einem Elephanten umhertasteten, — der eine am Rüssel, der andre am Ohr, der dritte am Schweif, der vierte am Bein — und die ihn demgemäß als Pisang-Stamm, als Fächer, als Schlange, und als Pfeiler beschrieben. Ich weiß nicht, ob er ein Anhänger des Vedanta-Systems war, das ganz offen mit dem Anspruch auftritt, die oberflächliche und theilweise Erkenntniß der verschiedenen religiösen Standpunkte zu vertiefen und zu vollenden.[76]

Gegen drei Uhr des Nachmittags brachen wir nach Ranganathapuram auf. Leute, die von Benares her das Wasser der heiligen Ganga nach Ramesseram im Süden des Tamulenlandes schaffen, begegneten uns hin und wieder; wir reisten ja auf der Hauptstraße des Südens. Sie balanciren die Gefäße an einer langen Bambus-Stange auf der Schulter. In dem „kostbaren" Inhalt derselben wird der Gott zu Ramesseram alltäglich gebadet.

Mit Sonnenuntergang langten wir in Ranganathapuram an, in dessen Nähe der Oberhäuptling über sämmtliche Pariah's in der Nachbarschaft seinen Sitz hat. Ein heidnischer Gutsbesitzer, der mir schon nach Trankebar hin die schönsten Pompelmusen zum Geschenk geschickt hatte, empfing uns in einem Häuslein, das er ausdrücklich für europäische Gäste erbauet und eingerichtet hatte. Mit Citronen in den

Händen kam man uns, wie üblich, entgegen; Blumensträuße erwarteten uns am Eingange des Hauses, und bald erschienen auch, der Landessitte gemäß, drei bis vier Tänzerinnen. Daß ich dieselben mit einem Geschenke ohne Weiteres abfand, nahm der heidnische Wirth, der seinen Gast eben nur nach Landesbrauch ehren zu müssen glaubte, durchaus nicht übel. Rama Pilley, so hieß unser Gastfreund, ist der Enkel eines Ministers am Hofe von Tanjore, der zugleich Generalpächter war. Er hat einen so bedeutenden Grundbesitz, daß er jährlich an 3000 Rupi's Abgaben an die Regierung entrichtet.

Noch ehe sich am andern Morgen die Sonne erhob, erhoben wir uns von unsrem Lager in dem engen, dunklen und dumpfen Häuslein des Rama Pilley. Wir kamen bald an den Kolerun, damals eine breite, breite Sandwüste mit nur einem Streiflein Wassers. Unsre Oechslein blieben nach je zehn bis funfzehn Schritten stecken. Eine Art Flußinsel, — zu hoch für gutes Reisland, — nahm uns am andern Ufer auf, wir passirten nach einander zwei Brücken über ganz schmale, aber sehr tiefe Flußarme. Gegen acht Uhr waren wir in Sittambalam, dessen Pagoden uns schon lange königlich stolz gegrüßt hatten.

Die Stadt durchziehend, sprachen wir gleich bei einem Muhamedaner vor, der auch mit Herrn Ochs in gastfreundlichen Verhältnissen steht. Wir fanden aber nur den Sohn, einen jungen Mann mit einem äußerst angenehmen und ausdrucksvollen Gesichte zu Hause. Die auffallend weiße und reine Farbe deutete sicherlich auf unvermischtes Blut. Kaum waren wir eingetreten, so kam ein feister Brahmine, der in Madras englisch gelernt hatte und nun zu Sittambalam im Gerichtshof saß, — wie es schien, bloß um mit Europäern den Europäer zu spielen. Die Rose europäischer Freiheit hatte auf seinem Beete nur Stacheln der Frechheit gezeugt. Wir bezogen alsbald ein öffentliches Rasthaus, das, wenn ich nicht irre, von unsrem Muslim für europäische Reisende erbaut worden.

Nachmittags machte uns der junge Sohn eines Hindu-Beamten seine Aufwartung. Er war eben von der „Universität" in Madras zurückgekehrt. Dort hatte er sich „an der Weisheit Brüsten" so voll gesogen, daß er hätte bersten mögen. Er verstand außer Tamul auch Telugu, Mahratta und Englisch, die Sprache der Erdengötter, und hatte den liebeswürdigen Stolz, sich für einen Dichter seines Volks zu erklären, — immerhin Bescheidenheit genug, denn die meisten Zöglinge jener Anstalt, die man so gern „Universität" schilt, lernen dort ihre eigne Sprache gründlich verachten. Er holte alle seine Zeugnisse hervor — und daneben auch eine Masse „honorable cards." Ein halb dummes, halb gleichgültiges Lächeln spielte um seinen Mund, als wir nach dem Besten frugen. „Christenthum? . . . ja so . . .; ei nun ich bin kein Heide."

Nachmittags besuchten wir die berühmten Tempel, die, umgeben von einer Mauer aus blauem Stein, eine Fläche von „1332 Fuß in einer und von 936 Fuß in der andern Richtung" einnehmen. Von den vier Pagoden gilt die eine als ein rechtes Meisterstück der Baukunst. „Jedes der drei Thorwege wird überragt von einer 120 Fuß hohen Pyramide aus 40 Fuß langen und über 5 Fuß breiten Steinen, die von Kupferplatten mit Figuren bedeckt sind." Eine sehr schöne von Säulen getragne Gallerie säumt auf drei Seiten den heiligen Tempel-Teich, an der vierten liegt das Mandapam — eine etwas erhabne steinerne Platform mit Säulen-getragnem Dache, wo der Götze bei Festzeiten zur Schau gestellt wird und die Priester über die Angelegenheiten des Tempels Rath zu halten pflegen. Die Säulen, die das Dach dieser prachtvollen Halle stützen, angeblich 999 oder 1000 an Zahl, bestehen aus blauem Granit, der aus der Umgegend von Salem stammen soll. Man spricht viel von der gegenwärtigen Armuth der dasigen Tempel-Brahminen, die den Namen „Viertausend-Brahminen" führen[77]; an Oel scheint es aber dem Tempel noch nicht zu fehlen; wir sahen an einer einzigen Pforte nicht weniger als 1800 Lämpchen befestigt.

Der eigentliche Gott[78] von Sittambalam ist Siva unter der Gestalt des Aether-Lingam, Savanaichen „der unsterbliche Herr." Das Allerheiligste, Sitsabei,[79] „die Geist-Halle" ist daher ohne Götzenbild. Als wir uns derselben näherten, wurden die Priester uneins; die Einen zerrten uns fast hinweg, die Andern schritten ermuthigend voran und riefen: Kommt nur, kommt! Dort angelangt, wurden wir mit Glockengeläut empfangen; ein Priester war unverschämt genug, uns durch Entgegenhaltung eines Tellers um Almosen anzugehen.

Ich müßte mich sehr irren, wenn ich unter gewissen Verzierungen im Tempelhofe nicht auch Buddha's gesehen hätte. Es unterliegt wohl kaum einem Zweifel, daß der sivaitisch-buddhistische Kampf ganz besonders heiß um den Tempel von Sittambalam gelodert hat. Das sechste Kapitel des Tiruvathavur-Puranam[80] schildert ihn mit lebendigen Farben und zwar in einer Weise, die den geschichtlichen Grund klar genug durchblicken läßt.

Da saß „in der Edelstein-besetzten Säulenhalle," umgeben von einem gewaltigen Kranze Veda-kundiger Brahminen, der sivaitische Tscholakönig, und neben ihm der buddhistische Herrscher von Ceylon als Kampfesrichter. Die Kämpfer waren der Oberpriester des Letztgenannten, und Manikavasacher. Der Tscholakönig erhob sich, und, die Füße Manikavasachers verehrend, sprach er: „Deine Pflicht ist's, die Wahrheit der Sivalehre zu erhärten, meine Pflicht ist's, die Buddhisten hinwegzuräumen." Glücklicherweise brauchte der weltliche Arm gar nicht einzugreifen; Sarasvati, die Göttin der Sprache, entsetzt über die strafende Anrede des Siva-Heiligen, verließ zuletzt die Zunge „der Thoren, welche die Huld des dreiäugigen Gottes läugnen" und die stumme Tochter des buddhistischen Herrschers begann mit gelöster und gelehrter Zunge die buddhistischen Irrlehren zu widerlegen. Was Wunder daher, daß sämmtliche Ketzer Reue-zerknirscht sprachen: „Wir haben in einem frühern Dasein gesündigt; gieb uns nun die heil. Asche, die Rudraksha[81]-Kette und das Okergewand!"

Nahe an 50 Brahminen gaben uns das Geleit durch die Stadt nach unsrer Wohnung, um dort ihren Führerlohn in Empfang zu nehmen. Vor der Thür hielt ich ein kleines Sanscrit-Examen mit ihnen, um so den wissenschaftlich Tüchtigsten herauszufinden und diesem dann die versprochne Summe zur beliebigen Vertheilung einzuhändigen. Allein ich merkte bald „Graeca non leguntur", hätt' es auch an dem allzu mönchischen Aussehn der Leutchen von vornherein abnehmen können. „Es stand ihnen an der Stirn geschrieben" daß sie nicht mögen Sanscrit üben. Um so mehr befremdete es mich, als ich später einmal einen amerikanischen Missionar äußern hörte, er habe sich bei einem neulichen Besuche in Sittambalam sehr gefreuet, die dortigen Brahminen zur Annahme christlicher Schriftchen so bereitwillig zu finden. Es frägt sich hiebei vor allen Dingen, ob sie auf ein schließliches gutes Trinkgeld für ihre Führerdienste rechnen zu können meinten oder nicht, und dann — den Hindus ersetzt zwar die Pflanzenwelt mit ihren zum Theil sehr großen Blättern gewisse praktische Nachtheile einer nur geringen Beschäftigung der Presse; dennoch wissen sie unsre Maculatur, die denn doch solidere Dienste leistet, sehr wohl zu schätzen. Wie oft hat mir der Bazar in Madras einen Theil seines Inhalts, — ach leider! — in einzelnen Bibelblättern zugeschickt. Nein nein, so lange die Brahminen in Sittambalam ihre eignen heil. Schriften nicht besser studiren, werden sie die unsrigen zu einem besondern Gegenstande ihrer Forschung zu machen schwerlich geneigt sein.

Noch spät am Abend stattete uns unser junger Muhamedaner einen Besuch ab. Von ihm erfuhr ich unter Anderm, daß in Sittambalam etwa fünfzig muhamedanische Häuser und zwei Moscheen sind. Er hatte uns zur Hauptmahlzeit trefflichen Pilaw geschickt; es wollte mir aber der alte Bekannte von Palästina her in dem indischen Klima nicht recht zusagen. Er war mir zu fett und schwer. Unsre Rückkehr traten wir schon am folgenden Morgen an. Um acht Uhr waren wir wieder bei Rama Pilley, wo wir während der Hitze des Tages bleiben wollten. Unser Wirth, der als strenger Saiva weder Fleisch noch Fisch aß,[82] versorgte uns europäische „Puleijer“[83] mit beiden. Er hatte sich heute auf's allerschönste geschoren und geschmückt und sah mit sichtlichem Wohlgefallen, daß wir sein Reis mit dem achtfachen Kari nicht verachteten.

Das Haus unsres heidnischen Freundes schien übrigens nicht bloß ein ächtes Gasthaus, sondern auch ein rechter Sammelplatz für das Volk der Brahminen zu sein: denn „ein Reisender ist als Gast zu betrachten, so auch der Offenbarungskundige, der bis an's Ende der Vedas gelangt ist.“[84] Einer jener priesterlichen Vögel, die dort ab und zuflogen, ließ sich auf ein Stündchen bei uns nieder: es war ein Carnataca-Brahmine mit ziemlich verschlagnem Gesicht; bis ans Ende der Vedas aber war er sicherlich nicht vorgedrungen.

In Rama Pilley fand ich, wie gesagt, einen sehr frommen Saiva und dazu die Gutmüthigkeit selber; dennoch wollte es mir scheinen, als ob er seinen Hauspfaffen, der ihn denn doch um manches Körnlein Reis und um manches Bißlein Butter ärmer machte, ganz gern einmal in der Klemme sähe. Kaum hatte derselbe Platz genommen, so warf er zwei kitzliche Fragen auf, die er sich aus einer vorgängigen Unterhaltung mit mir gebildet hatte: Woher stammen die Brahminen? Und was ist die Grundlage der Veda's? Ich hatte ihm nämlich zu verstehen gegeben, daß die mit uns stammverwandten Brahminen nach Indien erst eingewandert seien, und daß die Götterlehre der Veda's ursprünglich auf reiner Naturanschauung beruhe. Er lachte nun aus voller Kehle, als der verblüffte Hauspfaff diesen verwegnen Behauptungen des ketzerischen „Schastri“ nichts entgegenzustellen wußte.

Da ich gerade die Bhagavadgita bei mir hatte, so legte ich dem Carnataka-Brahminen, der für einen Gelehrten galt und gelten wollte, die berühmte Stelle[85] vor, die ein eignes Licht, — ja fast einen Schatten — auf den Charakter der Veda's zu werfen scheint:

„Die Veda's befassen sich mit den Gegenständen der drei Ureigenschaften, aus denen die Gesammtweltlichkeit zusammengesetzt ist; bleibe du mit jenen drei Eigenschaften unverworren, (indem du dich dem eigenschaftslosen Urgeist mystisch einigst). Wie vielerlei Brauch der wassergefüllte Teich gestattet (in welchem man wäscht, badet, trinkt, u. s. w.) so vielerlei Brauch gestatten die gesammten Veda's dem weisen Brahminen."

Mein „vedakundiger" Gegner brach die Sache von vornherein über's Knie, indem er frischweg behauptete, die Worte „Bleibe du mit jenen drei Eigenschaften unverworren!" hätten den Sinn: Bekämpfe sie ja nicht!. Damit ließ er den philosophischen Standpunkt „als das Ende der Veda's" gar fallen.

Da weiß der Verfasser des tamulischen Werkes, das ich gleich zu Anfang des ersten Bandes meiner Tamulischen Bibliothek[86] übersetzt und erläutert habe, die Fäden viel feiner zu drehen. Er setzt verschiedne Standpunkte, — einen Weg des Werkes, einen zweiten des Glaubens, einen dritten des Wissens, — und läßt demgemäß die Veda's mit Rücksicht auf die verschiedne Fassungskraft und die Reife des Einzelnen, bald in exoterischer, bald in esoterischer Weise reden. Die heilige Schrift ist ihm „eine barmherzige Mutter, die, über das Elend ihres tagtäglich Erde essenden Kindes sich erbarmend, es zu sich ruft, indem sie ihm Süßigkeiten entgegen, die herbe Arzenei aber verborgen hält!"

„Den genußvollen Lebendigen[87] ist es natürlich genug, das, was ihnen in die Augen kommt, zu genießen und zu umfassen. Sollten denn die heil. Schriften natürliche Dinge erst anordnen? So groß wäre die Unwissenheit? Muß denn irgend Jemand anordnen: du Krähe, mach dich schwarz! du Feuer, brenne! du Vembufrucht sei bitter! du flüchtiger Sturm, rege dich!"

„Wenn es heißt: „Begehrst du berauschendes Getränk und Fleisch, so verrichte Opfer! Steht dir der Sinn nach Lust, so nimm ein Weib und umarme es!" so fertigen damit die Vedas — in dem Gedanken, daß ein Solcher doch einmal Alles, was nicht von der Art ist, nicht anrühren werde — ihn ab; allein ihre Zulassung hat den positiven Sinn, daß man sich von Allem loszumachen habe. Ein solches Gebot ist eigentlich kein Gebot, sondern vielmehr eine Zurechtweisung."

„Erst spricht die Offenbarung: Genieße immerhin berauschendes Getränk und Fleisch, dann aber: Laß dir am Geruch genügen. Schau! — Sie verordnet auch: Um der Kindererzeugung willen ergieb dich der Lust am Weibe. Schau! — Der Büßer, der auch diesem (d. i. dem Hausleben) entsagt und Derjenige, der als Schüler lebt (d. i. nie in den Stand des Hausvaters tritt), sind nichts Uebles. Schau! — Du aber wirst (den letzten Sinn der Vedas verstehend) der Lust an den Werken entsagen und zu seliger Wonne (in Brahma) gelangen."

Meine Leser müssen mir diese wissenschaftliche Abschweifung für dieses Mal zu gute halten. Ich bin nachher nie wieder mit einem gelehrten Brahminen zusammengetroffen. Sie sind im Tamulenlande gar dünn gesäet.

Ich glaube, es war dem Hauspfaffen ganz recht, daß wir mit sinkender Sonne weiter zogen. Rama Krischna begleitete uns bis an's Weichbild des Dorfes: „denn einen vedakundigen Gast, der gesättigt ist, soll man bis zur Grenze begleiten." [88]

Von dem ferneren Verlauf der Rückreise weiß ich nichts Besonderes zu melden.

Von Trankebar nach Nagapatnam.

Am 8. August Nachmittags um drei und ein halb Uhr stand der Wagen vor der Thür, der uns die erste Strecke geleiten sollte auf dem Wege zu der wunderbaren Insel, die ihrer Fülle und Schönheit wegen unter den hiesigen Moslim's für das irdische Paradies gehalten wird, nach Ceylon. Das Fuhrwerk freilich selbst sah nicht danach aus, als ob es uns nach irgend einem Paradiese hinschaffen sollte: ein auf zwei Räder gestellter enger Kasten und davor ein paar weiße Ochsen, allerdings von edler Rasse, machte höchstens einen erzväterlichen Eindruck. Wir krochen mit Mühe in den schmalen, von Reisegepäck überfüllten Raum, der für Hindu's, welche die gelenken Beine beim Sitzen unter sich zu schlagen gewohnt sind, immerhin bequem genug, für Leute mit europäischen Beinen aber, besonders mit langen, äußerst unbequem war.

Wir verloren das reizende Trankebar mit seinen schneeweißen, aber seit der Abtretung des dänischen Gebietes an die Engländer meist todtenstillen europäischen Häusern und mit seiner himmelblauen, aber fast ununterbrochen laut donnernden See sehr bald aus dem Gesichte. Ein kühler Seewind, der in dieser Jahreszeit selten ist, minderte die tropische Gluth, und so war es eine rechte Lust, auf der schmucken, breiten, glatten Heerstraße dahinzugleiten, die, erst in neuester Zeit von den Engländern angelegt, schnurstracks von hier nach der benachbarten französischen Besitzung Karcikal führt. Schöne Bäume, unter denen die fast wie eine Eiche gestaltete Tamarinde mit sehr feinem, an die Akazie erinnernden Blätterwerk sich fürstlich hervorthut, beschatten den Weg zu beiden Seiten, und wo immer ein freundliches, gewöhnlich langhingestrecktes Dorf die vielbereiste Straße säumt, da fehlt es auch nicht an grünen Hainen. Flüsse und Canäle durchschneiden das Land allenthalben, und da sie schon seit mehrern Wochen von den Regengüssen des West-Monsum's gefüllt waren, so standen jetzt gerade die Reisfelder links und rechts unter Wasser, und fleißige Landleute bearbeiteten mit der Karste diejenigen Felder, von denen das Wasser schon wieder abgelassen war. Hie und da prangte auch bereits ein üppiges Reisfeld im hellsten Grün und erinnerte uns an die schönen Wiesen und Auen der Heimath.

In nicht ganz zwei Stunden erreichten wir Kareikal, das sich auf eine lange Strecke am Wege hinzieht. Französische Nettigkeit, die uns allenthalben entgegentrat, so wie französische Uniformen, in denen sich die braunen tamulischen Gesichter höchst eigenthümlich ausnahmen, sagten uns deutlich genug, daß wir auf französischem Grund und Boden waren. Leider nahm nun die schöne Landstraße bald ein Ende, und eben war die Sonne am Untergehen, als unsre Ochsen an einem brückenlosen Flusse Halt machten. Sie waren mit keiner Gewalt in die bereit stehende Fähre zu bringen und mußten abgespannt und an einer seichten Stelle durch den Fluß getrieben werden, den soeben auch eine große, fast nur mit den Köpfen sichtbare Büffelheerde mit vielem Wohlgefallen durchschwamm.

In Folge des dadurch verursachten Aufenthaltes langten wir erst gegen 9 Uhr in Nagapatnam (Schlangenstadt) an, nachdem wir zuvor das große, von Muhamedanern stark bevölkerte Nagur (Schlangendorf) der Länge nach durchzogen hatten. Wie froh waren wir, den engen Wagen mit dem geräumigen Zimmer zu vertauschen, das uns der englische Collector, Herr Minchin, in seinem gastfreundlichen und eben so bequemen, als schön gelegenen Hause zur Verfügung stellte. Die nahezu funfzehn Diener, die hier einer europäischen Herrschaft von drei Personen das Leben versüßten — und gelegentlich verbitterten, standen auch uns zu Gebote.

Des andern Morgens in aller Frühe ließ unser freundlicher Wirth anfragen, ob ich mit ihm einen Ritt zur Besichtigung des Ortes zu machen bereit sei. Ich bestieg nicht ohne Zagen den bereitstehenden Araber, und bald hielten wir vor einer mächtigen Ruine, deren thurmartige Gestalt schwer errathen läßt, welchem Zwecke das Prachtgebäu mag gedient haben. Der unverwüstliche Bau erinnert fast an altrömische Art. Wahrscheinlich ein vereinsamtes Denkmal jener Erzfeinde der Brahminen, der Buddhisten, die aus dem Festlande Indiens so gut wie spurlos vertrieben wurden, oder der lehrverwandten Djaina's, die sich noch bis auf heute in geringer Anzahl auch in hiesiger Gegend erhalten haben. Die Volkssage spricht für „Djaina's"; allein die gewöhnlichen tamulischen Benennungen für Djaina's und Buddhisten fallen meist in eins zusammen. Es scheint, als ob brahmanischer Fanatismus auch diese Spur ketzerischer Herrlichkeit hinwegzutilgen versucht, aber nicht vermocht hätte; eines der Stockwerke ist erst während der Zeit des Herrn Minchin abgetragen worden. Dicht hinter diesem offenbar von Menschenhand beschädigten Denkmal buddhistischer Größe und brahmanischer Eifersucht erhob sich eben wieder aus der Asche das vor einigen Jahren abgebrannte Jesuitencollegium.

Gegen Abend fuhren wir Beide mit der Familie des Collectors durch die eigentliche Stadt, die sich ziemlich weit ausdehnt, und in Folge des bedeutenden Handelsverkehrs mit Ceylon voll Leben und Geschäftigkeit ist. Wir sahen bei dieser Gelegenheit auch den alten holländischen Gottesacker, der, mit steinernen Monumenten, zum Theil von beträchtlichem Umfang, übersäet, sich so recht wie eine Stadt der Todten ausnimmt. Dagegen stach die aus der Ferne herschauende, von den Holländern erbaute Kirche, die von außen wie ein gewöhnliches Gebäude aussieht, eigenthümlich genug ab. Gegenwärtig halten die Engländer, die Erben der Holländer in Herrschaft und Handel, ihren Gottesdienst darin. Dicht neben dem Gottesacker zeigen noch einige Ueberbleibsel des alten holländischen Forts von der ehemaligen Macht der Holländer. Die Engländer haben das ganze Fort so ziemlich dem Boden gleich gemacht, indem sie die Steine für den Hafendamm verwandten.

Auf dem Nachhausewege schien uns eine heidnische Procession mit lärmender Musik den Weg sperren zu wollen. Als man aber sah, daß es „der große Herr", d. i. der Collector war, so machte die festtrunkene Menge unterthänigst Platz, und wir durften ungehindert vor dem ungeheuren Götzenwagen vorbeifahren, der in eine haushohe, mit Brahminen ausgestopfte Pyramide endete.

Von Nagapatnam nach Point Calimere.

Das Umherreisen in Indien ist mit nicht geringen Unannehmlichkeiten, zum Theil auch mit Beschwerden verbunden, von denen man sich in Europa nicht träumen läßt. Zu den größten Unannehmlichkeiten gehört die Abhängigkeit von einer Unzahl von Leuten aus den verdorbensten Volksclassen, ohne deren vereinte Dienstleistung man keinen Schritt weiter kommt. Die eigentliche Beschwerde geht aber da an, wo man die gebahnte Straße verlassen und in weniger besuchte Gebiete ablenken muß. Denn da hören dann die auf Europäer berechneten Rasthäuser auf, und man muß oft bis tief in die Hitze des Tages hinein reisen, ehe man einen nur irgend erträglichen Aufenthaltsort findet, wo man seine Matte ausbreiten, sich etwas Warmes zubereiten, und den Rest der heißen Tageszeit verbringen kann; denn die Sattirams oder Ruhehäuser der Eingebornen sind nicht selten von der Art, daß der bloße Anblick Einem alle Lust benimmt, auch nur den Fuß da hineinzusetzen, und daß man trotz der gehabten nächtlichen Strapatze, trotz Hunger und Durst die Weiterreise in der furchtbarsten Hitze vorzieht. Leider nur ist dazu nicht immer die Wahl gelassen. Wenn die Ochsen nicht weiter können oder die Träger nicht weiter wollen, so muß man sich das ungastliche Obdach wol gefallen lassen und zufrieden sein, daß man nicht die versengende Mittagssonne zur Herberge zu nehmen braucht.

Die Entfernung zwischen Nagapatnam und Point Calimere beläuft sich zwar nur auf 15 bis 16 Stunden. Dennoch gehörte gerade diese Reise zu den unannehmlichsten, die wir je unternommen. Es kostete uns unsägliche Mühe, selbst mit Hilfe des Collectors, der als der Fürst des ganzen Bezirks angesehen wird, seiner zahlreichen Dienerschaft und seiner vielen Polizeisoldaten, die nöthigen Vorbereitungen zu Stande zu bringen, um am Abend unsre Weiterreise antreten zu können. Unser Knecht, der zugleich den Koch machte, hatte in seiner Beschränktheit ein Mißverständniß über das andere angerichtet, und als wir nun endlich so weit waren, uns in unsre Manjils zu legen, so erklärten die Träger, sie würden uns nur bis Vedaranyam, einige Stunden von Point Calimere, bringen. Da dort eine hinlängliche Anzahl von Trägern nicht zu haben ist, so drohte ihnen der Collector strenge Bestrafung an, wenn sie uns im Stiche ließen; ich aber wußte nur zu wohl, daß die Furcht vor künftiger Strafe bei den um alles Künftige so sorglosen Hindu's wenig wirkt, und sagte daher dem Collector gleich von vorn herein, daß nöthigenfalls ich selbst das Richteramt auf der Stelle zu übernehmen bereit sei. So brachen wir denn mit ziemlich bangem Herzen des Abends um 9 Uhr von Nagapatnam auf, wir in unsern von der Westküste mitgebrachten Manjil's, Herr Cordes aber, der so eben von Trankebar her uns nachgekommen war, in seinem Ochsenwagen.

Es war ein wunderschöner Abend, wie ihn nur Indien zu geben im Stande ist. Ein allerliebster Seewind fächelte uns vom nahen Meere her an, und der frische Hauch desselben, die schaukelnde Bewegung des Mandjils und der eintönige Gesang der Träger wiegte mich bald in so tiefen Schlaf, daß ich zuletzt auch nichts mehr von dem Geräusche vernahm, wenn unsre sechszehn Träger die Kanäle und Flüsse durchplätscherten, die das Land allenthalben, oft breit genug, furchen und es so zu einem gesegneten Reisboden machen. Aber wie erschrak ich, als mich die Träger gegen 2 Uhr weckten und unser Knecht mit ziemlich verlegenem Gesicht im Fackelscheine vor mir stand. Ich hatte ihn sammt den Trägern unsres Gepäcks und Küchenkorbes schon frühzeitig vorweggeschickt, um geraden Wegs nach Point Calimere zu gehen, und uns dort in dem Hause des Hauptcollectors von Tanjore die Herberge zuzurichten. Er hatte es aber sammt jenen vorgezogen, in einem Ruhehause der Eingebornen auf weniger als halbem Wege liegen zu bleiben. Da ich fürchten mußte daß, wenn es in dieser Weise weiter ginge, wir den folgenden Tag in der brennenden Sonne zu logiren und zu hungern haben dürften, so hielt ich es für das Räthlichste, von meinem patriarchalischen Rechte als Oberhaupt der Caravane Gebrauch zu machen und ein für allemal ein heilsames Strafexempel zu geben.

Trotzdem wollten uns unsre Träger schon mit dem Grauen des Tages in Kallimödu[89], etwa auf der Hälfte des Weges, niedersetzen. Das Sattiram daselbst war aber so eng und schmutzig, und dabei von einer so bunten Menge von Eingebornen und wer weiß von was Allem bevölkert, daß wir unmöglich den Tag daselbst verbringen konnten. Eine entschiedene Geberde — und der Zug setzte sich von Neuem in Bewegung, und nach 1½ Stunde etwa langten wir durch eine ziemlich wüste Gegend nach Vedaranyam.[90] Dort hat der Hauptcollector von Tanjore, Herr Bischop, der jährlich einmal der Steuererhebung wegen dahin muß, ein luftiges Obdach errichtet, 12 bis 16 Palmyrastämme und darüber ein Geflecht von Kokosblättern. Wir breiteten unsre Matratzen auf den tenneartigen Boden, und als nun gar noch ein europäischer Stuhl herbeigeschafft wurde, so hatten wir mehr als die glühendste Einbildungskraft in dieser Oede erwarten konnte. Lustig flatterten auf den schönen Bäumen rings umher die grünen Papageien. Unterdeß kam auch Missionar Cordes in seinem Ochsenwagen an, und sobald die Hauptthitze vorüber war, eilten wir dem vorläufigen Ziele unserer Reise, Point Calimere, entgegen. Die Gegend umher wurde immer öder und öder, und ich begriff nun, warum unsre Träger uns nicht bis nach Point Calimere zu tragen gedroht hatten. Die Eingebornen nämlich, von Natur höchst feige, fürchten die „von Eulen und Teufeln erfüllte Wildniß" wie das Feuer. Die wüsten Salzlagunen zu beiden Seiten des Weges spiegelten uns das heimathliche Bild gefrorner und mit Schnee leicht bedeckter Seen vor, aber die Sonne über unserm Haupte strafte sie Lügen. Unsre Träger, der nahen Ruhe gewiß, trabten wie feurige Rosse und legten den Weg von ziemlich zwei geographischen Meilen in etwa zwei Stunden zurück.

Wie wohl war uns, als wir in den geräumigen, lichten und luftigen Bungalow des Herrn Bischop, der hier zuweilen der Erholung halber sich aufhält, damals aber abwesend war, einzogen!

Aufenthalt in Point Calimere.

Nachdem wir uns von den Strapazen der Reise einigermaßen erholt, war es unser erstes Geschäft, ein Boot für die Ueberfahrt nach Ceylon zu miethen. Der dortige Cotwal[91], ein feiner, gelenker Hindu, an den ich officiell empfohlen war, versicherte uns, daß wir in den ersten vier Tagen des ungünstigen Windes wegen schwerlich fortkommen würden. Wir schickten uns in die traurige Nothwendigkeit, obschon ich mich des Argwohns nicht erwehren konnte, daß irgend eine abergläubische Tagewählerei oder wenigstens die Lust, ein heidnisches Volksfest, das gerade gefeiert wurde, noch mitzumachen, dabei im Spiele wäre. Durchsetzen mochten wirs nicht gern; denn da der Wind offenbar nicht ganz entschieden günstig war, so liefen wir Gefahr, statt eines Tags fünf bis sechs Tage umherzukreuzen. Dazu waren wir nicht hinlänglich mit Brod versehen.

Es wurde uns auch bald die traurige Nothwendigkeit zu einer angenehmen Gewohnheit. Die Wohnung des Herrn Bischop liegt abgesondert von Kodikarei[92], dem letzten Dorfe, dem man in der Wildniß dieses Küstenvorsprungs begegnet, dicht am Saume des unwirthlichen Djangel. An diesen schließt sich eine noch ödere Sandebene; denn während der Djangel vom beständigen Gezwitscher der Vögel fort und fort belebt wird, gewinnt die Sandebene nur dann und wann einen Schein des Lebens, so oft nämlich die stattliche Antilope allein oder auch truppweise darüber hinstreicht. Der erwähnte Sandgürtel setzt sich bis an die Küste fort, die nur fünf Minuten vom Hause entfernt ist, sich aber in nordöstlicher Richtung, bis zu dem eine gute Stunde fernen Point Calimere, stets weiter in's Meer hineinbiegt. Auf diesem äußersten Küstenvorsprung hat man in neuerer Zeit eine weiße Säule von bedeutender Höhe errichtet, dem vorübersteuernden Schiffer zum willkommenen Zeichen.

Auch die tamulische Poesie weiß von einem „Wald-Lob" und definirt ein solches Gedicht folgendermaßen[93]: „Der Dichter preist die rauschende Waldwildniß an der großen brausenden Meeresküste, die sich Vieler erbarmt (indem sie in die Wehklagen der Einsamen sympathetisch einstimmt)." Der Mustervers aber lautet so: „Niemand ist in dieser Welt, der die Welt, die man vor sich liegen sieht, hinter sich liegen sähe (d. i. Niemand ist, so lange er in dieser Welt lebt, über die Leiden dieser Welt erhaben). Wie die aus Liebe Weinenden ihre Zähren dahinfließen lassen, so sympathetisch sich bewegend erseufzt die Eulen- und Teufel-gefüllte Waldwildniß."

Was für ein merkwürdiger Contrast, wenn wir gegen solche tamulische Waldlieder voll „Seufzer, Eulen und Teufel" unsre Waldlieder voll „grüner Bäume und Blüthen-Träume, voll Weben und Klingen, voll Hörnerschall und Jagdlust" halten! Ueber mich übrigens „erbarmte sich" die „rauschende Waldwildniß an der großen brausenden Meeresküste" in der That. Die außerordentliche Kühle der Luft auf diesem Küsten-Vorsprung stärkte meine erschlafften Nerven von Stunde zu Stunde, und auch die Hunderte von juckenden Hitzbläschen, an denen ich vier Monate hindurch unausgesetzt gelitten, wichen zusehends. Das Beste aber, was das Warten brachte, war die schöne Muße, die wir uns trefflichst zu Nutze machten. Ich studirte mit Herrn Cordes vom frühen Morgen bis zum späten Abend den Kural, das allerbedeutendste Erzeugniß der tamulischen Literatur. Darin ist die Summe indischer Weisheit in kurzen, kernigen, oft hochpoetischen Sprüchen, und zwar in gebundner Rede von sehr alterthümlicher Färbung, niedergelegt. Ein Missionar für das Tamulenvolk sollte sich von den Schwierigkeiten, womit die Lesung desselben verknüpft ist, nicht zurückschrecken lassen, sondern vielmehr die wichtigsten Sprüche, deren manche eine willkommne Handhabe zur Anknüpfung der Wahrheit bieten, geradezu dem Gedächtniß anvertrauen.

Die vier Tage waren bald zu Ende; der Wind aber wehete fort und fort aus Süden. Die Schiffer vertrösteten uns auf den Vollmond, und wir entschlossen uns noch acht Tage zu warten. Da aber das mitgebrachte Brod auf eine so lange Wartezeit nicht berechnet war, so mußten wir Jemanden nach dem 14 Stunden entfernten Nagapatnam zurückschicken, um uns von dort mit neuen Brodvorräthen zu versehen. Glücklicherweise verstand unser Knecht neben dem Kochen auch das Schlachten; und da uns die nächste Umgebung außer Reis und Geflügel auch eine Art Schafe oder Ziegen bot,[94] so litten wir in dieser Wildniß keinen Mangel. Selbst ein Barbier war in unsrer Wildniß zu haben. Da mein Bart während sieben voller Tage und Nächte sich eines ungestörten Wachsthums erfreuet hatte, so war er selbst fast zu einer Wildniß geworden. Ehe der Mann an sein Werk ging, hielt er mir sein Spiegelchen vor, als wollte er mir zu verstehen geben: „Schauen nur Ew. Herrlichkeit, 's ist kein schlecht Stück Arbeit." Sodann legte er sich mit stumpfem Messer und kaltem Wasser — ohne Seife — dawider; die Arbeit dauerte an drei Viertel Stunde; nur die Scham hielt mich von lautem Schreien zurück. Bei jedem neuen Stadium hielt er mir wieder sein Spiegelchen vor: „Schauen Ew. Herrlichkeit, so und so viel Bäume habe ich bereits gefällt; ich muß nur noch die Stümpfe herausholen." Des Abends aber nach gethaner Arbeit gingen wir am Strande des Meeres lustwandeln, und während ich mit Herrn Cordes Dieses und Jenes durchsprach, vergnügte sich meine Frau am Auflesen von Muscheln, die hier das Meer in großer Menge und Mannichfaltigkeit an den Strand wirft.

Die acht Tage gingen abermals zu Ende und mit ihnen unsre neuen Brodvorräthe. Da nun der Wind, statt sich nach Westen zu drehen, zuweilen gar nach Osten umsetzte, wir aber einen neuen Mondwechsel schon deshalb nicht abwarten konnten, weil die Regenzeit zu nahe vor der Thür war, um noch vor derselben unsern Besuch in Ceylon abzumachen und nach Trankebar zurückzukommen, so sahen wir uns genöthigt, uns zur Rückreise zu schicken, — schleunigst, da unser Brod nur noch für den nächsten Tag nothdürftig zureichte.

Nahe an 200 Eingeborne aus der Umgegend, die alle nach Ceylon wollten, hatten mit uns vergeblich auf günstigen Wind gewartet. Sie sahen uns ungern scheiden, da sie an uns, als an Europäern, eine Stütze gegen die eben so trägen als eigensinnigen Schifferleute zu finden hofften, die, wenn der Wind minder günstig wird, die Mühe des Ruderns scheuend, zuweilen plötzlich Anker werfen und liegen bleiben. Ein Theil derselben jedoch war trotz schlechten Windes am Tage vor unsrer Abreise in die See gestoßen, während des ganzen Tages aber trotz aller Bemühungen nicht über die Gesichtsweite hinausgekommen.

Das Bewußtsein, daß Wind und Wetter in des Herrn Hand stehen, ließ uns bald das Fehlschlagen unsres Plans verschmerzen. In der Frühe des andern Morgens nahmen wir von unsrem Hause, das wir mit einem Heere von Ratten und Fledermäusen getheilt hatten, mit leichtem Herzen Abschied, zu großem Leidwesen der erstern, die sich auf den Balken und Sparren zu unsren Häupten allabendlich zu einem Streifzuge gegen unsre Vorräthe versammelten, und zu großer Beruhigung der letztern, die wir mit unsrer Lampe allnächtlich in große Angst und Verwirrung setzten.

Rückkehr nach Trankebar.

Da in der ganzen Nachbarschaft von Kodikarei keine Träger zu haben waren, glücklicherweise aber ein Ochsenwagen zur Verfügung stand, so hatten auch wir für unsre Rückreise diese dem flachen Tamulenlande eigenthümliche Weise der Beförderung gewählt und wählen müssen. Die heiße Tageszeit verbrachten wir abermals in dem herrschaftlichen Schuppen zu Vedaranyam. Ein eingeborner Untercollector, ein katholischer Christ, schickte uns Stühle, Tische und selbst ein Sofa. Er selbst, in einem feinen weißen Ueberwurf, in gelbseidener Jacke, auf dem Haupte einen braunen Turban und die Finger voll Ringe, folgte hinterdrein. Der Mann war auf der Stelle bereit, uns die nöthigen Ochsen zur Weiterreise zu verschaffen. Dafür verlangte er weiter nichts, als daß ich seiner treuen Dienste vor dem „großen Herrn" zu Nagapatnam gebührend gedenken möchte. Er war sehr entzückt, daß wir ihm einen seiner eignen Stühle boten. Denn nur einen im Gerichtshofe angestellten Eingebornen darf der englische Beamte neben sich auf einem Stuhle sitzen lassen.

Kaum war die größte Hitze vorüber, so brachen wir auf, und als nun erst der Vollmond die Sonne ganz ablöste und einen wahrhaft goldnen Streifen über die blaue Fläche des von weißen Segelschiffen belebten Kallimöduflusses warf, der zu unsrer Rechten, sich zu einem See weitend, dem Meere zueilte, so fühlten wir uns leiblich und geistig durch und durch erquickt. Schon um 6 Uhr des nächsten Morgens erreichten wir trotz schlechter Wege und eben so schlechter Ochsen Nagapatnam. Dort blieben wir ein paar Tage, weil ich die Wesleyanische Mission daselbst in nähern Augenschein zu nehmen wünschte.

Die Wesleyanische Mission in Nagapatnam war damals bereits

29 Jahre alt. Zwei europäische Missionare, ein eingeborner Hilfsmissionar, ein Leser und sieben Schullehrer arbeiteten gerade darin. Ein ziemlicher Aufwand von Kräften im Verhältniß zu den geringen Erfolgen! Denn nur 30 bis 40 Getaufte gehörten den Wesleyanern zu, — und davon war ein gut Theil die Frucht unsrer alten Missionare, die ihre Thätigkeit auch auf Nagapatnam erstreckten. Indien, so scheint es, ist kein Missionsfeld für Wesleyaner. Die Hindu's sind im Ganzen zu nüchtern für methodistische Aufregung.

Die Wesleyaner theilen ihre Leute in Hörer und Glieder. Diese Unterscheidung hat aber nicht die heilige Taufe zum Theilungsgrunde. Zu den Hörern gehören alle, die zur Kirche kommen, Getaufte und Ungetaufte; zu den Gliedern aber alle, die sich den Wesleyanischen Ordnungen unterworfen haben, ebenfalls Getaufte und Ungetaufte. Getaufte, die sich nach bestandener Prüfung ihren Ordnungen unterworfen haben, nennen sie dann „wirkliche Christen", die Uebrigen schlechthin „Namenchristen". Daraus leuchtet zur Genüge hervor, daß die Wesleyaner ihre Gesellschaft über die Kirche, und ihre Verfassung über die Sacramente setzen.

Die Glieder sind districtsweise in Klassen, je zu zwölf Personen, abgetheilt. Der Gefördertste derselben leitet die regelmäßigen Gebetsversammlungen, darin man sich auch gegenseitig seinen Seelenzustand mittheilt, sammelt die kirchlichen Beiträge ein, und berichtet über Alles dem betreffenden Seelsorger, hier Missionar. Der Missionar aber führt ein sogenanntes Klassenbuch. Darin stehen alle Glieder verzeichnet und zwar mit ausdrücklicher Angabe des Seelenzustandes nach bestimmten Rubriken. Die eine Rubrik heißt: Stöhnen nach Gnade! (Groaning for salvation). Eine andre: Gerechtfertigt (Justified). Eine dritte: Geheiligt oder vollkommne Liebe (Sanctified or perfect love). Es giebt aber auch eine Rubrik für Rückfälle (Backsliding).

Die grundungesunde Richtung, die sich in diesem Allen abspiegelt, mag wohl mit die Schuld tragen, daß die Wesleyanische Mission in Nagapatnam bis daher so wenig Früchte aufzuweisen hatte. Dazu kommt aber jedenfalls die an Radicalismus streifende Art und Weise, womit die Wesleyaner, wie die meisten englisch redenden Missionare, die Kastensache behandeln. Ich hatte ein langes Gespräch darüber mit dem einen der beiden europäischen Missionare, der mir am Ende bekannte, daß er in Folge unserer Unterredung die Sache in einem andern Lichte zu sehen anfange. Der Collector selbst, der die indischen Verhältnisse aus langer Erfahrung kennt, stimmte im Ganzen mit uns und äußerte geradezu, daß das Verfahren der englischen Missionare in dieser Beziehung nur geeignet sei, dem Missionar allen Zugang zu den Hindu's, wenn nicht von vorn herein abzuschneiden, so doch wenigstens äußerst zu erschweren.

Sonst habe ich von den Wesleyanischen Missionaren zu Nagapatnam ungemein viel Freundlichkeit genossen. Den Missionar der anglikanischen Gospel-Propagation-Society, einen Ostindier dessen Katechet sich allerlei in unsern trankebarschen Gemeinden zu thun macht, habe ich nicht gesehn. Er ist auch mehr Pastor als Missionar.

Nach drei Tagen wohlthätiger Ruhe voll poetischer Gespräche in dem gastfreundlichen Hause des Herrn Minchin kehrten wir über Kareikal nach Trankebar zurück. In Kareikal verbrachten wir den heißen Theil des Tages, und benutzten die paar Stunden, um die Stadt selbst ein wenig näher anzusehen. Sie dehnt sich ziemlich weit hin, und die geräumigen, reinlichen Straßen zeichnen sie vortheilhaft vor Trankebar aus. Das sehr nette französische Gouvernementsgebäude blinkt dem von Nagapatnam Kommenden schon von fern her freundlich entgegen. Damals hielten sich etwa zwanzig Franzosen in Kareikal auf, darunter zwei Kaufleute.[95] Es sind dort auch mehrere Eingeborene, die sehr rein und nett französisch sprechen. Einer derselben, mit dem ich eine längere Unterredung hatte, war in seiner Sprache wirklich sehr schwer von einem französischen Schweizer zu unterscheiden. Die Tamulen sind überhaupt nicht ohne Gabe für fremde Sprachen.

In der Nähe von Kareikal hatte ein wandernder Trupp tamulischer Schauspieler sein „Schaugerüste" aufgeschlagen. So viel ich mich noch erinnern kann, waren allenthalben Menschen- und Thiergestalten angemalt; ganz oben in einer Galerie saßen mehrere große Puppen auf Stühlen und unten paradirte Krischna als Kind. Zuweilen macht ein einziger Honoratior den „Leiturgos." Die thränenreichsten Stücke sind auch bei den Tamulen die beliebtesten.[96] Ich muß gestehen, ich hätte einen jener Starken, die „über das weiche, milde Tamul Scepter und Dreizack schwingen," gern einmal auftreten sehen. Es wollte sich aber nicht schicken.

Noch am Abend desselben Tages gelangten wir gesund und wohlbehalten in Trankebar an, auch nicht im mindesten verdrossen über den fehlgeschlagenen Versuch einer Reise nach Ceylon.

Von Trankebar nach Combaconum.

Mehrere Hinduchristen zu Tritschinopoli hatten sich an unsere Missionare in Trankebar um Wiederaufnahme in die lutherische Kirche gewandt, zu der entweder sie selbst oder doch ihre Väter gehört. Meine Leser wissen schon, daß unser alter Schwarz auch in Tritschinopoli das Panier des Kreuzes aufrichtete. Das aber ist ihnen vielleicht nicht bekannt, daß die Früchte seiner Arbeit auch dort zum größten Theil in den Schooß der anglikanischen Kirche gefallen sind, die auch damals einen Missionar in Tritschinopoli unterhielt. Unsre Missionare glaubten auf die Bitte jener Christen eingehen zu müssen, besonders da ihr bisheriger Seelsorger nichts Wesentliches gegen den Charakter der Bittsteller mit Grund einzuwenden wußte. Sie beauftragten daher Einen aus ihrer Mitte, Miss. Cordes, dorthin zu reisen, sich von der Sachlage persönlich zu unterrichten, und die Leute, vorausgesetzt daß keine gegründeten Bedenken im Wege ständen, in den Verband der lutherischen Kirche zu Trankebar aufzunehmen. Da ich nach Indien gekommen war, um die Verhältnisse unsrer Mission im Tamulenlande nach allen Seiten hin möglichst genau kennen zu lernen, so hielt ich es für Pflicht mich als Reisegefährten dem Herrn Cordes anzuschließen.

Freitag am 20. Septbr. Nachmittags gegen 4 Uhr machten wir uns demnach auf den Weg nach Mayaveram (18 Meilen von Trankebar). Eine schöne, breite, schnurgerade Straße führt zuerst eine halbe Stunde weit in westlicher Richtung hin. Schattige Bu-Arasu-Bäume, die einen mit gelben, die andern mit rothen, noch andere mit rothen und gelben Tulpen zugleich, schmücken dieselbe, und dazwischen herein zu beiden Seiten blinkte in damaliger Jahreszeit das junge Grün üppiger Reisfelder. Wir ließen Poreiar zur Linken liegen, und rechts nach Kottupaleiam, wo wir aus alter dänischer Zeit eine Schule haben, hinüberlenkend, erreichten wir bald die Grenze des ehemaligen dänischen Gebietes. Die Engländer, die, wie Ritter in seinem Werke über Indien sagt, allenthalben Straßen bauen, während die Portugiesen Kirchen hinterließen, haben seit Abtretung des dänischen Gebietes an die ostindische Compagnie diese ihre eigenthümliche Art auch hier bewährt. Sie haben mitten durch eine vorher fast unwegsame Sandfläche eine neue Straße gelegt und so zur leichtern

Verbindung zwischen unsern Missionsposten Trankebar und Mayaveram nicht unbedeutend beigetragen. Leider hatten die Regengüsse, die als Vorboten des nahen Monsum um diese Zeit sich einzustellen pflegen, und in jenem Jahre besonders stark und häufig fielen, so tiefe Löcher hineingewaschen, daß wir in unsrem zweirädrigen Ochsenwagen gewaltig gerüttelt und geschüttelt wurden. Glücklicherweise kamen wir bald auf die alte gute Straße, die von nun an ununterbrochen unter schattigen Bäumen neben grünen Feldern an freundlichen Dörfern vorbei nach Mayaveram führt. Wir erreichten dasselbe noch vor 9 Uhr.

Sonnabend Nachmittag verließen wir das überaus liebliche Mayaveram mit seinen Laubgängen, Tempeln, Teichen und eilten nach dem 8 Stunden entfernten Combaconum. Die Straße dahin ist ein wahrer Lustweg. Gewaltige Bäume wölben ein majestätisches Laubdach darüber her; Reisfeld reihet sich an Reisfeld rechts und links, und üppige Banianengärten wechseln hie und da mit wilden Bambusgruppen. Einzeln verstreute Wohnungen und dichtgedrängte Bazare, einfache Ruhehäuser der Eingebornen, reich verzierte Tempel und Tempelchen, Götterbilder und herrliche Teiche mit blau- und weißblühendem Lotus beleben die vielbereiste Straße. In der Nähe von Combaconum, der alten Königsstadt, verdrängt die königliche Baniane alle übrigen Bäume von der Landstraße, und es war in der That kein kleiner Genuß, vorwärts und rückwärts hineinzuschauen in die unabsehbar lange, kirchenhohe, domartig überwölbte und vom Vollmond geheimnißvoll erleuchtete Laubhalle!

Wir erreichten den Fremdenbungalow, der außerhalb der Stadt, ein wenig abseits von der Straße, in der anmuthigsten Umgebung liegt, erst nach 10 Uhr. Den folgenden Tag, der ein Sonntag war, beschlossen wir bei dem Missionar der londoner Gesellschaft, Herrn Nimmo, in Combaconum zuzubringen, und machten uns daher schon in aller Frühe auf den Weg.

Lieblicher als Combaconum, wo in einer gewissen Periode die alten Tschola-Könige hausten, kann kaum ein Ort der Ebene liegen. Haine und Felder wetteifern mit einander an Ueppigkeit; besonders romantisch aber sind die dicht bewachsnen Ufer des Cavery, der damals, von den Wassern des West-Monsum's genährt, seine Wellen üppig dahinrollte, obschon Tausende von Bewässerungskanälen an seiner Fülle zehrten. Allenthalben die grünste Nacht. Da die Wohnung des Herrn Nimmo ein Stündchen vom Rasthause entfernt ist, so hatten wir reiche Gelegenheit, die ebenso fruchtbaren als reizenden Umgebungen Combaconums näher kennen zu lernen. Unser Weg führte uns bald auf prächtiger Brücke über den Cavery hinüber, und dann, sich zurückwendend, stets an den Ufern des herrlichen Flusses entlang, zur Rechten schattige Haine, zur Linken sonnige Saaten.

Herr Nimmo bewillkommnete uns freundlich in seiner netten Wohnung, die in einem schön begrasten und von mächtigen Bäumen überschatteten, fast parkähnlichen Gehöfte liegt. Wir waren kaum angekommen, so fuhren wir mit ihm zur Missionskirche. Halb Europäer und halb Hindu, macht er seiner ganzen Erscheinung nach einen ziemlich europäischen Eindruck. Er hat das Tamulische von Kind auf gelernt; es ist genau genommen seine Muttersprache; er redet es offenbar besser und geläufiger als das Englische. Es war daher sehr interessant für mich, ihn predigen zu hören. Es floß ihm nur so vom Munde. Alles horchte mit großer Aufmerksamkeit, und man sagt, daß selbst Brahminen ihn gern hören mögen. Die tamulische Sprache hat, wohl geredet, in der That einen großen Wohlklang; sie träufelt dann wirklich Honig. Leider zeigte der Inhalt der Predigt, die mehr die Form der Katechese hatte, von ziemlich mangelhafter theologischer Bildung. Schade daß sich eine so große Meisterschaft in der Sprache nicht mit größerer Gründlichkeit verbindet, und daß so der Vortheil, den die im Lande gebornen Missionare gemischter Abkunft vor den rein europäischen in der Sprache voraus haben, zum großen Theil wieder verloren geht. Ich rede so allgemein, weil die in Bezug auf Herrn Nimmo gemachte Bemerkung fast alle seines Gleichen mittrifft.

Da es der ausdrücklich ausgesprochne Grundsatz der londoner Gesellschaft ist, jeden ihrer Missionare gewissermaßen als Apostel in der Lehre und als Patriarchen in der Verfassung frei schalten und walten zu lassen, so wird es meine Leser nicht wundern wenn ich ihnen sage, daß der Gottesdienst, dem ich beiwohnte, ein Gemisch von Dissenterwesen, Anglikanismus und Lutherthum war. Die ganze Predigt beurkundete den Geist des Dissenterthums, die Liturgie war anglikanisch (diesmal wenigstens; denn ich höre, es wird damit gewechselt,) die Lieder endlich gehörten unserm trankebarschen Gesangbuche an.

Natürlich kann bei solcher Missionspraxis von einem kirchlichen Verband unter den verschiedenen Missionsgemeinden derselben Gesellschaft nicht die Rede sein. Herr Nimmo selbst sprach, ohne es zu wissen und zu wollen, dieser Missionspraxis das Urtheil, indem er unter anderm die Befürchtung äußerte, die Gemeinde möchte, wenn einmal ein Anderer an seine Stelle käme, sich sehr zersplittern. Uebrigens theilte Herr Nimmo, der von Jugend auf mit den eigenthümlichen Gebräuchen der Hindu's, so wie mit ihrem ganzen Leben innigst vertraut ist, keineswegs den Radicalismus der meisten englischredenden Missionare in Bezug auf Behandlung der Kastensache, und da kein Bischof von oben her über ihn zu verfügen hatte, so trat der Bethätigung seiner Ueberzeugung in dieser Beziehung nichts in den Weg. Es gibt nämlich gar manchen anglikanischen Missionar, dessen Privatüberzeugung in Rücksicht auf den Kastenpunkt mit der amtlichen, von oben her vorgeschriebenen Praxis im geheimen Widerspruche steht.

Die Gemeinde des Herrn Nimmo belief sich damals auf etwa 250 Glieder; der Gemeindebezirk aber erstreckte sich auf 40 englische Meilen nach Norden, 6 nach Osten und ebenso viele nach Westen. Seine

Christen waren daher in mehrere Kapellen vertheilt, die meist von Katecheten mit der Predigt des Worts bedient wurden. Die meisten Gemeindeglieder stammten übrigens aus der römischen Kirche. Erwägt man nun, daß Herr Nimmo bereits sechszehn Jahre in Combaconum arbeitete und damals 6 Katecheten, 2 Colporteurs, und etwa 12 Schullehrer unterhielt, so nimmt es Einen doch fast Wunder, daß er aus den Heiden selbst während seiner ganzen sechzehnjährigen Wirksamkeit nicht mehr als fünf Familien taufte, und die Verwunderung wächst, wenn man dazu weiß, daß Herr Nimmo den ärmern Theil seiner Gemeinde auch mit dem Brode dieses Lebens reichlich speiste. Ein Hauptgrund, warum hier die Missionserfolge mit den Missions-Kräften und -Mitteln in so auffälligem Mißverhältniß stehen, mag freilich wol in dem Umstande zu suchen sein, daß die londoner Missionare, der calvinistischen Anschauung von der Taufe gemäß, mit der Ertheilung derselben im Allgemeinen gar zu lange zögern.

Herr Nimmo forderte uns Beide auf, seinen Christen des Nachmittags ein paar Worte zu sagen. Da ich dem Dolmetschenlassen gründlich feind bin, so mußte ich mich wol entschließen, meinen ersten Versuch im öffentlichen Tamulischreden zu machen, und zwar nach ganz kurzer Vorbereitung. Es ging mir damit, wie mit meinem ersten Reitversuch, den ich auf den unwegsamen Pfaden des Libanon zu bestehen hatte. So ungelegen mir die Aufforderung kam, so lieb war es mir nachher, daß ich sie, Dank dem beharrlichen Anliegen des Herrn Nimmo, nicht ablehnte, indem ich auf diese Weise über die Schrecken eines ersten öffentlichen Redeversuches in der so überaus eigenthümlichen und schwierigen tamulischen Zunge schnell und leicht hinwegkam.

Von Combaconum bis Tritschinopoli.

Sobald die größte Hitze des Tages vorüber war, machten wir uns auf die Weiterreise und erreichten Kavistalam, unsere nächste Nachtherberge, in etwas mehr als drei Stunden (ungefähr 11 engl. Meilen). Der Charakter des Weges von Combaconum bis Tritschinopoli ist im Ganzen derselbe wie von Mayaveram nach Combaconum. Hohe, schattige Baumgänge mit geringer Unterbrechung, und auf beiden Seiten zum Theil von Baumpflanzungen begrenzte, zum Theil mit verstreuten Baumgruppen durchsetzte Saatfelder. Das Gesammtgepräge der Landschaft erinnerte mich lebhaft an die Insel Seeland, nur daß hier die Kokospalme, die bis Tritschinopoli selten fehlt, und der wunderliche Banianenbaum dem Ganzen einen fremdartigen Zug beimischen. Dazu kam daß hier Kambu, eine Art Korn mit hohen in Kolbenform auslaufenden Halmen, mit Reissaat häufig wechselte und, von weitem gesehen, den Eindruck üppigen Weizens machte. Wir fanden, je weiter wir kamen, die Felder in der Regel um so weiter vorgeschritten. Die Ursache ist die: das ganze sogenannte Cavery-Delta hängt in seiner Fruchtbarkeit lediglich von dem Cavery ab, der oberhalb Tritschinopoli einen bedeutenden Arm unter dem Namen Coleroon[97] nach Norden entläßt, und sich dann unterhalb Tritschinopoli in viele Arme verzweigt, die von der Kunst in eine noch größere Menge von Kanälen zerspalten werden, dergestalt daß das ganze Land wie mit einem Netze übermascht ist. Im Monat Juli schwellt die Regenfülle des West-Monsum's den Cavery, der auf den Kurg-Bergen entspringt, besonders vermittelst seiner vielen Zuflüsse von den Ghats und der deckanischen Hochebene her, allmählig an. Nun wird das

Delta durch die Kanäle unter Wasser gesetzt, und zwar dasjenige Land, das der Deltaspitze zunächst liegt, zuerst und so fort. Die Umgegend von Tritschinopoli, die gewissermaßen an der Quelle sitzt, hat natürlich den Vorrang; dann kommt, um bekannte Orte zu nennen, Tanjore und Nagapatnam, und nach einer andern Richtung hin Combaconum, Mayaveram und Trankebar. Das denn also der Grund, warum wir, je mehr wir uns der Deltaspitze bei Tritschinopoli näherten, die Saaten um so weiter vorgerückt fanden.

Die Straße zwischen Combaconum und Tritschinopoli wird je länger je belebter, denn schon ehe man die Mitte des Weges erreicht, der sich auf etwa 50 englische Meilen beläuft, bleibt das nicht unbedeutende Tanjore in geringer Entfernung links liegen. Als wir am folgenden Morgen nach drei- bis vierstündiger Fahrt in Triviaru[98] anlangten, hatten wir nur sieben englische Meilen bis nach Tanjore hinein. Es ist in der That der Mühe werth, dem bunten Leben auf dieser an und für sich romantischen Straße dann und wann seine Aufmerksamkeit zu schenken; sie wird wohl auch wider Willen in Anspruch genommen. Das wurden wir leider selbst gewahr, wenn wir in unserm schaukelnden Ochsenwagen den Kural mit einander zu lesen anfingen. Reise- und Lastwagen von verschiedener Façon, die erstern meist mit Schellengeklingel wie unsere Schlitten, füllen die Straße; dazu Fußgänger aller Art. Hier kommt ein wunderlicher Heiliger, über und über mit Asche beschmiert, demüthiglichst zu Fuß daher; dort reitet ein anderer mit sonneverbranntem Vagabondengesicht, mit kohlschwarzem, struppigem Lockenhaar, auf stolzem Roß, und hinterher die ehrfurchtsvolle Jüngerschaar. Unter jenem Baume am Flusse sitzt eine Gesellschaft wandernder Kuraver. Der Mann schürt das Feuer, während etwa die Frau auf einem nur einigermaßen glatten Steine die schmackhafte Zuthat reibt; die Kinder liegen umher und spielen. Aus diesem Hause da tönt dir wunderlich melancholische Musik mit Gesang und Händegeklatsch entgegen. Man feiert eine Hochzeit. Da dicht am Wege sitzt der Bader und scheert schweigend ein auf seinen Schooß rücklings gelehntes Haupt kahl. Hier im Schatten der Baniane lagert eine Gruppe von Kindern, die aus den Blättern der Kokospalme allerhand Flechtwerk machen. Nicht zu vergessen des Affen, der dicht am Wege sein possirliches Spiel treibt, und den Vorübergehenden ziemlich dreist mustert; so wie der Büffelheerde, die ganz ruhig bis an den Kopf im Wasser steckt, so ruhig, als wenn sie vor lauter Lust an dem kühlen Bade darüber eingeschlummert wäre.

Wir erreichten von Triviaru aus, wo wir in dem kühlen anmuthigen Rasthaus die heiße Tageszeit wenig empfunden hatten, nach sechsstündiger Fahrt des Abends ziemlich spät Koviladi (Tempelfuß), unser letztes Nachtlager vor Tritschinopoli. Dort blieben wir, weil die Ochsen Tags zuvor eine starke Tour von etwa zehn guten Stunden gemacht hatten, am folgenden Tage bis Nachmittags 4 Uhr liegen. Der Schwager unsres Katecheten Nallatambi, der uns auf unserer Reise nach Tritschinopoli begleitete, hat hier eine kleine englische Schule auf eigne Hand. Einige seiner Schüler besuchten uns, um sich mit ihrem Englisch hören zu lassen, und auf den Wunsch des Lehrers stellte Miss. Cordes ein kleines Examen mit ihnen an, d. h. er frug ihnen das Gelernte ab. Die Tamulen nämlich treiben, wie Alles, so auch den Schulunterricht in durchaus mechanischer Weise. Es werden eben so und so viele Bücher auswendig gelernt. Die Kinder aber schrieen ihre Buchantworten so heraus, daß mir weder Schlafen noch Studieren gelingen wollte.

Ein längeres Gespräch mit dem Lehrer selbst ließ mich wieder einen tiefern Blick in die Ungerechtigkeit der Hindubeamtenwelt thun, mit der leider auch der europäische Theil nicht immer unverworren bleibt. Bestechung geht von oben nach unten, zuweilen bis zur schamlosesten Offenheit, im Schwange, und mit der Bestechung ein förmliches Raubwesen. Da läßt etwa ein einflußreicher Hindubeamter einen armen Grundbesitzer zu sich kommen und nöthigt ihn, dies oder jenes Stück Land für einen Spottpreis an ihn abzutreten; ich sage „nöthigt ihn": denn wo er sich weigerte, so möchte etwa der große Mann, der die Mittel in Händen hat, falsche Zeugen für jeden Zweck in beliebiger Anzahl zu erkaufen, ihn durch einen Proceß zu Grunde richten. Es kommt übrigens gar nicht selten vor, daß eine derartige Drohung ganz offen und unverhüllt ausgesprochen wird. In Folge dieser traurigen Verhältnisse hat sich unter den Eingebornen allmählig die Meinung ausgebildet, daß auch das Recht eine Waare sei, die man zu kaufen habe und die daher nur den Bemittelten zu Gebote stehe; und so tief und fest sitzt diese Ansicht, daß man es auch bei der allergerechtesten Sache für ganz in der Ordnung hält, dem Richter bei Zeiten ein Geschenk zu senden und die nöthige Anzahl von Zeugen durch Kauf voll zu machen. Was das für ein Ruin für den sittlichen Charakter des ganzen Volkes sei, brauche ich kaum zu sagen.

Wir verließen Koviladi erst gegen 4 Uhr des Nachmittags und hatten nun noch einen Weg von 15 englischen Meilen vor uns. Es dauerte nicht lange, so passirten wir eine neu erbaute ziemlich großartige Brücke, die über einem Steindamm erbaut ist, der die Gewässer des Cavery hindert, sich mit dem kaum entlassenen, ganz nahen Nordarm zu vereinigen, und so den dazwischen liegenden Reisboden in einen See zu verwandeln. Der Damm ist jedoch nur so hoch, daß eine etwaige Ueberfülle des Cavery durch einen Canal nach dem Coleroon abzufließen im Stande ist. Wir waren übrigens, bald nachdem wir Combaconum verlassen hatten, ununterbrochen an und auf einem Erdwall hingereist, der offenbar demselben Zwecke dient. Der Boden fällt nämlich nach dem Coleroon zu bedeutend ab; wir aber reisten von Combaconum fortwährend zwischen dem Cavery und dem

Coleroon hin. Jener Erdwall setzt sich jenseits der erwähnten Brücke fort. Dichtes Gebüsch benahm uns nun nach beiden Seiten hin alle Aussicht, bis wir zu einem zweiten aus der Zeit der alten Tschola-Könige herstammenden Steindamm kamen, den die Engländer in neuester Zeit ebenfalls überbrückt haben. Wir machten unter dem Schatten eines riesigen Arasu-Maram, eines sogenannten indischen Feigenbaumes, Halt, um das alte Gebäu, dessen auch Ritter gedenkt, näher in Augenschein zu nehmen. Es ist von außerordentlicher Festigkeit, und noch stehen selbst die Steine unversehrt, an denen sich die Fußgänger zur Zeit einer Ueberfülle des Cavery festhielten. Der gedachte Erdwall setzt sich auch hinter dieser Brücke fort; an die Stelle des wilden Dickichts aber traten nun wieder lichte Reisfelder zu beiden Seiten. Je näher wir Tritschinopoli kamen, desto schmucker wurde die Landstraße, und wir um so sehnsüchtiger nach dem Ziel unserer Reise. Endlich gegen 9 Uhr erreichten wir die lange prachtvolle Brücke, die uns geraden Wegs in das Fort von Tritschinopoli hineinführte. Es dauerte aber noch ein Stündchen, ehe wir, auf meist wahrhaft parkähnlichen Wegen, nach dem abseits gelegenen Fremdenruhehause gelangten. Ich begrüßte es als einen alten Bekannten und fand leider auch die alte Inhaberin desselben, eine ganz unleidliche Hitze vor. Ganz Tritschinopoli nämlich ist seiner drückenden Schwüle wegen in Süd-Indien berüchtigt.

Aufenthalt in Tritschinopoli. Rückkehr nach Mayaveram.

Wir waren kaum aufgestanden, so kam Besuch auf Besuch. Aber welcher Art! Nicht weniger als drei Cigarrenfabrikanten, ein Schuhmacher mit fertigem Schuhwerk, drei Juwelenhändler, ein Kaufmann der mit einer Auswahl europäischer Artikel handelt, ein Hausirer mit indischem Ingwerbier, ein andrer mit englischem Zwieback u. s. w. u. s. w. Einer davon war so unverschämt, daß er sich nur mit äußerster Mühe abweisen ließ, alle aber waren ziemlich lästige Gäste. Die Hindu's sind überaus betriebsam und geschäftig, wo sie's mit Europäern zu thun haben, wie in Tritschinopoli, wo ein ganzes europäisches Regiment kantonnirt.[99] Wohin auch der Engländer geht, der heimische Comfort, ja selbst der heimische Luxus darf nicht fehlen, und der Hindu ist klug und thätig genug, um seinen Herrn, den Engländer, gegen schweres englisches Geld mit Allem zu versehen, woran er sich von Jugend auf gewöhnt hat, und was er in Folge dieser Gewöhnung für unentbehrlich hält. Ob derselbe dadurch für seine Gesundheit gewinne, ist sehr die Frage; es würde gewiß viel weniger sieche Europäer in Indien geben, wenn man zu den Genüssen des Ostens nicht auch die des Westens ohne gehörigen Unterschied zu fügen pflegte.

In Tritschinopoli tragen die Muselmänner das Haupt am höchsten. Wenn eine Hindu-Procession an einer Moschee vorbeikommt, so muß der davon fast unzertrennliche Lärmen auf einige Augenblicke schweigen. Während meines nachherigen Aufenthaltes zu Madras kam es bei einer solchen Gelegenheit in Tritschinopoli zu einer Rauferei, die Einigen das Leben kostete. Einem Pariah nämlich juckte, als man sich in feierlichem Umzuge einer Moschee nahte, die Hand dermaßen, daß er die Trommel zu rühren sich nicht enthalten konnte. Muhamedaner stürzten wüthend herbei und zerrissen den Gott in lauter Fetzen. Da mußte natürlich Blut fließen.

Herr Cordes hatte den Katecheten schon frühzeitig nach den Christen ausgeschickt, die zur Trankebarer Mutterkirche zurückzukehren wünschten. Zehn derselben langten bald nach Mittag an. Sie erschienen, der Landessitte gemäß, nicht ohne Geschenke. Einer trug einen Korb mit Bananen und Zucker; die Andern legten jeder ein paar Citronen auf den Tisch. Darauf ließen sie sich auf den Boden neben uns nieder. Es waren lauter Sudra's, bis auf einen Pariah, und auch dieser saß keineswegs von ihnen gesondert, ein Zeichen daß das Volksvorurtheil in diesem Punkte gefallen war. Ein längeres Gespräch mit ihnen bestätigte von Neuem den selbst von englischen Missionaren zugegebenen Umstand, daß denjenigen Hinduchristen in Süd-Indien, die früher im Verband der lutherischen Kirche standen, später aber, sie wußten nicht wie, an die englische Kirche kamen, die lutherische Lehre und Art in mehr oder minder bewußter Weise noch immer, so zu sagen, anhängt. Haben sie sich doch an den meisten Orten ihr schönes lutherisches Gesangbuch um keinen Preis nehmen lassen, und so lange sie sich daraus erbauen, — so hat selbst ein englischer Missionar sich einmal geäußert, — läßt sich das lutherische Wesen schwerlich aus ihnen hinausbringen.

Am andern Morgen, als am Donnerstag, machte uns auch ein eingeborner christlicher Geschäftsmann von ziemlich edlem Aussehen und feinem Benehmen einen gelegentlichen Besuch. Er drückte seine herzliche Freude darüber aus, daß nun wiederum Missionare der Kirche ins Land gekommen seien, der Vater Schwarz angehörte, und versicherte, daß er selbst und manche Andre zur Kirche ihrer Väter zurücktreten würden, sobald man nur erst sähe, daß man sich ihrer von Trankebar aus ernstlich anzunehmen gesonnen sei.

Gegen Abend machten wir dem bisherigen Seelsorger jener Christen, Herrn Heyne, einen Besuch, der, im Lande geboren, wenn ich nicht irre, halb deutschen Ursprungs ist. Natürlich lenkte sich das Gespräch sehr bald auf die Sache, die uns dorthin geführt hatte. Es freute mich, aus seinem eignen Munde zu vernehmen, daß keiner der betheiligten Christen bisher einen anstößigen Wandel geführt, oder auch nur in irgend einem persönlichen Mißverhältniß zu ihm gestanden habe. Was er sonst über die Beweggründe Einzelner zu dem beabsichtigten Schritt äußerte, schien einerseits nicht ganz frei von einer gewissen Parteilichkeit zu sein, die unter den gegebenen Umständen ziemlich natürlich war, andrerseits aber mehr auf persönlichen Eindrücken als auf klaren Thatsachen zu beruhen. So viel erhellte jedoch aus seiner immerhin einseitigen Darstellung mit ziemlicher Gewißheit, daß bei Einigen mit dem Wunsche, zur Kirche der Väter zurückzukehren, sich auch diese und jene äußere Rücksicht verbinden mochte, und wer die Art der Eingebornen nur einigermaßen kennt, der wird ohnehin eher ungünstigen als günstigen Vermuthungen Raum zu geben geneigt sein. Ich versicherte daher dem Herrn Heyne zum Schluß, daß ich bei diesem bestimmten Falle amtlich durchaus nicht betheiligt, daß ich lediglich als Beobachter mitgekommen sei und bei so kurzem Aufenthalte im Lande kein genügendes Urtheil über das Thun und Lassen der Eingebornen habe; ferner, daß es unsrer heimathlichen Gesellschaft als einer Missionsgesellschaft im Allgemeinen natürlich viel lieber sei, wenn die lutherische Kirche im Tamulenlande ihren Zuwachs aus den Heiden, als wenn sie ihn aus fremden Kirchengemeinschaften empfängt, daß sie aber als eine Missionsgesellschaft, die grundsätzlich der lutherischen Kirche zu dienen hat, es nicht mit ihrem Gewissen vereinen könne, irgend einem Christen, der ein Glied der lutherischen Kirche zu werden begehre, ohne triftige, auf klaren Thatsachen fußende Gründe seine Bitte abzuschlagen, besonders wenn gar er oder seine Väter der lutherischen Kirche ursprünglich zugehörten. Es seien aber zur möglichsten Verhütung von Mißständen, Mißstimmungen und Mißdeutungen alsbald nach meiner Ankunft in Trankebar folgende Punkte in dieser Beziehung zur Regel erhoben worden. Erstens: Kein Missionar soll, wo es sich um Uebertritt aus andern protestantischen Gemeinschaften handelt, die ersten Schritte thun. Zweitens: Man soll, wo es irgend thunlich und räthlich ist, dem betreffenden Missionar noch zur rechten Zeit von dem Uebertritt Mittheilung machen, so wie überhaupt möglichst vielseitige Erkundigungen über den Charakter der betreffenden Personen einholen. Drittens: Es soll den Uebertretenden zur ausdrücklichen Pflicht gemacht werden, zur Bestreitung der eignen kirchlichen Bedürfnisse nach Kräften beizutragen. Ich konnte nicht umhin mit der Bemerkung zu schließen, daß ich für meine Person mich freuen würde, wenn die Kirche, der er selber diene, zu einem ähnlichen Verfahren in dieser Beziehung sich entschließen könnte. Damit hat es aber leider gute Wege.

Der folgende Tag, ein Freitag, war ein rechter Leidenstag. Miss. Cordes hatte empfindlichen Ohrenschmerz und ich hatte mit meinem gewöhnlichen Uebel zu thun. Fast jede halbe Stunde mußte ich der übermäßigen Schwüle wegen wechseln, und dann fuhr zuweilen ein verhältnißmäßig so kalter Wind daher, daß Einem die vom unendlichen Schweißvergießen äußerst empfindlich gewordene Haut schauderte. Dazu ist das Leben in einem Bungalow, wo man nicht viel mehr als Stuhl und, wenn man recht glücklich ist, eine leere Bettstelle vorfindet, nicht das angenehmste, zumal wenn man nicht wohl ist. Wir waren daher keineswegs betrübt, als mit dem Verlauf dieses Tages das Maaß von Zeit zu Ende ging, das dem europäischen Reisenden in Indien für die Benutzung des öffentlichen Bungalows gestattet ist.

Am andern Morgen in aller Frühe brachen wir denn auf und

bezogen das Haus, das uns unsre Christen besorgt hatten. Es liegt in dem als besonders ungesund verschrieenen Fort und gehört einem Muhamedaner. Die Vorderseite sieht gerade auf den heiligen Teich, aus welchem jeden Morgen in feierlichem Aufzug Wasser geholt wird, um den Gott, der auf einem benachbarten Felsen thront, zu baden. Ein Reiter auf einem schmucken Elephanten führt den Zug: hinterher folgen die Leute, die das heilige Wasser, in dem ich mich, beiläufig gesagt, nicht baden möchte, in blitzenden Krügen von Messing auf den Köpfen tragen; Trommeln wirbeln und Blasinstrumente tönen darein.

Gegen Abend bestieg ich in Begleitung eines unsrer Christen den erwähnten Felsen, theils um den auf halber Höhe erbauten Sivatempel,[100] den Haupttempel der Stadt, in Augenschein zu nehmen, theils um von der Spitze desselben eine freie Aussicht über Stadt und Umgegend weit und breit zu gewinnen. Ein bedeckter und mannichfach verzierter Gang aus Stein führt zu dem Tempel hinauf; dann windet sich der Weg frei am Felsen empor und zwar so steil, daß vor einigen Jahren bei dem ungeheuren Menschenandrang des jährlichen Hauptfestes über 500 Personen mit einem Male das Leben verloren. Auf der Spitze des Felsens steht ein kleiner Tempel des Ganesa, des Gottes mit dem Elephantenkopf, dem Sinnbild der Klugheit, in dessen Namen alle Geschäfte des gewöhnlichen Lebens begonnen werden. Von da herab schweift das Auge über die langhingestreckte Stadt mit ihren dichtgedrängten Häusermassen der Eingebornen und den vereinzelten Wohnungen der Europäer in weiter Ferne. Rings ein gewaltiger Kranz von grünen Feldern mit malerisch verstreuten Baumgruppen. Im Norden der Stadt wälzt der Cavery seine majestätischen Wogen dahin und bildet mit dem Coleroon, seinem Nordarm, die romantische Insel Sriranga.

Es war mir ganz eigen zu Muthe, als ich, von dem Felsen wieder herabgestiegen, zu dem Hause des Vaters Schwarz kam, der in dieser abgöttischen Stadt zuerst das süße Evangelium erschallen ließ. Noch immer eine ziemlich bescheidene Wohnung, obschon seine Nachfolger sie bedeutend erweitert haben. Dicht daneben liegt die von ihm erbaute sehr schöne Kirche. Es that mir wehe, daß ich mich fremd fühlen mußte auf der Stelle, wo Einer unsrer ausgezeichnetsten Missionare gelebt und gewirkt hat. Die Anglikaner freilich, denen die Frucht seiner Missionsarbeit geworden ist, sprechen ihn als den ihren an, und suchen, dafern sie in hochkirchlicher Weise das Hauptgewicht auf die bischöfliche Verfassung legen, den Umstand daß er von der lutherischen Kirche ausgegangen und ordinirt worden, für die bischöfliche Kirche zurecht zu legen dadurch, daß sie sagen, er sei ja von einem Bischof ordinirt worden, — von dem dänischen Bischof nämlich, den sie doch sonst schwerlich gelten lassen. Die nicht hochkirchlich gesinnt sind, verweisen etwa darauf, daß ja eine anglikanische Gesellschaft, die Christian-Knowledge-Society, ihn unterstützte, — als ob Geldgeben und Geldnehmen über kirchliche Zugehörigkeit entscheiden könnte. Daß aber Schwarz die von ihm gesammelten Missionsgemeinden im Sinne des lutherischen Bekenntnisses einrichtete und einrichten durfte (denn die Knowledge-Society machte damals nicht den geringsten Anspruch, daß die von Schwarz zu sammelnden Gemeinden aus den Heiden der anglikanischen Kirche einverleibt würden), diesen wichtigen Umstand vergißt man, obschon das lutherische Gesangbuch, das in den von Schwarz stammenden Gemeinden bis heutigen Tages nicht gewichen ist, daran erinnern könnte. Daß es aber den von unsern alten Missionaren gesammelten Gemeinden hat so ergehen können, wie es ergangen ist, daran war der Mangel einer gemeinschaftlichen Oberleitung an Ort und Stelle und eines festen Gemeindeverbandes jedenfalls mit Schuld. Jeder arbeitete auf eigne Hand. Für die neuere evangelisch-lutherische Mission liegt gewiß eine beachtenswerthe Lehre in diesem Umstande.

Der folgende Tag war ein Sonntag. Miss. Cordes hielt daher einen tamulischen Gottesdienst, zu welchem sich außer den 14 Christen, die sich zur Aufnahme in unsre Kirche gemeldet hatten, und die nun heute aufgenommen werden sollten, auch noch ein paar andre einfanden. Es wurde ihm sichtlich sauer, da er sich noch immer nicht wohl fühlte; mir selbst aber war so elend zu Muthe, daß ich den Gottesdienst vor Ende verlassen mußte.

Das Klima von Tritschinopoli wurde mir, ich möchte sagen, mit jeder Minute unerträglicher. Wir schickten uns daher alsbald nach Beendigung des Gottesdienstes zur Abreise. Dennoch wurde es so ziemlich Abend, ehe unsre Leute die nöthigen Zurüstungen zu Stande brachten. Die Tamulen haben eine ziemliche Ausdauer; aber es währt erschrecklich lange, ehe sie zu einem Anfang kommen. Nur die Zunge ist allezeit fertig, und kein Geschäft, das nur irgendwie das breitgetretne Gleis der Gewohnheit verläßt, so einfach es auch an und für sich sein mag, kann ohne einen ungeheuren Schwall von Worten zu Stande kommen.

Erst als Tritschinopoli mit seiner drückenden Schwüle uns ein paar englische Meilen im Rücken lag und ein kühles Abendlüftchen zu wehen begann, konnte ich wieder ordentlich aufathmen, und neuer Lebensmuth kehrte in die erschlafften Glieder. Unsre Ochsen, die in Tritschinopoli einer mehrtägigen Ruhe gepflegt hatten, trabten trefflich und wir erreichten wider Erwarten frühe die wohlbekannte Nachtherberge zu Koviladi. Leider fanden wir das kleine Fremdenruhehaus von einem römisch-katholischen Priester in langem weißem Gewande mit herabhangendem Crucifix besetzt, und es schien uns keine Wahl zu bleiben, als entweder in einem feuchten Nebenzimmerchen oder in freier Luft draußen in der Verandah zu schlafen. Das erstere wäre unter allen Umständen sehr bedenklich gewesen; das letztere war unter den obwaltenden Umständen auch nicht besonders räthlich. Allein der römische Priester, ein artiger Franzose aus der Bretagne, mit dem ich mich alsbald in ein Gespräch begab, und der sich sichtlich freute, wieder einmal in seiner geliebten Muttersprache sich aussprechen zu können, half uns aus der Verlegenheit; er überließ uns mit Rücksicht auf unsern Gesundheitszustand von freien Stücken eines seiner beiden Zimmer und zwar das beste. Dafür mußte ich ihm denn freilich bis Mitternacht Stand halten. Ich nahm die Gelegenheit wahr, um mich über die katholischen Missionen in dieser Gegend näher zu unterrichten. Er klagte in den schneidendsten Ausdrücken über die Unwissenheit und Schlechtigkeit seiner Christen, über die Schwierigkeit der tamulischen Sprache, die er allerdings nicht besonders zu sprechen schien, über die Charakterlosigkeit der schismatischen Goa-Priester, zu denen Viele, welchen die strenge Zucht der römischen Kirche nicht zusage, aus ihren eignen Reihen übergingen u. s. w. Was mich besonders interessirte, war die Mittheilung, daß unter den katholischen Christen hier zu Lande fünf Sechstel durchschnittlich Pariah's sind, und daß gegenwärtig fast nur Pariah's und auch die nur in sehr geringer Anzahl zur katholischen Kirche übertreten.

Am andern Morgen wollten wir eigentlich in aller Frühe weiter. Da wir jedoch hörten, daß eine Anzahl Heiden mit den „Padri's" zu sprechen wünschten, so schoben wir unsre Reise bis Nachmittag auf, obschon wir von vornherein wußten, daß das nächste Begehr jener Leute keineswegs das Brod des Lebens zum Gegenstande hatte. Gegen zehn Uhr des Morgens kamen sie denn auch an, etwa fünf, mit einer Menge von Documenten auf Palmblättern, die alljährlich hätten erneuert werden sollen, aber seit ziemlich einem halben Jahrhundert nicht erneuert worden waren. Da sollten wir ihnen nun zu Recht verhelfen. Bei näherer Untersuchung aber ergab sich außerdem, daß die betreffenden Grundstücke vor mehr als 40 Jahren in aller Form des Rechts versteigert worden, weil man mehrere Jahre hintereinander die gebührende Summe nicht entrichtet hatte. Nur Einer von ihnen schien klares Recht auf seiner Seite zu haben; sein Haus war ihm abgebrannt, und der Eigenthümer des Bodens hinderte ihn am Wiederaufbau desselben. Dennoch mußten wir ihm erklären, daß wir etwas dazu zu thun nicht im Stande wären, wie denn auch der Proceß noch schwebte, und es kaum abzusehen war daß, die Richtigkeit und Vollständigkeit seiner eigenen Darstellung vorausgesetzt, er denselben verlieren könnte. Da sich die Vischnu-Anbeter also in ihren irdischen Erwartungen getäuscht sahen, so war auch von dem zuvor geäußerten Verlangen nach Unterweisung nicht mehr die Rede, und sie gingen betrübt von dannen.

Es waren übrigens bei der Sache auch einige katholische Familien betheiligt. Diese aber waren, von der Anwesenheit ihres Priesters im Bungalow wahrscheinlich unterrichtet, nicht mitgekommen. Warum sie sich nicht lieber an ihren eigenen Priester wandten? Weil sie wol wissen, daß protestantische Missionare bei der protestantischen Regierung mehr gelten als katholische. Offenbar hatte der Priester auch selbst Kunde von der Absicht jener, sich an uns zu wenden. Die Leute, die um ihn waren, hielten den Bungalow nach allen Seiten hin umlagert; sie hatten ihre Augen und Ohren allenthalben; und als nun gar jene fünf Heiden ankamen, so hatte unser Katechet alle Mühe, jene Späher und Horcher vom Zimmer selbst zurückzuhalten.

Es war überhaupt ein eigenthümliches Zusammentreffen. Mittlerweile nämlich hatte sich noch ein katholischer Priester, ein Franzose aus der Normandie, von der Nachbarschaft eingefunden, und während in dem einen Zimmer das Breviarium hergebetet wurde, erklangen in dem andern lutherische Lieder. In der Verandah aber mischten sich katholische, anglikanische und lutherische Hindu's mit den Heiden.

Wir brachen, gewiß zu großer Herzenserleichterung der beiden katholischen Priester, gegen 3 Uhr auf und erreichten die nächste Nachtherberge, Triviaru, gegen 8 Uhr. Da unterdeß auch der Katechet unwohl geworden war, so blieben wir den folgenden Tag bis Nachmittag liegen und eilten dann in einer Tour bis Combaconum, wo wir in dem Hause des Herrn Nimmo eine gastfreundliche Herberge und nach langer Zeit wieder einmal eine stärkende Nahrung fanden. Tags darauf, nachdem die Hauptthitze sich gelegt hatte, setzten wir unsern Weg nach Mayaveram fort. Der Himmel war angenehm bewölkt, und die ungeheure Schwüle, die dem Monat September im Tamulenlande eigen ist, außerdem durch ein leises Lüftchen, halb vom Meere her, gemildert. Wir trafen ohne irgend einen Vorfall von Bedeutung noch vor Mitternacht in Mayaveram ein.

Miss. Cordes begab sich des andern Tages nach Trankebar zurück; ich aber hatte beschlossen, zu näherer Bekanntschaft auch mit diesem Missionsposten, längere Zeit in Mayaveram zu bleiben, wohin meine liebe Frau von Trankebar her schon Tags zuvor gekommen war, um das kleinere Haus im Missionsgehöfte für uns als zeitweilige Wohnung einzurichten. Wie freuten wir uns, nach ziemlich fünf Vierteljahren nun doch wieder einmal einen eignen Heerd haben zu dürfen, eine Wohlthat, die der nicht zu schätzen weiß, der sie nie länger entbehrt hat.

Aufenthalt in Mayaveram.

Mayaveram[101] mit etwa 10,000 Einwohnern, mitten in einer eben so fruchtbaren als bevölkerten Gegend, ist einer der schönsten indischen Orte: die Straßen sind breit und die Häuser ordentlich gebaut. Die ganze Umgebung sieht wie ein ungeheurer Park aus; Pagoden und Tempel[102], Rasthäuser und künstliche Teiche wechseln mit Bananenpflanzungen, Kokoshainen und Bambuswäldern. Aber mitten in diesem Natur-Paradiese hat sich Satan ein festes Schloß gebaut; mehr als anderswo grinzen dich hier Götzenlarven an und heidnischer Spuk rauscht an dir vorüber, und mag auch von der nahen Küste her ein wohlthätiger Seewind regelmäßig durch die üppig wuchernde Pflanzenwelt streichen und Alles was Athem hat erquicken; die geistige Sumpfluft kann er doch nicht mit hinwegfegen, und unter dem Drucke derselben seufzet, bei aller natürlichen Herrlichkeit, deine Seele auf: „Wehe mir, daß ich ein Fremdling bin unter Mesech."

An den heidnischen Einwohnern von Mayaveram könnte der Naturalist, der die Erkenntniß Gottes aus den Wundern der Natur für genügend hält, sich leicht eines Bessern belehren. Hab' ich doch selbst bei einem heidnischen Tamulen, der seine Pilger-Reise nach Benares beschrieben hat, folgende merkwürdige Stelle gefunden: „Wenn man diese mannichfaltigen Gebirgsformen — Spiele des höchsten Geistes — und diese einförmigen Waldwildnisse betrachtet, so geräth wohl der Verstand in Staunen, aber Glauben an Gott erlangt man dadurch nicht."[103]

Das Missionsgehöft, in welchem wir uns häuslich einrichteten, hatte — an 1200 Fuß lang und 500 breit, — damals ein gar freundliches Ansehn. Schattige Gänge von Kokospalmen und Purasubäumen liefen mittendurch; hochwüchsige Bambus faßten es ein; Myrthen, Pompelmusen, Bananen, Mango's, Baumwollenbäume u. s. w. zierten und beschatteten es allenthalben; auf dem grasbewachsnen Grunde aber weideten Ochsen, Kühe und Schafe. Seitdem hat leider der Orkan (S. 34) eine greuliche Verwüstung angerichtet.

Im Norden und Süden des parkähnlichen Gartens wäre Raum genug für zwei indische Dörfchen; früher standen auch in der Nähe des Eingangs sieben von Christen-Familien bewohnte Häuser. Es ist sehr vortheilhaft, wenn eine christliche Mission in Indien Grundstücke besitzt, auf welchen sie solchen Neophyten, die von den umgebenden Heiden zu arg geplagt werden, wenigstens eine sichre Wohnstelle zu bieten im Stande ist.

Eigentliche Colonisation freilich, — um hier gleich eine wichtige Missionsfrage mit zu berühren, — hat ihre großen Schwierigkeiten. Zwar lassen sich Kokos, Palmyra's, Oelbäume, Mandelsträuche, Zuckerrohr, Baumwolle, Bambus[104] mit größerem Vortheil als Reis bauen; allein es müßte, um dabei zurechtzukommen, doch wohl im Großen betrieben werden. Wollte man etwas der Art versuchen, so möchte es das Gerathenste sein, auf die wüsten Küstenstriche, etwa in Südarcot, oberhalb Pondichery, sein Augenmerk zu richten. Ich hörte von Jemandem, der erst unlängst in dortiger Gegend ein Stück wüstes Land von der Regierung genommen hatte; er zahlte jährlich nicht mehr als 25 Pagoden (die Pagode zu 3½ Rup.) Abgaben, und gewann aus den 100,000 Kokospalmen, die er darauf angepflanzt, schon damals 6500 Rupies.

Wie wär' es denn, wenn irgend ein Privatmann, dem Gott die Mittel und das Herz dazu gegeben, der jungen Tochter-Kirche zu Liebe eine solche Ansiedlung armer eingeborer Christen auf seine Gefahr hin versuchte? Die größte Noth würden freilich die Anzusiedelnden selber machen, denn obschon der Anbau der Kokospalme weder ein ganz besonderes Geschick noch auch eine ganz besondre Kraft verlangt, so lassen sich doch die sonst so anstelligen Hindus in eine ungewohnte Sphäre der Beschäftigung schwer einschieben, und die Bedenken wachsen, wenn man erwägt, daß bei weitem die meisten Neophyten zur Zeit den verkommensten Volksschichten entstammen. Die Sache ist indeß von so großer Bedeutung, daß sie trotzdem eines Versuches wohl werth wäre. Ich frage daher dich, reicher Missionsfreund, noch einmal: Wie wär' es, wenn du einen Theil des „ungerechten Mammons" daran wagtest und dir damit einen glänzenden Stein in deine künftige „Krone" gewännest? Wie auch der Erfolg ausfiele, — Gott siehet das Herz an.

Ich hatte in dem großen Missionsgehöfte zu Mayaveram gute Gelegenheit, die indische Baumzucht gleich auf dem Wege des Augenscheins kennen zu lernen. Besonders interessirte mich eine ganz junge Pflanzung von Kokosbäumen, deren jeder eine Banane neben sich hatte; man giebt nämlich dem jungen Kokosbaume diese Nachbarschaft, weil dann die Wurzeln desselben besser wachsen. Ehe man die Kokos pflanzt, schüttet man Salz in das Erdreich, welches den kostbaren Schatz in sich aufnehmen soll. Dieß geschieht der Termiten oder der weißen Ameisen wegen, die, in der Minir-Kunst wohlerfahren, Alles was minder hart als Glas oder Metall ist auszuhöhlen verstehen.

Wir fanden einen Termiten-Bau in dem Missionsgehöfte vor. Etwa fünf Fuß über die Erdoberfläche emporragend und oben mit Thürmen besetzt, kam er mir in seiner Form fast wie eine kleine Pagode vor, und es fuhr mir sogar der Gedanke durch den Kopf: Sollte etwa gar die Termiten-Veste die erste Idee zur Pagoden-Form gegeben haben?

Nicht ohne Mühe wurde der Termiten-Bau, dessen graue Schale wetterdicht ist, von uns geöffnet. Was für eine erstaunliche Anzahl von regelmäßig angelegten und wohlgeordneten Zellen!

Das königliche Zimmer liegt gewöhnlich an einer der geschütztesten Stellen, umgeben von unzähligen andern Zimmern, in welchen theils die Diener, welche die Eier der Königin in die Ammenstube tragen, theils die Krieger der Colonie sich aufhalten. Dann folgen die Magazine mit den verdickten Schweißen und Säften der Pflanzenwelt, untermischt mit den Ammenstuben von ganz eigenthümlichem Bau. In Schneckenlinien zur Spitze des Hügels hinauf führende Gallerien dehnen sich weit unter der Erde hin. Nur auf „verdeckten Wegen“ können sie sich auf ihre Streifzüge in's Land hinaus wagen; denn ihre Todfeinde, die schwarzen Ameisen, sind im Verhältniß zu dem zarten Leibe der Termiten, deren Krieger nur eine Art Pfrieme an dem großen Kopfe als Waffe führen, von Natur gepanzert. Stoßen sie nun bei dem Bau ihrer unterirdischen Gallerien auf unüberwindliche Schwierigkeiten, so pflegen sie, mit Rücksicht auf diese ihre Todfeinde, einen verdeckten Gang auf der Erdoberfläche anzulegen. Die kleinen Baumeister wissen sich zu helfen.

Die beiden Majestäten — stets Termiten in voller Ausbildung — werden, sobald sie von einer königslosen Arbeiter-Colonie gewählt worden, von dieser in so engthürige Zimmer logirt, daß wohl die Arbeiter und die Krieger hinein, jene aber nicht herauskönnen; — in der That mehr als englische Constitution! Damit nehmen natürlich die Unterthanen auf sich allein die Pflicht, für das hohe Paar und dessen Familie zu arbeiten und zu streiten, bis sie den königlichen Nachwuchs so weit herangezogen haben, daß er diese Aufgabe mit ihnen zu theilen im Stande ist: Prinzen auf Apanage werden nicht geduldet. Die Königin ist aber auch außerordentlich fruchtbar; man hat zuweilen sechzig Eier in Einer Minute gezählt. Ihr Unterleib

„wird allmählig stärker, und erlangt zuletzt manchmal einen so ungeheuren Umfang, daß er bei einer alten Königin die Masse ihres übrigen Leibes um 1500 bis 2000 Male und den Körperinhalt eines Arbeiters um 20 bis 30000 Male übertrifft."

Wir bekamen die Königin mit dem großen wie zerfließenden Bauche lebendig; sie starb aber leider sehr bald. Ein tamulisches Sprüchwort sagt „Weiße Ameisen machen das Nest, und Schlangen wohnen drin." Wir fanden es hier zu unsrer Freude nicht bestätigt.

Man hat berechnet, daß, wenn man die Größe der Termite zu der Größe des Menschen in Verhältniß setzt, (¼ Zoll zu 6 Fuß) ein solcher Bau die Höhe der großen Pyramide fünfmal übersteigt und daß, „da der Massen-Inhalt des Ameisenhügels in demselben Verhältniß ist, er auch den Massen-Inhalt jenes alten Weltwunders in gleichem Maaße übertreffen muß."

Verhältnißmäßig wie arm nehmen sich gegen solchen Riesenbau von den Zwergen der Thierwelt die Wohnungen der Menschen aus, namentlich in Indien! Ich will meine Leser gleich in eine derselben führen, — nicht in eine Pariahhütte, denn die ist nicht viel besser als ein ausgehöhlter Erdhaufen mit einer Oeffnung zum Hineinkriechen — sondern in ein ganz anständiges Sudra-Haus.

Wir treten auf einer steinernen Treppe in eine äußere Verandah (Kudam oder Versammlungshalle), eine Art „Drawing-room", — freilich in ächt morgenländischem Styl: denn frei hinein schaut die Straße! Zwei steinerne Bänke, in der Ecke zur Rechten und zur Linken, laden am Tage zum Sitzen und während der heißen Nächte zum Schlafen ein. Durch diese Vor-Verandah gelangen wir in den innern Hofraum (Muttam), der, oben offen, rings von einer Säulenhalle (Talvaram) umgeben ist. An der Wand, an welche diese nach innen zu gelehnt ist, liegen die Zimmer des Hauses rings umher, eng und dunkel — „es ist so schwül und dumpfig hie." Sie dienen nicht eigentlich als Wohnzimmer; man pflegt eben in der innern Verandah zu handthieren, wenn man nicht die Oeffentlichkeit vorzieht. —

Der einfachen Wohnung entspricht die einfache Lebensweise. Man verzehrt früh etwas kaltes Reis vom vorigen Abend und ergötzt sich Mittags und Abends an frischgekochtem Reis mit Kari. Der letztere besteht mindestens aus fünf Würzen: Pfeffer, Salz, Kümmel, Senf und Tamarinde. Mit Rücksicht darauf sagt ein tamulisches Sprüchwort: „Auch ein dummes Mädchen kann Kari machen, wenn sie Fünferlei und Dreierlei hat;“ mit dem Dreierlei ist dann Wasser, Feuer und Holz gemeint. Zu einem vollständigen „Reis mit Kari“ gehört nun aber noch Gemüse, Fleisch, Fisch oder Krebs. Die schmackhafteste Zuthat dürfte die Kokosmilch sein. Ob auch die gesundeste? das ist die Frage. Man speist in der Regel nur dreimal des Tages; reiche Leute aber steigern die Zahl der Essenszeiten zuweilen bis auf acht, begnügen sich jedoch für die Zwischenmahlzeiten wohl auch mit Backwerk. Die Süßigkeit des letzteren wissen sie besonders zu schätzen, denn — bunt ist die Gestalt des Morgenlandes, süß aber der Gaumen, und wie das Wort „bunt“ alles Schöne in sich faßt, so ist das Wort süß, wenigstens im Tamulischen, der Inbegriff aller Güte. — Zweimal in der Woche baden und salben sich die Tamulen; die Männer Mittwochs und Sonnabends, die Frauen Dienstags und Freitags.

Doch nun wird's Zeit, daß ich dich, lieber Leser, in das Häuslein da am Ende der Kokos-Allee führe, — unsre Herberge während unsres dreimonatlichen Aufenthaltes im Missionsgehöfte zu Mayaveram. Es ist nichts weniger als elegant. Die Wände glänzen nicht, wie in dem Hauptgebäude dort näher am Eingange des Gehöftes; denn sie sind nicht überkleidet mit jenem Kalk, der, aus fein geriebnen Muscheln mit schwarzem Zucker bereitet, eine marmorartige Glasur giebt.[105] Es fehlt auch dem Zimmer die Decke; dir zu Häupten wölbt sich das Dach mit seinen nackten Sparren und Balken, von wo mancher Ameisen-Knäuel, in die Schüssel auf dem Eßtische herabfallend, deinen Appetit auf die Probe stellt. Bei alle dem ist's hier ganz nett und lieblich, besonders wenn du dich in die kleine Verandah setzest. Siehst du hier die zwergigen Liliputs sich auf den blühenden Sträuchen und Blumen schaukeln? Siehst du da das Eichhörnchen hinschnellen? Siehst du dort die Krähe auf dem Geier hocken? Siehst du hier das Chamäleon lauern? Siehst du da die Papageien fliegen? Ja und siehest du dort das halb verhungerte Pferd weiden? Das ist auch ein schönes Exempel von der indischen Barmherzigkeit, die das unfähig gewordne Hausthier in die Fremde hinausjagt, bloß um nicht zu „tödten.“

Unsre kleine Wirthschaft machte uns das innigste Vergnügen. Ich kam mir ordentlich wie ein kleiner Fürst vor, wenn ich von Zeit zu Zeit mein Volk zählte und 38 — sage acht und dreißig — Köpfe herausbrachte, — ich meine die Köpfe meines Hühnervolks.

Wir hatten auch einen trefflichen Diener, einen alten trankebarschen Pariah-Christen. Der wußte den Kari, den auch wir zu unsrer täglichen Hauptmahlzeit machten, außerordentlich schmackhaft zu bereiten. Das Gemüse, womit er uns am meisten mundete, nennen die Engländer Putlanka, eine schlangenförmige Frucht mit weißgeäderter grüner Schale. Es wird meine deutschen Leser interessiren zu hören, daß man in Indien auch den Bambu zum Kari verspeist. Man macht nämlich aus den spargelartigen jungen Sprossen eine Art „Pickles.“ Wir selbst aßen sie sehr gern.

Devasachayam, — so hieß unser Diener — war nicht bloß ein vollendeter Koch; er war auch ein guter Bäcker. Aus dem Mehle der Pfeilwurzel namentlich machte er den besten Kuchen. Er hatte auf Mauritius sogar einen Blick in die Zuckerbäckerei hineingethan: am Weihnachtsmorgen überraschte er uns mit ganz feinen Theeküchelchen. Zuweilen nahm er die Flinte auf seine Schulter und schoß uns einen

Wasservogel. Und wie er auf diese Weise den Jäger machte, so machte er auch flugs den Landwirth. Wir fanden an einem schönen Morgen unsern Viehstand um eine Kuh vermehrt. Er hatte sie auf eigne Rechnung angeschafft — für fünf Thaler! — um die Erzeugnisse derselben an uns zu verkaufen. Keine üble Speculation; denn die Weide in dem Missionsgehöfte kostete ihm nichts. Er war überhaupt die Anstelligkeit selber. Sobald er den englischen Collector oder die Gemahlin desselben zum Besuche kommen sah, warf er sich schnell in seine reinsten und feinsten Kleider und improvisirte den „Portier." Es dauerte ihn, daß wir nur Einen Diener hatten; darum suchte er sich zu vervielfältigen und so seine Herrschaft mit einem billigen Glanze zu umgeben. Sein Hauptfehler war: er hielt uns zuweilen ein wenig gar zu knapp. Der Mann verstand das Sparen; er selbst hatte mehrere hundert Thaler auf der Sparkasse. Bei den Bazarleuten galt er gar für einen halben Zauberer: sie wußten nicht wie ihnen geschah, wenn er ihnen ihre Artikel zu den niedrigsten Preisen in aller Stille abschwatzte.

Eines Tages erschienen zwei Hülfesuchende bei mir: mein Barbier und seine Frau. Sie hatten ihr Messing-Gefäß — das alldiensame Küchengeräth der Tamulen — Jemandem geborgt, und der wollte es nicht wieder herausgeben. Ich übertrug dieses Advocaten-Geschäftchen unsrem Diener mit der Zauber-Zunge; das schien auch meine armen Clienten ganz zufrieden zu stellen.

Einmal besuchten mich ein paar junge Weber von der Bekanntschaft unsres Dieners, der sich, — so schien es mir, — auf diese seine Freunde etwas zu gute that. Ich habe schon früher erwähnt, daß die Weber hier in der Nähe fast alle Leute bei der Stadt sind (Bd. III, S. 235). Die Herren arbeiten nur zum Zeitvertreib, indem sie etwa Seide zupfen, während sie mit den Leuten sprechen. Da ist kein Armer unter ihnen, dem sie nicht aufhülfen. Sie zerfallen in Mottei-

Salier (Kahlkopf-Weber) und Kudumi-Salier (Haarlocken-Weber): die Ersteren nämlich, die zugleich die arische Schnur tragen, gehen geschorenen Hauptes einher, während die Andern die übliche Haarlocke stehen lassen.

Das Missionsgehöft zu Mayaveram war so recht der Ort, um mit dem Volke bekannt zu werden. Oft kamen namentlich Aeltern mit kranken Kindern zu unserm Missionar daselbst, der nach Kräften zugleich den Arzt macht. Die kleinen Patienten sahen stets ein wenig unbehaglich aus; denn das ist allgemeiner Grundsatz: Wenn Jemand krank ist, darf er sich nicht waschen. Die Kinderpflege ist in jenem Lande überhaupt ganz eigenthümlicher Art. Die Hälfte der Neugebornen, so wurde mir versichert, geht durch unverständige Behandlung gradezu zu Grunde. Es scheint fast, als sähe man es darauf ab, ein schönes und kräftiges Geschlecht zu erzielen, gleichviel, ob die Schwächlinge darüber hinsterben oder nicht. Die Hebamme schleudert das Kind hin und her; man steckt es mit dem Kopf in eine messingne Form, um eben diesem Theile des Körpers eine gewisse Rundung zu geben.

Auch Brahminen verschmähten nicht, das Missionsgehöft zu besuchen. Während des Badefestes kamen einmal fünf bis sechs zusammen, alle von der gemeinsten Art. Sie hatten nie von „Upanishad's“ gehört, und erklärten, sie seien bloß des Vergnügens halber zum Feste gekommen. Ja sagten sie zu Allem.

Diesen Bildern der Unwissenheit und der Gemeinheit will ich hier gleich ein ganz anderes Bild gegenüber stellen. Da steht vor dir eine Tamulin von mittleren Jahren in Gold-durchwirktem Ueberwurf von weißem Muslin. Sie versteht Tamulisch gründlich; der Kural lebt in ihrem Munde, und auf der Zunge sitzt das synonyme Wörterbuch von Anfang bis zu Ende. Sie spricht außerdem ein fließendes Englisch und versteht auch Sanscrit, Maratha, Telugu und Hindostani. Dieß ist die Tochter unsres christlichen Poeten zu Tanjore[106], in

Mayaveram an einen Mann in der Katscheri (Rechenamt) verheirathet. Ich weiß freilich nicht, ob sie ihrem Manne so guten und so billigen Kari kocht, wie die minder Gebildeten ihres Geschlechts. Wie dem auch sei, — den Tamulen sind, wie allen Morgenländern, die Blue-Stockings ein Greuel; denn dort heißt es recht eigentlich „das Weib schweige!“ und dann — es sind ja die Tempeldirnen, welche die weibliche Gelehrsamkeit repräsentiren. Diese nämlich werden auch zum Abschreiben, namentlich der heiligen Geschichten und Lieder verwandt, die mit dem betreffenden Tempel in Verbindung stehen.

Einmal hatten wir auch einen hohen Besuch von heidnischer Seite. Um Neujahr nämlich machten die Beamten des Ortes — der Tassildar und der Sirisdar (Steuereinnehmer und Controlleur) — dem englischen Collector nach Landessitte ihre Aufwartung; sie hielten es für ersprießlich, auch bei uns, als bei dessen Freunden, vorzusprechen: die dazu gehörigen Feierlichkeiten waren ja einmal veranstaltet — und bezahlt. Ein langer Zug von nahezu 200 Personen mit Musik und Mimik! Maul-Trommel, Horn und Geige ließen sich dabei vernehmen. Voran ein schön geschmückter Elephant, und ein eben so schön verzierter heiliger Stier mit einer Trommel auf jeder Seite. Sobald der Tassildar und der Sirisdar das Haus betreten hatten, setzten sich die Tänzerinnen, in rothen Zitz-Jäckchen und weißen Ueberwürfen, mit silbernen Schellen an den Füßen und einem goldenen Käpsel auf dem Hinterkopfe, auf ziemlich engem Raume in Bewegung. Höchst anmuthig und auch vollkommen anständig! Uns selbst behing der Tassildar mit Kränzen von gelben Blumen und gab uns einen Strauß in die Hand, worauf ein Vogel von buntem Papier und Silber thronte. So saßen wir da, während die Gäste, die einen großen Haufen Früchte aller Art zum Geschenke auf den Tisch gebreitet hatten, den gastfreundlichen Betel kauten.

Eine sehr interessante Erscheinung war mir ein gewisser Goldschmied, der als ein „Suchender" öfters in das Missionshaus kam. Als ihm sein Sohn gestorben, hatte er Haus und Werkstatt verlassen und war Sanjasi geworden. So war er mehrere Jahre ruhelos umhergepilgert. Unser Missionar vermochte ihn zur Wiederaufnahme seines frühern Geschäftes. Der von dem Worte Gottes angefaßte Mann lieferte sein Lingam — nach dem Aberglauben der Linga-Verehrer sein Leben — an Herrn Ochs aus, lernte den Katechismus, und fing an, den Leuten das Christenthum vorzupredigen und anzupreisen. Da lief ihm seine bigotte Tochter davon und starb in Combaconum an der Cholera. Darüber wurde der arme Mann gemüthskrank, — und noch immer kehrte die Geistesstörung wieder. Er machte uns die Ceremonien des Ganesa- und Linga-Dienstes vor: ein fast gemüthliches Handthieren mit Weihrauch, Blumen und Glöcklein, unterbrochen von beschaulichen Stellungen und von murmelndem Sange. Nach ihm ist die Bemerkung Lassens[107], daß in den Lingatempeln des Südens kein Brahmine Dienst thue, für das Tamulenland durchaus ungültig. Im Gegentheil, der Sudrapriester dürfe heilige Handlungen nur in den kleinern Dorftempeln verrichten. Diese Angabe habe ich in allen Fällen bestätigt gefunden.

Da unsre Gemeinde in Mayaveram eben einen Altarleuchter machen ließ, so hatten wir Gelegenheit, einen Gelbgießer arbeiten zu sehen. Unter einem Baume dicht bei dem Missionshause ließ er sich nieder. Die indischen Handwerker arbeiten fast ohne Werkzeug; ihre Werkstätte ist allenthalben. Da kommt z. B. ein indischer Schmied, der Eisenwerk für das Haus verfertigen soll. Er macht an Ort und Stelle eine Grube, sammelt umherliegendes Holz und brennt sich seine Kohlen. Den andern Tag kommt er wieder, seine Schmiede unter dem Arme. Er pflanzt seinen Ambos in den Boden, baut sich eine Esse von ein wenig Erde, mischt die Kohlen mit Reishülsen und zündet ein Feuer an. Dann setzt er sich mit untergeschlagnen Beinen dahinter und läßt seinen Blasebalg, — ein zusammengenähetes Kalbfell — lustig spielen. Wenn das Eisen glüht, so streckt er es auf den Ambos; seine Füße braucht er ohne Weiteres zum Schraubstock. Auf diese Weise fertigt er Riegel, Haken, Schlösser u. s. w. So einfach geht es aber nicht bloß bei dem Grobschmied her; selbst der Goldschmied arbeitet die feinsten Sachen, man möchte beinah sagen, aus freier Hand. In der Wohnung eines Europäers sahen wir einmal einen solchen in einem Winkel des Hausflurs kauern, emsig beschäftigt mit der Verfertigung einer goldnen Kette. Er hatte dazu nichts als seine zehn Finger — und ein Zängelchen.

Wir waren noch nicht lange in Mayaveram, als das große Badefest begann, das, vom Vollmond im Oktober bis zum nächsten Vollmond, eine wahre Fluth von Menschen aus der Nähe und aus der Ferne herbeizieht. Die mit Laub- und Blumengewinden verzierten Straßen werden dann zwar nimmer leer von Käufern und Verkäufern, von Gauklern und von Schaulustigen, von Landstreichern und von Pilgrimen, die ihre Sünden in dem heiligen Cavery abzuwaschen wünschen; allein die Glanz-, Geräusch- und Unfug-reichsten, weil heiligsten Tage sind der erste, der mittlere und der letzte.

Tags zuvor, am 14. Oktober, beging man die sogenannte Ajuta Pusei („Werkzeug-Verehrung"), indem ein Jeder vor einem aus Lehm geformten Ganesa seine Werkzeuge für das ganze folgende Jahr weihete. Wir begegneten auf unserm allabendlichen Spaziergange einer ganzen Reihe von Leuten, die junge Bananenbäume, mit der Wurzel ausgegraben, zur Errichtung einer Art von Laubhütten für das morgende Fest auf den Schultern trugen.

Gegen 11 Uhr am folgenden Tage begaben wir uns auf das Postbüreau von Mayaveram, um dort, von einer Plattform desselben, dem heiligsten Acte des Badefestes zuzusehen. Der Weg dahin führt links von dem Thorwege des Missions-Gehöftes, zum Theil unter hohen Banianen hin. Mit Gold- und Silberpapier reich verzierte Götzen; Gruppen von Menschen mit Glocken, Schellen und Trommeln; Verkäufer von Früchten und Zuckerrohr, Kuchenbäcker u. s. w. bildeten zu beiden Seiten der Straße förmliche Spaliere, und dazwischen wogte die entzückte Menge, die, je mehr wir uns auf einem links abbiegenden Wege dem Cavery näherten, um so dichter wurde, bis sie sich in Einen Knäuel zusammenpreßte. Wir waren froh als wir unsre Plattform sicher erreicht hatten. Von da herab konnten wir sowohl die heilige Badestelle vollkommen übersehen, als auch einen Blick in die große Halle werfen, wo die mit Silber und Gold überladnen Götzen paradirten. Von einer Laubhütte dicht am Ufer liefen Guirlanden nach der entgegengesetzten Seite des Flusses, grade über das steinerne Postament in der Mitte des Cavery hin, wo der Rischabha, d. i. der heil. Stier, — sonst von Stein, jetzt von Silber, aber in verkleinerter Form, — thronte. Rings umher saßen, zum Theil auf runden Ständern mitten im Wasser, geldgierige Brahminen, die, von großen Schirmen überschattet, grüne Kusa-Halme und gelbliches Atsathei (ausgehülste, und mit Saffran gefärbte Reiskörner zu heilgem Anstrich) an die heilsbegierigen Seelen gegen Geld und Früchte verkauften.

Das war ein Leben. Unter der Menschenmenge, die von beiden Seiten des Ufers her sich zum Bade anschickte, machten sich die Asche-beschmierten Büßer besonders bemerklich. Auch der Groß-Tambiran[106] von Dharmapuram, mit dicht und lang herabhängendem Haar, eilte herbei; nur sein Kopf hatte ein ascetisches Ansehn; sein Fleisch ruhete behaglich in rothgepolsterter Sänfte, und selbst über den Ascetenkopf wölbte sich, getragen von einem Beiläufer, ein mächtiger Schirm. Der geistlichen Größe folgte eine weltliche, der Tassildar; Polizeisoldaten gingen vor ihm her und bahnten ihm eine Straße durch den Fluß, der von Menschenköpfen wie besäet war. Hinterher schritt ein prächtig geputzter Elephant. Die Badenden hielten ihm Geld hin; er reichte es seinem Führer mit dem Rüssel rückwärts hinauf. Nun standen die Leute mit gefaltenen Händen vor dem h. Thiere, begierig das Wasser aufzufangen, das es mit seinem Rüssel auf sie spritzen würde. Selbst an seinem Schweife machten sie sich, ich weiß nicht was, zu schaffen.

Endlich war der Hauptmoment gekommen. Becken, Schalmeien und Trommeln ließen sich vernehmen; die heilige Procession setzte sich in Bewegung. Voran schritten die Spielleute und die Tänzerinnen; Einer trug ein Gefäß mit heiligem Feuer hinterher; zuletzt kam der Götze, wenn ich nicht irre, ein Dreizack mit dem Bilde des Sani (Saturn) daran. Als dieser mitten im Flusse eingetaucht und somit die Fluth zum Bade geheiligt wurde, bespritzte sich Alles was Hände hatte und jauchzte der gegenwärtigen Gottheit entgegen. In der großen Halle am Ufer war es unterdessen immer lebendiger geworden; die Götter lustwandelten darunter hin: Fahnen flatterten, Instrumente ertönten, Mädchen tanzten, Weihrauchsdämpfe wallten, Opferflammen spielten. Nachher machte der Elephant zu mehren Malen die Runde, einen Wedel im Rüssel rechts und links schwenkend. Wie andächtig Alles auf ihn blickte; wie ehrfurchtsvoll Alles ihn anrührte! Zuletzt wurden die Götter, die sich an dem heiligen Schauspiele sattsam geweidet hatten, in ihre zeitweilige Behausung ganz in der Nähe zurückgeleitet.

Ich will und darf meine Leser mit der Beschreibung all des Hokuspokus nicht ermüden, der während der langen Festzeit in Mayaveram von Volk und Priestern getrieben wurde. Wir zogen uns meist in unsere Klause zurück; auch dort freilich erreichten unser Ohr die donnernden Geschütze. Nur einmal noch — kurz vor dem Ende des Festes — begab ich mich mit Herrn Ochs an den Hauptbadeplatz. Einer der Brahminen, die dort mit heiligen Waaren handelten, ließ mich das heilige Gras etwas näher besehen; er nahm es zu dem Zwecke seinem Nachbar mit Gewalt weg; wir durften es aber nicht berühren, sonst wäre es ja entweihet und für den Verkauf unbrauchbar gemacht worden. Ein Dritter bemerkte, für Geld stände es auch uns feil. Wenn Einer, der baden wollte, sich das nöthige Gras gekauft hatte, so kauerten Käufer und Verkäufer neben einander hin; der letztere sprach ein paar Sanscritworte darüber, (ich verstand Dharma, Artha, Kavery), einzeln, langsam, geheimnißvoll, während der erstere seinen Schatz fest in der Hand hielt. Sodann hieß es: „Nun kannst du ein heilsames Bad nehmen." Der eine Priester vermochte, weil wir dabei standen, sich des Lachens nicht zu erwehren, und als ich ihn frug, ob er selber wisse was er da hermurmelte, so antwortete er ganz naiv: O nein! Der andächtige Schüler aber ließ sich dadurch nicht stören; es steigerte wohl gar seine Ehrfurcht vor der geheimnißvollen Formel.

Auf dem Nachhausewege sahen wir vor dem Hause des Tassildars eine Horde Musiker und Mimiker mit den verzwicktesten Vagabondengesichtern lagern. Wir traten auch in eine englische Schule ein, die von einem Eingebornen gehalten wurde. „Wo hast du dein Englisch gelernt?" In Travancore. „Bei wem?" Bei Dem und Dem; er bekommt monatlich 300 Rup. vom Radja." Immer und immer Rupi's! Steht eine Gruppe von Männern irgendwo in andächtigem Gespräch zusammen, um diesen edlen Gegenstand wird es sich meist drehen. Die Frauen dagegen schreien sich wohl auch auf der Straße an: „Was für Kari hast du heute gegessen?" Immer und immer Kari!

Eines Nachmittags besuchten wir den Bazar, den wir meist mit unechtem Schmuck und sehr schönen Messingwaaren gefüllt fanden. Wir kauften eine Schnur Corallen für neun Pfennige. In einer Straße nahe bei der großen Pagode kamen wir vor zwei ungeheuren Götzenwagen vorbei. Eine große Volksmasse hatte sich davor gesammelt. Kaum wurden sie unser ansichtig, so nahmen sie eine betende

Stellung an und erhoben ein fanatisches Geschrei; es wäre beinah zu Steinwürfen gekommen. Wie ganz anders, als wir am folgenden Nachmittag neben dem englischen Collector hergingen, um einen der Götzenwagen von vielen hundert Händen ziehen zu sehen; da wichen die empörten Wogen der Menschenfluth zu beiden Seiten wie von einem Zauberschlage zurück. Ein Jahr vorher hatten sich so wenig Hände gefunden, daß die Brahminen, denen um ihres eignen Credites willen Alles daran liegen mußte, daß die Procession nicht gar stecken bliebe, sich auch selbst vorspannten; in diesem Jahre hatten die Miristars oder Gutsbesitzer den lieben Freunden so sauren Schweiß erspart; sie hatten eine hinlängliche Anzahl ihrer Pariah-Unterthanen zusammengetrommelt, die ja, bei weitem schlanker als jene, viel weniger schwitzen. So leihet das indische Junkerthum der verkommenden Hierarchie noch immer seinen edlen Arm.

Ich habe bisher nur von den Heiden gesprochen. Wie undankbar! Denn kaum waren wir in Mayaveram eingezogen, so hatten uns schon einige Muslims so in's Herz geschlossen, daß sie uns in unserm eignen Zimmer mit Guirlanden umwanden. Trinkgeld: sechszehn gute Groschen.

Da minder strenge Tamulen, außer Fischen und Geflügel, Schafe, Rehe und Hasen zu schätzen wissen, so giebt es neben den muselmännischen auch tamulische Fleischer. Wollen diese mit Muselmännern Geschäfte machen, so muß ein Muselmann das betreffende Thier gekehlt haben.

Von Katholiken hätte ich zuerst reden sollen: ihre unvollendete Kirche stand überdieß ganz in unsrer Nähe. Mayaveram zählt an 300 römische Haushaltungen. Die bekannte Spaltung scheidet auch die Katholiken von Mayaveram in zwei Lager. Man verheirathet sich nicht mit einander, und besucht sich auch nicht gegenseitig bei häuslichen Freuden- und Trauer-Festen.

Die Collector-Familie in Mayaveram war eine gar gemüthliche; die Dame hatte in Deutschland gelebt und mit der deutschen Sprache auch die deutsche Art lieb gewonnen. Ihr Gemahl, der von Hause aus wohl keine Schätze hatte, pries sich glücklich, in ihr eine deutsche Hausfrau, „mehrend den Gewinn mit ordnendem Sinn", zu besitzen. „Ich darf meinen Landsmänninnen freilich nicht sagen, daß ich die Wirthschaft verstehe," ließ sie sich einmal gegen uns heraus. Sapienti sat! In ihrem Garten sahen wir eine schöne Ingwerblume mit schilfigen Blättern und wachsartigen rothen und weißen Glocken.

Ein prächtiger Weg führte uns stets zu der etwas entfernten Wohnung des Collectors. Bis zum Bazar zu beiden Seiten riesige Banianen, dann hohe Kokos, unter denen man die Hütten der Eingebornen kaum gewahrte, dann Palmyrapalmen mit Mango's und Oelbäumen. Einmal ließ uns der Collector in einem ganz leichten Wägelchen holen, der von Menschen halb gezogen und halb gestoßen wurde. Wir konnten uns eines unbehaglichen Gefühls nicht erwehren, obschon wir uns sagen mußten, daß den Leuten diese Arbeit nicht halb so sauer wurde, als den Palankin-Trägern die ihrige. Ein Polizeisoldat lief laut commandirend neben her und gab dem Wägelchen hie und da einen „officiellen" Stoß. Der Tempelelephant, der uns begegnete, machte eine äußerst verbindliche und dabei fast graciöse Verbeugung. Wir kannten den Herrn. Er kam Abends oft auf den kleinen Bazar dicht am Missionsgehöfte und kaufte dort ohne Geld. Was er zu nehmen beliebte, das reichte er mit dem Rüssel stets seinem Führer hinauf, der es für den Tempel in Empfang nahm.

Nicht weit von der Wohnung des Collectors liegt Dharmapuram mit einem sivaitischen Kloster. Den Groß-Tambiran desselben hatte ich bereits bei dem Badefeste kennen gelernt (S. 98); in das Kloster selbst ließ man mich unter allerlei nichtigem Vorwande nicht hinein. Es gilt nämlich für einen Sitz gewaltiger Siva-Eifrer. Es steht auch im Rufe der Gelehrsamkeit. Dort widmete sich, vor etwa zweihundert Jahren, der Verfasser des Nithi-Neri-Vilakkam[109], d. i. Sittenweges-Leuchte, ewiger Ehelosigkeit. Dort lebte auch, schon in diesem Jahrhundert, Veittia-Natha-Pandaram, der gegen die Nannul, als von einem Buddhisten verfaßt, Feuer und Flammen sprühte. Jetzt sollen nur etwa zehn Insassen des Klosters zu Dharmapuram sich mit Studien befassen.

Ein anderes Kloster[110], nicht gar fern von Mayaveram, steht auch im wissenschaftlichen Rufe. Tiruwaduturei zeichnete sich früher hauptsächlich im Fache der Philologie aus. Von einem der heutigen Tambirans las ich in einer tamulischen Zeitung folgendes Lob: „Fragt man, wer dichtet heut zu Tage im Tamulischen so fein, daß die Sanscrit- und Tamul-Gelehrten zugleich das Haupt beifällig bewegen? so ist die Antwort: Tandavaraja Tambiran, der Gelehrte des Tiruwaduturei-Collegiums."

Tiruwaduturei („Heilige Schaafs-Furt") ist, drei bis vier Stunden westlich von Mayaveram, an der Straße nach Combaconum gelegen. Dicht daneben befindet sich das Ruhehaus zu Tiruvalangkadu („Wald des h. Innern"), etwas abseits vom Wege an einem Lotus-überwucherten Teiche unter prächtigen Bäumen. Dorthin begaben wir uns eines Tages, um das berühmte Kloster zu besuchen. Wir traten in den ummauerten Raum der dazu gehörigen Pagode. Banianen, auf der Erde krumm hinliegend, überschatteten ihn theilweise. Vor der Behausung des heil. Stiers in colossaler Gestalt sah ich zwei kleine Standbilder angelehnt, die mir mit ihren zusammengelegten und erhobnen Händen fast buddhistisch vorkamen. Sie standen offenbar nicht an ihrem ursprünglichen Platze; auch wußten die Leute im Tempel nichts Rechts aus ihnen zu machen; man nannte sie „Könige."

Wir geriethen bald an die verheiratheten Klosterbrüder mit recht fetten Bäuchen und gemeinen Gesichtern. „Was treibt ihr hier?"

Antwort: „Wir putzen uns die Zähne, baden, essen Reis — und verrichten heilige Ceremonien.“ Plötzlich erschien Einer der Tambirans: tiefes und tiefstes Schweigen. Ohne uns der geringsten Beachtung zu würdigen, schritt der Heilige stolz an uns vorüber. Vor dem Tempel warf er sich nieder und verrichtete das sogenannte Aschtangam[111]; dann betrat er feierlich das eigentliche Heiligthum. Zuletzt machte er die Runde aller heiligen Orte im ganzen Tempelraume, jedem die übliche Verehrung zollend.

Das Kloster soll dreißig bis vierzig solcher Tambiran's zählen, — alle Sudra's; jedem derselben sind drei Diener zugetheilt. Sie bilden eine Art Collegium, das sich selbst ergänzt. Nur wissenschaftliche Leute werden gewählt; man beschäftigt sich aber bloß mit tamulischer Literatur.

Die Herren feierten gerade Kurukkel-Pusei, d. i. das Fest der (verstorbnen) Lehrer. Heute fand jeder Sudra, der die heilige Asche an die Stirn nimmt, in dem reichen Kloster offne Tafel. Wir sahen Nachmittags einige Hundert, die dort gespeist hatten, heimströmen. Einige hatten sich die Bäuche kugelrund gegessen; Andere nahmen in großen Bananenblättern Reis und Gemüse-Kari mit nach Hause; auf allen Gesichtern lag volle Befriedigung ausgegossen. Einer erhob fast einen Aufruhr, als wir das Kloster zu betreten Miene machten. „Die Tambirans sprechen nicht mit euch; die Tambirans sprechen nicht mit euch!“ Er hatte Recht, denn mit einem Sudra, der auf selbsterworbne Heiligkeit Anspruch macht, ist viel schwerer auszukommen, als mit dem gewöhnlichen Brahminen, dem die Heiligkeit bei der Geburt in den Schooß fällt.

Der Monsum ließ in jenem Jahre außerordentlich lange auf sich warten. Mitte Oktober war dem Kalender nach seine Ankunft fällig; erst Ende November traf er ein, verwandelte dann aber auch wie im Nu unsern Garten in einen See. Er zahlte mit Zinsen. Die Frösche ließen ihre Freude am lautesten werden, so laut daß man sich entweder ärgern oder lachen mußte. Die schwebenden Geier freueten sich „ganz und ungetheilt" der hüpfenden Brüderschaft; sie nahmen manchen der lustigsten Concertsänger mit sich in die freien Lüfte.

Ich schließe meinen Bericht über Mayaveram mit einem Briefe von dort her, datirt den sechsten December 1850:

„Sobald der Monsum nicht mehr gerade mit Strömen gießt und die Landstraßen wieder gangbar werden, wollen wir, uns aus unsrer Arche hinauswagend, aufs Neue den Wanderstab ergreifen und das Land der Tamulen der Länge nach durchziehen, auf jedem bedeutenden Missionsposten eine Zeit lang verweilend.

— So eben wurde ich von einem hohen Besuche unterbrochen. Der neue Tassildar mit seinem bunten polizei-militairischen Gefolge stellte sich vor, — vielleicht weil er mich gestern Abend in dem Wagen des englischen Collectors hatte ausfahren sehen. Die eingebornen Beamten, die einen englischen Collector als den Radja des Distrikts oder der Provinz umgeben, merken auf Nichts so genau, als wohin ihr europäischer Oberer die Augen seiner Gunst wendet; und wohin denn das auch treffen mag, da beten sie an, sei nun der Gegenstand der herrschaftlichen Gunst ein Pariah oder ein „zweigeborner" Brahmine, ein Christ oder ein Muselmann, ihr persönlicher Freund, oder aber ihr Todfeind. Dies nur als ein Beispiel des Hinducharakters im Allgemeinen.

Indien ist auch darin ein eigenthümliches Land, daß es sich nicht sobald gibt, wie es ist. Es wechselt, wie das Chamäleon, das da über den Weg schlüpft, seine Farben, und was einen Augenblick zuvor goldgrün erschien, das sieht vielleicht schon im nächsten Augenblicke so grau wie Asche aus. Es ist das Land der Maja oder des „Scheines." Daher die widersprechendsten Berichte darüber von sonst ehrenhaften Berichterstattern. Es gibt einmal Leute, die Schein von

Wahrheit zu unterscheiden durchaus nicht im Stande sind. Daher aber auch die stete Gefahr, aus einem Aeußersten in das andere zu gerathen, selbst für die unbefangensten und geübtesten Beobachter. Zuletzt wird es sich dann doch wohl finden, daß sowohl das Goldgrün als das Aschgrau eben nur der äußere Firniß, und daß des Chamäleons Kern ein ganz anderer ist.

Ich habe, ehe ich Trankebar verließ, so ziemlich sämmtliche Dörfer besucht, in die unsere Christen zerstreut sind. Zu einigen konnte ich des Wassers wegen nicht gelangen, das, aus dem übervollen Cavery in die tausend und aber tausend Kanäle einströmend, die kühlere Jahreszeit einleitet. Besonders zogen mich die neugesammelten Gemeinden zu Tirumenjanam und Pudenur an. Sie besuchte ich daher zuerst und am öftersten, die erstere wenigstens. (S. 34. 35.) Ich hatte von lieblichem und erquicklichem Wesen wenig erwartet, da ich wohl wußte daß fast sämmtliche Glieder einer Volksklasse entstammen, die, eine der allerverkümmertsten, um äußern Vortheils willen sich in Alles zu schicken im Stande ist. Dennoch hat es mich aufs Tiefste erschüttert, als ich nun die armen verkommnen, ungeschlachten Wesen in der netten Kirche am Boden kauern sah. O daß sich der treue Hirte über diese allerärmsten Schafe seiner Weide erbarmen, und was etwa im Fleische von ihnen selbst angefangen war, im Geiste vollenden möchte! Die Hauptsache freilich wird wohl in den meisten Fällen das nachwachsende Geschlecht bleiben.

Was die alten Gemeinden anlangt, so ist bei ihnen in Folge langer Vernachlässigung natürlich nur sehr wenig lebendiges Christenthum zu erwarten. Doch macht ihre bessere Stellung im bürgerlichen Leben die geistlichen Mängel minder fühlbar, und dazu zeigen sich deutlich Spuren eines besseren Geistes im Ganzen und im Einzelnen, — freilich nur als einzelne Lichtschimmer. Noch fehlt bei ihnen viel zu einer „Stadt auf dem Berge“, die in die heidnische Finsterniß hineinleuchte. Doch der Herr sieht ins Verborgene. Vielleicht daß Er, der Augen hat wie Feuerflammen, in den alten sowohl als in den neuen Gemeinden auch da Licht siehet, wo wir nichts als Finsterniß erblicken.

Es liegt mir ganz besonders daran, den Zustand der Gemeinden in den Heidenländern nicht irgendwie in's Goldfarbene zu malen. Es geschieht das leider häufig genug, und zwar abgesehen davon daß die Wahrheit an und für sich ein Segen ist, zu großem Schaden der Missionssache und der Personen, die in der Missionssache betheiligt sind. O daß doch alle unsere deutschen Missionsblätter recht nüchtern werden wollten! Was hilft alle Schminke! Sie wird doch zuletzt heruntergewaschen werden, wenn die Wahrheit wie ein Platzregen darüber kommt. Ich scheue mich wahrlich nicht, es unumwunden auszusprechen, daß es leider Missionsblätter gibt, die nun, nachdem ich mehrere Missionen an Ort und Stelle mit eigenen Augen gesehen, zu lesen es mich doppelt anwidert. Der Wahrheit allenthalben die Ehre! Warum nicht auch in der Missionssache, der Sache der Wahrheit? Ich habe selbst Missionare über das geschminkte Wesen so vieler heimathlichen Missionsberichte seufzen hören.

Es wird Ihnen gewiß nicht uninteressant sein, zu hören wie ich nun hier in Mayaveram meine Zeit hinbringe. Ich will Ihnen beispielsweise einen Tag beschreiben. Sobald ich am Morgen des Schlafes, der hier in Indien nicht so erquickend ist, als in Europa, Herr geworden (etwa 5½ Uhr), müssen die vom tropischen Klima trägen Beine hinaus in's Freie; durch diese zuerst fast nur mechanische Bewegung kommt dann allmählig auch der vom Klima ebenfalls hart gedrückte Geist zu voller Besinnung und stimmt mit ein in den Lobgesang der großartigen und reichbelebten indischen Natur. Die Palmen mit ihren schwanken, federartigen Zweigen lispeln in dem erfrischenden Hauche des Morgens, und die riesigen Bambusgruppen mit ihren sich an einander rüttelnden Schäften knarren. Ringsum das üppigste Grün in allen Schattirungen, und dieses wiederum belebt von buntfarbigen Vögeln aller Art, von denen einige lieblich zwitschern, andere heiser krächzen. Aber bald steigt die Sonne herauf, die bekanntlich hier fast immer zu gleicher Zeit auf- und untergeht, und man flüchtet sich rasch vor ihr, vor deren durchdringenden Strahlen man hier kaum im dichtesten Grün „verborgen" bleibt. Um 7 Uhr ruft ein helles Glöckchen nicht weit vom Eingange des Missionsgehöftes zur Tamul-Morgenandacht. Eine lange Allee von Kokospalmen führt von unserm Häuschen, ziemlich am Ende des Gehöftes, bis zu dem großen Missionshause, das Herr Ochs bewohnt, und von da ein anderer Gang aus Bu-Arasu-Bäumen mit gelben und rothen Tulpen zur kleinen Kapelle. Dennoch bedarf es, trotz der Frühe und des Schattens, eines Schirmes.

Darauf bereite ich mich (wöchentlich dreimal) auf die tamulische Bibelstunde vor, die ich seit zwei Monaten den Waisenkindern hier im Hause gebe. Um neun Uhr finden sie sich in der Verandah ein, und lassen sich um mich her auf dem Boden nieder. Dem Herrn sei Lob und Dank, der das Band meiner Zunge so weit gelöst hat, daß ich neben dieser tamulischen Schulmeisterei schon vor sechs Wochen tamulisch zu predigen habe anfangen können. Dabei habe ich recht gemerkt, wie sehr die Eingebornen das Gleichniß lieben.

Um zehn Uhr kommt dann Herr Ochs, dem ich im Sanscrit Unterricht ertheile und der mit mir Tamulisch liest. Um zwölf Uhr ist ein Stündchen Pause, und daran schließt sich dann das einfache Mittagsessen. Nach Tische lese ich ein halbes Stündchen Hindostani und excerpire dann allerlei, was sich auf indische Dinge und Verhältnisse bezieht, bis gegen drei Uhr. Dann kommt der Katechet, mit dem ich mich, hauptsächlich zur Uebung im Tamulisch-Reden, eine gute Stunde über Missionssachen nicht blos, sondern auch, und zwar hauptsächlich, über das indische Volksleben, insbesondere die Kastenverhältnisse, unterhalte. Es ist von solch einem Katecheten erstaunlich wenig herauszubringen; man muß die Sache von zehn Seiten auffassen und kreuz und quer fragen, und zuletzt findet man doch nur Ein Körnlein unter einer ganzen Hand voll Spreu. Ueber die eigne Kaste hinaus reicht selten die Kenntniß eines Hindu's weit, wenigstens wo es auf Gründlichkeit abgesehen ist. Nachdem der Katechet hinweggegangen, studire ich gewöhnlich noch eine Stunde Hochtamul und gehe dann an Tagen, wo Gesundheit und Wetter es erlauben (jetzt in der vollen Regenzeit ist natürlich daran gar nicht zu denken), mit Herrn Ochs hinaus, um ihn den Heiden predigen zu hören. Es dauert dann nicht lange, so sammelt sich eine ziemliche Schaar; denn die Hindu's sind, wie die Athener, „auf nichts anders gerichtet, denn etwas Neues zu sagen oder zu hören.“

Anfangs Januar werden wir, will's Gott, unsre Reise in den Süden antreten. Es wird uns schwer werden, das Häuslein zu verlassen, wo wir seit so langer Zeit zum ersten Male wieder eines eigenen Heerdes uns erfreuen durften. Doch es kann ja nicht anders sein, wenn ich den Zweck meiner Reise erreichen will. Trankebar und Mavaveram sind nicht das tamulische Volk.

Ich trage zwar mein Leben fortwährend in Händen; doch habe ich durch Den, der in den Schwachen mächtig ist, bis hieher die Oberhand behalten über alles Ungemach, Trübsal und Kränklichkeit, will mich auch mit Gottes Hilfe fort und fort tapfer wehren gegen alle trübestimmenden Einflüsse indischer Natur und Verhältnisse. Ich habe mich ja, seitdem ich Indien betreten habe, nur ausnahmsweise dann und wann einmal ganz wohl gefühlt. Der Herr aber sei gelobt, der mir trotzdem die erforderliche Kraft zu alle den Studien, ohne die ich den Zweck meiner Reise nur theilweise erreichen könnte, so wie zu den nöthigen Wanderungen in so reichem Maße geschenkt hat, daß ich mich selbst darüber wundern muß, wenn ich meinen angegriffenen Gesundheitszustand ins Auge fasse.

Unter den herzlichsten Grüßen an Alle, die unsrer in Liebe gedenken, befehle ich Sie allesammt unserm treuen Bundesgotte, der sowol des abgefallnen Deutschlands, als des abgöttischen Indiens Gott ist."

II.

Die Tamulen.

Land und Volk im Allgemeinen.

„Wasser von oben, Wasser von unten, anschließende Berge, dorther kommendes Wasser und eine gute Königsburg, — das ist ein wohlgegliedertes Land.“ Mit diesen Worten schildert der tamulische Dichter-König, Tiruvalluver, da wo er von einem Lande wie es sein soll redet, so recht das Tamulenland selbst.[112] Wo es nicht vom Meere umgeben ist, wird es von Gebirgsmassen umwallt, die nur an der nördlichen Grenze, welche von den alten tamulischen Schriftstellern bei Tripetty[113] angenommen wird, einen ebnen Eingang, im Westen bei Coimbatur einen noch schmalern Durchgang, und an der Südseite bei Cap Comorin gar nur ein paar Engpässe[114] offen lassen. Von diesen Gebirgsschanzen aber ergießen sich sechs Hauptströme mit unzähligen Nebenflüssen und -Flüßchen in das tamulische Tiefland, und vier derselben, die ihre Quellen in den West-Ghats haben, — Cavery, Veicharu, Veiparu und Tamraparni — bringen zu dem „Wasser von oben,“ das gegen Ende des Jahres das Land überfluthet, um Mitte des Jahres einen Theil von dem reichen Segen des West-Monsums, der sich im Mai über die gegenüberliegende Küste zu entladen anfängt. So ist denn das Tamulenland, dem es überdieß auch nicht an Brunnen „von unten“ fehlt, ein von der Natur im Allgemeinen hoch gesegnetes Land. Leider nur bewährt sich hier allzusehr das andere Wort des Dichters: „Wenn auch ein Land mit dem allen ausgestattet ist, es hat doch keinen Gewinn, wenn es nicht auch mit einem Könige ausgestattet ist."[115] Denn diejenigen, die etwa noch in den verfallenen alten „Königsburgen" wohnen, sind erbärmliche Schattenkönige, und die ihnen das Scepter entwunden, abgelistet oder abgekauft haben, sehen das Land meist nicht mit königlichen, sondern mit kaufmännischen Augen an. O was mag das schöne Tamulenland gewesen sein, als es noch minder entartete angestammte Völkerhirten hatte, die das Wohl des Landes als ihr Wohl und das Wehe des Volkes als ihr Wehe fühlten. Und was könnte es erst werden, wenn einmal ein einheimisches christliches Scepter über eine christliche Bevölkerung waltete. Das Land ist jedenfalls, auch nur von dieser Seite betrachtet, der besten Missionsanstrengungen werth. Welcher Christ kann es ansehen, ohne bei sich zu seufzen: „Ach daß du wüßtest, was zu deinem Frieden dienet." Aber wann wird die Zeit kommen, wo die stolzen Pagoden ihre Steine zu christlichen Kirchen hergeben müssen und die reichen Tempelgüter dem Reiche Gottes dienstbar werden!

Natürlich nicht das ganze Tamulenland ist gleich gesegnet. Es hat auch Gebiete, die sich nicht des geprieſsnen „Zwei-Wassers" (irupunalum) erfreuen — wie das Land um den Ponnaru und um den Palaru, jene beiden Flüsse, die nicht von den West-Ghats gespeist werden —, und dazu Küstenstriche und ungeklärte Waldstrecken mitten im Lande. Allein dem Wassermangel der erstgenannten Gebiete haben bis zu einem gewissen Grade die alten Hindukönige durch Teiche und Seen vielfach abgeholfen, und was die sandigen Küstenstriche anlangt, so kommt es eben nur darauf an, Hand anzulegen und der sandige Salzboden bedeckt sich mit üppigen Kokos- und Palmyrahainen, und giebt so aus seinen scheinbar armseligen Mitteln die edelsten Erzeugnisse, deren die Zeugungskraft der Erde nur fähig ist. Die Djangelstrecken endlich leisten zum Theil als Wald dem Lande unentbehrliche Dienste, zum Theil würden auch sie der menschlichen

Betriebsamkeit weichen und sich in mehr oder minder ergiebige Fruchtgärten und Saatfelder umgestalten lassen. Ist doch ein sehr großer Theil des Landes einst Walddickicht gewesen, wie es in der Natur der Dinge selber liegt und von den vielen auf „Kadu" d. i. „Djangel" ausgehenden Ortsnamen ausdrücklich bezeugt wird.[116] Was sich namentlich aus den wüsten Sandstrichen am Meere machen lasse, das haben im äußersten Süden des Tamulenlandes die aus Ceylon herüber gekommenen Schanar's oder Palmbauer zur Genüge gezeigt, denen die alten Pandya-Könige von Madura den wüsten Landstrich am Meere bei Manadu schenkten. (Th. III, 236.)

Ich will meine Leser nun in den verschiedenen Distrikten des Tamulenlandes umherführen und dabei die politische Eintheilung der Gegenwart zu Grunde legen, indem sich sonst die officiellen Angaben über Land und Volk, die natürlicher Weise alle derselben folgen, nicht recht gebrauchen lassen.

Ich beginne mit dem Tanjore-Distrikt, und das um so natürlicher, als unsere eigenen Missionen darin ihren Mittelpunkt haben. Der Tanjore-Distrikt ist das eigentliche Herz des Tamulenlandes. Der von den Wassern des West- und Ost-Monsums zweimal jährlich sich füllende Cavery bildet hier mit seinen vielen Nebenarmen ein gewaltiges Delta, dessen Netz etwa die Hälfte des ganzen Distrikts von 8625 engl. Quadratmeilen umspannt. Tausende von Kanälen, das Delta von allen Seiten durchädernd, führen den Wassersegen allenthalben hin und machen das Land zur Vorrathskammer der ganzen Madras-Präsidentschaft. Daher schon in alter Zeit der Name „Wasser-Land."[117] Im Monat Januar namentlich, nachdem der Nord-Ost-Monsum seine Fluthen ausgegossen hat, entfaltet das Land seine ganze Fülle; der üppige Schmuck, den es dann anlegt, blendet das Auge. Nichts als grüne Reisfelder und schmucke Baumgruppen; kein Winkelchen unbebaut. Die 6025 Ortschaften liegen romantisch darüber hingestreut und zwar so im Grün versteckt, daß nur die ragenden Pagoden sie aus der Ferne verrathen. Das Land ist nämlich von alter Zeit her mit Pagoden, Tempeln und Tempelchen wie übersäet, und zahlreiche Ruhehäuser an den Hauptstraßen bezeugen den lebendigsten Verkehr. Die beiden wichtigsten Städte sind Tanjore und Nagapatnam, welches letztere den Handelsverkehr mit Ceylon vermittelt. Baumwolle und Seidenmanufakturen blühen neben dem Ackerbau, der Hauptbeschäftigung der Einwohner. In Manargudi, mittewegs zwischen Tanjore und Nagapatnam; in Kornadu[118] bei Mayaveram; ferner in Combaconum, mittewegs zwischen Mayaveram und Tanjore, sind zahlreiche Weberfamilien, deren mehrere, in Kornadu wenigstens, ein bedeutendes Vermögen erworben haben. Obschon in Tanjore selbst die prächtigste Pagode vielleicht ganz Indiens prangt und das ganze Gebiet dermaßen mit Tempeln überladen ist, daß das einzige Combaconum allein an vierundzwanzig zählt, so sind doch römische Katholiken und Protestanten von jeher auf das Freisinnigste geduldet worden. In diesem Distrikt schlug die lutherische Kirche vor 150 Jahren ihre ersten Missionsposten auf.

Ich führe meine Leser auf der schönen schattigen Landstraße von Trankebar, das ja seit der Uebergabe an die Engländer auch zum Tanjore-Distrikt geschlagen worden, über Mayaveram, Combaconum und Tanjore nach der Hauptstadt des Tritschinopoli-Distrikts, — Tritschinopoli mit seinen 74,000 Einwohnern, die Truppen ungerechnet. Da die nördlichen und westlichen Hauptstraßen dort zusammentreffen, und die südlichen Straßen von da alle sich ausästen, so ist diese Stadt nicht blos zu einem Waarenspeicher, sondern auch zu einem militärischen Wachtposten sehr geeignet. Man hat daher die Haupt-Militärstation dorthin verlegt und dadurch einem Theile der Stadt ein ziemlich europäisches Ansehen gegeben. Von dem auf einem einsamen Felsen liegenden Fort aus genießt man eine prächtige Aussicht über die weitgedehnte Stadt und ihre nächsten Umgebungen, die ebenfalls von dem Segen des Cavery und des Colerun, dem Nordarm desselben, triefen. Dort ganz nahe prangt das schmucke Eiland Srirangam, das durch die Spaltung des Cavery in zwei Arme, den eigentlichen Cavery und den Colerun, gebildet wird, mit seiner Pagodenstadt, in deren Mitte der Gott seinen vergoldeten Palast hat. Aber dicht unten im Fort selbst liegt die bescheidene Wohnung des alten Vaters Schwarz, der zu seiner Zeit an den stolzen Pagoden wacker gerüttelt hat.

Wir verlassen den Tritschinopoli-Distrikt mit seinen 2,353 Ortschaften und 654,780 Einwohnern, die sich, außer vom Ackerbau, von Manufakturen, hauptsächlich in baumwollenen Hauszeugen, Indigo, Cigarren und Juwelen, nähren, und den theils bewohnten, meist aber mit Djangel überwucherten luftigen Terriurbergen im Norden Tritschinopoli's den Rücken kehrend, eilen wir auf der großen, meist von gewaltigen Banianen überwölbten Heerstraße nach dem alterthumsreichen Madura, das wir im Ochsenwagen, dem vortheilhaftesten Fuhrwerk im Tamulenlande, in etwa fünf Tagen erreichen.

Nun, hier stehen wir auf altclassischem Boden, — in der Hauptstadt der alten Pandya-Könige, deren schon Ptolemäus gedenkt, in dem Vaterlande der tamulischen Literatur, in dem heiligen Lande des Südens. Von Madura aus führt die Pilgerstraße in südöstlicher Richtung nach dem berühmten Eiland Ramesseram, das als heiliger Wallfahrtsort neben Benares genannt wird. Jene sandige Erdscholle ist das Paradies der südlichen Brahminen. Der Boden des ziemlich ausgedehnten Madura-Distrikts mit seinen 1,015 Ortschaften und 1,306,725 Einwohnern hat ein sehr ungleiches Ansehn. Im Süden und Osten eine große Ebene, wovon ein großer Theil unergiebiger Sandboden ist, im Norden und Osten theils lang gezogene und zusammenhängende Bergketten, theils Hügel und vereinzelte luftige Felsen, — das ist der allgemeine Charakter des Landes. Mitten aber in diesen Gebirgszügen, den Pylney-Bergen, streckt sich das überaus fruchtbare Thal von Dindigal hin. Die Bevölkerung vertheilt sich so, daß auf 76 Sudras, als die Mittelklasse, 3 Brahminen, 16 Pariahs oder Paller und 5 Muhamedaner kommen. Die Katholiken, die hier am dichtesten gesäet sind, bilden etwa den vierzigsten Theil der Bevölkerung. Ungefähr ein Achtel der Gesammtbevölkerung beschäftigt sich mit der Bebauung des Landes, das in den Händen der Brahminen und Sudras ist; die Paller müssen als eine Art Leibeigene ihren Schweiß dazu hergeben. Die letztern ausgenommen, hascht alles nach einem Dienst oder Dienstchen. Der Pariah zieht dem sauren Lastträgergeschäft die Bedientenstelle bei einem Europäer vor. Der Muhamedaner, der hier sein Hindostani meist vergessen hat, bringt es selten über den Polizeisoldatenstab hinaus; auch die Sudras nehmen allenfalls damit vorlieb. Die wichtigsten öffentlichen Aemter sind in den Händen der Brahminen, die, obgleich meist wohlhabend und unabhängig, doch um einen geringen Gehalt ihre Freiheit verkaufen und sich nach der Schreiberstube drängen, als handelte es sich um eine Ministerstelle. Uebrigens sind die Brahminen dieses Distriktes, der ja vor Alters eine Akademie und einen Augustus hatte, meist wohl bewandert in der Tamul-, Telugu- und Mahratta-Literatur, und oft des Hindostani mächtig.

Von Madura, dem Hauptplatz der nordamerikanischen Mission, wenden wir uns in gerader Richtung südlich nach Tinnevelly, wo die beiden englischen Schwestergesellschaften zum Theil das ernten, was unsere Väter und überhaupt deutsche Missionare gesäet haben. Eine große, mit kleinen Hügeln durchsetzte, ein wenig wellenförmige Ebene, die durch dicht bewaldete schwer zugängliche Gebirgsmassen von dem Küstenlande Travancore auf der Westseite so vollständig abgeschlossen wird, daß, während es dort in geringer Entfernung stürmt und gießt, hier der Boden unter dem versengenden Sonnenstrahl und den heißen Westwinden verdorrt und verlechzt! Der nördliche Theil des Distriktes bringt trockene Saat, Reis und Baumwolle in Menge hervor, und die reichen Viehweiden wimmeln von Schaaf- und Kuhheerden. Südlich von Palamcottah aber, einer Militärstation, gegen das äußerste Ende der Halbinsel, wird der Boden sandig und unfruchtbar. Dort gedeihet nur die Palmyrapalme, die von den in Teufelsdienst versunkenen Schanars gebauet wird. Unter den 850,891 Einwohnern sind verhältnißmäßig nur wenig Muhamedaner, aber desto mehr römisch-katholische Christen, die meist Fischersleute sind. Der ganze Küstengürtel von Tuticorin, dem letzten Verbindungshafen zwischen Ceylon und dem Tamulenlande, ist von ihren kleinen armseligen Dörflein besetzt.

Wir haben nun die Südspitze des Tamulenlandes erreicht, von wo ein paar stark befestigte Engpässe in das Travancore-Königreich auf der Westküste führen. Wir kehren daher über Madura nach Dindigal zurück und begeben uns von da westwärts nach Coimbatur, wo uns zur Rechten die majestätischen Nilagiris, zur Linken die Palghatgebirge entgegenragen. Eine im Durchschnitt 900 Fuß über dem Meeresspiegel erhabene Ebene, streckt sich der Coimbatur-Distrikt etwa 110 englische Meilen von Norden nach Süden, und 70 von Osten nach Westen. 800,275 Seelen wohnen in 1581 Ortschaften, darunter sind über 10,000 römische Katholiken und 13,986 Muhamedaner. Die Einwohner erfreuen sich eines verhältnißmäßigen Wohlstandes. Etwa drei Viertel derselben bauen das Land, und die nächst zahlreiche Klasse bilden die Weber. An 14,000 Webstühle sind fort und fort im Gange. Bei der Wohlhäbigkeit des Landes ist es daher kein Wunder, wenn an 2000 Müssiggänger aus dem Betteln ein Gewerbe machen. Ist es doch nach Hindubegriffen ein gleich großes Verdienst zu geben als zu betteln, und ein tamulisches Sprüchwort sagt: „Dem jungen Eichhörnchen wird es an Palmyrafrucht nicht fehlen, und dem Kinde der Bettelfrau nicht an Reis." Jeder funfzigste Einwohner etwa ist ein Brahmine; auf 400 Einwohner aber kommt durchschnittlich ein Tanzmädchen. In dem ganzen Coimbatur-Distrikt sind übrigens nur zwei Missionare, von der londoner Gesellschaft, stationirt und zwar in Coimbatur selbst.

Wir folgen nun der großen Heerstraße gen Salem, dessen Gebiet wir nach Ueberschreitung des Cavery betreten, der hier seine segensreichen Fluthen von Norden nach Süden wälzt, um sich bald darauf dem Osten zuzuwenden, dort dem geliebten Delta alle seine königlichen Schätze zu spenden und sich als ein armer Bettler zuletzt in das Meer zu stürzen. Da das die große Heerstraße ist, die Salem mit der Gesundheitsstation Utacamund auf den Nilagiris verbindet, so werden wir, falls wir zu Anfang der heißen Jahreszeit von Coimbatur nach Salem reisen, das öffentliche Ruhehaus hie und da mit siechen Engländern gefüllt finden, die, der drückenden Schwüle des heißen Madras und der noch heißern Schreib- oder Geschäftsstube entflohen, sehnsüchtig nach dem ersten Dämmer der „blauen Berge" ausschauen, von deren hoher Alpenregion sie eine europäische Anfrischung ihrer in der tropischen Sonne verdorrten Kräfte erwarten, — oft aber, in Folge des jähen Wechsels innerhalb weniger Stunden, nur desto früher ins Grab sinken.

Wir erreichen etwa in vier Tagen Salem, wo auch ein Missionar, von der londoner Gesellschaft, arbeitet. Vier Gebirgsgruppen von 5 bis 6000 Fuß Höhe, und außerdem noch manche einzelne Hügel durchziehen das Land nach allen Richtungen und beschenken es mit kostbaren Zimmerhölzern, dem unverwüstlichen Teak, dem wohlriechenden Sandel und dem geschätzten Ebenholz. So ist denn ein Fünftel des ganzen Distriktes Hügelland und nur etwa ein Viertel des gesammten Flächenraumes wird bebaut. Die Hälfte der Bevölkerung widmet sich dem Ackerbaue; von der andern Hälfte sind sehr viele Handwerker. Salem nämlich erfreut sich eines bedeutenden Handels in Eisen- nnd Stahlwaaren; die Zeuge aber, die hier verfertigt werden, gehen bis nach Westindien und Amerika.

Wir nehmen ungern Abschied von den luftigen Sherraroy-Bergen, die, dicht bei Salem aufsteigend, der europäischen Bevölkerung in diesem Theile Indiens ein näheres und wohlfeileres Utacamund, freilich ganz im Kleinen, bieten, und eilen der alten muselmännischen Hauptstadt des Carnatik, Arcot zu, die noch immer hauptsächlich von den Jüngern des falschen Propheten bewohnt wird. Das Gebiet von Arcot, das in Nord- und Süd-Arcot zerfällt, und 1,057,070 Einwohner zählt, obgleich an der Küste sandig und im Innern theils von Gebirgen; theils auch von großen Waldstrecken durchsetzt, ist reich an Feld- und Gartenfrüchten. Drei sehr heilig geachtete Orte liegen innerhalb desselben: so ziemlich im äußersten Norden in den Bergen Tripetty, ein Vischnuheiligthum, das der Compagnie jährlich ein Lac Rupis abwirft; im äußersten Süden, an der flachen Küste, nicht weit von dem schon in der alten Missionsgeschichte genannten Cudelur, Chellumbrum (Sittambalam), ein Siva-Heiligthum, dessen Lob noch immer im Munde des Volkes lebt, obschon die dort in den prächtigen Pagoden stationirten dreitausend Brahminen, auf eben so viele Hunderte zusammengeschmolzen, fast Hungers sterben, und vor lauter Armuth nicht einmal alle vorgeschriebenen Opfer mehr verrichten können; etwa in der Mitte endlich, auf einer vereinzelten Gebirgsgruppe, die Pagode von Trinomaly (eig. Tiruvannamalei, „der heilige, unnahbare Berg“), die, dem Volksglauben gemäß, nur die dienstthuenden Brahminen ungestraft betreten dürfen.

Wir kommen nun zu einem ziemlich armseligen Gebiet — dem Distrikt von Chingleput, an der Küste unterhalb Madras, mit 336,219 Einwohnern. Hier ist der Boden meist sandig; Hügelreihen streifen das Land; losgerissene Granitmassen starren hie und da aus den nackten Feldern empor; niedriges Dorngebüsch wuchert allenthalben umher. Die königliche Palmyra aber, die wenig verlangt und viel giebt, erhebt sich stolz daneben hin, und der Markt von Madras verdankt, trotz der Dürftigkeit des Landes, doch einen Theil seiner Vorräthe, namentlich an Feuerholz, Früchten und Gemüse, gerade diesem Distrikte. Die Kunst hat an mehr als einem Orte ihr Mögliches versucht, dem natürlichen Wassermangel abzuhelfen. Bekannt ist der gewaltige Teich, der nicht weniger als 25,000 Acres Land wässert. Es steht in der Gewalt der Regierung, durch Ausführung ähnlicher Bauten und Herabsetzung der Steuer dem Anbau aufzuhelfen.

Hier in diesem öden Gebiete liegt das immer mehr verödende Sadras[119], das bereits aus den alten Missionen her bekannt ist, die verödete Sieben-Pagoden-Stadt[120], in den Felsen gehauen, ein Wunderwerk des Alterthums, und das viel besuchte lebensvolle Conjeveram[121] mit seinen Brahminen-Massen, seinen ungeheuren Tempeln und übervollen alljährlichen Festversammlungen.

Endlich gelangen wir nach Madras, der anglobritischen Hauptstadt nicht blos des Tamulen-, sondern auch des Telugu-, Canara- und Malayalam-Landes. Madras und die unmittelbare Nachbarschaft von Madras, soweit die Gerichtsbarkeit des „Supreme Court" reicht, bilden ein besonderes Collectorat mit 630,000 Einwohnern. Davon sind etwa 530,000 Hindus, 80,000 Muselmänner und 2000 Europäer, die farbigen Nachkommen derselben mitgerechnet, die sich Europäer zu nennen lieben.

Madras ist der Sammelpunkt aller protestantischen Missionen im Tamulenlande, und ihnen zur Seite stehen die Bibel- und Tractat-Gesellschaften. Aber noch bewahrt die sogenannte „schwarze Stadt" ein echt heidnisches Ansehn: zahlreiche Götzentempel stechen allenthalben bedeutungsvoll hervor und die abgöttischen Festumzüge wogen so geräuschvoll und pomphaft wie je durch die dicht bevölkerten unregelmäßigen Straßen.

Doch wir müssen der schwülen Hauptstadt mit ihrem bunten Straßengedränge, mit ihren wenn nicht glänzenden so doch reichen Bazaren, mit ihrem gefährlichen, aber doch besuchten Hafen, mit ihren waldähnlichen Kunstgärten, mit ihren Schlangen-Zauberern und Gauklern aller Art für jetzt den Rücken kehren. Wir haben noch ein Ländchen zu besuchen, dessen Radjah es uns sehr übel nehmen möchte, wenn wir desselben auch mit keinem Worte gedächten. Ich meine den Tondaman[122] von Pudukottah, in dessen bisher noch unabhängigem Gebiet wir seit mehreren Jahren eine Mission haben. Dasselbe liegt 31 engl. Meilen s. südöstlich von Tritschinopoli und 35 Meilen südwestlich von Tanjore. Es begreift eine Flächenmasse von 1500 engl. Quadratmeilen. Ein ganzes Drittel davon ist aber leider vollkommnes Walddickicht, ein gutes Stück Felsengrund mit vereinzelten Hügeln, und die übrig bleibende Fläche auch nur zum Theil des Anbaues fähig. Seine Unterthanen, — wahrscheinlich früher Soldaten — führen den wenig einladenden Namen „Kaller" d. i. Räuber. Doch ist es nicht so arg, wie es klingt; mögen sie auch in frühern Zeiten, von den undurchdringlichen Wildnissen des Landes unterstützt, manchen durchziehenden Reisenden geplündert haben, — gegenwärtig hört man selten von derlei Vorfällen. Von den mir bekannt gewordenen fünf Haupt-Abtheilungen, die in 1277 größern und kleinern Ortschaften verstreut wohnen, haben sich zwei dem friedlichen Landbau zugewendet, eine bringt sich hauptsächlich mit Palankintragen durch, und die andern arbeiten im Beamtenfache.

Das ist denn ein ungefährer Ueberblick über das Tamulenland, das, die tamulische Bevölkerung von Ceylon und Travancore u. s. w. ungerechnet, an 8 Millionen Einwohner zählt. Da es im Systeme Englands liegt, die indischen Manufakturen in keiner Weise zu begünstigen, die über alle Maßen kostspielige Verwaltung aber eine Verringerung der ungeheuren Abgaben, die auf dem Grundbesitz lasten, schwer zuläßt, so ist der Zustand dieses von der Natur so hochgesegneten Landes im Allgemeinen kein beneidenswerther. Die Grundbesitzer gerathen immer tiefer in Schulden; ja manches Stück Land liegt aus keinem andern Grunde geradezu brach, als weil sich die Bearbeitung desselben bei den hohen Abgaben nicht bezahlen würde. Das Land hat z. B. im Tanjore-Distrikt, man möchte sagen, fast gar keinen Werth. Nimmt man nun dazu, daß sämmtliche 8 Millionen unter bloß 10 Hauptcollectoren, denen, außer der Oberaufsicht über die Steuern, auch die Oberaufsicht über die polizeilichen Angelegenheiten zusteht, vertheilt sind; bedenkt man ferner, daß die eingeborne Gerichtspflege die allerniedrigste Stufe einnimmt, und im Durchschnitt auf jeden Collector nur Ein europäischer Richter kommt, der noch dazu der Sprache des Landes gar selten Meister ist: so kann man sich wohl denken, wie es in dieser Beziehung um das Tamulen-Volk stehen mag, besonders da das indische Erbfolgegesetz höchst ungenügend ist, und ein großer Theil des Volkes weder lesen noch schreiben kann.

Es dürfte meinen Lesern nicht uninteressant sein, eine Idee von den ungeheuren Summen zu bekommen, die trotz der genannten Uebelstände alljährlich in die Kasse der Regierung fließen:

Chingleput	1,482,916 Rupis,	Tritschinopoli	1,527,435 Rupis,
Süd-Arcot	2,416,828	Tanjore	4,700,000
Salem	1,900,000	Tinnevelly	2,400,000
Coimbatur	2,100,000		u. s. w.

Vergegenwärtigt man sich aber, daß der Gehalt des Gouverneurs allein sich jährlich auf beinahe 128,000 Rupis beläuft und ein Hauptcollector jährlich 36,000 Rupis bezieht, — bedenkt man ferner, daß das Militär verhältnißmäßig noch viel bedeutendere Summen wegnimmt, so möchte man sich fast wundern, daß die Regierung nicht noch schlechter fährt, als es wirklich der Fall ist.

Es ist nicht meines Amtes, über die Verwaltung des Landes zu Gericht zu sitzen, ich muß es aber als Freund der Mission in mehr als Einer Hinsicht bedauern, daß in Folge so überaus hoher Besoldungen die europäischen Verhältnisse in Ostindien sich so großartig gestaltet haben.

Die Religion des Tamulen-Volkes.

Man darf sich ja nicht vorstellen, daß mit dem Ausdruck „Brahmanenthum" der allgemeine Charakter aller Hindu-Religion und somit auch der tamulischen bezeichnet ist. Keineswegs. Fast überall in Indien haben wir es mit fünf Hauptrichtungen zu thun, die ich der Kürze halber Brahmanenthum, Nichtbrahmanenthun, Halbbrahmanenthum, Antibrahmanenthum und Unbrahmanenthum nennen will.

Ich beginne mit dem Nichtbrahmanenthum, das in dem Teufelsdienst der Schanars oder Palmyrabauern in Tinnevelly seine ausgeprägteste Gestalt zeigt, und zwar darum, weil der Teufelsdienst dem Brahmanenthum geschichtlich voransteht. Diesen fanden nämlich die brahminischen Ansiedler aus dem Norden bei der rohen Urbevölkerung vor. Dafür spricht unter Anderm der Umstand, daß der Teufelsdienst allenthalben unter den niedrigsten Kasten im Schwange geht, und nicht von Brahminen, ja nicht einmal stets von einem geordneten Priesterstand verrichtet wird.[123] Es kommt freilich vor, daß zur Zeit großer Noth, oder überhaupt wenn die altväterlichen Götter trotz

Opfer und Gebet Ohr und Herz zu verschließen scheinen, auch der „Zweigeborne“ zu den Teufelsaltären seine Zuflucht nimmt; aber dahin treibt ihn eben nur die leidige Verzweiflung, und dazu wird es so geheim als möglich gehalten. Es ist und bleibt eine Schande für den Brahminen, sich an dem Teufelsdienst der niedern Kasten zu betheiligen, und wenn du ihn solcher Gemeinheit für fähig hieltest, er würde es als die größte Beleidigung betrachten.

Wie gesagt, der Teufelsdienst ist so recht eigentlich die Religion der Schanar's, einer der untersten Sudrakasten, die über 500,000 Seelen zählen mag. Weite, weite Strecken, wo nur hie und da eine brahmanische Pagode die elenden Teufelstempelchen überragt, die oft weiter nichts sind, als ein pyramidalisch aufgeworfener Erdhaufen, dessen einzige Verzierung in weißen und zuweilen weißen und rothen, an der Außenseite hinlaufenden Streifen besteht, und wenn's hoch kommt, ein pyramidaler Obelisk aus gebranntem Stein, mit Stucco überzogen, von 4 bis 8 Fuß Höhe. Man möchte fast sagen, die weißen Ameisen hier zu Lande bauen eben so schöne Pyramiden an den Landstraßen und auf den Feldern hin; künstlicher sind die letztern jedenfalls. Das Anmuthigste an dem Ganzen ist offenbar der gewöhnlich in der Nähe stehende, meist stattliche Baum, besonders wenn es eine Tamarinde mit dem zierlichen Blatt und dem dunklen Grün ist oder aber eine Baniane mit dem weithinschattenden Laubdach. Oft aber siehst du bloß eine dünnschattige Palmyra mit verbuschter, weil nie ausgeputzter Krone, wie träumend dabei stehn, oder gar nur den dornartigen Schirmbaum, der auch auf dem unfruchtbarsten Boden über Manneshöhe hinausschießt, und der trotz seiner Schirmgestalt dir doch keinen rechten Schirm vor der tropischen Sonne zu gewähren im Stande ist, die in Tinnevelly mit dem Sande des Bodens in schrecklichem Bunde steht.

Bedenkt man, daß der Teufelsdienst vornehmlich im tiefen Süden seinen Sitz hat, wo im Tamulenlande, allen geschichtlichen Spuren zufolge, brahmanische Kultur und Macht zuerst gipfelte, — Ptolemäus kennt und nennt ja schon die altberühmten Pandya-Könige von Madura, — so kann Einem das wohl eine Vorstellung geben von der Tiefe und Festigkeit, mit der sich der Teufelsdienst in das dortige Volksbewußtsein eingelebt hat. Haben sie doch den ächt brahmanischen Rama selbst, den glorreichen Besieger der Dämonen, an Einem Orte Tinnevellys in einen Teufel umgestaltet; und an dem Einen großen Festtage, den sämmtliche Schanars alljährlich feiern, weil da der Fabel zufolge Ravana, der Dämonenkönig Ceylons, dem Rama die geliebte Sita raubte, jauchzen alle über Ramas Kummer und freuen sich mit dem glücklichen Räuber.

Bei Gelegenheit des Tululandes habe ich schon den muthmaßlichen Ursprung des Teufeldienstes angedeutet. (Band III, S. 184 fg.) Es unterliegt wohl kaum einem Zweifel, daß der ursprüngliche Sinn desselben eine Art Heroendienst ist. Der Prozeß des Teufelwerdens, der auf nichts anderes als auf Verlustigung, Erweiterung und Verzerrung der dunklen Charakterzüge des Verstorbenen zu einem Schreckensgebilde voll übernatürlicher Macht und Bosheit hinausläuft, geht aber noch immer fort und zwar ohne allen Unterschied der Kaste und der Nation. Es giebt Pariah- und Brahmanen-, muhamedanische und europäische Teufel; von der letztern Klasse wenigstens Einen. Der einzige Unterschied, der dabei bemerklich wird, bezieht sich auf die Art der Opfergaben. Der Pariahteufel begnügt sich mit Branntwein: jener europäische Teufel, ein in mörderischer Schlacht gefallner tapferer Offizier, verlangt zu dem Branntwein natürlich auch eine Cigarre.

Die drei wesentlichsten Züge in dem Teufelsdienste sind Besitzung, wilder Tanz, blutiges Opfer. Alle drei Züge können sowohl an das Schamanenthum tartarischer Stämme, als an den Fetismus afrikanischer Völkerschaften erinnern. Doch scheint mir in dem vorliegenden Falle mehr das afrikanische, als das tartarische Teufelswesen in Betracht zu kommen. In dem letztern tritt eine gewisse Freiheit des Menschengeistes hervor: der Schamane beschwört die Geister mit ruhiger Besonnenheit, wählt sich aus den herzunahenden Schaaren seinen Mann heraus, ringt mit ihm in krankhaften Zuckungen und ertheilt dem Besiegten seine Aufträge. Nicht also in dem südindischen Teufelswesen. Der südindische Teufelstänzer überwindet den Dämon nicht, sondern wird von ihm besessen, und obgleich die Vorbereitungen darauf hin, — tolle, betäubende Musik, stark aufregendes Getränk, grause Selbstzerfleischung, gieriges Hinunterschlürfen des eignen, so wie des Opferblutes, — in ihrem Anfange von der menschlichen Freiheit ausgehen, so geht doch dieselbe im Verlaufe der sinneverwirrenden Ceremonie stufenmäßig zu Grunde, und endet, — zwar nicht mit Verlust der Sprache und Bewegung schlechthin, — aber wohl mit Verlust des Selbstbewußtseins und der Selbstbestimmung, wie man meint, an den besitzenden Dämon; zu allerletzt bleibt auch nicht ein Fünkchen Erinnerung an die in diesem Zustande dem befragenden Zuschauer mitgetheilten Orakel. Dieses unfreie Wesen des südindischen Teufelsdienstes ist wesentlich afrikanisch. Ob dasselbe aber durch ein vorwaltend afrikanisches Element der indischen Urbevölkerung geschichtlich vermittelt ist, oder ob dieselbe sengende Sonne und das in gleichem Maße kochende Blut die gleiche Erscheinung hier und dort zu Stande gebracht hat, das lasse ich hier unerörtert.

Ich müßte mich aber sehr irren, wenn nicht früher noch ein Zug in dem Teufelsdienste der indischen Urbevölkerung war, der an afrikanischen Fetismus erinnert, ich meine das Menschenopfer. In dem sogenannten Blutkapitel des Kalica Purana steht die merkwürdige Stelle: „Wo das Opfer von Löwe, Tiger oder Menschen erfodert wird, da sollen die drei ersten Kasten (Brahminen, Kschatriyas und Waisya's, —

also die eigentlich brahmanischen Kasten) ein Bild aus Butter oder Mehl machen und es gleich als ein lebendiges Wesen opfern." Das deutet doch wohl darauf hin, daß von den übrigen, den niedern Kasten zu irgend einer Zeit gelegentlich auch Menschenopfer gebracht wurden, und die Muthmaßung liegt nur allzu nahe, daß dieser barbarische Brauch ursprünglich unter der rohen Urbevölkerung im Schwange ging und von den brahmanischen Ansiedlern lange nicht überwunden wurde, ja bis heute nicht vollständig, wie die noch immer nicht ganz abgestellten Menschenopfer unter den Gonds bezeugen. Auch der Geist der angezognen Stelle selbst spricht dafür, daß die Einführung jenes blutigen Brauchs nicht wohl von den blutscheuen Brahmanen ausgehn konnte. Bei dem Teufelsdienste der Schanars scheint nun das Blut der Thiere (als Ziege, Hahn u. s. w.) das früher vergoßne Menschenblut zu vertreten, und noch immer findet hier im Tamulenlande eine Ceremonie nicht selten statt, die an frühere Menschenopfer zu erinnern scheint. Ich selbst habe etwas davon mit eignen Augen gesehen. Zur Zeit großer Dürre nämlich macht man eine Menschenfigur zurecht, die man den „grausen Sünder" nennt.[124] Man schleppt sie lärmend durch die Straßen, mißhandelt sie und verbrennt sie endlich unter Weinen und Heulen auf dem öffentlichen Todtenacker.

Das Schlachtfeld ist das eigentliche Lustlager der Dämonen. Die Dichter, die eine Schlachtbeschreibung auftischen wollen, werden dieses pikante Ingredienz nicht leicht vergessen. Am liebsten brauchen sie weibliche Teufel mit schlapperndem Busen und sperrendem Maule:

„Sie bückt sich, sie reckt sich, sie nähert sich (den Leichen). Eingeweide sich umwindend, lacht sie lustig; schrecklich kreiset sie, die Teufelin, anschauend die, so im Blut-Strom-Stank daliegend Feuer blicken."[125]

Doch es ist hohe Zeit, daß wir den widerlichen Unholden,[126] mit denen die brahmanischen Götter in ihrer Jugend vergeblich rangen, den Rücken wenden, und aus dem nicht-brahmanischen Gebiet in das halbbrahmanische übergehen, das an Umfang und Bedeutung jenes andere weit übertrifft. Ich habe schon bei andrer Gelegenheit angedeutet, daß, wo die brahmanischen Götter im Kampfe mit dem dumpfen Religionswesen der Urbevölkerung nicht den vollständigen Sieg davon trugen, die brahmanische Bevölkerung mit den Urbewohnern eine Art Union einging. Diese Union hat sich in den verschiednen Gebieten Indiens verschieden gestaltet. Wir reden hier natürlich bloß von dem Stand der Dinge im Tamulenlande.

Was auch immer der Ursprung des Sivadienstes, der in den eigentlichen Veda's gar nie vorkommt, und der nur mit Mühe von den Brahminen hinein erklärt wird, mag gewesen sein, so viel unterliegt keinem Zweifel, der Sivadienst, wie er sich auf der einen Seite anlehnt an die ursprünglich immerhin rein natürlich gefaßte Nachtseite der sonst so sonnelichten, aber doch auch von finstern Naturmächten wissenden Veda's, so mußte er andrerseits in eben demselben Maße, wie die ursprünglich natürliche Auffassung auf das sittliche Gebiet hinüberschlug, im Laufe der Zeit von dem vorgefundenen Dämonenwesen der Urbevölkerung beeinflußt werden, und umgekehrt darauf Einfluß üben. Der Gott des Todes und der Zerstörung brahmanischer Seite, und die gehässigen, nur Unheil und Verderben sinnenden Dämonen auf Seiten der nicht brahmanischen Hindus stimmten zu wohl mit einander, als daß sie nicht in ein näheres Verhältniß zu einander hätten treten sollen. Dieses Verhältniß wurde aber, wie es scheint, zuerst hauptsächlich durch die Sakti, d. i. die weibliche Hälfte des Gottes vermittelt, und das um so natürlicher, als sie die göttliche ἐνεργεία oder schöpferische Wirksamkeit sinnbildlich darstellt, nach Hinduanschauung aber alle und jede Thätigkeit der in unveränderlicher Ruhe seligen Gottheit unwürdig erscheint, und demnach auch, um mit Mephistopheles zu reden, „Alles was entsteht, werth ist, daß es zu Grunde geht." — In diese Göttin denn, hauptsächlich unter der Form und unter dem Namen der Ammen („Mutter" = Parvati), scheint eine ganze Masse von Ortsdämonen aufgegangen zu sein. Für eine nähere Verbindung des Ammen- und Dämonen-Dienstes spricht schon der Umstand, daß in den Tempeln der Ammen ein ähnlicher Spuk getrieben wird, wie beim Teufelsdienste selbst, — ich meine den Teufelstanz mit Beseßnenorakel und Allem, was dahingehört: Trommelwirbel, Augenverdrehen, u. s w. —; sowie auch die Schmach, die auf den Brahminen fällt, der sich etwa mit dem Ammendienste befaßt.

Es ist jedoch der Ammendienst nicht der einzige Anknüpfungspunkt zwischen Brahmanismus und Dämonenthum. Man hat hier noch einen dritten Sohn des Siva erfunden, den Eyenar (d. i. der erlauchte Herr),[127] und diesen erlauchten Herrn dem Heer der blutdürstigen nächtlichen Unholde an die Spitze gestellt. Hier ist der eigentliche Knotenpunkt der brahmanisch-dämonischen Union. Denn während in den Tempeln der Ammen bloß Sudras[128] dienen, finden wir in einigen Heiligthümern des Eyenar Sudra-, in andern aber Brahminen-Priester, je nachdem das Gebäude der düstern oder der lichten Form (Ugra- oder Santa-Murti) gewidmet ist.[129]

Außerdem giebt es aber noch ein ganzes Heer meist sivaitischer Unholde und Unholdinnen, die man alle mehr oder minder hierher zu rechnen hat.[130] Das sind denn die eigentlichen Volksgottheiten, und so dient die Masse des Volks mehr den finstern, als den lichten Göttern, und die meist elenden Tempelchen, denen du auf den Dörfern mitten im Lande begegnest, legen fast alle Zeugniß ab von dem durch den Brahmanismus nur halb überwundenen Dämonenwesen der Urbevölkerung.

Wir begeben uns nun endlich auf das Gebiet des eigentlichen Brahmanenthums, das wie der Banianenbaum vielästig sich ausspreizt, und während es dich in seinen geheimnißvollen Schatten ladet, dir, wie jener, schönfarbige aber ungenießbare Früchte beut.

Es ist gewiß nicht von ungefähr, daß Siva[131], obgleich im Norden geboren, seine eigentliche Heimath in dem feurigen Süden gefunden hat, wo, wenn irgendwo, Alles ist „wie des Grases Blume, die am Morgen blühet und am Abend welk wird." Siva ist ja die zerstörende Gottheit, der das Feuer eignet. Während er daher im Norden verhältnißmäßig mehr eine philosophische Idee bleibt, und unter dem rohen Sinnbild des Lingam, dessen mystischer Sinn (fortwährende Zeugung und die damit gegebene Idee fortwährenden Untergangs) an dem großen Haufen unverstanden vorübergeht, eine verhältnißmäßig geringe Anzahl Verehrer an sich zieht, tritt er dir hier im Süden, wo seine Verehrung keineswegs auf die gestaltlose Form des Lingam beschränkt ist, leibhaftig genug entgegen, und wo immer eine schwerfällige, aber nicht selten imposante und zuweilen selbst kunstreiche Pagode ihr schwermüthiges Haupt erhebt, — wenn du frägst, wer ist der Gott, der da verehrt wird? sie werden dir fast immer den Gott mit dem Dreizack und dem Netze nennen. Dazu kommt, daß hier im Süden eine überreiche und zum Theil anziehende Legenden-Fülle, die im Norden fehlt, und zwar in der Volkssprache selbst, den volksthümlichen Gott umwuchert.

Eine noch weit ausgedehntere Verehrung aber genießt der Lieblingssohn des erhabenen Götterpaars, Ganesa, oder wie ihn die Tamulen nennen, Pilleyar (das erlauchte Kind), mit dem Gesicht des klugen Elephanten. Während Siva selbst mehr nur der Festtagsgott ist, stellt Ganesa so recht eigentlich den Hausgott vor, und sein wohlgenährter Schmerbauch bringt ihn dem Sinn und Herzen des Volkes unendlich näher, als alle jene luftigen philosophischen Ideen, die das Haupt des mondgekrönten Siva umspielen.

Obschon aber die Familie Siva's — zu welcher auch Suppiramanien[132], Generalissimus der himmlischen Miliz, dem die alten streitbaren Tamulen-Könige manches prachtvolle Heiligthum errichteten, zu gehören die Ehre hat, -- über das ganze Land ihr Scepter breitet, so ist doch ihre Herrschaft nicht allenthalben ungetheilt und unbestritten.[133] Im zwölften Jahrhundert trat Ramanuja, ein Vaischnava-Reformator auf. Er forderte das damals in den Händen der Saiva's befindliche Vischnu-Heiligthum zu Tripetty (Tirupati) an der klassischen Nordgrenze des Tamulenlandes, so wie mehrere andere, dem Siva zugeeignete Heiligthümer in andern Gegenden für seinen Lieblingsgott zurück und protestirte unerschrocken gegen die Oberherrlichkeit des Siva zu Sriranga bei Tritschinopoli. Er wurde zwar von dem damaligen Tschola-Könige, einem eifernden Anhänger Siva's, vertrieben, kehrte aber nach dessen Tode zurück, und seitdem ist das Heiligthum zu Sriranga, eine wahre Stadt von Pagoden, in den Händen der Vaischnava's, die auch noch anderwärts bedeutende Tempel aufzuweisen haben. Auch jetzt ist der Streit zwischen Saiva's und Vaischnava's noch nicht beendet. Als ich den weitberühmten Tempel zu Sittambalam, wo Siva unter der Form des Aether-Linga verehrt wird, zu sehen Gelegenheit hatte (S. 39 u. fg.) und dabei die dortigen Tempelbrahminen frug, wie denn der damit verbundene Schrein des Vischnu daherein komme, so antworteten sie mit spöttischem Lächeln: Vischnu wohnt hier bei Siva zur Miethe. Die Saiva's nämlich betrachten Vischnu ohne Weiteres als einen der vorzüglichsten Verehrer Siva's. Als Vischnu, so erzählen sie, eines Tages von Sittambalam zurückkam, wo er mit haarsträubendem Entzücken dem mystischen Tanz des Siva zugesehen hatte, und nun die freudezitternden Glieder auf seinem himmlischen Thron zur Ruhe ausstreckte, so ließ sich der Schlangen-König, der den Thron trug, also vernehmen: „Herr, dein heiliger Leib ist ja heute so schwer. Woher das?“ Da sprang Vischnu geschwind vom Throne und sprach also: „O Schlangen-König! Ich habe dem heiligen mystischen Tanz des allerhöchsten Siva zugeschaut; es mag wohl von dem Entzücken herkommen, das mich da gefaßt hat.“

Und als einst Vischnu, so erzählen die Saiva's weiter, der die tausend Siva-Namen an einer tausendblättrigen Lotus alltäglich andächtig herzuzählen pflegte, ein Blatt, das Siva um seine Andacht zu prüfen heimlich entwendet hatte, richtig vermißte, so riß er in heiligem Eifer eines seiner göttlichen Augen aus und machte damit die Tausendzahl der Lotusblume wieder voll.

Natürlich gehen die strengen Vaischnava's auf derlei Geschichtchen nicht ein, und es kommt dann in dem Streite gegenseitiger Eifersucht nicht selten auch zu Thätlichkeiten. In Conjeveram, vielleicht der ältesten Hauptstadt des Tschola-Reiches, geht es unter den Saiva's und Vaischnava's oft nicht ohne blutige Raufereien ab, wenn alljährlich die beiden Götter, von denen Siva in Groß-, und Vischnu in Klein-Conjeveram thront, sich auf ihren prächtig geschmückten Wagen alljährlich nähern.

Neben oder vielmehr über den Saiva's und Vaischnava's steht noch eine andere Sekte, die Smarta's, die den alten ketzerhasserischen Vedantisten, Sankara Atscharya, als ihr Haupt anerkennen. Sie reichen weder dem Siva, noch dem Vischnu die Krone, sondern ordnen beide dem obersten Brahma unter. Ihr Einfluß scheint noch immer im Steigen zu sein; sie haben sogar an vielen Pagoden die Oberhand. So namentlich an dem alten Nationalheiligthum zu Ramesseram, das, in das Dämmerlicht eines grauen, aber glorreichen Alterthums gehüllt, noch stets Pilgerschaaren aus allen Gegenden Indiens fort und fort herbeizieht. Jenes Heiligthum soll ja Rama, der Volksheld, als eine Verkörperung Vischnus selbst, dem allerhöchsten Siva gestiftet haben. Also auch hier, wo die allervolksthümlichste und gewiß auch nicht allen geschichtlichen Hintergrundes entblößte Sage von Vischnu-Rama dem Vischnuismus zu Hülfe kam, eine gänzliche Verschlingung desselben in den Sivaismus.

Ganz unbrahmanisch ist der Saktidienst linker Hand, der auch den Siva selbst in der Gestalt des Bhairava zum Gegenstande hat. Bei den religiösen Zusammenkünften dieser Saktidiener fällt aller Kastenunterschied weg; der schmutzige Pariah und der hochmüthige Brahmine sitzen friedlich beisammen und erlaben sich an verbotnen Speisen und Getränken. Zuletzt aber läuft Alles in die allergräulichsten Orgien aus. Auch das Tamulenland hat derlei Auswüchse, die der ächte Brahmanismus stets verabscheut hat, aufzuweisen. Mir selbst aber sind nur zwei Orte bekannt geworden, an denen dieser unfläthige und den letzten Rest sittlichen Gefühls mit Gewalt erstickende Saktidienst linker Hand im Schwang geht.[134]

Ich habe aber auch von einem antibrahmanischen Elemente des Tamulenvolkes geredet. Ich meine damit das Djaina-Wesen, den überlebenden Zwillingsbruder jenes Buddhaismus, der zu seiner Zeit einen so mächtigen Einfluß auf das Brahmanenthum des Tamulenlandes geübt hat, daß er noch jetzt in der moralisirenden Richtung der tamulischen Literatur fortlebt. Da aber die Djaina's gegenwärtig sehr dünn gesäet sind, und in dem großen Ganzen der tamulischen Bevölkerung bedeutungslos untergehen, so halte ich mich hier einer weitern Berücksichtigung derselben überhoben. Miss. Rhenius machte sich im Anfange seiner Wirksamkeit viel mit ihnen zu schaffen, allein ohne allen Erfolg.[135]

Ich denke, es wird meinen Lesern nicht unangenehm sein, wenn ich jetzt einmal einen Eingebornen selbst über das Wesen des Brahmanenthums reden lasse. Vor mehreren Jahren nämlich schrieb ein gewisser Kaviraher, wenn ich so sagen soll, Missionar der sogenannten Vier-Veda-Gesellschaft, die von Madras aus der christlichen Mission entgegenarbeitet, ein kleines Buch, betitelt: „Der wahren Erkenntniß Aufgang." Dieses übersetzte ein hiesiger englischer Missionar in's Englische und begleitete die Uebersetzung mit mancherlei, nicht durchgängig ganz weisen Bemerkungen. Er sagte dabei unter anderem, er habe von einem im Gerichtsfache angestellten Herrn eine erstaunenswerthe Geschichte gehört. Ein etwa seit 30 Jahren im Gerichtshofe beschäftigter eingeborner Beamter, — der nicht bloß der englischen Sprache vollkommen mächtig sei, sondern auch die englischen Sitten und die Hauptsätze des Christenthums ganz wohl kenne, — mache sich trotzdem alle Morgen eine Figur aus Thon, bete sie an und werfe sie dann in den Brunnen. Diese und ähnliche Bemerkungen, die dazu dienen sollten, den englischen Herren zu zeigen, daß viele Hindubeamte in Gegenwart ihrer europäischen Vorgesetzten das Christenthum nur zum Schein bewundern, entflammte alle Gemüther der gebildeten Heidenwelt in Madras, und die Zeitungen der Eingebornen füllten sich mit den allerbittersten Artikeln gegen die Missionare und das von ihnen verkündigte Evangelium, zugleich auch mit Apologien des Brahmanenthums. Hier nun aus einer der letztern eine Stelle, die, sich über die verschiednen Standpunkte des Brahmanenthums verbreitend, auch den eigentlichen Götzendienst zu rechtfertigen sucht. Die Stelle lautet so:

„Die heiligen Schriften, die unsrer Religion zur Grundlage dienen, behaupten, daß der Gottheit Allherrschaft, Allgegenwart, Allwissenheit u. s. w. zukomme. Wenn man nun über diese herrlichsten Eigenschaften nachsinnt, so strahlt jenes höchste Wesen, als durch sich selbst selbstgeworden, dem Geiste entgegen, und man erkennt sich selbst als einen in gleicher Weise daherstrahlenden Geist. Allein wo dieser wahrhaft philosophische Standpunkt nicht gelingt, nun da soll man, über die Gestalt des Allerhöchsten im innersten Herzen nachdenkend, die heilige Silbe Om aussprechen. Wenn auch dabei der Geist nicht Stand hält, so versuche man es mit den heiligen Fünf Buchstaben[136] u. s. w. Faßt auch hierin der Geist nicht festen Fuß, so ist es am gerathensten, durch Anhalten des Athems u. s. w. die Vorschriften des Yoga und der sonstigen Bußübungen zu vollziehen. Gesetzt auch das gelingt nicht, wohlan so ist noch Eins übrig. Nämlich: Da Gott, als das Spiegelbild der Weltseele, das dreifache Geschäft derselben, Schöpfung, Erhaltung und Zerstörung, innerhalb der drei ihm inwohnenden Eigenschaften (ruhende Wesenheit, leidenschaftliche Thätigkeit und finstres Hinbrüten) fort und fort verrichtet, so mag man entweder aus der (jenen drei Thätigkeiten und Eigenschaften entsprechenden) heiligen Dreigestalt (Brahma, Vischnu, Siva) oder aber aus den Götterschaaren, die deren himmlischen Hof umgeben, diese oder jene Form beliebig auswählen und auf sie den Namen des höchsten Gottes dreist übertragend ihr „Geist, Mund und Leib" zum Opfer darstellen. So sagen unsre religiösen Bücher. Nun aber merke! Wenn außer Geist und Mund auch der Leib zum Opfer verlangt wird, wie wäre das ohne Bilderdienst möglich! Daher errichten wir denn auch Tempel, setzen darein die Bilder jener heiligen Dreigestalt sowohl, als der ihren himmlischen Hof umgebenden Götterschaaren, und feiern öffentliche Feste. Ich komme nun auf jenen Beamten. Dieser widmet, dem Obigen gemäß, seine tägliche Andacht offenbar dem Siva, der ja in der heiligen Dreigestalt die Eine bildet, und weil in unsern Religionsbüchern auch das Leibesopfer gefordert wird, so sucht er seinen Leib durch allerlei Mühewaltung an seinen täglichen religiösen Uebungen zu betheiligen. Nachdem er sich rein gebadet, geht er selbst hin, holt sich frischen Thon, bildet daraus ein Lingam und denkt sich darunter Siva. Darauf verrichtet er die sechzehn vorgeschriebnen Ceremonien, d. h. er spritzt Wasser und Ghi, legt der Figur die heilige Schnur an, bestreut sie mit Sandel, bekränzt sie mit Blumen, streut Saffrangefärbten Reis, läßt Weihrauch dampfen, zündet Lichter an, schwenkt Kampfer u. s. w. Da aber unsre Religionsbücher auch das Opfer des Mundes heischen, so läßt er es ferner nicht an Lob- und Preis-Gesängen, so wie am Lesen und Auswendiglernen der heiligen Schriften[137] fehlen, und weil endlich auch der Geist zum Opfer gefordert wird, so giebt er sich nicht minder dem Sinnen und Beschauen hin und versenkt sich in geistiges Entzücken, und dergleichen."

So also legen sich die gebildeten Tamulen heut zu Tage das Brahmanenthum zurecht. In dem Mitgetheilten treten wesentlich drei verschiedne Standpunkte hervor: der Standpunkt des ceremoniellen Bilderdienstes als der niedrigste, der Standpunkt der selbstquälerischen Askese als der mittlere, und der Standpunkt reiner Beschauung als der höchste. In demjenigen Werke aber, das die Tamulen mit Recht als den Stern und Kern ihrer gesammten Literatur betrachten, in dem hochgefeierten Lehrgedichte des Tiruvalluver, dem Kural, wird offenbar die Askese als das Wünschenswertheste von allem Wünschenswerthen gepriesen. Natürlich. Denn abgesehen davon, daß das ganze Werk von einem asketischen Buddhisten oder doch zum Buddhaismus stark hinneigenden Anhänger des Brahmanismus geschrieben zu sein scheint, — zu jenem allerhöchsten Standpunkt reiner Beschauung schwingt man sich nicht so leicht empor ohne die Zwischen-Staffel herber Kasteiung. Hier der Probe halber ein paar jener gewaltigen Sprüche, womit Tiruvalluver gleich im Eingang seines großen Gedichtes die Askese preist.

„Wenn du der Büßer geistige Größe zu messen dich unterfängst — das ist als wolltest du die Todten zählen."

„Wer mit der Weisheit Elephanten-Haken die Fünf (d. i. die Sinne) im Zaume hält, — der ist ein Samenkorn für den Ort der Herrlichkeit."

„Die ganze Welt liegt beschlossen in dem, der die Art der Fünfe kennt: Geschmack, Gesicht, Gefühl, Gehör, Geruch."

Trotzdem aber, daß dem Kural zufolge „der klare Sinn philosophischen Systems unter allem Wünschenswerthen vor allem die Herrlichkeit des *regelrechten* Büßers heischt", so ist doch das gesammte Büßerwesen im Tamulenlande, wie meist auch anderwärts, in äußersten Verfall gerathen. Die Regel für den sivaitischen Büßer ist die: In ein okergelbes Gewand gehüllt, glattgeschornen Hauptes und Gesichtes, den Rohrstab und dazu ein thönernes Gefäß für die zu erbettelnde Gabe in der Hand, soll er täglich nur einmal essen, und nahe bei, aber nicht in der Stadt, für sich allein leben. Allein gerade klösterliches Zusammenleben ist gegenwärtig die Regel, und es wird vielleicht an keinem Orte besser geschmaust, als in jenen faulen Sanyasi-Klöstern, die sich oft gar fetter Pfründen erfreuen. Die eigentlichen Yogi's vollends mit dem ausgebildetsten System der allerherbsten Kasteiungen sind gar selten geworden, obschon mancher Abentheurer, der in dem Gedanken, „daß fließendes Wasser besser sei, als stehendes“ das Land durchzieht, sich Gewinnes halber den Namen und den Anstrich eines Yogi zu geben weiß.

Bei weitem die Masse des Volkes hält es mit dem rohen Götzendienste, nur daß nicht alle darin so eifrig und pünktlich sind, wie jener heidnische Beamte. Man kommt etwa an einem Tempel vorbei und macht bei der Gelegenheit dem im Hintergrunde desselben stehenden Götzenbilde von der Thürschwelle her einen flüchtigen Salam oder wirft sich der Länge nach vorschriftsmäßig auf die Erde u. s. w. u. s. w. Zu einer philosophischen Auffassung des Brahmanismus erheben sich wenige. Doch giebt es drei philosophische Hauptschulen, wie anderwärts, so auch hier.

Erstens die von Madhvatcharya gestiftete Dwaita-Schule, die zwischen Welt- und Lebens-Seele unterscheidet, und das gegenseitige Verhältniß unter Bildern, wie „der Strick und der daranhängende Vogel, der Baum und der darin enthaltne Saft, der Dieb und die in seinen Händen befindliche Beute“ zu versinnbilden sucht. Zweitens die von Sankaratcharya vollendete Adwaita-Schule, die, im Sinne des strengen Vedantismus, Geist und Materie in Eins wirrt oder vielmehr die letztere zu einem bloßen Schattenbilde macht. Endlich die von Ramanuja herrührende Visishtadwaita-Schule, welche, die Gestalt- oder Eigenschaftslosigkeit der Gottheit in Abrede stellend, sie, die Gottheit, in der Gestalt der Weltseele als Ursache, und in der Gestalt der Materie als Wirkung zu erfassen sucht. Die erste lehrt eine uranfängliche und ewig bleibende Zweiheit, die zweite eine ewige Einheit, die dritte eine zur Einheit werdende Zweiheit.

Die oben erwähnten Smarta's huldigen sammt und sonders der Adwaita-Schule, die meisten Vaischnava's und auch viele Saiva's der letztgenannten. Die Dwaita-Schule zählt die wenigsten Anhänger im Tamulenlande. Die Smarta's mit ihrem im höchsten Sinne streng pantheistischen System üben bei weitem den bedeutendsten Einfluß: sie werben eifrig und machen unter Vaischnava's sowohl als unter Saiva's Proselyten für ihre Schule, die, als die rechtgläubige im strengen Sinne, das Haupt am höchsten trägt.

Sehen wir nun zu, wie sich diese Haupt-Richtungen des indischen Lebens zu dem Evangelio stellen. Wir beginnen wieder von unten. Nun da unterliegt es auch nicht dem geringsten Zweifel, daß die Anhänger des nicht brahmanischen Dämonenwesens im Ganzen genommen dem Missionar und seiner Botschaft zugänglicher sind, als die brahmanischen Hindu's, zu welcher Klasse sie auch gehören mögen. Natürlich. Jene hält fast nichts als die Furcht vor der grimmen Rache der vernachlässigten Orts-Dämonen. Dagegen diese? Diese haben eine Geschichte voll Kampfes und Sieges, altersgraue und schon darum ehrwürdige, zum Theil aber auch wirklich prächtige Tempel, Pagoden, Klöster, heilige Teiche u. s. w., volksthümliche Wallfahrtsorte, sinneberauschende Feste, eine reiche, weitverzweigte, anziehende Literatur, scharfsinnige Systeme, angesehene Gelehrte, einen geordneten Priesterstand, mächtige Pfleger des Brahmanismus unter den weltlichen Großen, — und dazu ist das ganze gesellschaftliche System nach Höhe, Breite und Tiefe mit dem Brahmanenthum wie unauflöslich verwebt und verwachsen. Von dem Allen hat der Teufelsdienst fast nichts; er ist blutarm an Allem, was den natürlichen Menschen anzuziehen und zu fesseln im Stande ist. Nimm zu der Furcht die altväterliche Gewohnheit, so kennst du so ziemlich alle Reize desselben. Und dazu kommt er von Einer Seite her, von Seiten des blutigen Opfers nämlich, dem Evangelio sogar entgegen, während dem streng brahmanischen Hindu die Idee des blutigen Opfers so in die Seele hinein zuwider ist, daß, wenn er auch alle andern christlichen Wahrheiten ruhig mit angehört hat, er dann über den Kreuzestod des Herrn wohl doch noch am Ende die Zähne zusammen beißt und davon eilt.

Wir wollen uns nun in der brahmanischen Welt selber umsehen. Wenn unter den Vaischnava's mehr die Bhakti oder das gläubige Anhangen an die Gottheit als der höchste Standpunkt gepriesen wird, so sollte man meinen, diese stünden dem Evangelio näher, als die Saiva's. Allein der Glaube der Vaischnava's ruht nicht sowohl auf sittlichem Grunde als vielmehr auf Gefühlsspielerei, Phantasie und Sinnlichkeit. Die Vaischnava-Brahminen wenigstens werden von Leuten, die mit Beiden zu thun gehabt, für sittlich verderbter gehalten als die Saiva-Brahminen. Der Sivaismus bietet auch, trotz mancher schmutzigen Legende, immer noch den meisten sittlichen Halt; ist doch die sivaitische Literatur überreich an sittlichen Sentenzen, und die dem Sivaismus mit dem Buddhaismus gemeinsame Betonung der Askese zeigt wenigstens eine verhältnißmäßig ernste Richtung. Die Lehre der Smarta's aber von dem Einen obersten Gott nimmt sich auf dem Papiere besser aus, als in der Wirklichkeit. Jener Eine oberste Gott ist eben bloß eine philosophische Idee, unter welche sich das ganze Hindu-Pantheon mit all seinen Greueln und Albernheiten zusammenfassen läßt. Daß endlich der durch und durch schmutzige Saktidienst linker Hand, trotz zeitweiliger Aufhebung der Kaste und

Nachäffung christlicher Brüderschaft, dem Evangelio auch nicht den geringsten Vorschub leisten werde, leuchtet von selber ein.

Was die drei religiösen Standpunkte anlangt, so steht der rohe Götzendiener dem Evangelio am nächsten, am fernsten offenbar der Asket von Profession, dessen mehr als pharisäischer Tugendstolz sich über die Götter selbst erhebt. Kommt nun zu dem geistlichen Asketenstolz gar noch das klösterliche dolce far niente, das, einmal gekostet für immer fesselt, so ist auch von dieser Seite her eine eherne Schanze.

Die drei philosophischen Schulen, die ja trotz mancher scheinbaren Annäherung an biblische Ausdrücke, doch von dem Geiste der Schrift himmelweit entfernt sind, nehmen einander nicht viel im Verhältniß zum Evangelio. Wollen wir aber einen Unterschied machen, so dürfte die Dwaita-Schule, die Gott nicht bloß am bestimmtesten von der Welt unterscheidet, ohne ihn doch von der Welt abzuscheiden, sondern auch eine endliche Verschlingung der Menschenseele in die Weltseele entschieden leugnet, von dieser Seite her dem Evangelio ein paar Schritte entgegen kommen, während die Adwaita-Schule dem Evangelio offenbar die härteste Stirn bieten wird, — die Adwaita-Schule, die Gott und Welt, den Anbetenden und den Angebeteten, gleich von vorn herein in Eins wirrt, die ganze natürliche Schöpfung und somit auch die Sünde selbst für einen wesenlosen Schein erklärt, auf jede Stufe des Heilswegs das stolze Wort „Wissen" gleich als mit goldnen Buchstaben schreibt, und zuletzt den Menschengeist in den allgemeinen Geist rein aufgehen läßt, — wo dann die Seifenblasen des Diesseits, in denen sich tausend und aber tausend buntfarbige Gestalten spiegelten, in das Eine große, gestalt- und farblose Schattenbild des allgemeinen Geistes sich auflösen.

Allen Hindu's zusammengenommen fehlen mehr oder minder die zwei wichtigsten allgemeinen Ideen des Christenthums, — die Idee von der Sünde und die Idee eines stellvertretenden Versöhnungs-

Leidens. Was die erstere betrifft, so mangelt es freilich nicht an ziemlich langen Sündenregistern; aber worauf läuft es meist hinaus? Auf ceremonielle Vergehen. Und wie schal und flach ist ihr Begriff von der Sünde, wo sie dieselbe wirklich sittlich fassen. Die Sünde ist ihnen eben nur ein Fehler, ein Versehen, — ein trüber Schaum auf wesentlich reinem Gewässer. Die Idee eines stellvertretenden Leidens aber anlangend, so haben selbst die Dämonendiener, bei denen doch das blutige Opfer so charakteristisch hervorsticht, auch nicht eine Ahnung davon. Sie meinen mit einem solchen Opfer nicht die eigne Sünde abzuthun, sondern nur die zornige Laune des grimmen Teufels zu beschwichtigen. Im Brahmanismus finden sich zwar einige Anklänge an einen leidenden Gott wenigstens; Siva selbst nahm ja das gelbe Büßer-Gewand sammt Stab und Gefäß. Allein die Frucht jenes Bußleidens galt ihm selber. Ja und wenn er für das arme alte Mütterchen zu Madura als Tagelöhner Erde karrte und dabei einen Streich bekam, den das ganze Weltall zitternd mitfühlte, — so war das eben nur ein „heiliger Zeitvertreib."

Der Brahmanismus der Gegenwart bietet in der That wenig Ideen, an die der christliche Missionar mit entschiedenem Vortheil anknüpfen kann, und dazu kommt der böse Umstand, daß die brahmanische After-Theologie die wichtigsten christlichen Ausdrücke vorweg in Beschlag genommen hat. Sprichst du zu dem brahmanischen Hindu von der heiligen Dreieinigkeit, gleich schwebt ihm seine unheilige Dreigestalt vor; sprichst du von der Menschwerdung des Herrn, so fällt ihm die abenteuerliche Menschwerdung seiner Götter ein; sprichst du von der Sünde, so denkt er etwa an eine unterlassene Ceremonie; sprichst du von der Buße, so steht ihm ein brahmanischer Selbstpeiniger vor Augen; sprichst du von Wiedergeburt, so schaudert's ihn, denn das ist ihm ja das Uebel aller Uebel, wie er's versteht, noch einmal wieder geboren zu werden, — vielleicht in der Gestalt eines unsaubern Thieres.

Dazu kommt, daß der Brahmanismus selbst eine scheinbare Befriedigung gewährt, freilich nur in der Weise des Wüstenbildes, das den durstigen Wandrer aus der Ferne anlockt und in der Nähe zerstiebt. Allein darin liegt eben die Macht desselben über den natürlichen Menschen, der, des bunten Scheins sich freuend, den Dingen auf den Grund zu sehen keine Neigung hat. Der Brahmanismus kann alle Kräfte des Menschen in Anspruch nehmen. Er schmeichelt der Sinnlichkeit, sogar der schlechtesten, mit seinen Festen und Orgien; er zieht Gemüth und Phantasie an in seiner geheimnißvollen, bilderreichen Mystik, er reicht dem speculativen Verstande Nahrung in seinen tiefsinnigen, spitzfindigen Philosophemen, er bietet der Willenskraft einen gewaltigen Gegenstand in seinen Bußtheorien, er spricht selbst das sittliche Gefühl an in seinen runden, körnigen Sentenzen, — ja und wem es um Gedankenlosigkeit und möglichste Anstrengungslosigkeit zu thun ist, dem empfiehlt er seine Ceremonien. Wie sanft aber das Polster da zurecht gelegt wird, möge man aus folgender Stelle, die einem neuern Purana entnommen ist, ersehen. Der Text, der dort ausgelegt wird, heißt:

„Der Tugend nachzustreben begehre!" Die Auslegung dazu lautet so: „Das heißt, du sollst die sechzehn heiligen Ceremonien gern verrichten. Nun, wenn du sie auch nicht selbst verrichtest, so sollst du doch den Wunsch haben, mit Solchen, die sie verrichten, zusammen zu sein. Ist das nicht der Fall, so sollst du mindestens den Ceremonien, die ein Andrer verrichtet, mit eignen Augen zusehen. Und geschieht auch das nicht, so sollst du zum allerwenigsten eine religiöse Rede mit Wohlgefallen anhören."

Sollte man nicht glauben, der Verfasser jenes Purana, das vor einigen Jahren in der tamulischen Zeitschrift der Vier-Veda-Gesellschaft zu allgemeiner Erbauung abgedruckt wurde, sei bei den Schülern des Ignatius Loyola in die Schule gegangen?

Etwas jedoch hat der Missionar im Tamulenlande vor seines Gleichen in manchen andern Gebieten Indiens voraus. Der Buddhaismus, mit dem der Brahmanismus hier Jahrhunderte lang gerungen hat, ist, wie schon oben angedeutet, nicht ohne Einfluß auf seinen Gegner geblieben. Er hat das Ansehen des groben Götzendienstes gemindert, dem Brahminen einen Theil seiner Glorie abgestreift, und die allzu straffen Bande der Kaste gelockert.

Es ist in der That auffallend, nicht sowohl daß in dem ganzen Kural des Tiruvalluver auch nicht ein Wort vom Götzendienste steht, (— denn wenn der Verfasser in der That buddhistisch gesinnt war, so ist das erklärlich genug, —), sondern vielmehr, daß das Werk trotzdem als das erste gilt. Tiruvalluver steht aber in jener eigenthümlichen Richtung keineswegs allein. Sivavakkier namentlich, ein der Dwaita-Schule zugehöriger ächter Sivait, hat zu seiner Zeit den Götzendienst mit den Waffen des Witzes und des Spottes bekämpft, und seine und seiner Gesinnungsgenossen Sprüche werden wohl auch von den Missionaren, die sich über das unmittelbare Bedürfniß hinaus in der tamulischen Literatur ein wenig umgesehen, bei vorkommenden Disputationen u. s. w. benutzt, — freilich nicht stets mit der rechten Vorsicht. Verse, wie der folgende, sind natürlich unverfänglich:

„Bade nur immer, die Sünde weichet nicht.
„Wenn auch der Schmutz weicht, der innere Schmutz schwindet nicht."

Wenn dann aber ein solcher Vers mit unterläuft, wie der!

„Wasser schöpfen, Wasser sinnen, — Wasser nur wirst du gewinnen.
„Denk', an Wen du willst und spritze alles Wasser, 's ist kein nütze. —
„Denk' der Wurzel nach, dem Samen, den Pracht-Sprossen, die draus kamen.
„Will dazu die Kraft nicht fließen, — schmiege dich zu Siva's Füßen!"

Nun ich besitze selbst einen tamulischen Tractat, in welchem dieser Vers, der zwar in schneidendem Gegensatz gegen den groben Götzendienst, aber offenbar im Sinne eines mystischen Sivaismus geschrieben ist, ganz arglos mit abgedruckt worden.

Ich habe vorhin gesagt, daß auch der Brahminenstand im Tamulenlande verhältnißmäßig im Ansehen des Volkes gesunken ist. In Salem und noch an einigen andern Orten rissen die fünf Handwerker-Klassen, welche die heilige Schnur tragen, sich vor einigen Jahren geradezu von dem Joche der Brahminen los. Sie verrichten seitdem alle ihre religiösen Ceremonien selbst, und ihr Beispiel hat auch bei andern Kasten einzelne Nachahmer gefunden.

Was endlich die Lockerung der Kastenfessel anlangt, so wissen meine Leser, daß in Malabar auch eine atmosphärische Verunreinigung statt findet. (Siehe Band III, S. 234.) Das ist im Tamulenlande weniger der Fall. Denn obschon es auch hier nicht gar gern gesehen wird, wenn der Pariah, — besonders der übermüthige! — durch eine Brahminenstraße hinschreitet, so ist doch keine auf so und so viel Fuß gestellte Entfernung festgesetzt, in der sich die einzelnen Kasten von einander zu halten haben. Der Kasten-Unterschied bezieht sich hier wesentlich nur auf Zusammenessen und Zusammentrinken — und auf Zwischen-Heirath.

So viel über das Religionswesen des Tamulenlandes. Es ist eine dürftige Skizze im Verhältniß zu dem überquellenden Stoffe, den die Sache selbst bietet. Doch wird sie auch so bei einer künftigen Würdigung der christlichen Missionsarbeiten im Tamulenlande hoffentlich nicht ganz ohne Nutzen sein.

Das Tamulen-Volk in seinen verschiedenen Abtheilungen.

Ich habe meinen Lesern ein Spiegelbild des tamulischen Religionswesens in seinen mannigfachen Schattirungen vorgehalten und ihnen damit einen, wenn auch nur schwachen Begriff von der Art des Bodens gegeben, auf welchem der Missionar im Tamulenlande den Samen des göttlichen Worts zu streuen hat. Wir überschauten die dürren Sandgefilde des Teufelsdienstes, der seinen Hauptsitz in dem sandigen Tinnevelly hat, wir warfen einen Blick in das wirre Dickicht des brahmanischen Volksglaubens, der wie der Djangel das Land nach allen Seiten hin durchzieht, wir bestiegen auch die luftigen Berge der philosophischen Systeme, die aus dem Flachland des Volksglaubens hie und da emporstreben.

Ich will nun meinen Lesern das Volk selbst in seinen verschiedenen Verzweigungen vorstellen. Damit aber auf das Verhältniß der verschiedenen Volksklassen zu einander ein nur einigermaßen genügendes Licht falle, möge es mir erlaubt sein, sie auf ein paar Augenblicke in das dämmernde Alterthum zurückzuführen.

Es ist eine bereits von Lassen[138] ziemlich festgestellte Thatsache, daß die arischen d. i. die nachmals brahmanischen Hindu's von dem iranischen Hochlande, wo sie mit den Urahnen aller indo-europäischen Völker die ersten Schritte zur Gesittung thaten, durch die Engpässe Kabulistans, als der Nord-West-Pforte Indiens, in das Pendjab oder Fünf-Strom-Land einwanderten, und, von nachrückenden Landsleuten gedrängt, nach und nach die weiten Gangesgefilde der Länge und der Breite nach überschwemmten, so zwar daß sie die schwärzere Urbevölkerung, so weit sie nicht unterworfen wurde, in die Himalaya- und

Vindhya-Gebirge zur Linken und zur Rechten hin bei Seite schoben. Hier in dieser fruchtbaren, mit Flüssen wie übermaschten Fläche, wo sich der Boden fast von selber baut, wurden die vorher wohl noch halbnomadischen Arier zu vollkommenen Vaisya's d. i. Ansiedlern, und in demselben Maaße, wie sie das wurden, bildeten sich auch die beiden andern brahmanischen Stände heraus, — der Stand der Kschatriya's, als der Erweiterer und Vertheidiger des in Anbau genommenen Landes der rohen Urbevölkerung gegenüber, und der Stand der Brahminen, als der religiösen Heger und Pfleger der vorhandenen Gesittung. Diese drei Stände denn, die erst im Laufe der Zeit erblich wurden, machten die Grundlage des indischen Staates aus. Sie nannten, im Gegensatze zu den mehr oder minder rohen Jäger-, Fischer- und Nomadenstämmen der Urbevölkerung, sich selbst die Zweimalgebornen, d. i. die auf dem Wege der Kultur Wiedergebornen. Derjenige Theil der Urbevölkerung aber, der sich den Ariern unterwarf, fand seine Stelle in den Außenwerken des indischen Staates, ich meine in der Sudra-Kaste, die ursprünglich in keinem andern Verhältniß zu den drei arischen Kasten stand, als in dem Verhältniß des Dieners zum Herrn. Die kulturscheuen Ueberreste der Urbevölkerung dagegen flohen meist auf die Berge und in das Walddickicht, wo sie als Tschandalen oder Kastenlose ihr süßes Naturleben ungehindert fortsetzten, und so freiwillig verkümmerten.

Der Zeitpunkt, wo der arische Strom im Norden Indiens einige Seiten-Arme auch in den Süden Indiens entsandte, wird sich schwerlich je mit Bestimmtheit angeben lassen. Genug, daß die Thatsache selbst auch nicht dem leisesten Zweifel unterliegt, und zwar aus dem einfachen Grunde, weil sämmtliche mit dem Tamul verwandte Sprachen des Südens, obschon sie ein vom Sanscrit durchaus verschiedenes Urelement aufzeigen, doch vom Sanscrit so durchwachsen und überwuchert sind, daß das Urelement in einigen derselben fast erdrückt erscheint.

Hier nun stehen wir wieder an der Pforte der ethnologischen Frage. Ich habe mich schon im vorigen Bande dahin ausgesprochen, daß das vom Sanscrit durchsetzte Urelement der indischen Ursprachen, die, wie gesagt, mit den tamulischen auf demselben Stamme gewachsen sind, seitens der Wort-Biegung und -Fügung auf ein näheres Verhältniß zu der turanischen Familie hindeutet.[139] Es enthält aber daneben der Wortschatz der indischen Ursprachen ziemlich markirte Anklänge an die javanische Familie.[140] Ließe es sich erweisen, daß die letztere Thatsache auf mehr als auf bloßem Zufall beruhe, so dürfte sich die Antwort auf die in Rede stehende ethnologische Frage so stellen: Die indische Urbevölkerung steht, dem Kerne nach wenigstens, mitten inne zwischen jenen Stämmen, die sich im Nordosten des iranischen Hochlandes ausbreiteten, und die ich der Kürze wegen mit Bunsen unter dem Namen Turanier (im weiteren Sinne) zusammenfasse, und zwischen denjenigen Völkern, die in jüngerer Zeit von dem iranischen Hochlande aus über Klein-Asien u. s. w. dem Westen zueilten, und die ich mit Lassen unter dem Namen Javanes zusammenbegreife, — so jedoch zwischen inne, daß sie sich um so viel mehr den Turaniern zuneigt, als eine durchgehende grammatische Verwandtschaft einzelne lexicographische Anklänge an ethnologischer Bedeutung überwiegt. Nun wie dem auch sei, das steht jedenfalls fest, daß der Kern der tamulischen Urbevölkerung dem Nomaden-Leben, der Grundrichtung turanischen Wesens, ergeben war, wie denn auch einer der griechischen Geographen[141] die alten Bewohner Indiens mit denjenigen scythischen Stämmen vergleicht, die auch dem Ackerbau abhold, und weder Städte noch Tempel bauend, auf ihren Wagen im Lande hin und her zogen. Waren doch noch zur Zeit des Ptolemäus die Bewohner des Tschola-Königreichs mit der Hauptstadt Arcot Nomaden,[142] und noch jetzt haben sich Ueberbleibsel der nomadischen Urbevölkerung in den Nilagiri-Todawers erhalten, deren Name selbst nichts anders als Hirten zu bezeichnen scheint, und die, noch immer allem Ackerbau feind, allein der Viehzucht obliegen, mit ihren Heerden je nach der Jahreszeit den Aufenthalt wechselnd (Band III, S. 306 fgg.). Um diesen nomadischen Kern der Urbevölkerung lagerten sich sicherlich auch andre und zwar noch rohere Elemente her; Arrian selbst spricht (Kap. 17) von fleischessenden Bergstämmen. Die Puliyer,[143] die kühnen Jäger der Kurumbu-Gebirge in Malayalam, so wie die verkümmerten Paleyer und Polier auf den Pulney-Bergen im Tamulenlande selber[144] legen noch immer Zeugniß dafür ab; denn ihr Name besagt ursprünglich nichts anderes, als Fleischesser, ein Name, der im Munde des ackerbauenden und von den Früchten des Feldes sich nährenden brahmanischen Hindu allmählig zu einem Schimpfnamen von ganz allgemeiner Bedeutung ward und werden mußte. Ich glaube aber keinen Fehlgriff zu thun, wenn ich fischfangende Küsten-Anwohner als drittes Element hinzufüge.

Kurz und gut, — als die brahmanischen Ansiedler sich zuerst, wie es scheint, im Süden des Tamulenlandes niederließen, stießen sie auf eine mehr oder minder rohe Urbevölkerung, die an Farbe, Gesichtsbildung, Sprache, Lebensweise und Religion von ihnen selbst grundverschieden war. Jene arischen Kolonien aber, die ihren Weg in das Südland fanden, scheinen nicht, wie in Malayalam, mit dem Schwerte, sondern vielmehr mit den Veda's in der Hand gekommen zu sein. Es waren recht eigentlich Brahminen-Kolonien, wie denn auch Ptolemäus von *Βραχμᾶνοι Μάγοι* im Süden des Tamulenlandes sehr bezeichnend redet.[145] Damit soll keineswegs gesagt sein, daß der Stand der Kschatriya's oder gar der Vaisya's bei diesen brahminischen Ansiedlungen unbetheiligt geblieben wäre; eine solche Behauptung wäre eben so unnatürlich als ungeschichtlich. Deutet doch die uralte Ramasage selbst auch auf kriegerische Unternehmungen der nördlichen Arier im Süden, wenn auch nur auf vorübergehende, und eine andre Ueberlieferung nennt den Gründer Madura's, des ersten Süd-Reiches, gradezu einen Ackerbauer aus dem nördlichen Indien. So erstreckte sich denn der Einfluß, der von jenen brahminischen Colonien auf die großentheils nomadische Urbevölkerung ausging, sicherlich auch auf den Ackerbau. Ja erst als die umwohnenden Jäger-, Fischer- und Hirten-Stämme Geschmack an den Früchten des Feldes fanden, und, ihrem rohern Fleischgelüst entsagend, sich in der Sudra-Kaste als Ackerbauer ansiedeln und so dem brahmanischen Staate einverleiben ließen, dessen Stern und Kern der Ackerbau in so hohem Maaße war, daß die dazu unentbehrliche Kuh für unverletzlich galt, — erst dann war wohl die rechte Grundlage für den Einfluß brahmanischer Gesittung gewonnen, als dessen Repräsentant der fabelhafte Agastya angesehen wird, der der Ueberlieferung zufolge das Tamul zur Schriftsprache ausbildete und zu allen tamulischen Wissenschaften den Grund legte. Aus dem Allen ergiebt sich zur Genüge, daß der Stand der Brahminen für die Gesittung des tamulischen Volkes von nicht geringer Bedeutung war, und daß mithin diejenigen im Unrecht sind, die, im Hinblick allein auf die Schattenseiten des Brahminenstandes, zumal in seiner gegenwärtigen Entartung, ihn für ein Teufelsgespinnst von vornherein und die Glieder desselben für Volksbetrüger von vornherein erklären.

Ich führe nun meine Leser aus dem Dämmer des Alterthums an das helle Tageslicht der Gegenwart zurück und entrolle das bunte Gemälde der tamulischen Volksklassen, deren Verhältniß zu einander sich nun, wie ich hoffe, deutlicher darstellen wird.

Ich beginne mit den Brahminen. Diese machen, weil ihnen keine Kschatriya's und Vaisya's von unzweifelhaft reiner Abkunft zur Seite stehen, auf den Titel der Zweigebornen im ausschließlichen Sinne Anspruch. Gleichwohl liegt die Vermuthung nahe genug, daß auch hier, wie im Tululande, einzelne Abtheilungen der Brahminen gar nicht rein-arischen Ursprungs sind; ich selbst habe wenigstens viele

Brahminen gesehen, die an Schwärze dem schwärzesten Pariah kaum etwas nachgeben. Sonst freilich soll diejenige Klasse, die man jetzt Arier nennt, und die meist eine auffallend helle Farbe zeigt, an manchen Orten grade zu den minder einflußreichen Brahminenklassen gehören: in ihrem Hause — so wurde mir gesagt — ißt kein andrer Brahmine, während sie selbst in einigen Brahminenhäusern zu essen kein Bedenken tragen. In dem alten National-Heiligthum zu Ramesseram aber fand ich die Arier im eigentlichen Besitz des Tempels, und es war mir in der That interessant, die beinah europäisch weißen Gesichter mit den fast kohlschwarzen Gesichtern der übrigen Brahminen zu vergleichen, die mit Rücksicht, wie es scheint, auf die zuströmenden fremden Pilger sich von Canara und Telinga her angesiedelt haben.[146]

Abgesehen von dieser auffallenden Verschiedenheit an Farbe und Gesichtsbildung zerfallen die Brahminen hauptsächlich in zwei große Abtheilungen, Saiva's und Vaischnava's. Die letztern sind die an Zahl geringern; sie selbst zählen nur 108 Haupttempel im Ganzen, während die Saiva's 1008 herrechnen. Aber obschon sie sich selbst „Secte zweiter Hand" zu nennen nicht anstehen, so machen sie doch auf ein mit den Veda's besser stimmendes Brahmanenthum Anspruch; ja sie behaupten gradezu, daß die Saiva-Brahminen in den Veda's, wie sie sich ausdrücken, keinen „Griff" d. i. keinen Halt haben.

Die Vaischnava's theilen sich in den Süd- und Nord-Zweig.[147] Jener behauptet, Gott mache Alle ohne Ausnahme selig; dieser dagegen lehrt, Gott mache nur diejenigen selig, die selig werden wollen. Jener bedient sich des sogenannten „Katzen-Schlusses", denn die Katze schleppt ihre Jungen auch wider deren Willen aus einem Winkel in den andern mit sich herum; dieser gebraucht den „Affen-Schluß", denn der Affe nimmt seine Jungen, nur wenn sie freiwillig kommen, an den Busen. Beide Zweige indeß verrichten die vorgeschriebnen Ceremonien in den Tempeln ihres Lieblingsgottes. Der berühmteste derselben liegt so recht in der Mitte des Tamulenlandes, in Sriranga bei Tritschinopoli.[148] Dorthin strömen Weiber und Männer, um sich die heiligen Vischnuzeichen auf Brust und Arm einätzen zu lassen. Dabei fließt denn natürlich manch Stücklein Geld in die weiten Taschen der dortigen Vaischnava-Brahminen. Bei dem andern nicht minder berühmten Vaischnava-Tempel zu Tripetty an der Nord-Grenze des Tamulenlandes, wohin sich jährlich ein wahrer Strom von Pilgern wälzt, strecken nicht bloß die brahminischen Erdengötter ihre Hand aus; zu allererst nehmen die Sri-Companiar, — so nennen die Tamulen die britische Regierung, — ihren Antheil dahin. Ich kann nicht sagen, wessen Beutel sich dabei am meisten füllt; man sagt aber, daß die Gelübde, die dort dem lotusäugigen Vischnu bezahlt werden, der Company jährlich etwa 100,000 Rupies so nebenbei in den Schooß werfen.

Von den Vaischnava-Brahminen mit der weißen Erde an der Stirn wenden wir uns nun zu den Saiva-Brahminen mit der heiligen Asche. Zwischen jenen und diesen findet weder Tisch-Gemeinschaft noch Zwischenheirath statt. Auch sie zerfallen wieder in mehrere Abtheilungen, die zum Theil auf bloßer Verschiedenheit des Wohnsitzes beruhen. Unter ihnen steht die Klasse der Saiva-Guru's, denen vorzugsweise die Verrichtung der üblichen Ceremonien in den Sivatempeln obliegt, mit zu unterst. Kein Wunder, da im Saivathum der „Weg der Weisheit" ein bei weitem größeres Ansehn genießt, als der „ceremonielle Weg." Daß aber die Vaischnava's den Saiva's keinen Grund und Boden in den Veda's einräumen wollen, lassen sich die letztern nicht weiter anfechten; ihre Heiligthümer hauptsächlich umrankt ja die üppige Schlingpflanze der heimischen Literatur, und obschon auch die Vaischnava's klassische Werke zu den ihren zählen, wie das sogenannte „Göttliche Gedicht",[149] der Volks-Veda der Vaischnava's, so gehört doch bei weitem die größte und einflußreichste Masse der tamulischen Literatur den Saiva's zu, besonders da die letztern zur Zeit ihrer Blüthe kein Bedenken trugen, auch solche Werke ihrem Lieblingsgotte zuzueignen, die, etwa im Sinne des Buddhaismus, im Interesse weder des einen noch des andern Gottes ursprünglich geschrieben waren. Daher hat denn derjenige Missionar, der auch auf den gebildeten Theil der Brahminenwelt seinen Einfluß auszudehnen wünscht, sich vorzugsweise mit den sivaitischen Werken der tamulischen Literatur bekannt zu machen.

Es fehlt auch nicht an Madhvatscharya-Brahminen im Tamulenlande. Der Stifter dieser Schule, früher wahrscheinlich ein Siva-Priester, später ein warmer Verehrer des Vischnu in seinen verschiednen Formen, lebte im Tululande. Von dort aus breiteten sich seine Anhänger über das Hochland, und von da auch in das tamulische Tiefland aus, wo sie noch immer mahrattisch oder aber canaresisch sprechen. Sie besiegeln sich schwarz auf Stirn, Arm und Brust und verehren hier besonders den Affengott Hanuman, tragen jedoch bei ihren Hochzeiten kein Bedenken, daneben auch dem dreiäugigen Siva die dreiäugige Kokosnuß zu opfern, obschon sie sonst alle übrigen Vaischnava's nicht bloß, sondern auch die Saiva's im Allgemeinen für Ketzer halten. Sie sind nämlich der Dwaitaschule zugethan, während die Vaischnava's und die Saiva's, wie es scheint, ursprünglich dem Visishtadwaitasystem huldigten, gegenwärtig aber (namentlich die Saiva's) immer mehr der Adwaitalehre anheim fallen, die von den Smarta-Brahminen mit Erfolg gehandhabt wird. (Siehe S. 39 u. fg.) Es ist meinen Lesern vielleicht nicht uninteressant, einen Saiva-Weisen über die Eingriffe der Smarta-Brahminen, die, wie die Madhvatscharya's, auf der Westküste ihren Ursprung nahmen, seufzen und — im Sinne einer unio conservativa — die Vaischnava-Brahminen zum gemeinsamen Bündniß wider den gemeinsamen Feind auffordern zu hören.

Vor mehreren Jahren nämlich hatte sich unter den Honoratioren zu Madras u. s. w. eine Saiva-Gesellschaft gebildet mit dem Zweck, sich allmonatlich einmal zu versammeln und über die heiligen Schriften der Saiva's Vorträge zu halten. Dieß veranlaßte jenen Saiva-Weisen zu einem Aufsatze, in welchem er sich etwa folgendermaßen herausläßt:

„Der Sivaismus folgt der Visischtadwaitaschule. Das wissen Viele leider nicht. Sie denken, die Adwaitalehre und das Saivathum gehören zusammen, und die Smarta-Brahminen seien eben nichts anders als Saiva-Brahminen. Daher kommt es denn, daß die Velaler und andre Kasten ihre Saiva-Visischtadwaita-Bücher bei Seite legen und Adwaitaschriften studiren, — in dem Wahne, daß in den letztern die Wahrheit enthalten sei. Dazu aber helfen die Smarta's tüchtig mit. Sie machen hier im Südlande wacker Proselyten unter den Saiva's, indem sie dieselben von den in den Saivabüchern vorgeschriebnen Religionsgebräuchen unvermerkt abziehen, sie an ihre eignen Gebräuche gewöhnen, und die vormaligen Guru's derselben um ihren ganzen Verdienst bringen.“

„O Wunder über Wunder! Das Saivathum und das Smartathum sind ja grundverschieden. Wollen denn das jene Saivaherren nicht bedenken? Was ist ein Sivait? Das ist derjenige, der den Siva für den wahren Gott hält, neben ihm keinen andern Gott verehrt, heilige Asche an seine Stirn streicht, die Rudrakscha-Kette anlegt, und so den heiligen Schriften nachwandelnd, die himmlische Kailasa zu erlangen strebt. Und was ist ein Smarta-Anhänger? Das ist derjenige, der, ungeachtet er sich mit der heiligen Asche und der Rudrakscha-Kette schmückt, die Saivabücher verwirft, bloß der Sruti und der Smiriti Bedeutung beimißt, Siva und Vischnu für gleich achtet, sich von Beider Bekenntniß fern hält, von einem einigen obersten Brahmam redet, das eigne Ich und die ganze Welt mit jenem Brahmam für Eins erklärt, außer diesem nichts Andres anerkennt, und die Erlösung in solche Erkenntniß setzt."

„Darum so findet doch wohl ohne Zweifel ein gewaltiger Unterschied zwischen dem Saiva- und dem Smarta-Bekenntniß statt. Ich sage wahrlich nicht, daß das eine höher oder niedriger als das andre stehe. Im Gegentheil meine Meinung ist: Niemand sollte dem von den Aeltern her überkommenen Bekenntniß entsagen. Das scheint mir die wahre Weisheit zu sein. Uebrigens aber wandeln auch einige Vaischnava-Herrschaften ihrem Bekenntniß schnurstracks zuwider. Sie sind in völliger Unklarheit über ihr angestammtes Visischtadwaitasystem und gerathen denn so, sie wissen nicht wie, an Adwaitaschriften. Das ist doch sehr wunderlich. Das Vaischnavathum hat ja wahrlich der eignen Schriften genug, sowohl was die Natur der Dinge, als was den Glauben und die übrigen Artikel anlangt, — und dazu giebt es ganze Stöße von Büchern, die von den nöthigen Bräuchen und Ordnungen handeln. Darum wäre es doch wahrlich nicht übel, wenn auch die Vaischnava's sich zu einer ähnlichen Gesellschaft zusammen thäten. Nur sollten dann die Vaischnava's und Saiva's die Waffen strecken und sich nicht mehr schmähen, sondern als Brüder sich alle Liebe und Freundlichkeit erweisen. Warum? Die Veda's als die Grundlagen unsrer Religion nicht bloß, sondern auch alle darauf gebauten Schriften sprechen von Siva und Vischnu und von deren beiderseitigen Anhängern in ganz gleicher Weise. Warum sollte denn da der Eine bei aller Anhänglichkeit an seinen Lieblingsgott des Andern Gott verachten?"

So weit jener Saiva-Weise.

Was nun die Beschäftigung der Brahminen anlangt, so macht man sich daheim leicht eine falsche Vorstellung. Obgleich z. B. der berühmte Tempel zu Sittambalam[150], wo der mondlockige Gott, Siva, zum Entzücken der versammelten Götter tanzte, in alter Zeit, wenn man der Ueberlieferung glauben soll, dreitausend Brahminenbäuche fütterte, und noch immer an dreihundert, wenn auch etwas kümmerlich, nährt (siehe S. 45), so bilden doch die Müßiggangs-seligen Tempel-Brahminen, denen abgesehen von den oft bedeutenden Tempel-Pfründen das Volk den Reis in den Mund steckt, immerhin nur Eine Abtheilung. Die übrigen, denen es nicht so wohl wird, sehen eben wie sie sich am besten durchbringen. Der Eine singt den Preis seines Gottes an heiligem und nicht heiligem Orte, der Andre sammelt sich als Guru eine Art Gemeinde, für die er namentlich an Freuden- und Trauerfesten die üblichen Gebräuche gegen die üblichen Gebühren verrichtet; dieser trägt auf dem Markte und in den öffentlichen Ruhehäusern u. s. w. die beliebtesten Volksgeschichten vor; jener recitirt classische Gedichte oder lehrt Grammatik, Logik, Philosophie und Rhetorik. Der Rhetoriker (Alangkari) genießt beiläufig einer solchen Ehre, daß ihm in Gesellschaft der gastliche Betel besonders gereicht wird. Manchem schmeckt ein wanderndes Bettelleben am besten; Viele bauen den Acker; Einige treiben Handel; Alle aber, die nur einigermaßen strebsamen Geistes sind, betrachten das Bureau als den Gipfel irdischer Glückseligkeit: was geht doch über ein festes Gehalt aus dem Geldkasten der Sri Companiar, in welchem die Eingebornen die Schatzkammer des Gottes Kuvera, des indischen Plutus, zu sehen gewohnt sind, — die Ehre ungerechnet. Denn was sie auch immer von unsrer unreinen und verunreinigenden Pariah-Natur fabeln mögen, derjenige Brahmine, dem ein europäischer Beamter oder auch nur ein Freund desselben die Hand zu reichen würdigt, fühlt sich vielleicht so selig, als wenn ihm sein lotusfüßiger Gott erschienen wäre.

Am unwissendsten und deßhalb auch am verachtetsten sind die Tempel-Brahminen. Ich wollte, ich könnte dich, mein lieber europäischer Leser, der du um jedes Brahminenhaupt die Glorie der „Brahminen-Weisheit“ schweben siehst, einmal flugs in das Aether-Linga-

Heiligthum zu Sittambalam führen, und dir die dortigen geistlichen Herren mit den dummen, gemeinen Gesichtern und dem rundlichen Bauche zeigen. Du würdest dich sicherlich in dem klösterlichsten Kloster des allerdunkelsten Mittelalters wähnen.

Dennoch birgt der Brahminenstand, — die Tempel-Brahminen und ähnliche Brahminen-Klassen natürlich abgerechnet, — trotz seiner gegenwärtigen Entartung zum Theil noch immer den Kern des Volksgeistes, namentlich nach der Seite der Intelligenz hin, und die europäischen Beamten kennen für den höhern Bureaudienst keine geeigneteren Leute. Leider hat die protestantische Mission bis jetzt sehr, sehr wenig an ihnen ausgerichtet, und die Aussicht, ihr Pfund für die Heranbildung eines christlichen Lehrstandes dienstbar zu machen, scheint noch in sehr weiter Ferne zu liegen. Vielleicht daß ihnen die Sudra's in dieser Beziehung zuvorkommen.

Ich kann mich hier unmöglich auf eine weitläufige Schilderung aller ihrer Gebräuche einlassen.

Ein Stündchen etwa, bevor sich der Sonnengott erhebt, verläßt der Erdengott, der Brahmine, sein Lager, — und putzt sich die Zähne. Gegen Sonnenaufgang eilt er zum Wasser, um dem armen Sonnengotte beizuspringen, dem die bösen Dämonen (offenbar Personificationen der Wolken) gleich im Anfang seiner Laufbahn in den Zügel fallen. Das Wasser nämlich, das der badende Brahmine, sein Angesicht der Sonne zukehrend, in die Hand faßt und über sich spritzt, sammelt sich gleichsam zu einem mächtigen Streitheere, vor welchem die bösen Dämonen, die der Welt das liebe Sonnenlicht nicht gönnen, die Flucht ergreifen. Derselbe Kampf entspinnt sich wieder um Mittag, wo der Sonnenwagen den Scheitelpunkt erreicht, so wie am Abend, wo die sieben Sonnenpferde zu Rüste gehen. Da helfen dann die Erdengötter den himmlischen Kampf zum Besten der Erde wiederum ausfechten. Kein Wunder daher, daß das Haupt auch des ärmsten, unwissendsten und lasterhaftesten Brahminen ein unaustilgbarer Heiligenschein umgiebt.

Drei Stücke gehören zu einem vollständigen Brahminen: die Lesung der Veda's, die Haarlocke, und die aus ein und zwanzig Fäden bereitete heilige Schnur, das Abzeichen der „Zweigebornen.“ Mit der letztern vermählt man sich im 5. oder 7. Lebensjahre.[151] Dann wird das heilige Feuer geschürt und die heilige Schnur davor aufgehängt; die dazu geladenen Brahminen murmeln ihre Formeln her und berühren segnend die heilige Schnur. Das Letztere thun auch die verheiratheten Frauen aus der Verwandtschaft. Endlich wird sie dem jungen Brahminen angelegt und mit ihr zugleich das h. Saffrangewand. Derselbe darf nun an das Lesen der vier Geheimnisse d. i. der Veda's gehen.

Alles scheint darauf berechnet, den jungen Brahminen in den Ehestand hinein zu treiben und so sein heiliges Geschlecht, ohne das ja die Erde nicht einen Tag ordentlich bestehen kann, gnädiglich fortzupflanzen. So lange er unverheirathet ist, darf er nämlich sein Essen nicht im eignen Hause nehmen, sondern muß es sich stets aus dem Hause seiner Verwandten holen. Er faßt es in sein Gewand und breitet es auf ein Bananenblatt.

Hat des Vaters Bruder eine Tochter, so bleibt keine weitere Wahl; sie und keine Andere ist die Erwählte. Wo nicht, so hilft die übrige Verwandtschaft aus; man wählt aber gern womöglich so, daß das Familien-Vermögen beisammen bleibt.

Das Hochzeitsfest ist, wie für jeden Hindu, so auch für den Brahminen, und für ihn ganz besonders, ein hohes Fest. Der Hochzeit-Pandel wird im Hofraum mit großem Fleiße hergerichtet; je längere Zeit daran gebaut wird, desto ehrenvoller. Der Hauptfuß des Pandels wird mit Mangoblättern, Kusagras u. s. w. umwunden und mit Sandel, Saffran und derlei bestrichen; dicht dabei steht das sich selber schnäutzende Hochzeitslicht mit gewaltigem Docht, und rings um den Fuß werden neunerlei Kornarten gesäet, die, weil die Erde reichlich mit Milch getränkt wird, schon am dritten Tage aufgehen, dem neuen Hauswesen fröhliches Gedeihen verheißend.[152] In demselben Sinne wird auch der Eingang zum Pandel mit Fruchtbüscheln der Areka, Kokos und namentlich der Banane, deren Name selbst auf Wachsthum und Fülle deutet,[153] geschmückt.

Hochzeits-Zeugen sind die beiderseitigen Väter, die heiligen Veda's, die heilige Schnur, der Feuergott, der höchste Gott, die „Wolkenstimme", die Erdengöttin, und die versammelten Erdengötter. In dieser Zeugen Gegenwart denn reichen die beiderseitigen Väter Reis, Betel, Areca und Geld einander dar, und gießen sich aus einem geschnepften Kupfer-Topf ein wenig Wasser in die Hand. Zuletzt weihen die Brahminen Saffran-gefärbten Reis. Die Anwesenden fassen der Reihe nach Etwas davon in beide Hände, falten die Rechte über die Linke und legen es dem Bräutigam zuerst auf den Schooß, sodann auf die Schulter und endlich auf das Haupt.

Liegt der Vater im Sterben, so holt man schnell einen Brahminen, der gegen das übliche Geschenk an Geld oder an Geldeswerth das heilige Feuer unter Gebet anzündet. Die Verwandten schaffen die Leiche hinweg; der Sohn aber schreitet, einen Topf mit Feuer tragend, dem Leichenzuge voran. Dort hat der dazu bestellte Pariah allbereits einen Scheiterhaufen aus 2000 Stücken getrockneten Kuhdüngers aufgeschichtet. Man umschreitet denselben dreimal und legt die Leiche darauf. Nun wird der Sohn von Kopf bis zu Fuß geschoren, und nachdem er gebadet, zündet er dem Rudra, als dem Gotte des Leichen-Ackers, ein Opfer-Feuer an und spritzt unter Gebeten Oel und Wasser darein. Darauf nimmt er ein Gefäß mit Wasser auf seine Schulter, und umkreist die Leiche von der Rechten zur Linken und umgekehrt, indem er bei jeder Runde mit einem Feuerbrande aus seinem Topfe ein Loch in das Wasser-Gefäß auf seiner Schulter stößt. Zuletzt legt er den Feuerbrand dem Leichnam zu Häupten; der dazu Verordnete aber wendet den brennenden Leichnam von Zeit zu Zeit um, und darf nicht eher von der Stelle weichen, als bis dieser ganz zu Asche geworden. Am nächsten Tage sammelt dieselbe Person die Gebeine in ein Gefäß, netzt sie mit Milch und versenkt sie in fließendes Wasser. War der Verstorbene ein begüterter Mann, so behält vielleicht der Sohn einiges Gebein zurück, und befördert es durch die Hand eines Brahminen entweder nach Benares oder nach Ramesseram, dem Benares des Südens. Da kann der Hingeschiedne der engen Pforte zum himmlischen Kailasa oder Vaikuntha — je nachdem derselbe ein Verehrer des Siva oder Vischnu war, — nicht verfehlen. Wie wichtig daher, daß man sich vor allen Dingen auf Erden Schätze sammele, wenn man wünscht, daß Einem hernach der Himmel unfehlbar zufalle!

Obgleich der Brahminenstand mehr als alle andern Stände mit heiligen Bräuchen auf allen Seiten umschanzt ist, so darf man doch ja nicht glauben, daß die Brahminen durchgängig in strengem Festhalten am alten Herkommen es allen andern Klassen zuvorthun. Mit nichten. In Combaconum z. B., einer der alten Hauptstädte des Tschola-Reiches, einem rechten Brahminenneste, werden unter den 10,000 Brahminen, die dort die Erde beglücken, vielleicht kaum 6000 gefunden, die nicht den „Feuertrank" aus Erfahrung zu schätzen wissen; und in Madras selbst giebt es der Zweigebornen genug, die sogar ihre Töchter, — allerdings gegen ungeheure Summen, — an Europäer zu verkuppeln kein Bedenken tragen. Es hat auch kein andrer Stand der Freigeister so viele aufzuweisen, als grade der brahminische, der ja zum großen Theile von der Lüge lebt; war doch selbst der erst kürzlich verstorbne gelehrte Erklärer des sogenannten „großen Puranam," — einer Sammlung sivaitischer Heiligen-Geschichten,[154] — ein entschiedener Freidenker, der, während er das große Puranam des schönäugigen Siva commentirte, trotz einem europäischen Freidenker in seinem Herzen dachte: „Morgen wieder neu sich zu entbinden, wühlt sie heute sich ihr eignes Grab, und an ewig gleicher Spindel winden sich von selbst die Monden auf und ab!“ Es wirkt dazu ohne Zweifel der Umstand bedeutend mit, daß die Brahminen hauptsächlich die höhere Region derjenigen Beamtenstellen, die man mit Eingebornen zu besetzen pflegt, füllen und auf diese Weise mit europäischem Brauch und Wissen mehr als alle andern Stände in Berührung kommen. Eine solche Berührung wirkt natürlicher Weise zunächst zersetzend.

Es scheint daß die Einführung europäischer Mißbräuche leichter von statten geht, als die Abstellung brahminischer Mißbräuche. Es ist bekannt genug, daß ein Brahminen-Mädchen im 5. oder 7. Lebensjahre einen Mann haben muß; derjenigen, der es auch im 10. Jahre noch nicht gelungen ein „Tali“[155] zu erjagen, ist alle weitere Hoffnung auf Verehelichung rund abgeschnitten; sie ist und bleibt ein Gegenstand der Mißachtung, und keine Brahminen-Frau wird mit ihr zusammen essen oder trinken. Wenn es ihr nun aber auch gelingt, noch vor Ablauf der anberaumten Zeit in den Hafen der Ehe einzulaufen, die Gefahr bleibt immer, daß sie ihren Gemahl über kurz oder lang wieder verliert, — vielleicht noch ehe sie selbst das Kindesalter hinter sich hat, — und dann ist ewige Wittwenschaft mit all ihren Schrecken ihr Loos. Das treibt dann Viele dieser Elenden in ein unordentliches Wesen hinein. Daher, wenn irgend ein Mißbrauch das gesellige Leben zerrüttet, so ist es dieser der frühen Verheirathung im Zusammenhang mit dem Verbot der Wiederverheirathung für die Wittwen.

Es ist mir in einer tamulischen Zeitschrift ein Artikel zu Gesicht gekommen, der diesen bedenklichen Gegenstand offen bespricht. Da derselbe einen Blick in das tamulische Volksleben thun läßt und zugleich in echt tamulischer Weise mit Versen, Gleichnissen, und Sprüchwörtern durchwürzt ist, so werden es mir meine Leser vielleicht Dank wissen, wenn ich ihn hier ziemlich vollständig wiedergebe, nur da hauptsächlich weglassend, wo die in solchen Dingen freiere Art des Morgenlandes für europäische Ohren das Maß überschreitet.

Der Verfasser beginnt mit einem kurzen Stoßgebete:

„O du himmlischer Eber, Vischnu! der du wohnest in Seiteipöttei (in der Nähe von Madras), das, bergesgleich sich erhebend, in Fülle prangt, — beselige doch die Bewohner der meerumbrausten Erde durch Tugend verleihende Wissenschaft!“ — Darauf redet er den Herausgeber der Zeitschrift in der üblichen pomphaften Weise an:

„Unter den Anhängern der sechs Religionen, in die sich die vier Kasten innerlich zerklüftet haben, welche der Lotus-Gott, Brahma, erschaffen hat auf der durch die heilige Dreigestalt entstandnen blumengleich weit-erschloßnen Erde, giebt es gewiß nur Wenige, denen ein tüchtiges Wissen und ein edles Wesen zu Theil geworden; alle Andern sind durch der Unglücksgöttin Schuld solchen Vorzugs baar, — Leute, die weder in diesem noch in jenem Leben Heil erlangen. Mit der Absicht nun, auch solchen Elenden Heil zu bereiten, — der Sonne gleich, welche die Erden-Finsterniß verscheucht, aufgehend, — erscheint jeden Sonntag Morgen, die heilige Dreigestalt an der Stirn, Eure wackre Zeitschrift. In dieser wollet Ihr gefälligst den paar Zeilen, die ich schreiben werde, ein Plätzchen gönnen; in dieser zuversichtlichen Hoffnung schärfe ich denn meine Feder und setze sie an.“

Nun erst kommt er zur Sache selbst.

„Ich habe schon seit längerer Zeit einen großen Zweifel in mir gehegt und, obgleich ich stets im Sinne hatte, ihn in Eurer Zeitschrift offen darzulegen, so hat sich doch jetzt erst eine passende Gelegenheit dazu geboten. Ihr selbst habt Euch in einer der letzten Nummern über den Kindesmord ausgesprochen und dazu bemerkt, daß sich darin eine Verruchtheit offenbare, die grauser sei, als die Lust der

Leidenschaft selbst. Ein scheinbar geringes Wort, aber so voll Sinnes, daß ich es einen Thautropfen auf des Grashalms Spitze, in welchem sich ein gegenüberstehender mächtiger Baum spiegelt, nennen möchte. Es ist ja wahr, in der Welt giebt es keine größere Lust, als die Liebe. Das beweist der Spruch des Dichters: „Ist denn etwa die Welt des Lotos-äugigen Gottes süßer, als das Träumen auf der Geliebten Schulter?“ Ja kein Rausch selbst ist so mächtig als der Liebe Rausch. Das geht aus einem andern Verse zur Genüge hervor: „Nicht der Palmensaft, sondern die Liebe durchsaftet das Innere und reißt hin durch bloßes Anschaun.“ Noch mehr, die Liebe ist ein Feuer über alle Feuer. Dafür kann ich noch einen Spruch des Dichters anführen. „Wenn ich weiche, — so brennts, wenn ich nahe, so kühlts. Woher doch hat sie genommen solch ein Feuer?“

„Jene Liebe aber läßt weder Hohe noch Niedre unangefochten. Selbst der Lockenträger Siva hat der Macht der Liebe nicht widerstehen mögen; davon kann man in der Geschichte des Pandya mit dem Fisch-Banner, so wie in vielen andern Geschichten lesen. Leider steht das weibliche Geschlecht an Leidenschaftlichkeit dem männlichen Geschlechte keineswegs nach. Daher denn die heimliche Unzucht und, aus Furcht vor der Schande, die grausamste aller Sünden, der Kindesmord. Stirbt aber das Kind nicht schon im Mutterleibe, so stirbt es vielleicht, wenn es geboren ist, und dazu die Mutter selbst, — nach dem Sprüchworte: Das kalte Fieber ist sammt der Hülle dahingefahren. Der böse Ruf folgt dann doch und die Verwandten eines solchen Weibes gehen mit geducktem Haupt einher. Ist das nicht alles die Folge jener Leidenschaft? Und solche Schanddinge gehen doch schon seit langer Zeit unter uns im Schwange, — nicht wahr? Man sagt freilich, das sei der jetzigen Frauen Schuld; wackre Frauen würdigen sich nicht zu solcher Schändlichkeit herab. Allein es ist doch auch schon in jenen Zeiten, welche man die tugendhaften zu nennen pflegt, viel

Schande der Art getrieben worden, und so eben ist das gegenwärtige böse Zeitalter geworden. Wie der König, so die Unterthanen. Wo geht denn in dieser Welt Keuschheit noch im Schwange? Sie ist wahrlich eine Ausnahme von der Regel. Das kommt aber daher, daß man in so zartem Alter heirathet. Wenn dann der Mann stirbt, noch ehe das Kind zur Jungfrau reift, was für Trübsal und Anfechtung wird über sie kommen! Tiruvalluver sagt: Auch wenn ein Weib den Göttern nicht dient, wenn sie nur dem Mann zu dienen eilt, so mag sie wohl sprechen: Regne! — und es regnet. Nun Frauen, die auf ein solches Wort merken, werden ja freilich in den Pfad der Sitte einlenken. Allein das ist eine über die Maßen leidige und verdrießliche Sache. Jenes schöne Wort steht freilich in dem Gedichte des Tiruvalluver, das Unglück ist nur eben, daß Niemand danach thut. Man richtet sich viel lieber nach einem andern Verse des Dichters, der so lautet: „Auf der Liebe grausem Meer schwimm ich; kein Ufer seh' ich; auch des Nachts drin umher irr' ich."

„Ach mein lieber Herausgeber! An derlei höllischem Greuel sind doch wohl Vater und Mutter Schuld, die demselben keinen Einhalt thun. Wenn man, den Veda's und den darauf fußenden heiligen Büchern gemäß, den Frauen die Wiederverheirathung gestattete, so würde derlei Aergerniß und Schmach wohl wegfallen. Da schreiet man aber: „Nein, nein, Wiederverheirathung der Frauen, das ist gegen alles Herkommen und grundgemein." Ei, ei, so sind die heiligen vier Veda's, die ihren Ursprung aus dem Lotusgebornen Gotte haben, Lügen- und Läster-Bücher? Wenn das wahrhaftig unsre Meinung ist, so drücken wir damit allen unsern heiligen Bräuchen, die sich doch nach den Veda's richten, den Stempel der Lüge auf. Man vergesse doch ja das alte Sprüchwort nicht: Wer sich nicht selber straft, dem geht es wie dem Affen auf dem Kokosbaum. Fahren wir so fort, so wird das für die fremden Religionspartheien, die uns nur allzugern schmähen, zu einem Honig-Regen werden, der von einem Zuckerdache herniederrieselt. Heißt es denn in den Veda's wirklich, daß nur der Mann zwei-, drei-, viermal heirathen dürfe, oder heißt es nicht an eben jenem Orte auch, daß die Frau wenigstens zweimal sich verehelichen möge? Darüber sollten doch unsre Weisen nachsinnen. Wahrlich die niedern Kasten beschämen uns, sie richten sich in dieser Sache ganz nach den heiligen Veda's, und wir, — wir setzen sie bei Seite. O Wunder über alle Wunder! Diese Welt ist voll von Leuten, welche die heilige Kuh zu morden kein Bedenken tragen; muß denn dazu auch noch der Kindermord gefügt werden, als wäre es am Kuhmord nicht genug? Mein lieber Herausgeber! Wie lange wird das unser Gott noch mit ansehen können?"

Der Schreiber des Artikels bittet am Schluß den Herausgeber, sich doch mit seiner Feder in's Mittel zu legen, und es ja nicht wie der Herausgeber einer andern tamulischen Zeitschrift zu machen, der, weil er sich die Finger nicht habe verbrennen wollen, zu dem Allen still geschwiegen habe. Einige Wochen darauf erschien denn auch ein darauf bezüglicher Artikel in der betreffenden Zeitschrift. Der Einsender desselben sagt, jener Herr habe seine Sache mit Beispielen u. s. w. sehr wohl durchgefochten, und man müsse ja freilich zugestehen, daß, wenn eben nach dem Sinne desselben gehandelt würde, das nur vollkommen gut und weise zu nennen wäre. Allein der Schreiber jenes Artikels habe Eines außer Augen gelassen, — nämlich den allgemeinen Brauch, und nach seiner eignen geringen Ansicht sei allgemeiner Brauch weit wichtiger als alle Bücher, und zwar aus dem einfachen Grunde, weil nach dem allgemeinen Brauch sich eben Alle richten. Er wolle dem Schreiber einen hierher gehörigen Fall erzählen. Da sei vor einiger Zeit ein großer Sanscrit-Gelehrter hier gewesen, dessen Tochter auch schon im Kindes-Alter Wittwe geworden. Das habe der Vater schwer ertragen mögen und deßhalb alle Schriften durchforscht, um herauszubringen ob denn einer Brahminenwittwe die Wiederverheirathung in der That untersagt sei. Er habe grade das Gegentheil befunden und sei nun fest entschlossen gewesen seine Tochter zum zweiten Male zu verehelichen, aber da seien alle seine Verwandten über ihn hergefallen und haben ihm die Unmöglichkeit einer Abweichung vom allgemeinen Brauche vor Augen gestellt. So habe denn jener Mann die Sache aufgegeben. — Er selbst wolle nun dem Schreiber des Artikels einen guten Rath geben, der ihn wohl zum Ziele führen könnte. Nämlich, er solle doch eine große Versammlung weiser Männer zusammen berufen und ihnen die Sache mit allen ihren schlimmen Folgen vor Augen und an's Herz legen. Wenn dann diese Herren sich für seine Meinung entschieden, so sollten Einige die Sache getrost in's Leben führen; so würde sie ohne Zweifel allmählig das Ansehen eines allgemeinen Herkommens gewinnen.

So weit der Einsender jenes Artikels.

Wir verlassen nun die Region der „zweigebornen Erdengötter", die von Norden her in das „süße"[156] Tamulenland einzogen, und steigen unmittelbar hinab in die Region der nur „einmal gebornen" Sudra's. Manu sagt: „Der oberste Herr wies dem Sudra nur Eine Pflicht zu, nämlich die, den Brahminen, Kschatriya's und Vaisya's zu dienen." Wie aber die Gesetze Manu's in Bezug auf viele andre Bestimmungen in diesem und jenem Theile Indiens Theorie blieben, so namentlich die den Sudra's zugedachte Stellung hier im Süden. Derselbe geschichtliche Umstand, der die Brahminen hier, wie anderwärts, über alle andern Volksklassen so hoch hinaushob, sicherte auch den Sudra's eine verhältnißmäßig höhere Stellung im bürgerlichen Leben, der Umstand nämlich, daß weder Kschatriya's noch Vaisya's von unzweifelhaft reiner Abkunft die Kluft zwischen der ersten und vierten Kaste füllten. Sie treten daher als der eigentliche Mittelstand auf. Was sonst nur den Vaisya's zustand, Ackerbau, Viehzucht und Handel, — das Alles wurde recht eigentlich zu ihrer Beschäftigung[157], und während sie so in die Rechte und Pflichten des arischen Nährstandes eintraten, durften sie sich hie und da auch an den Rechten und Pflichten des arischen Wehrstandes, und als Gurus, so wie überhaupt als Männer der Wissenschaft selbst an den Beschäftigungen des arischen Lehrstandes betheiligen. Nimmt man nun noch dazu, daß durch Zwischenheirath den Sudra's sich hie und da auch arische Elemente beimischten, so kann es nicht auffallen, daß gewisse Abtheilungen derselben sich heut zu Tage mit der arischen Schnur schmücken und je nach ihrer Beschäftigung auf den Kschatriya- oder Vaisya-Titel Anspruch machen. Unter denjenigen, die solchen Anspruch erheben, gelten einige allgemein als Linke-Hand-, das ist, als Misch-Kasten, bei anderen dagegen liegt es deutlich genug auf der Hand, daß nur das gleiche Gewerbe zu dem gleichen Titel geführt hat. Das Letztere gilt wohl in Bezug auf die Kaller, davon unten ein Mehreres, das Erstere in Bezug auf die Vanicher[158], mit denen wir die Reihe der Sudra-Klassen[159] beginnen.

Die Vanicher, zu deutsch Kaufleute, mit ihren verschiednen Abtheilungen, deren verschiedne Benennungen oft nur auf Orts-Verschiedenheit beruhen[160], eröffnen insofern mit Recht die Reihe der Sudra-Kasten, als sie zu den wohlhabendsten und einflußreichsten gehören. Diejenigen die zu Ramnad, Sivaganga und Puducottah ihren Sitz haben[161], sich aber des Handels wegen häufig von ihren Familien trennen und an fremde Orte ziehen, stehen besonders im Rufe des Reichthums, und wer nicht 100,000 Rupi's im Beutel hat, gilt unter ihnen für unbemittelt. Aber auch unter den andern Abtheilungen der Vanicher giebt es Leute bei der Stadt, und so groß ist der Hochzeit-Aufwand und so bedeutend die Mitgabe der Frau in einer derselben, daß hier die Verheirathung eines Mädchens fast für den Ruin der Familie angesehen wird. Uebrigens halten sich fast alle Abtheilungen von einander getrennt, und nur der Götze „Gold" vermag zuweilen,

— was sonst keiner Erdenmacht so leicht gelingt, — eine Zwischenheirath zu Stande zu bringen. Dagegen vermag all ihr Reichthum die Schmach nicht zu tilgen, die auf allen Misch-Kasten haftet, — und selbst die arische Schnur an ihrem Halse kann sie nicht verhüllen. Sogar der Wäscher und der Barbier, die geringsten der geringsten Sudra's, werden sich schwer entschließen, in den Häusern gewisser Vanicher-Abtheilungen zu essen. Der Brahmine dagegen, dem für die geringe Mühe eine unverhältnißmäßig reiche Belohnung wird, raunt dem sterbenden Vanichen mit Freuden seine magischen Sprüche ins Ohr und nimmt dann mit noch größrer Freude eine Kuh, ein Stück Acker, ein Kleid, oder ein kupfernes Geschirr, am liebsten das Eine mit dem Andern, in Empfang. Zwei Abtheilungen der Vanicher jedoch unterhalten mit den übrigen Sudras Gemeinschaft des Essens und Trinkens. Dort haben es die Frauen ganz besonders gut. Sie tragen nicht, wie ihre übrigen Schwestern, den Wasser-Krug auf dem Kopf, der Mann muß es selbst thun oder durch Andre thun lassen. Dagegen muß Diejenige, die einen Groß-Sohn oder eine Groß-Tochter auf ihre Arme zu nehmen die Freude hat, sich dafür mit dem Wasser-Kruge schleppen; sie hebt ihn dann aber nicht auf den Kopf, sondern auf die Hüfte. In einer andern Abtheilung der Vanicher herrscht der sonderbare Brauch, daß sich der Vater in das Haus des Erwählten begiebt, und seine Tochter ohne Weiteres anträgt. Wieder in einer andern geht es bei der Verheirathung noch viel eigenthümlicher zu. Sobald die Braut engagirt ist, wird es dem Kasten- oder Stammes-Häuptling angezeigt. Dann versammeln sich die beiderseitigen Verwandten in dem Hause der Braut, und man bereitet aus den verschiedenen Körnern, welche die Gäste mitbringen, eine Art Picknick. Die Frauen lassen sich auf kleinen Matten im Innern des Hauses nieder, und die Männer draußen in der Verandah. Hier nun müssen Braut und Bräutigam über Leibeskraft essen, — und da die Kornarten, aus denen das Zweck-Essen zusammengesetzt ist, alle blähender Natur sind, so erfolgt zuletzt eine Scene, die sich nicht füglich beschreiben läßt. Erfolgt sie aber nicht oder doch nicht in dem gehörigen Maaße, so ist das ein Zeichen von so übler Vorbedeutung, daß die Verwandten sich einhellig erheben und sprechen: Wir können deinem Sohne das Mädchen nicht geben. Geht dagegen alles nach Wunsch, so legt man dem glücklichen Bräutigam zehn bis vierzig Pon (jeder zu zwölf guten Groschen) in die Hand; damit muß er vier bis fünf Monate hinaus auf den Handel gehen und sein Handels-Meisterstück machen, dessen Werth nach dem Betrag der klingenden Münze beurtheilt wird, die er, außer dem Capitale und nach Abzug der Zehrungs-Kosten, mit nach Hause bringt. In einigen Abtheilungen der Vanicher zieht der Neuverheirathete für die ersten drei Monate nicht auf den Handel aus. Das junge Paar ißt abwechselnd vier Tage bei der Mutter des Mannes und zehn Tage bei der Mutter der Frau, — und erst nach Ablauf jener drei Flitter-Monate beziehen die Neuvermählten ihr eignes Haus. Daran schließt sich ein andrer Brauch, der sich auch sonst unter den Sudra's findet, und den ich deßhalb mit einigen Worten beschreiben will, weil er uns so recht in das Familienleben des Mittelstandes einführt. Er erstreckt sich übrigens nur auf die drei ersten Jahre nach der Verheirathung.

Im Tei-Monat (der mit der zweiten Hälfte unsres Januar seinen Anfang nimmt) bemalt man neue Töpfe mit Saffran, schmückt sie mit Blumen, füllt sie mit Reis, und schickt sie nebst Kokosnüssen, Bananen-Blättern und -Früchten, Wurzeln, Kürbissen, Zuckerrohr, Milch und andren Leckerbissen unter Trommelschlag in das Haus der Frau. Meint man's recht gut, so müssen zehn bis zwölf solcher schön gezierten und wohl gefüllten Töpfe daherprangen. Wehe der armen Frau, die zu dieser angenehmen Zeit ganz leer ausgeht. Man heißt sie spottweise: Paneikku mel Paneiyattavel d. h. Eine, bei der sich nicht Topf auf Topf häuft. — Am ersten Tage des Adi-Monats aber (der mit der zweiten Hälfte unseres Juli beginnt) ladet die gütige Schwieger-Mutter Mann und Frau in's Haus und bewirthet sie drei Tage auf's Beste. Geschieht das nicht, so wird das abermals für eine große Schande angesehen, und das Sprüchwort sagt: „Eine Schwieger-Mutter, die nicht zum Adi eingeladen hat, soll man aufsuchen, fassen und mit dem Schuhe schlagen." — Noch ein paar Monate später, im Eippasi-Monat nämlich (der mit der zweiten Hälfte unsers Oktobers anhebt), muß die vielgeplagte Schwieger-Mutter abermals ihre milde Hand öffnen und einen kleinen Messing-Topf, gutes Oel zum Einreiben, eine Art Oelkuchen für das Haar, Saffran, Reis, Früchte, Kari, Kuchen, Kleider u. s. w. spenden. Der letztere Brauch namentlich geht durch alle Sudra-Kasten hindurch.

Von den Vanichern, die, sämmtlich Sivaiten, sich zum Theil aller thierischen Speise enthalten, und unter denen die römischen Missionare zu Tanjore Manche für ihre Kirche gewonnen haben[162], wenden wir uns zu den Velalern, die uns um so mehr interessiren, als schon unsre früheren lutherischen Missionare bis in diese obersten Schichten des tamulischen Mittelstandes hinein Eingang fanden.

Wie die Vanicher den Handel repräsentiren, so die Velaler den Ackerbau, und wie jene die reichste Klasse darstellen, so diese die ehrenhafteste.[163] Die ächten Velaler sind gewiß auch nicht ohne arisches Blut; Farbe und Gesichts-Bildung, so wie der Name „Ganges-Geschlecht",[164] der ihnen von Alters her zusteht, scheinen dafür zu sprechen. Sie, — die ächten Velaler nämlich, — zerfallen in drei Haupt-Abtheilungen, in die Sorzhier, Karaler[165] und Tondamandala-Velaler. Die erstern sitzen an den fruchtbaren Ufern des wasserreichen Cavery, so recht im saftigsten Kern des Tamulenlandes; die zweiten hausen an den Ufern des minder gesegneten Veichei-Flusses bei Madura auf altklassischem Boden; die dritten wohnen in dem alten Tondamandalam, einem Nebenzweig des Tschola-Reichs, in der natürlicher Weise noch minder begünstigten, aber durch Kunstteiche in Culturland umgeschaffnen Umgegend von Conjeveram. Die Sorzhier, theils Saiva's, theils Waischnava's, nennen sich übrigens gradezu Arier, und da sie sich überhaupt als zum Geschlecht der alten Tschola-Könige gehörig ansehen, so halten sie so streng auf ihre Kaste, daß sie zu ihren Hochzeiten nur Verwandte zulassen. Die Tondamandala-Sorzhier, offenbar ein Absenker derselben, sind die einzigen Velaler, mit denen sie Gemeinschaft halten, und auch das nicht ohne Ausnahme, da diese sämmtlich, sie selbst aber nur zum Theil Fleisch essen. Unter allen Velalern aber, die, weil sie bei Vertreibung der brahmanischen Erzfeinde, der Buddhisten, hülfreiche Hand leisteten, sammt und sonders zu großem Ansehn gelangten, stechen gegenwärtig die Tonda-mandala-Vellaler am meisten hervor. Während die beiden andern Abtheilungen der ächten Velaler nur den Titel „Pilley"[166] d. i. Kind führen, dürfen sie ihrem Namen ein „Muteli" d. i. „Erster" hinzufügen. Vor mehreren Jahrhunderten machten sie sich um das Tondamandala-Land, das ohne künstliche Bewässerung noch immer eine halbe Wüste sein würde, durch großartige Wasser- und andre Bauten sehr verdient und stiegen in Folge davon in der Gunst des Königs und in der Liebe des Volkes, und obschon die eifersüchtigen Brahminen ihnen die Ban-Schastra's im Laufe der Zeit wieder entrissen, so erhielt sich doch das einmal errungne Ansehn. Sie stehen gegenwärtig in dem Rufe des eifrigsten Sivaismus, bei weitem mehr als die Saiva-Brahminen selbst, und es geht in Bezug darauf unter der gleichgültigern Menge folgendes Sprüchwort: Willst du einen Fluß verderben, so laß das Rohr wachsen; willst du einen Ort verderben, so laß Bücher lesen; willst du einen Djangel verderben, so laß Schafe hinein; willst du aber alles Dreies mit einander verderben, so laß den Muteli kommen! (Der läßt über seinen strengen religiösen Uebungen Alles zu Grunde gehen.)

Die Vermählungs-Ceremonien sind bei den Muteli's u. s. w. ähnlich, wie bei den Brahminen. Am Tage nach der Hochzeit findet ein eigenthümlicher Brauch statt. Die beiderseitigen Verwandten versammeln und ordnen sich in zwei Haufen. In der Mitte der Versammlung steht eine große Schüssel für einzulegende Hochzeitsgelder. Einer sitzt daneben und zeichnet den Betrag der Gaben, wie sie eingelegt werden, sammt den Namen der Einleger auf ein Palmblatt, so jedoch daß er die Worte, die er schreibt, zugleich laut ausspricht. Am dritten Tage nach der Hochzeit muß die junge Frau gleichsam Probe kochen und der Mann mit der Frau dann Probe essen. Die Frau selbst hat zur Ueberwindung ihrer Blödigkeit dem Manne das zugerichtete Essen auf einem großen Bananenblatte vorzulegen. Nun aber lassen die Zuschauer den armen Mann nicht ruhig essen; man fährt etwa mit dem Stiele des scheerenähnlichen Werkzeuges, womit man die vielgeschätzte Betelnuß zu zerschneiden pflegt, in das Essen hinein und rührt es um. So und ähnlich treibt es der tamulische Humor mit drei aufeinanderfolgenden Blättern. Endlich wird das Essen auf einer Art Schüssel gebracht, und nun erst dürfen Mann und Frau ungestört Probe essen. Der vierte Tag endlich ist allerlei Spielen gewidmet. Man stellt z. B. ein Gefäß mit Saffran-gefärbtem Wasser hin, wirft einen Ring und eine Muschel hinein, und läßt der Vorbedeutung halber die Neuvermählten danach fischen. Darauf bespritzen sich die jüngern Hochzeitgäste mit dem Saffran-Wasser und gehen gleich darauf baden. Aehnlich geht es bei den Hochzeiten auch der übrigen Sudra's zu.

Es steht der Frau des Muteli nicht an zu spinnen, oder die Frau einer andern Kaste zu berühren, sie gehöre denn etwa der Karaler-Kaste an, die, wie oben gesagt, im Mittelpunkt des alten Pandya-Reiches ihren Sitz hat. Dort hausen auch die eigentlich sogenannten Pandi-Velaler, deren Hauptsitz Arumucha-Mandalam in der Nähe der alten Pandya-Hauptstadt ist. Dort mußten vorzeiten alle Pandi-

Velaler hin, wenn sie einen Proceß hatten, und da jene Processe in Folge des genauen schriftlichen Verfahrens sich meist sehr in die Länge zogen, so räth ein altes Sprüchwort: „Wenn du nach Arumucha-Mandalam gehst, nimm ja Reis mit! So sage ich, so sage ich.“ Noch weiter unten im Süden, in Tinnevelly nämlich, begegnen wir einer Abtheilung der Velaler, die ihrer Abgeschlossenheit wegen erwähnt zu werden verdient.[167] Diese leben nicht gern an andern Orten; sind sie aber doch dazu genöthigt, so halten sie sich, wo möglich, in eignen Straßen hübsch beisammen. Ihre Häuser umwallen sie mit hohen Mauern, damit Niemand hineinzusehen im Stande sei. Kein andres Auge, als das Auge der eigenen Kaste darf je auf denjenigen Theil der Frauenwelt, der das fünfte Lebensjahr überschritten hat, ungestraft fallen, die Frauenleiche nicht ausgenommen. Wer aber doch das Unglück hat, eines ihrer Mädchen oder Weiber ansichtig zu werden, wird sammt Angehörigen hinausgestoßen. Kommen Leute andrer Kaste zur Hochzeit, so müssen sie es sich außerhalb, wo eine zeitweilige Bude für derlei Besuche aufgeschlagen ist, gefallen lassen. Doch macht man mit alten Frauen und Bekannten eine Ausnahme. Auch bei der Hochzeit selbst geht es ziemlich seltsam zu. Die weiblichen und männlichen Verwandten dürfen sich bei der eigentlichen Vollziehung derselben nicht sehen, — ja selbst Braut und Bräutigam sind in Folge eines dazwischen gezognen Vorhangs für einander unsichtbar. Der Guru der Kaste spricht seine Formeln, der Bräutigam aber streckt beide Hände hinter den Vorhang, greift die Braut und bindet ihr so das Tali um.

Es giebt übrigens auch hörige Velaler, wie z. B. die Valla-Naddu-Velaler bei Ramnad u. s. w. Bei diesen findet zur Versinnbildlichung ihrer täglichen Beschäftigung im Dienste ihrer Herren, die meist Telugu-Leute sind, am Tage nach der Hochzeit eine Art Ceremonie statt. Man macht einen Pflug, der Mann ergreift den Sterz desselben, und die Frau, schön geschmückt, zieht ihn. Diese aber, so wie die über weitere Strecken verstreuten Torzhuva-Velaler,[168] die sich selbst zu Leichenträgern für gewisse Velaler herablassen, und wenn sie mit Leuten aus bestimmten Velaler-Klassen zusammentreffen, ihr Oberkleid ehrerbietigst unter den Arm nehmen, sind, außer vielen andern Verzweigungen, wenn ächt, doch kein Typus des Velalerthums. Den Namen Velalen lieben übrigens auch andre ackerbauende Kasten sich beizulegen. Ein Sprüchwort sagt: Der Kallen, der Mararen, und der Achamudeijan[169] von unvergleichlicher Würde wird ganz sacht, sacht zum Velan (oder Velalen).

Doch ich habe mich bei den Velalern schon zu lange aufgehalten. Ich füge nur noch hinzu, erstens daß sie meist Sivaiten, und zum Theil strenge Nicht-Fleischesser sind, und zweitens daß unsre alten Missionare unter den Sorzhier'n einigen Eingang fanden, während die katholischen Missionare unter den Karkatta-[170] und Pandi-Velalern in früherer Zeit nicht unbedeutende Fortschritte machten. Von protestantischen Bekehrten unter den Muteli's, dem Adel des tamulischen Volkes in einem gewissen Sinne, ist mir selbst kein Beispiel bekannt. Daß aber die Katholiken ihren Weg auch dahin gefunden, meine ich, freilich nicht mit voller Sicherheit, auch daraus abnehmen zu dürfen, daß bei dem neuen Abdruck der hochtamulischen Grammatik von Beschi ein mit dem Pondichery-College in Verbindung stehender Muteli dem Titelblatte zufolge betheiligt war.

Von den Velalern gehen wir zu den Ideiyer'n[171] d. i. Hirten über, die in acht Haupt-Abtheilungen zerfallen, deren jede sich wieder in achtzehn Unter-Abtheilungen spaltet. Unter den achtzehn Zweigen ist jedesmal nur ein einziger, der mit den siebzehn übrigen Gemeinschaft hat, — der sogenannte „Liebes-Werk-Zweig."[172]

Sobald die Ideiyer-Braut das für ihren Ehrentrag errichtete Gemach betritt, muß ihr Gefolge an die Schwester des Bräutigams das sogenannte „Braut=Zimmer=Geld“ entrichten, und diesem löblichen Brauche haben sich nachher auch die beiderseitigen Verwandten zu unterziehen. Begiebt sich aber der Bräutigam in das Haus der Schwieger=Mutter, so versperren ihm die jungen Burschen den Weg und lassen ihn nicht eher frei, als bis er ihnen ein Stück Geld verabreicht hat. Wenn dann am dritten Tage der Hochzeit die beliebte Neckerei mit dem Saffran=Wasser vorüber ist, so begiebt man sich an den Teich des Ortes. Der Brautführer des jungen Mannes trägt eine Haue und einen Korb; der Mann ergreift die Haue und fördert drei Körbe Erde aus dem Tank heraus; diese hat dann die junge Frau hinwegzutragen und draußen hinzuschütten. Nun heißt es: „Wir haben einen Liebes=Werk=Teich“ gegraben. Der sonderbare Brauch empfängt, meine ich, sein Licht, wenn man bedenkt, daß in den minder wasserreichen Gegenden, wo die Ideiner der Viehzucht pflegen, der Teich von erster Wichtigkeit ist. So verhält es sich, — beiläufig gesagt, — mit manchen Gebräuchen hier zu Lande, die den Europäern so auffällig erscheinen, und an denen manche Missionare zuweilen ohne Noth so großen Anstoß nehmen. Bei weitem nicht alle sind eine unmittelbare Frucht des Götzendienstes; sehr viele sind auch auf natürlichem Boden gewachsen, — und nur der Schlüssel dazu ist hier und da abhanden gekommen.

Auch bei Todesfällen kommt unter den Ideiner'n manches Seltsame vor. Da erscheint unter Andern ein Mann von der Maraver=Kaste, ein Höriger, der sich des Groß=Vaters Vater nennt, und sich mit dem etwas räthselhaften Spruche einführt: „Der Hörige, der von freien Stücken sich eindrängt, die Füße über den Weg spreizt und den Starken zu einem Nagel in der Brust wird.“ Die Maraver (von denen weiter unten) sind nämlich auch heut zu Tage noch zum Theil Wegelagerer, und werden eben deshalb gelegentlich zu Wächtern und Schützern bestellt. Vielleicht daß die Hirten, die in derselben Gegend, wo die Maraver hausen, so recht heimisch sind, mit Einigen derselben, die ein Hörigkeits-Verhältniß einzugehen bereit waren, eine Art Vertrag schlossen. –

Schon in den älteren tamulischen Schriftwerken wird dem Weidelande Wischnu [173] als Schutzgott zugewiesen. So ist denn noch immer Wischnu der Gott der Hirten auch im Tamulenlande; wurde doch eben in der Hirten-Kaste der lotusfüßige Gott als Krischna geboren. Kein Wunder daher, daß ein Krischnafest unter den Ideiyern alljährlich feierlichst begangen wird. Man pflanzt zu dem Ende eine große Stange auf, befestigt an der Spitze derselben ein Stricknetz, stellt ein Gefäß mit geronnener Milch hinein, und bindet mehrere Geldstücke daran. An diese mit Lampenöl und einer andern fettigen Substanz bestrichene Stange muß nun Jemand hinanklettern, um die oben aufgehängten Sachen herunterzuholen. Die Procession begiebt sich unter klingendem Spiel dahin. Man declamirt zuerst die Geschichten Krischna's her, wie er in der Hirten-Kaste geboren wurde, die Butter stahl, einen Baum erkletterte u. s. w. Darauf nimmt man eine lederne Spritze, füllt sie mit Saffrangefärbtem Wasser und spritzt unter allgemeinem Gelächter auf denjenigen los, der die Stange zu erklettern und das an der Spitze befestigte Netz herunterzuholen hat. Diese Feierlichkeit sagt dem tamulischen Volksgeschmack so zu, daß man sie auch bei einigen Siva-Tempeln nachzumachen keinen Anstand nimmt.

Den Ideiyern, die meines Wissens bis jetzt für die Mission kaum eine Bedeutung gewonnen haben, den Rücken kehrend, wenden wir uns zu den Achampadier'n, [174] deren Einige bereits Christen geworden sind. Sie stehen fast sämmtlich in keinem besonders guten Rufe. Ein Sprüchwort sagt in Bezug auf eine Abtheilung [175] derselben: „Der Ort verdirbt, wo ein Anuppen der regierende Herr, ein Achampadian der Statthalter, und ein Saluppen der Unterthan ist.“ Was aber eine andre Abtheilung [176] betrifft, die früher einmal des Kriegshandwerks sich beflissen zu haben scheint, so steht es in

Folge der sogenannten „Kalavu", die unter derselben im Schwange geht, oft sehr traurig um das Familien-Leben. Kalavu heißt eigentlich Geheimniß und es wird damit eine Ehe bezeichnet, die ohne die sonst üblichen Ceremonien insgeheim zu Stande kommt. Der dritte Theil der tamulischen Grammatik,[177] der von Liebes- und Kriegs-Sujets handelt, stellt sie als durchaus ehrenhaft neben die Karpu d. i. die ordentliche Ehe hin, ja will sie eben nur den „Gottesgelehrten, Königen, Kaufleuten und Handwerkern", also den vier höchsten Kasten, und unter den niedern nur einer Standesperson (einem Häuptling u. s. w.) gestatten. Dennoch kann sie ihrem heimlichen und losen Charakter nach ein geordnetes Familienwesen nicht wohl aufkommen lassen. Eben so schnell als sich ein Paar zusammenfindet, kann es auch auseinandergehn; zum Erstern braucht es weiter Nichts, als daß der Mann dem Weibe ein Tali umbindet, und zum Letztern nur, daß das Tali wieder abgebunden wird. Daher sagt ein andres Sprüchwort: „So lange an des Elephanten Hals der Strick sitzt, so lange wird das Tali am Halse der Frau eines Achampadien hangen."

Von den Achampadier'n, die theils Siva, theils Wischnu verehren, und von denen Einige einst Zemindar's und Polygar's waren, jetzt aber sich gar zu gern das Ansehn von Velalern geben, gehen wir zu einigen Kasten über, die früher ebenfalls mit der edlen Kriegs-Kunst zu thun gehabt zu haben scheinen, und zwar zuerst zu den Kallern, die im Puducottah-Distrikt, wo unsre Mission eine Station besitzt, die Haupt-Bevölkerung bilden.

Kallen heißt zu deutsch „Dieb", und in der That der Landstrich, wo die Kaller besonders zu Hause sind, eignet sich seiner wüsten Strecken und Wälder wegen sehr wohl zu solchem Handwerk. Jener Name ist aber schwerlich ihr ursprünglicher Name gewesen. Sie bildeten zur Zeit der Polygar's, wie es scheint, die militärische Macht des Landes; darauf deutet nicht bloß ihre Beanspruchung des Kschatriya-Titels, sondern auch manche der Ehren-Bezeichnungen, die gewissen Abtheilungen derselben noch heut zu Tage eignen, Viramudeiyan (d. i. Held), Senei-nadan (d. i. militärischer Landhalter) u. s. w. Vielleicht daß die Polygar's in Zeiten des Friedens ihren Soldaten Land anwiesen,[178] und wenn diese dann neben dem friedlichen Ackerbau ihre militärischen Gewohnheiten hie und da gegen Durchreisende fortsetzten, so konnte der Ehrenname „Held" natürlich genug in den Schimpfnamen „Dieb" umschlagen. Unter derjenigen Abtheilung der Kaller, die sich der oben erwähnten kriegerischen Titel erfreut und im Tschola-Lande ihren Sitz hat, findet sich denn auch der königliche Brauch, das Hochzeits-Tali an einer Goldschnur, oder, wo man das nicht erschwingen kann, an einem Golddraht aufzuhängen. Die sogenannten Nattu-Kaller d. i. Landes-Kaller[179] im Osten von Madura haben Viele aus andern Kasten zu Hörigen angenommen. Falls sich Einer dieser Hörigen an einem Kallen vergeht, so tritt der Herr desselben als verantwortlich ein. Betrifft die Klage z. B. einen Ehebruch, so beruft derselbe eine Gemeinde-Versammlung, citirt seine eigne Frau oder Tochter und stellt sie hinter einen Vorhang. Der beleidigte Theil steckt die Hand durch den Vorhang, faßt das Weib und zieht sie hervor. Damit ist die Sache nach dem Grundsatze „Wie Du mir, so ich Dir" abgethan; die Versammelten rufen wie mit Einem Munde: „So ist es recht, so ist es recht" und ziehen unter lautem Geschrei davon. Ein Höriger zahlt jährlich vier Fanam Schutzgeld und hat, wenn im Hause des Herrn eine Hochzeit vorfällt, einige Stücke Zeug zu den Hochzeits-Geschenken hinzuzufügen, — wo nicht, so wird der Schutzbrief zerrissen.

Das Haupttheiligthum der Nattu-Kaller befindet sich auf einem Hügel Malla-Kottei genannt, den Gruppen von Usil-Bäumen (Mimosa amara) krönen. Dort feiert man mit blutigen und unblutigen Opfern, und leider auch mit allerlei berauschenden Getränken das sogenannte Ochsen-Band-Fest an einem bestimmten Tage des

Jahres. Es erstreckt sich aber über sechs volle Monate hinweg und wird bald in diesem, bald in jenem Dorfe begangen. Man bindet dann besonders kräftigen Ochsen ein Stück Geld nebst Kokos, Bananen und Blumen an die bemalten Hörner und läßt sie frei umher laufen, indem man sie durch Schreien und Trommeln möglichst scheu macht. Nun läuft, wer Lust und Muth hat, hinter dem wüthigen Ochsen her, faßt ihn beim Horn und ringt mit ihm um die darangebundenen Sachen, um sich so den Ehrentitel eines „wackeren Burschen" zu erwerben. Zuweilen aber streckt der gereizte Ochs seinen Gegner auf den Boden und spießt ihn. „Heute hat der Fürst, der als Schirm einen Berg faßte, den Stier gefaßt, den die Unsern entsandten, die Trommel wirbelnd so, daß durch die Flucht der Frauen mit den im Gehen sich lösenden schönen Zöpfen, und von dem Stiergebrüll die Straße erbebte und sich verwirrte."[180] Dieses wilde Volksfest von offenbar kriegerischem Charakter beschränkt sich übrigens nicht auf die Naddu-Kaller, noch auf die Kaller überhaupt.

Auch im Westen von Madura sitzt ein Zweig der Kaller, — die sogenannten Piramalei-Nattu-Kaller, bei denen es ebenfalls in mancher Beziehung eigenthümlich hergeht. Sobald das Hochzeit-Pandel gesetzt ist, kommt ein Velaler-Guru und spricht seine Formeln. Darauf geht die Braut baden. Die Frauen des Orts begleiten die Tief-Verschleierte. Auf dem offnen Felde macht man Halt; die Begleiterinnen lösen ihr Haar und werfen sich ihr weinend um den Hals. Abermals setzt sich der Zug in Bewegung, und das Weinen nimmt nun kein Ende, bis die Braut am Bade-Platze angelangt ist. Nach dem Bade wieder heimgekommen, setzt man sich dann zum fröhlichen Hochzeitmale nieder. Wollen sich Mann und Frau scheiden, so hat das eben keine Schwierigkeit. Man beruft die Verwandten, trägt ihnen die Sache vor, und giebt sich dann das Turumbu (einen Stroh- oder Rohr-Halm) zum Zeichen der Scheidung. Die geschiedne Frau darf zwar wieder heirathen, muß aber dann dem frühern Manne die Hochzeits-Kosten ersetzen, und zwar auch in dem Falle daß sie vom Manne entlassen worden. — Die Frauen schürzen die Kleider hinten und gehen mit unbedecktem Busen,[181] wie fast alle Kaller-Frauen. Die oben erwähnte Geheim-Ehe ist neben der ordentlichen auch hier in Brauch, wie bei den Achampadier'n. Beide Kasten hatten ja früher mit dem Kriegs-Handwerk zu thun, und der lose Soldat liebt lose Verhältnisse.

An das eigentliche Kaller-Land, den Puducottah-Distrikt, grenzt das Gebiet des Zemindars von Ramnad. Dort hausen die schon oben erwähnten Maraver, unter denen, wie unter den Kallern, bereits die alten lutherischen Missionare Eingang suchten und fanden. Der dortige Landstrich ist sogenanntes Palei- oder unfruchtbares Land, wo der Palei (Asclepias volubilis) und seine Genossen, der Kura (Webera corymbosa) und Mara (Eugenia ramecosa) zu Hause sind. „Die Nahrung eines solchen Landstriches", so heißt es im dritten Theile der tamulischen Grammatik, besteht in „Erbetteltem und aus fruchtbaren Gegenden Gestohlnem" und die „Haupt-Beschäftigung" der Bewohner in „Plündern am hellen Tage." Nun das paßt genau auf die Maraver, was nichts Andres als Räuber heißt;[182] nur daß in demselben Maaße, wie geregelter Fleiß doch auch in diesem natürlich unfruchtbaren Gebiete den kargen Boden in Cultur-Land umgeschaffen hat, jenen Maraver'n das schädliche Handwerk gelegt worden. Bei ihnen erinnert fast Alles an Krieger und König. Ihr gemeinsamer Ehrenname ist Dever d. i. Gott; an einigen Orten führen sie auch die Bezeichnung Servei-Karer d. i. Hauptleute, Manya-Karer d. i. Regierungs-Beamte, und Mudi Tangki, d. i. Kronhalter. Und wie im Puducottah-Districte der König selbst den Kaller'n entstammt, so die Zemindare von Ramnad und Sivaganga den Maraver'n. Was Wunder daher, wenn sie in alten Liedern auf ihre Ahnen pochen: „Die alten Ahnen sind wackre Leute; sie sind dieses Mannes Ahnen; meines Vaters Vater ist Der; noch stets hat der nach Geschlecht und Familie mir unverbrüchlich Verwandte einen Mund voll berauschenden süßen Meths.“[183]

Diejenige Abtheilung der Maraver, die den Namen Kondeiyen Kuddattu Maraver[184] führt, zeichnete sich zur Zeit der Karnatika-Herrschaft im Kriege aus; sie waren die eigentlichen Burgwächter. Noch immer geht es bei ihren Hochzeiten sehr kriegerisch her. Schwert, Schild und Köcher dürfen dabei nicht fehlen; ja der Brahmine, der die Vermählungs-Ceremonien verrichtet, legt das zu weihende Tali gradezu auf ein Schwert. Uebrigens wird auch bei ihnen, wie bei allen Maravern die Ehe sehr lax gehalten; die Kinder ihrer Kebsweiber aber führen den prächtigen Namen Parivarattar, d. i. Gefolge. Wo immer Maraver hausen, da werden auch diese gefunden. Sie tragen deren Palankin und bedienen sie auch sonst. Dafür bekommen sie dann den auf dem Blatte übriggelassenen Reis.

Ein Theil der Maraver, die schimpfsweise so genannten Adappa-Karer (Betelnuß-Beutel-Träger), lebt in Hörigkeit. Ein entartetes Geschlecht, das mit Aufgabe alles Kasten-Unterschiedes des Nachts seine Fest-Gelage, selbst bei berauschendem Getränke feiert, am Tage aber die dabei gepflogne Brüderschaft verleugnet.[185]

Die Hauptstadt der Maraver ist Ramnad; sie haben sich aber zu verschiednen Zeiten auch über die Provinzen von Tanjore, Madura und Tinnevelly ausgebreitet. Eines ihrer Hauptquartiere befindet sich zwischen Tuticorin und Manadu. Diese zahlen Taxe an den Häuptling in Maraver-Perun-Kudi, 10 bis 15 englische Meilen von Alvar Tinnevelly.[186]

Einige Maraver haben sich mit der Zeit selbst dem Ackerbau gewidmet, um den es in diesen sandigen Gebieten freilich nicht besonders steht; Andere dagegen lassen sich, wie oben erwähnt, als Hüter und

Wächter, im Grunde gegen sich selbst und Genossen, anstellen. Die Weiber der Maraver schürzen die Kleider hinten, ganz in der Weise der Kaller-Frauen, wie denn überhaupt Kaller und Maraver einem und demselben Stamme ursprünglich anzugehören scheinen. War doch auch in frühern Zeiten der Polygar von Puducottah, dem Hauptsitz der Kaller, von dem Haupt-Polygar in Ramnad abhängig.

Von den Maraver'n eilen wir zu den benachbarten Schanar's[187] in Tinnevelly, die unter allen tamulischen Volks-Klassen sich dem Einfluß der protestantischen Missionen am meisten geöffnet haben. Der Boden, den sie bewohnen, ist trocken, sandig und unfruchtbar, und die Regenwolke, jene unschätzbare Gabe Gottes in einem Lande wie Indien, schüttet alljährlich einen nur kurzen Segen darüber aus. Nirgends freilich gedeiht die Palmyra-Palme so wohl, als in jenem Sand-Meer, allein die daran gewendete Arbeit steht in keinem Verhältniß zu dem erzielten Gewinn. Daher, obschon nicht wenige Schanar's Eigenthümer des Stücklein Landes sind, worauf sie ihre Palmyra's bauen, die tiefe Armuth der großen Mehrzahl, die sich im Ganzen nicht besser steht, als diejenigen unter den Pariahs und Paller'n, die im Reislande als Hörige das Land ihrer Herren bearbeiten. Nur diejenigen unter ihnen, die größere Strecken Landes besitzen und herrschaftliche Rechte auch über die Ländereien der übrigen Schanar's ansprechen, die sogenannten Nadan's, sind im Allgemeinen wohl auf, — desgleichen ein paar glückliche Handels-Speculanten aus den niedern Abtheilungen. Die große Masse bringt sich mit allen ihren Anstrengungen nur um ein paar Grade über das eigentliche Hungerleiden hinaus.

Leider sind fast alle Schanar-Familien in endlose Streitigkeiten verwickelt und zwar nicht sowohl in Folge angestammter Proceßsucht, als vielmehr in Folge des herrschenden Erb-Gesetzes. Jenem Gesetze gemäß nämlich wird das Eigenthum des Vaters unter die hinterlassenen Söhne gleichmäßig vertheilt und auch die Tochter, wenn es nur irgend zureicht, geht nicht leer aus. So werden denn die kleinen Familien-Güter im Laufe der Zeit fast in's Unendliche zerstückelt. Meist jedoch kommen die Erben unter sich überein, das Familien-Gut mit Rücksicht auf den augenscheinlichen Vortheil, den vereinte Bearbeitung gewährt, vor der Hand ungetheilt zu erhalten. Allein da entsteht nun bald ein so heilloser Streit über die Theilung der gewonnenen Erzeugnisse, über das von dem Einzelnen auf eigne Hand Hinzu-Erworbne u. s. w., daß sich die Häuptlinge in's Mittel legen müssen und zuletzt die Regierung selbst dazwischen zu treten hat. Jedes folgende Geschlecht mehrt die Rechts-Verwirrung, und das Grundstück wird zuletzt zu einem Kampfplatz streitender Interessen, die sich um so schwerer entwirren lassen, als die Schanars in der Regel weder lesen noch schreiben können und daher alle ihre Verträge mündlich abschließen.

Wir begeben uns nun in die Region der Handwerker, an deren Spitze die Pancha-Kammaler oder Fünf-Gewerker d. i. die Eisen-, Holz-, Kupfer-, Gold- und Stein-Arbeiter stehen. Ein stolzes, unabhängiges Völkchen im Allgemeinen, das sich auf seinen Priester-Titel, den es vielleicht seiner Unentbehrlichkeit beim Tempel-Baue und bei Verfertigung andrer heiliger Arbeiten, wenn nicht etwa auch einigen Tröpflein beigemischten arischen Blutes verdankt, etwas Rechtes einbildet, und von eingewanderten nördlichen Guru's aufgereizt, vor mehrern Jahren hier und da das Brahminen-Joch abgeschüttelt hat.[188] Ihre Frauen haben mit dem Abwurf des Brahminen-Joches die Kleidung der Brahminen-Weiber angenommen, und die Männer, die als Nachkommen des Visva-Karma, des himmlischen Welt-Bau-Meisters, kein Bedenken tragen, sich ohne Weiteres über die Brahminen, als eben so viele von ihren Almosen zehrende faule Bäuche zu stellen, haben auf Rath jener Gurus das Fleischessen aufgegeben. Dennoch haben sie mit all ihren großthuerischen Ansprüchen eine höhere bürgerliche Stellung nicht zu erzwingen vermocht. Bloß arme Pariahs essen allenfalls in ihren Häusern und auch das nicht gern, wenn sie dabei gesehen werden. Unter den Linke-Hand-Kasten jedoch, an deren Spitze sie stehen, genießen sie volles Ansehn; namentlich betrachten sie den Pallen, welchem der auf seine Rechte-Hand-Kaste eifersüchtige Pariah[189] an manchen Orten die Gemeinschaft des Essens und Trinkens versagen zu müssen glaubt, als ihr Pillei d. i. Kind, im vorzüglichen Sinne. Auch unter diesen Fünf-Gewerkern sind die Bemühungen der römischen Missionare nicht umsonst gewesen; in der Gegend, wo ich später zu Madras wohnte, war mehr als Ein römischer Katholik, der zu jener Gilde gehörte.

An die Fünf-Gewerker reihen wir die Kujaver oder Töpfer, deren Einige, gewiß auch mit Rücksicht auf ihren Antheil an heiligen Tempel-Arbeiten, die heilige Schnur tragen. Sie führen nebenbei den Ehren-Namen Velan[190], und sind auch in so fern religiös bedeutungsvolle Personen, als sie dem Chemiker oder vielmehr dem Alchymisten zur Verfertigung von Retorten, Pfannen u. s. w. zur Hand gehen, diese Kunst aber unter den Hindu's einen religiösen Charakter trägt.

Von den Töpfern, auf welche die protestantische Mission einigen Einfluß gewonnen zu haben scheint, begeben wir uns mit Uebergehung der Salier, einer reichen Weber-Kaste, die ich bereits anderwärts charakterisirt habe, (s. S. 93) zu den Kuraver'n, deren Mehrere im Trankebarschen Gebiete das Christenthum angenommen haben.

Der Name Kuraver[191] kommt ursprünglich allen Gebirgs-Bewohnern zu, und der dritte Theil der tamulischen Grammatik weist ihnen folgende Haupt-Beschäftigungen zu: 1) Die Bereitung berauschender Getränke, 2) den Verkauf von Eivanam (Hinnah-Pflanze?), 3) das Hüten vollgarbiger junger Hirse, 4) das Einsammeln rothen Honigs, 5) das Ausgraben dicker Berg-Wurzeln, 6) das Baden in donnernd herabstürzenden Wasser-Fällen und vollen Berg-Quellen. Die minder poetischen Beschäftigungen der gegenwärtig vorzugsweise so genannten Kuraver, die das Land nach allen Seiten hin durchstreichen, bestehen jetzt in Folgendem: Sie flechten Körbe aus Bambus-Gerten oder aus den biegsamen Zweigen des Itschu-Maram (Phoenix farinifera); sie verfertigen Kästchen aus Palmyra-Blättern, Matten und Siebe aus gespaltenem Bambus; sie fangen Vögel und jagen Schildkröten; sie ziehen Schweine und Esel, und richten Schlangen zum Tanzen ab; sie durchstechen den Mädchen andrer Kasten das Ohr zum Einhängen des üblichen Schmucks, und machen Schönheits-Striche. Die Frauen treiben Zigeuner-Künste und die Männer zaubern; diejenigen aber, die das letztere Handwerk aufgegeben haben, fertigen Draht aus Stahl, Messing und Eisen, — noch Andre betteln umher. Das Landstreichen ist ihnen überhaupt die süßeste Beschäftigung, sie bauen sich, wo es ihnen gefällt, in aller Eile ein Hüttchen und ziehen weiter, wenn ehrlicher und unehrlicher Verdienst, Betteln und Stehlen den Bauch nicht mehr füllen wollen, oder die eingefleischte Wanderlust sie ergreift. Ihre Todten begraben sie bei Nacht, Niemand weiß, wohin. Daher zur Bezeichnung spurloser Vergänglichkeit die sprüchwörtliche Redensart: „Es ist damit ergangen, wie mit dem Begräbnißplatz der Kuraver und dem Tanzplatz der reisenden Mimiker.“

Kein Wunder wenn, bei solcher Lebensweise von Kind an, die Kuraver sich als ein sehr stumpfes und rohes Geschlecht zeigen. In einigen Abtheilungen dieses wanderlustigen Volkes, — das beiläufig die Regel unter sich hat, daß das Geschäft, was der Eine thut, der Andre nicht thun darf, — nimmt man keinen Anstand die eigne Frau dem Gläubiger zu verpfänden. Stirbt dieselbe auf dem Wege der Natur, so ist die Schuld getilgt, stirbt sie aber an harter Behandlung, so muß der Gläubiger entweder die Schuld erlassen oder dem Schuldner eine neue Hochzeit ausrichten. Bleibt die Frau bis zur Abzahlung der Schuld leben und hat sie dem Gläubiger unterdeß Kinder geboren, so behält dieser bei Zurückgabe der Frau die männlichen, nur die weiblichen folgen der Frau. Wie es bei so losen und rohen Verhältnissen um das Familien-Leben stehen müsse, bedarf keiner weitern Erörterung. Uebrigens aber schlichten sie ihre Familien-Streitigkeiten selbst. Die Verwandten machen dann die Schiedsrichter. Diese sitzen jedoch nicht umsonst zu Gerichte. Erst müssen der Verkläger sowohl als der Verklagte jeder fünf Fanam darlegen und außerdem eine gewisse Quantität berauschenden Getränkes herbeischaffen, indem die Kuraver mit trocknem Munde Recht zu sprechen nicht gewohnt sind. Ein solcher Proceß dehnt sich trotz des durch und durch mündlichen Verfahrens oft sehr in die Länge, und der „Kuraver Proceß" ist daher zum Sprüchwort geworden.

Auch die Uppukarer[192] (eigentlich Salzmacher), die, wie die Kuraver, Linke-Hand-Kaste sind, gehören wohl eigentlich zu dieser Familie. Ihr Wohnsitz ist der Wald. Sie handeln nämlich gegenwärtig besonders mit Holz, und besitzen zur Betreibung ihres Geschäftes Esel und Ochsen. Bestiehlt Einer den Andern, so versammeln sich die Verwandten, binden den Dieb, den Kopf zu unterst, prügeln ihn tüchtig ab, verurtheilen ihn zu einer Buße und stoßen ihn aus der Kaste. Will er nach einer bestimmten Zeit wieder aufgenommen werden, so muß er seinen Verwandten zu Füßen fallen und ein Strafgeld erlegen.

Von den Kurumber'n ist schon bei den Nilagiris die Rede gewesen (s. B. III. S. 303). Der Name leidet an einer gewissen Weitschichtigkeit. Mir wurden die Kurumber im Tamulenlande der Beschäftigung nach als hauptsächlich in drei Klassen zerfallend dargestellt. Die Einen hüten die Schafe, die Andern verfertigen Ziegel, noch Andere bauen ein Gewächs (Sadambu, oder Kadambu?), aus dessen Fasern sie Säcke, Beutel u. s. w. machen. Im Adi-Monat (Mitte Juli bis Mitte August), am 18. Tage, wo man die Schleusen öffnet und das Flußwasser in die Kanäle laufen läßt,[193] kommen sie von verschiedenen Orten zusammen und richten der Stammes-Gottheit ein Pongkel aus, d i. eine Art Speisopfer. Man sagt ihnen nach, daß sie dabei die Kokosnüsse an den Köpfen der Männer zerbrechen. Fast unglaublich. Minder unglaublich, aber nicht minder unschön ist der Segensspruch, den bei vorkommenden Hochzeiten die Frauen der Braut und dem Bräutigam vorsingen: Amma, gieb Wind, gieb Wind, gieb dem armen Bauche Wind! Ich weiß nicht, ob auch sie dazu blähende Sachen essen, wie jene Vanicher, von denen oben die Rede war (S. 170); die Scene aber, die dann erfolgt, ist so ziemlich dieselbe, und dabei beten sie zu ihrem Gotte.

Den Tomber'n, die sich den taschenspielerischen, athletischen und Seiltänzer-Künsten weihen, und Alles, was sie dadurch und durch andre unehrliche Handthierung erwerben, mit Weib und Kind zu vertrinken pflegen, so wie den Odder'n,[194] die zwar auch mit Weib und Kind trinken, sich aber mit stets gebeugtem Rücken, die schwere Erdhaue in der Hand, mit Teich- und Brunnen-Graben u. s. w. redlich plagen, widmen wir hier billig keine Details, da sie bis jetzt von der Mission so gut wie unberührt geblieben sind und auch sonst als Volkselemente aller Bedeutung entbehren. Wir übergehen aus demselben Grunde eine ganze Reihe andrer niedrer Kasten und gedenken nur kürzlich der Vannar[195] oder Wäscher, unter denen sich einige Christen befinden. Jede Kaste hat bekanntlich ihre eignen Wäscher, und derjenige, der für eine niedrigere Kaste zu waschen sich unterstände, würde damit alle Kundschaft in seiner Kaste verlieren. Wird nun ein Wäscher Christ, so läßt natürlich, außer Europäern und Pariahs, Niemand mehr bei ihm waschen. Damit wird einem Solchen der Uebertritt zum Christenthume von dieser Seite her erschwert.

Eine ähnliche Stellung haben die Ampadder[196] oder Barbiere, die zugleich den Arzt machen, während die Frauen Hebammendienst versehen. Da die Mädchen der Ampadder häufig Tempel-Dirnen, und die Knaben derselben Trommelschläger werden, so stehen sie auf der Stufenleiter des bürgerlichen Lebens noch tiefer.

Zwischen dem Saluppa Setti, der mit Salz handelt, und dem Vannan, die Beide zu ihrem Geschäfte des Esels bedürfen, scheint ein alter Vertrag statt zu finden. Das betreffende Wort im Südland lautet: „Hat der Wäscher ein weibliches Eselfüllen, so mag es der Saluppen ohne Streit und Hader nehmen; hat dagegen dieser einen männlichen Esel, so darf ihn der Vannan sich zueignen.“ Dabei kann man jedoch einander mit Geld abfinden. Unter den Salupper'n selbst, die besonders im Pandya-Reiche wohnen sollen, scheinen die Knaben in Bezug auf die Hütung der Esel eine Art Gemeingut zu bilden. Fragen wie die: Willst du nicht deinen Burschen meinen Esel hüten lassen? sind da an der Tagesordnung.

Diejenige Klasse, womit es die gegenwärtige Mission römischer- und protestantischerseits zumeist zu thun hat, sind die Pariahs.[197] Weil die Sudras zum Theil in die Rechte und Pflichten der Waisya's eintraten, so rückten hinwiederum die Pariahs an die Stelle, die Manu den Sudras zugedacht, und zwar insofern noch höher, als hier von einem irgendwie unfreien Dienstverhältniß von vorn herein auch nicht im Entferntesten die Rede ist. Daher, obschon zu den Untersten gehörig, haben sie doch im Tamulenlande eine gewisse bürgerliche Ehre. Ihr Ehrenname ist Petta Pillei („das Kind vom Hause“). Damit wird ihr Verhältniß zu den Sudra's angedeutet, das sich in jenem Ehrentitel allerdings etwas zärtlicher ausnimmt als in der Wirklichkeit. Zu dem Ehrentitel kommen dann noch achtzehn Ehrenzeichen, mit denen sie, falls es nicht an Lust und Mitteln dazu fehlt, bei festlichen Gelegenheiten paradiren dürfen, als z. B. ein weißer Schirm, ein weißer Wedel, ein großer Schirm, der zur Abhaltung der Sonnenstrahlen vorweg getragen wird, quer über die Straße gezogne Blumen-Guirlanden, über den Weg gebreitete Gewande, ein weißes Pferd, ein weißer Elephant, Palankin-Gefolge, allerhand musikalische Instrumente u. s. w.

Die Pariahs zerfallen in 13 Haupt-Abtheilungen, darunter die der Valluver die angesehenste ist.[198] Der Valluven nämlich macht unter den Pariahs den Guru und den Priester, und steht um so angesehner da, als die Ueberlieferung den Pflegevater des tamulischen Dichterfürsten, der „wie ein Aar im Flug All' überwindet", Tiruvalluver nämlich, dieser Abtheilung der Pariahs zuzählt. Er beschäftigt sich aber gewöhnlich auch mit der edlen Heilkunde, und Mancher genießt darin eines solchen Rufs, daß selbst Sudras zu ihm kommen und sich — allerdings über einem darübergewundenen dünnen Seidentuche — den Puls fühlen lassen.

Unter den niedrigsten Pariah-Klassen ist besonders die des Vettian zu nennen. Dieser versieht das Geschäft des Leichen-Verbrennens, macht den Nachtwächter, und trägt Trauer-Botschaften aus. Die Gemeine überläßt ihm für seine gemeinnützigen Dienstleistungen ein Stück Feld zur freien Benutzung, außerdem aber auch einen gewissen Antheil an der jährlichen Ernte.

Leider sind sehr viele Pariahs, oft nur in Folge kleiner Schulden, so gut wie in Hörigkeit versunken und hängen daher ganz von ihren Herren ab. Daraus erwächst denn, falls sie Christen werden wollen oder geworden sind, vielerlei Hinderniß und Noth. Fast trauriger noch ist in mancher Hinsicht das Loos derer, die auf eigne Hand sich mit Lasttragen u. s. w. durchbringen müssen. Denn während jene ihr karges, aber gewisses Brod genießen, und auch von dem rohesten Herrn aus selbstsüchtigen Rücksichten doch mindestens so gut wie ein kostbares Stück Vieh gehalten werden, müssen diese oft genug bittern Hunger leiden und zur Stillung desselben mit Krähen, Eichhörnchen u. s. w., oder gar mit Aas vorlieb nehmen, — und wenn sie dann wieder einmal etwas verdienen, so ist die Versuchung, welche die saure Arbeit des Lasttragens und das damit verbundne unstäte Wesen mit sich bringt, so groß, daß sie ihr bischen fliegende Habe sammt Verstand bei der ersten besten Gelegenheit vertrinken. Eine dritte Klasse hinwiederum drängt sich nach einem Dienst oder Dienstchen in europäischen Häusern und macht dort den Koch, den Pferdeknecht, den Gärtner u. s. w. Diese stehen sich verhältnißmäßig sehr gut, zumal kein Kastengesetz sie hindert, sich die Ueberbleibsel vom Tische des Herrn, oder gar die Vorräthe desselben zu nutze zu machen. Es ist wahr, die Pariahs, die auf diese Weise mit den Europäern in Berührung kommen, erscheinen viel reinlicher und manierlicher, gewitzigter und geweckter; allein das ist mit wenigen Ausnahmen auch Alles, — die Trinklust wird durch ihren Verkehr mit Europäern gewöhnlich nur größer, und die Kunst zu betrügen raffinirter. Dazu lernen sie allerlei europäische Bedürfnisse, der europäischen Laster zu geschweigen, kennen und schätzen, und da ihr Gehalt zur Befriedigung derselben nicht auslangen will, so ist das nur ein neuer Sporn, die vorhin erwähnte unselige Kunst noch weiter zu verfeinern. Einige fangen schon an, sich halb europäisch zu kleiden. Als ich mich in Madras aufhielt, erhielt einer der Pariahs in unserm Hause gar eine gedruckte Note, worin der „geehrte Herr" zu einer Hochzeit mit musikalischer Unterhaltung eingeladen wurde. Ueber derlei Dinge freut sich gar mancher unverständige Europäer, der europäische Cultur mit europäischem Christenthum verwechselt, statt darüber von ganzem Herzen zu trauern.

Noch tiefer als der Pariah steht der Pallen, der als Höriger Knechtsdienste verrichtet (S. 185); dann kommt der Sakkili, der als Schuhmacher mit dem unreinen Leder handthiert; die allertiefste Stellung hat der Totti, der gewisse Oertlichkeiten im Hause rein hält.

So viel über das Tamulenvolk in seinen verschiednen Abtheilungen. Der Raum gestattete mir aus dem überreichen Stoffe nur das Wichtigste und Interessanteste herauszugreifen und flüchtig zu skizziren. Ich füge bloß noch eine Bemerkung hinzu. Diejenigen Volksklassen, aus denen sich die Netze der protestantischen Missionen im Tamulenlande gegenwärtig am meisten füllen, — dafern sie sich überhaupt füllen, — sind die Pariah's und die Schanar's: zwei Volksklassen, davon die eine die höchste der allerniedrigsten, die andre aber die allerniedrigste der höhern Volksklassen darstellt.

Geistiger Zustand des Tamulenvolkes.

Es unterliegt kaum einem Zweifel, daß die arischen Ansiedler dem Volke der Tamulen den eigentlichen Cultur-Ackerbau, und mit der modificirten Einführung des arischen Staats-Gesetzes eine höhere bürgerliche Ordnung brachten, damit den Grund zu jener Gesittung legend, vermöge welcher das Tamulenvolk, — wie alle indischen Stämme, die sich der arischen Cultur ergaben, — unter die civilisirten Völker der Erde gerechnet werden muß.

Wir haben aber schon früher gesehen, daß der Brahmanismus mit seiner lichteren Religionslehre den finstern Dämonendienst der Urbevölkerung so wenig vollständig überwand, daß er nur die scheußlichsten Ausbrüche desselben, die mit der Verehrung der finstern Gottheiten verbundenen Menschenopfer, zum Theil abstellte, im Uebrigen aber selbst eine Art Verbindung mit demselben einging. Auch besaß er bei seiner brahminischen Geheimthuerei keineswegs das rechte Geschick, eine Volksliteratur hervorzurufen. Dies war, wie es scheint, dem Buddhaismus, der bekanntlich viele Jahrhunderte hindurch von den bedeutendsten Höfen im Tamulenlande gehegt und begünstigt wurde, so wie dem ihm verwandten Djainathum vorbehalten. Dieser Buddha-Djaina-Richtung, welche die Veda's als bindende Autorität verwarf, den Brahminenstand geißelte, und mit Aufhebung alles Kasten-Unterschiedes in religiösen Dingen die Lehre frei gab, mußte es vor allem daran liegen, statt des gelehrten Sanscrit die tamulische Volkssprache selbst zu einem angemessenen Träger ihrer reformatorischen Ideen zu machen. Wir finden demgemäß, daß grade die besten grammatischen und lexicographischen Werke im Tamulischen Buddhisten oder Djaina's zu Verfassern haben. Die übrigen Schriften derselben sind zwar nach Vertreibung der Buddhisten von den Brahminen möglichst vertilgt worden, doch ist ihnen der Vertilgungskrieg gegen das buddhistische[199] Schriftenthum nicht ganz so vollständig gelungen, als gegen die buddhistischen Bauwerke: denn während ich nur einem einzigen buddhistischen Bautrümmer von Bedeutung bei Nagapatnam begegnet bin, kenne ich mehrere bedeutende Schriftwerke, die offenbar buddhistisches Gepräge tragen. Die steinernen Monumente der Buddhisten konnte der Glaubens-Eifer der Brahminen in Trümmer legen, den Geist des Buddhaismus in seinen Schrift-Monumenten hat er nichts weniger als übermocht. Die von einem Buddhisten verfaßte Nannul[200] ist noch stets der große grammatische Compaß auf dem „Oceane" der Tamulsprache; die von Buddhisten verfaßten Wörterbücher des Senthen[201] und des Mandala Purushen[202] liegen als die lexicographischen Haupt-Schlüssel zu den schwer sich öffnenden Pforten der alterthümlichen Hoch-Tamul-Literatur allen neuern Werken der Art zugrunde;[203] der Kural, ein in sich wunderbar abgerundetes Werk von buddhistischer Färbung, ist noch stets das unübertroffene und zuweilen fast an griechische Vollendung hinanragende, von Allen bewunderte und in Vieler Munde lebende Muster eines keuschen Stils; ja selbst einige der wichtigsten Schulbüchlein von noch immer allgemeinem

Gebrauch selbst in den orthodoxesten Schulen rühren von buddhistisch gesinnten Verfassern her. Die beste Seite der tamulischen Literatur aber ist offenbar die moralisch-sententiöse, und dieser Zweig des tamulischen Schriftenthums giebt sich fast durchweg als unmittelbares Erzeugniß der buddhistischen Richtung zu erkennen.

Es ist schon von Burnouf in seiner Introduction à l'histoire du Bouddhism hervorgehoben worden, daß der eigentliche Berührungspunkt zwischen Sivaismus und Buddhaismus in der freieignen Selbstvergötterung kraft der Askese liegt. Es läßt sich nicht behaupten, daß die Askese dem Sivaismus erst von Seiten des Buddhaismus zugekommen sei, sie ist ja allzumal älter, als der Buddhaismus selbst; das aber läßt sich wohl nicht bezweifeln, daß, seitdem der Buddhaismus allem äußern Ceremonienwesen den Krieg ankündigte, und die selbstbeschauliche Askese als den einzigen Heilsweg geltend machte, dieß nicht ohne einen verstärkenden Einfluß auf die asketischen Elemente im Sivaismus bleiben konnte, sondern dieselben zur entschiednen Richtung ausbilden helfen mußte. Diesem Einflusse des Buddhaismus auf den umgebenden Sivaismus möchte es daher besonders zuzuschreiben sein, daß auch der letztere seine Heiligen und seine Heiligen-Legenden hat, die in dem sogenannten „großen Purana" zusammengefaßt worden sind. Jedenfalls fällt die Abfassung jenes Werkes in die nach-buddhistische Zeit, wie denn überhaupt die Blüthe der sivaitischen Literatur unter den Tamulen erst von dem Zeitalter des Manika Vasacher, des berühmten sivaitischen Vorkämpfers den Buddhisten gegenüber, an zu datiren scheint. Offenbar hatte der Buddhaismus, wie er der asketischen Richtung des Sivaismus nach dem Gesetze der Gleichartigkeit Nahrung gab, auf dem Wege des Gegensatzes zugleich auch Oel auf die Flamme des Eifers um Siva und seine Heiligthümer gegossen.

Eine ähnliche Wirkung übte an ihrem Theil die unduldsame Regierung der Muselmänner, von deren Pest das Tamulenland nicht ganz verschont geblieben. Daneben bildete sich natürlicher Weise vorzüglich ein Knechtsinn mit aus, der, wie bei allen Hindus, die unter dem Druck derselben geseufzt haben, so auch bei den Tamulen im Ganzen und Großen sich kund thut. Ich kann mich nicht enthalten, hier ein ziemlich erheiterndes Beispiel knechtischer Gefügigkeit mitzutheilen. Als der Bischof Spencer auf einer Visitations-Reise in Tinnevelly einen falschen Weg einschlug, lenkte gleich auch sein Führer, der ein wenig voran war, in die von Seiner Lordschaft betretne Straße ein. Lange nachher frug der Bischof, ob sie auch recht gingen; da hörte er zu seinem Erstaunen das Gegentheil, und als er nun den Führer darüber zur Rede setzte, so antwortete dieser: Da Eure Lordschaft diese Straße wählten, so kam es mir nicht zu, Ihnen darin zu widersprechen.

Die britische Regierung der Gegenwart übrigens, die in der That mehr als tolerant ist, wirkt eher umgekehrt; die liberale Behandlung, die sie ihren indischen Unterthanen angedeihen läßt, erzeugt bei dem einmal vorhandenen Knechtsinn leicht eine gewisse Unverschämtheit; und die Schulanstalten der Regierung, die den Kopf füllen und das Herz leer lassen, befördern zum Theil religiöse Gleichgültigkeit und sogar Freigeisterei. Im Uebrigen trägt die englische Regierung dazu bei, die alten Kasten-Bande, die schon das buddhistische System gelockert hatte, noch mehr zu lockern, und zwar hauptsächlich in Folge des Umstandes, daß die im Lande befindlichen Europäer die Dienstleistungen der niedern Kasten nicht entbehren können und diese dadurch in ihrer bürgerlichen Stellung allmählig gehoben werden. Vor Zeiten war es, — wie ich aus gewissen Tamul-Werken entnehmen zu können glaube, — Gesetz, daß die Pariah's nur zur Mittagszeit (wo der Hitze wegen die Straßen ziemlich leer sind) aus ihren benachbarten Ortschaften in die Stadt herein durften. Der englische Herr kehrt sich natürlich an ein solches Gesetz nicht, und die ihn etwa begleitenden Pariah-Diener theilen die von ihm in Anspruch genommene Freiheit. So ist denn jenes Gesetz allenthalben, wo Europäer in größerer Menge schon seit länger hausen und schalten, längst verschollen. Auch die Muselmänner, die in gleicher Lage waren und außerdem eine große Anzahl Bekehrter aus den untersten Klassen zogen, trugen zur Lockerung der Kaste das ihrige bei; eben so die römischen und protestantischen Missionare, insofern ihre Missionsthätigkeit hauptsächlich den niedern Kasten gewidmet war und ist, und diese durch Annahme des Christenthums in ihrer bürgerlichen Stellung nicht verlieren, sondern gewinnen.

So weit der geschichtliche Abriß, der zum Verständniß der Gegenwart dienen soll. Ich will nun versuchen den Geist des Tamulvolks mit Wenigem zu zeichnen.

Natürlich findet sich auch bei den brahmanisirten Tamulen das Gesammtgepräge aller Bewohner dieses durch die Natur selbst gleichenlos in sich selbst abgeschlossenen Landes. Denn obschon ursprünglich aus verschiedenen Nationalitäten gesammelt, in verschiedentlich geartete Länder vertheilt und von dem Brahmanismus in verschiednem Grade beeinflußt, bilden die Hindus doch in gewisser Hinsicht Ein Ganzes, und zwar in Folge der allenthalben im Ganzen gleichen Natur, der allenthalben im Ganzen gleichen Verfassung, der allenthalben im Ganzen gleichen geschichtlichen Verhältnisse.

Liebe zur Ruhe ist auch bei den Tamulen die hervorstechende Geistesrichtung, und diese offenbart sich in der Literatur als entschiedne Vorliebe zur Beschreibung statt Erzählung, im Leben bei den ungebildeten Klassen als träges Hinbrüten, und bei dem Gebildeten als Liebe zu beschaulichem Wesen, — unter hindernden Umständen als Geduld, und in Widerwärtigkeiten, wo das Selbst nicht besonders betheiligt ist, als Gleichgültigkeit. Obgleich es mithin an der rechten Energie bedeutend fehlt, so würde man sich doch sehr irren, wenn man sie ihnen ganz und gar absprechen wollte. Wo ein „Muß" dahinter ist, können sie selbst eine erstaunliche Energie entwickeln, — es mangelt ihr nur die rechte Freiheit der Selbstbestimmung, sie will abgenöthigt und überwacht sein, sie ist mehr leidender als thätiger Art. Wie das Tamulenland durch sein heißes Klima die Erschlaffung in einem besonders hohen Grade fördern mußte, so gab es andrerseits durch die Beschaffenheit seines Bodens der menschlichen Thätigkeit einen so mächtigen Anstoß, daß man wohl sagen kann, die eine Einwirkung habe der andern die Wage gehalten. Freilich bietet das Cavery-Delta mit seinen üppigen Feldern, Gärten und Hainen gegenwärtig den Anblick einer Fruchtbarkeit, die kaum überboten werden kann; aber was für Arbeit wird es auch gebraucht haben, ehe die beiden Flußarme, die es umspannt halten, gegen einander abgedämmt und über das dazwischen liegende Land ausgezweigt wurden! Und was hat es anderwärts in Gegenden, denen kein in den Westghats entspringender Fluß einen Theil des malabarischen Monsumsegens alljährlich zuführt, für Schweißtropfen gekostet, ehe der dichte Urwald gelichtet und durch künstliche Teiche und Seen Oasen in der Wüste hervorgezaubert wurden.

Wie aber die alte Betriebsamkeit bedeutend abgenommen hat, so ist auch der kriegerische Muth, der sonst dem Volke zum großen Theile muß eigen gewesen sein, fast ganz geschwunden. Ich sage, „muß eigen gewesen sein,“ denn woher wären sonst gewisse, fast klassisch-schöne Kriegs-Poesien[204] gekommen, die nach des Tiruvalluver großem Sentenzgedicht mit als die schönsten Perlen in dem Kranze der tamulischen Literatur strahlen? Poesie ist doch eben nicht bloß „Traum und Gedicht,“ sondern vielmehr Nachhall der Wirklichkeit, und wenn es in den Liedern eines Volkes von Schwertern klirrt und von Pfeilen schwirrt, von Muth haucht und von Blut raucht, — wie das hier der Fall ist, — so muß dem doch zu irgend einer Zeit eine Lebensrichtung irgendwie entsprochen haben.

Wie aber Klima und Natur des Bodens auf der einen Seite zur Ruhe neigte, auf der andern zur Thätigkeit spornte, so gab Beides hier wie anderwärts der Phantasie jene maßlose Richtung, die, wo immer ein Anklang an klassisches Ebenmaß in Kunst und Literatur sich einstellt, uns meist wieder sogleich daran erinnert, daß wir es nur mit einem Halbbruder des griechischen Genius zu thun haben. Hier wo die Baniane ihre unzähligen Luftwurzeln zur Erde senkt und daraus allmählig einen kleinen Wald um sich her bildet, hier wo der Elephant, den die dichterische Sprache gradezu „Berg" nennt, die Urwälder auf seinen Wegen niedertritt, hier wo der jährliche Monsum das Land in einen See verwandelt; hier wo die Natur selbst alles Maaß überschreitet und den Menschen in ihre Riesengröße gewissermaßen verschlingt; hier konnte die Phantasie, weit hinaus über die Schranken der Schönheit, ins Ungemeßne hineinschweifend, nicht recht zur nüchternen Besinnung kommen. Die tamulische Poesie, der neuern Zeit wenigstens, im Allgemeinen häuft Bild auf Bild; Alles wird mit Allem verglichen; je bunter, desto besser, je überschwenglicher, desto lieber, je gesuchter desto bewunderter: da muß die bekannte Heldin des sanscritischen Romans „Nala und Damayanti", der als ein ächter Edelstein von dem reinsten Wasser klassischer Schönheit strahlt, — diese „Goldpuppe", dieser „Blumenbogen Amors u. s. w." — in so heißer Liebe entbrennen, daß das kühle Wasser, darin sie badet, flugs aufzusprudeln anfängt.[205] Die keusche einfache Sprache der heiligen Schrift will daher dem Tamulen wie den meisten andern Hindu's erst gar nicht recht munden.

Wie aber die indische Natur neben ihrer Großartigkeit eine auffallende Regelmäßigkeit zeigt, so geht auch neben der ausschweifenden Phantasie eine Alles klassificirende Verstandesthätigkeit her. Man kann sich kaum einen Gegenstand denken, den die Tamulen nicht in Zahlen gefaßt hätten. Da giebt es so und so viel Arten Geschmäcke, so und so viel Neigungen, so und so viel Krankheiten, so und so viel Arten von Liebe, so und so viel poetische Weisen, seine Liebe auszudrücken u. s. w. u. s. w. Die poetischsten Anschauungen werden fast zu Rechen-Exempeln. Dieser Alles klassificirende und systematisirende Verstand ist aber zugleich ein haarspaltender. Ich wenigstens kenne keine andre Sprache, die z. B. der grammatischen Unterscheidungen so feine und so viele besäße. Der gefeierte Sänger des tamulischen Ramayanam, Kamben, hörte eines Abends einen Brunnentreter singen:

„Auf des Bambu-Blattes Spitze schlief . . . .“

Hier brach der Sänger ab, weil er für diesen Tag seine Eimer-Zahl voll hatte. Kamben, der wohl wußte, daß diese Art Leute (die hier zur leichtern Zählung der gefüllten Eimer stets eine gewisse Anzahl an einander gereihter Strophen mechanisch absingen) den nächsten Tag da fortfahren, wo sie Tags zuvor stehen geblieben, dachte bei sich selbst: Ich muß mich morgen jedenfalls wieder einfinden, um zu hören was doch in aller Welt auf dem feinen Spitzchen des Bambu-Blattes zu schlafen im Stande gewesen. Der Brunnentreter fuhr zum Entzücken des Dichters fort: „ein Thautropfen.“ Aehnlich ist es mir oft mit der hochtamulischen Grammatik ergangen. Wenn ich glaubte, nun ist die Unterscheidung so spitz geworden, daß darauf nichts weiter Platz hat: der Commentator oder der Commentator des Commentators wußte seinen logischen Thautropfen doch noch daran zu hängen. Natürlich geht jene ausschweifende Phantasie und dieser haarspaltende Verstand nicht bloß so neben einander her, es findet vielmehr eine gegenseitige Durchdringung statt, der Verstand wird phantastisch und die Phantasie verstandesmäßig. Und wie man bald mit dem phantastischsten, und bald mit dem verstandesmäßigsten Volke zu thun zu haben glaubt, so scheint es Einem jetzt, als hätte die Tamul-Sprache eine unvergleichliche Anlage zur Poesie, und jetzt wieder als wäre sie die allerlogischste Sprache der Welt. In der That ein wundervolles, wenn auch nicht so leicht zu bewältigendes Werkzeug in der Hand des begabten Missionars.

Keine Geisteskraft wird von den Tamulen (wie mehr oder minder von allen Hindu's) so ausgebildet, wie das Gedächtniß. Diejenigen, die einen guten Schulunterricht genossen haben, wissen in der Regel nicht bloß die verschiednen Bedeutungen jedes einzelnen Wortes, sondern auch die verschiedenen Benennungen jedes einzelnen Gegenstandes in der Poesie an den Fingern und wie im Traume herzuzählen. Dabei kommt freilich das Selbstdenken meist viel zu kurz. Es giebt nicht leicht schlechtere Ausleger, als hier zu Lande; man folgt eben der gangbaren mündlichen Ueberlieferung oder dem Commentar; wo Beides fehlt, beruhigt man sich leicht mit der ersten besten Erklärung, wobei sehr häufig weder Sinn noch Grammatik zurecht kommen.

Das Gefühls-Vermögen hat im Allgemeinen keine besondre Stärke. Haben sie doch nicht einmal ein ursprüngliches Wort für „Thräne;“ sie nennen die Thräne prosaisch genug „Augen-Wasser.“ Doch haben sie einen Schriftsteller, der namentlich wegen seiner hinschmelzenden Gefühligkeit berühmt ist. Dieß ist jener sivaitische Erzfeind der Buddhisten, — Manika Vasacher, — dessen Gedichte von überschwenglichem Liebes-Gefühl gegen den mondlockigen Gott erglühen. Ein erstaunlicher Fluß der Empfindungen und der Sprache bezeichnet namentlich seine Hymnen, und es geht in Bezug darauf die sprüchwörtliche Redens-Art: Wer an den Dichtungen des Manika Vasacher nicht hinschmilzt, den kann kein Gedicht hinschmelzen.

Man hat viel Aufhebens von dem religiösen Sinn der Hindus gemacht. Ein tamulisches Sprüchwort sagt freilich: „An einem tempellosen Orte wohne nicht!“ und allerdings, der Tamule, wie der Hindu im Allgemeinen, „steht religiöser Weise auf, wäscht sich religiöser Weise, salbt sich religiöser Weise, kleidet sich religiöser Weise, sitzt religiöser Weise, steht religiöser Weise, ißt, trinkt und schläft religiöser Weise, studirt oder bleibt religiöser Weise unwissend und wird selbst religiöser Weise irreligiös." Allein das ist meist auch Alles. Immerhin liegt diesem mechanischen Außenwerk ein gewisser religiöser Zug zu Grunde, der dem Missionar bei seiner Arbeit an ihnen von Einer Seite her zu gute kommt. Schade nur, daß alle Religiosität in Ceremonie fast aufgeht und wo sie wirklich den Willen ergreift und fest hält, sich oft in scheußlicher Selbstpeinigung und in einer nichts weniger als religiösen Selbstgerechtigkeit und Selbstvergötterung offenbart.

An Vaterlandsliebe in unserm Sinne ist natürlich nicht zu denken. Die Kaste mit ihren unzähligen Unterabtheilungen zerklüftet die Volks-Gemeinde in eben so viele kleine Ganze, als es Familien giebt. Familienliebe tritt daher an die Stelle der Vaterlandsliebe, für die Begriff und Bezeichnung fehlt. In dieser Zersplitterung der Interessen durch die Kasten-Zerklüftung liegt die Hauptstärke der Britischen, wie jeder andern Fremdherrschaft. Ein allgemeiner Vertheidigungs-Krieg ist eine Sache der Unmöglichkeit, so lange nicht alle Volks-Klassen gleich harten Druck erfahren. Es liegt hier eben vor mir ein Aufruf zu einem sogenannten Mahanadu (einer Art mehr passiven Volksaufstandes, wobei Läden und Werkstätten geschlossen werden), den die Vier-Veda-Gesellschaft zu Madras im Sept. 1846 zu erlassen sich erkühnte. „Alle Kasten, mit Ausschluß nur der Hinduchristen, sollten sich an einem gewissen Tage in der Nähe der Hauptstadt sammeln und von der englischen Regierung Schutz gegen die Ungerechtigkeiten der Missionare und gewisser englischer Beamten fordern; Diejenigen aber, die sich der Entfernung wegen an dem Zuzug nicht betheiligen könnten, möchten doch ja Materialien zur Beschwerdeführung beitragen." Trotz aller Prahlerei, daß dieß Mahanadu alle je dagewesenen weit übertreffen sollte, und trotz aller Ermahnung zu einhelligem Zusammenwirken der „sechs Secten", ist doch auch aus diesem kreisenden Berge nur eine „Maus heraus" gekommen.

Je weniger das Vaterland bindet, um so fester hält, wie schon angedeutet, in der Regel die Familie zusammen. Es versteht sich bei den Tamulen fast von selbst, daß z. B. der Bruder des Bruders Schulden deckt. Leider ist die Liebe der Aeltern zu den Kindern oft nichts weiter als eine Affenliebe und man kann sich daher nicht wundern, wenn die Liebe der Kinder zu den Aeltern nicht gleichen Schritt hält. Uebrigens erstreckt sich die Familienliebe über die ganze Verwandtschaft. „Der Luftwurzel der Baniane gleich, seine Verwandten zu stützen, ist die Pflicht der Großherzigen.“ An der Grenze der Verwandtschaft aber findet auch die allgemeine Liebe fast immer ihre Schranke.

Obschon ein tamulisches Sprüchwort sagt: „Das Weib ist eine Fuß-Fessel, das Kind ist eine Mund-Fessel“ so ist doch der junge Tamule förmlich erpicht darauf, sich diese Doppel-Fessel anlegen zu lassen, und die junge Tamulin, der die tamulische Poesie die prächtigsten und süßesten Namen, als „Schlingpflanze, Pfau“ u. s. w. beilegt, deren Reize aber zu der Zeit, wo sie in Europa erst aufzublühen anfangen, meist schon hingewelkt sind, ist fast noch eifriger darauf aus, irgend einen jungen Mann in jene Fesseln zu schmieden. Giebt es doch für ein hiesiges Mädchen kein größeres Unglück als das, unverheirathet zu bleiben. Daher denn die unbeschreibliche Aengstlichkeit der Aeltern, für die heranwachsende Tochter einen Mann ausfindig zu machen, und sie so gegen Schmach, Elend und Versuchung aller Art zu sichern. Diese Sorge um die Zukunft der Tochter fängt mit der Geburt derselben an, und wenn sie nicht mindestens im 12. Lebensjahre derselben erledigt ist, so giebt man sich schon der Hoffnungslosigkeit hin. Ein Sprüchwort sagt sogar: „Ist ein Mädchen über die Zehn, so werfe man sie nur dem ersten besten Pariah zu!“ Ich kannte selbst einen sonst recht ehrenhaften tamulischen Vater, den seine kaum heirathsfähige Tochter um einen Mann fast zu Tode plagte. Zweimal machte er sich auf die Reise zu weitentfernten Verwandten, um einen jungen Mann von etwas geringerer Herkunft für seine Tochter zu gewinnen; zweimal kehrte er nach Verlauf mehrerer Monate unverrichteter Sache zurück.

Sehr oft fehlt es den jungen Leuten, die zur Heirath schreiten, auch an Allem und Jedem, sich selbst, geschweige denn eine Familie, nur einigermaßen ordentlich durchzubringen. Gleichviel, die Verheirathung ist Selbstzweck, und die Stiftung einer Ehe gehört gar zu den guten Werken. Sie muß daher möglichst frühzeitig vollzogen werden; die Schwiegerältern mögen einstweilen das junge Paar behausen, kleiden und nähren. Kein Wunder, wenn in Folge solcher blinden Heirathslust ein leidliches häusliches Glück zu den Seltenheiten gehört, und Häuser, wo die Frau nicht von Zeit zu Zeit eine Tracht Schläge bekömmt, auch ziemlich rar sind. Das Elend, in das man sich unbedachter Weise stürzt, macht mißmuthig, der Mißmuth reizt zu Zank, der Zank führt zu Thätlichkeiten, und die geschlagene Frau flüchtet sich in das Haus ihrer Aeltern. Dieß ist leider nur allzuoft der Gang der Dinge. Der tamulische Dichter freilich singt so schön wie einer von der ehelichen Einheit:[206]

„Für Ein Leben hast du sie zu halten. Leute von oberflächlichem Verstande sprechen bei ehelich Verbundenen von zwei Leben. Dem, der in der Schlacht eine giftige Lanze führte, und ihr, die scheinende Spangen trug, ist das Leben zugleich ausgegangen.“

Das leider zu allgemeine Familien-Elend wird durch eine unglaubliche Liebe zum Pomp noch vermehrt. Was kostet nicht allein eine Hochzeit! Selbst der Bräutigam muß, mit Juwelen überladen, daherprunken; für tausend Rupis sollte er wohl an sich haben; man borgt sie eben, wenn man sie nicht zu eigen besitzt. Rauschende Musik, brillante Feuerwerke und prächtige Aufzüge dürfen auch nicht fehlen. Eine Sudra-Hochzeit, die nicht mindestens ein paar hundert Rupis kostet, gilt kaum für recht anständig, und es geht das Sprüchwort, daß in einem Hause, wo Hochzeit gewesen, ein halb Jahr danach gehungert wird. So fangen denn die meisten Familien gleich mit Schulden an, die sie vielleicht nie abzutragen im Stande sind und für die sie mindestens zwölf Procent Zinsen zu zahlen haben.

Wenn Geduld und Genügsamkeit, Höflichkeit und Unterwürfigkeit die schönsten Charakter-Züge des Tamulen sind, so erscheinen Lüge und Wollust als die häßlichsten. Von dem Umfang und von der systematischen Verfeinerung dieser beiden Laster hat man kaum eine Vorstellung. Das letztere ist förmlich zur Wissenschaft ausgebildet, und das erstere wird von Kindesbeinen an praktisch geübt; sobald das Kind sprechen lernt, lernt es auch lügen. Die Unwahrhaftigkeit zieht sich wie Ein großer schwarzer Schatten durch all ihr Denken, Reden und Handeln, und es giebt in der That blutwenig Beispiele von Leuten, deren offenes freies Wesen an europäische Ehrlichkeit erinnert. Selbst der edle Tiruvalluver, unter dessen Sentenzen sich die allerköstlichsten Perlen finden, gestattet unter Umständen krumme Reden; und seine nicht minder gefeierte Schwester, die Verfasserin eines noch vielgebrauchten Schulbuchs, giebt den Rath: Wie das gutterale N (dessen vielfachgewundne Gestalt ein treues Conterfey der windungsreichen List ist) winde Dich! Wurde doch die Lüge, wie die Tamulen sagen, gradezu „in des Dichters Munde geboren." Diejenigen, die sich grober Lügen zu enthalten gewöhnt sind, werden sich doch meist in den Netzen der feinen Lüge mit verstrickt finden, — jener Unwahrhaftigkeit, die, wenn sie auch die Wahrheit redet, dieselbe doch nicht grade heraus sagt, sondern sie wie verbotne Waare auf großen Umwegen und durch die Hinterthür herein an den Mann bringt, selbst wenn die zu sagende Wahrheit in keiner Weise etwas Bittres in sich schließt. Sie halten große Stücke auf diese Kurippu d. i. andeutende, indirecte oder verblümte Redeweise. Als ich einst einen jungen Tamul-Gelehrten frug, „was versteht ihr nun eigentlich unter Kurippu?" so gab er mir folgende charakteristische Erklärung. Ein Hausherr will morgen etwa da oder dorthin gehen; so bricht er den Tag zuvor eine Gelegenheit vom Zaune und streicht die Annehmlichkeit des Ortes heraus, wohin er nächsten Tages zu gehen gedenkt. Des andern Tags macht er sich dann stillschweigend auf, und erst wenn ihn die Hausgenossen vermissen, denken sie: Ha ha, er sagte gestern so und so, er wird wahrscheinlich dort hingegangen sein. Dieß also ein Beispiel tamulischer „Blume.“ Wunderbar ist es nur, daß, obschon im Allgemeinen hier Jedermann sehr wohl weiß, daß Niemand leicht die helle volle Wahrheit oder wie sich die Tamulen ausdrücken, „die wirkliche Wahrheit“ sagt, sie doch so überaus geneigt sind, sich einander zu glauben. Es ist als wenn Unwahrhaftigkeit und Leichtgläubigkeit sich einander die Waage hielten.

Ich kann nicht umhin, hier gleich ein Beispiel in Bezug auf den letztern Punkt beizufügen. Die Heiden lassen es sich nicht nehmen, daß die englischen Ingenieurs auf „lebende Yogi's aus uralter Zeit“ mitten im Schooße der Erde stießen, und auch der Hindu-Christ, der es mir erzählte, und der beiläufig zu den wissenschaftlich Gebildetsten seiner Gattung gehört, schien diesem Mährchen Glauben zu schenken gar nicht abgeneigt.

„Wo Jeder sich als einen Schelmen“ (zwar nicht „giebt“, aber doch) weiß „und seines Gleichen auch für Schelmen nimmt“ — möchte ich fast sagen —: da kann es natürlich nicht auffallen, wenn man sich trotz angeborner Leichtgläubigkeit doch fein vorsieht in allen ernsten d. i. in allen das Selbstinteresse berührenden Fällen. „Willst du das thun?“ Ja. „Ist es auch wahr?“ Ja. „Nun so schwöre mir bei dem Haupte deines Vaters oder Kindes!“

Mit der Unwahrhaftigkeit steht natürlich die Schlauheit in der engsten Verbindung. Sie haben ein sehr charakteristisches Sprüchwort zur Bezeichnung Jemandes, der es an Pfiffigkeit allen Andern zuvorthut. „Wenn alle Andern sich unter einer Kinder-Matte verkriechen, so verkriecht sich der unter Figuren (wie sie zu einer gewissen Zeit des Jahres von den Hausfrauen der Zierde halber vor den Hausthüren hingemalt werden.)" Das Sprüchwort zeigt jedenfalls, daß es den Tamulen an Neigung und Anlage zur Verschlagenheit nicht fehle, und wer nur irgendwie in Lebens-Berührung mit denselben gekommen ist und des psychologischen Blicks nicht ganz entbehrt, der wird leider nur zu oft Gelegenheit gehabt haben, sich mit Schmerzen praktisch davon zu überzeugen. Europäer vollends, wenn sie nicht sehr auf ihrer Hut sind, werden in die Fäden der List, die wie die Fäden des sogenannten Alten-Weiber-Sommers allenthalben umherweben, so wohl eingesponnen, daß sie es zuletzt gar nicht mehr merken.

Der tamulische Volks-Geist, obgleich den Hauptzügen nach allenthalben derselbe, zeigt sich doch natürlicher Weise in den verschiedenen Volksklassen in etwas verschiedener Gestalt. Bei den Brahminen finden wir im Ganzen genommen die größte Masse der Intelligenz vor, denn obschon „in dem Schulwesen keine Kaste gilt," so haben die Brahminen doch vorzugsweise Veranlassung und Gelegenheit etwas Ordentliches zu lernen, und die von Hause aus reichere Befähigung des arischen Stammes kommt ihnen meist ebenfalls zu gute. Die britische Regierung hat denn auch mit Rücksicht auf die größeren Fähigkeiten des brahminischen Stammes von vornherein ihre Unterbeamten hauptsächlich aus dessen Mitte gewählt, und so ist denn der „milde Despotismus der väterlichen Regierung" im Innern des Landes fast zu einer brahminischen Oligarchie geworden. Das Hindu-Chronicle, das hier in Madras von einem eingebornen Christen redigirt wird, kennt einen großen Distrikt, der in nicht weniger als zwanzig Taluks zerfällt, an deren Spitze fast nichts als Brahminen stehen. Die englischen Beamten selbst, die zu selten die Sprache des Landes ordentlich zu lernen sich die Mühe nehmen, werden natürlich meist von ihnen beherrscht, und diese Herrschaft ist um so sicherer, als die Brahminen den Einfluß, den sie üben, schlau genug zu verbergen wissen. Sie sind vornehmlich die Leute, die „während sich Andre unter Kinder-Matten verkriechen, sich unter gemalte Figuren verstecken." Die Fälscher aller Art in den Landesgefängnissen sind meist Zweigeborne.

Die Sudras, die den Brahminen an Bildung nacheifern und hier und da selbst den Rang ablaufen, stellen im Allgemeinen den sittlichen Kern des Volkes dar. Hier im Ganzen die ehrenhafteste Gesinnung, hier die gediegenste Betriebsamkeit, hier der solideste Wohlstand. Es fehlt selbst nicht an gelehrten Leuten unter ihnen.

Von den Sudras zu den Pariahs herabsteigend, stößt man offenbar auf einen gewaltigen Absatz. Ein geistig und sittlich ganz und gar verkommnes Völklein! Man weiß oft nicht, soll man sich mehr über ihren bodenlosen Stumpfsinn, oder mehr über ihre sittliche Haltlosigkeit wundern und betrüben. Unter ihnen blühet das Laster der Trunkenheit in hohem Grade und heimliche Sünden, für die es unseren Sprachen an Worten fehlt, gehen unter ihnen im Schwange. Essen, Kochen und Schlafen rechnet man hier zu Lande für drei besondre Seligkeiten; die Pariahs hauptsächlich wissen sie zu schätzen. „Für einen spannelangen Pariah gehört ein ellenlanger Stock" sagt das im Allgemeinen nur allzuwahre Sprüchwort. Erwirbt er sich aber, etwa als Diener in einem europäischen Hause, einiges Vermögen, so kann sich ein Frosch nicht ärger aufblasen; er paradirt dann wohl mit dem Sonnenschirme umher, auch wenn keine Sonne scheint. Die allergefährlichsten aber sind diejenigen, die ihre schwarzen Beine in europäische Beinkleider stecken und auf das buschige Haupt einen europäischen Hut setzen, um damit für Halbeuropäer zu passiren. Hunc cave, Romane. Glücklicherweise giebt es aber doch auch unter den Pariahs ehrenvolle Ausnahmen.

Der anglikanische Missionar Bilderbeck in Madras sagt in einem seiner Berichte vom Jahre 1852: „Der vorherrschende Wunsch (der Eingebornen) scheint jetzt darauf hinaus zu gehen, daß man sich allmählig ganz nach den Sitten und Bräuchen einer Nation (der englischen nämlich) richte, „die Gott fürchtet und Recht thut," und deren Religion, Gesetze und Einrichtungen man eben jetzt erst schätzen lernt. Es ist wahr, sie werden vielleicht (!) nie im Stande sein, ein Volk zu überholen, das ihnen in jeder Weise so weit voraus ist; aber sie scheinen in der That entschlossen, jenem Volke „hart auf den Fersen" nachzufolgen (?); schon wetteifern sie in ihrer Tracht mit einander, wer von ihnen am meisten wie ein Engländer aussehe (!). Die ärmern Klassen auf der andern Seite, bis zu den Pferdeknechten, Grasschneidern und Taglöhnern auf der Landstraße nach dem Thomasberge, sind jetzt bei weitem aufgeklärter. Sie überzeugen sich täglich mehr von dem Irrthum, der Unwissenheit und der Herabwürdigung, darin man sie bisher gehalten hat, und wachsen so weit an Einsicht und Erkenntniß, daß sie über ihren frühern Aberglauben zu lachen und die höhern Ansprüche der Brahminen in Frage zu ziehen bereit sind. So wird denn von allen Seiten ein Druck auf das Volkssystem geübt, der die fernere Existenz desselben bedroht. Fallen muß es zuletzt; denn wer bist du, o großer Berg? Vor Serubabel sollst du zur Ebne werden. Groß ist die Wahrheit, und sie muß zuletzt auch siegen." Nun wir können uns weder über die in englischer Tracht wetteifernden Dandy's, noch auch über die „aufgeklärten" Pferdeknechte, Grasschneider und Taglöhner schlechthin freuen. Daß die Letzteren über ihren heidnischen Aberglauben zu lachen anfangen, der doch immerhin ein Körnlein Wahrheit, wenn auch unter einem großen Haufen von Spreu, in sich birgt, bringt sie dem Christenthume wesentlich nicht um ein Haar breit näher, und wenn sie die stolzen Ansprüche der Brahminen in Frage ziehen, so mögen sie wohl zusehen, daß ihr eignes Herz sich nicht in leerem Pariahdünkel noch unleidlicher blähe, als das Herz jener in ihrem, wenigstens ethnologisch und geschichtlich einigermaßen begründeten Brahminen-Hochmuth.

Wie die Kaste, so macht auch das Geschlecht einen bedeutenden Unterschied. Obschon die Schwester des Tiruvalluver eine allgemein verehrte Dichterin des tamulischen Volkes ist, so können doch sonst die Tamulen gelehrte Frauen nicht leiden. „Mögen sie auch mit der Gelehrsamkeit der Gelehrten vertraut sein, Weiberwissen bleibt große Thorheit.“ So sagt das Sprüchwort, und Tiruvalluver singt: „Thorheit ist der Frauen Schmuck-Kästchen.“ So will es der Tamule haben. Neben „Furcht und Blödigkeit“ stellt er als die dritte charakteristische Eigenschaft der Frauen „die Thorheit“, und in der Poesie wechseln schmückende Beiwörter des weiblichen Geschlechts wie „Perlen-Mund, Gazelle, Mond-Gesicht u. s. w.“ unbefangen mit „Thörin“ u. s. w. ab. Die Aeltern sind daher außerordentlich schwer dahin zu bringen, ihre Töchter etwas Andres als Kari-Kochen und derlei lernen zu lassen; ja die Fertigkeit des Schreibens gilt bei einem Mädchen fast für ehrlos; man meint, eine solche Kunst verführe zu heimlichen Händeln. Kein Wunder daher, wenn Vorurtheil und Aberglaube ganz vorzüglich von den Weibern gehegt, und in der Weiberwelt die eigentlichen Bollwerke der Zauberei und des Kasten-Geistes gefunden werden.

Viele Missions-Berichte sprechen von der Kasten-Einrichtung in einer Weise, daß man glauben sollte, es gäbe hier in Indien kein größeres Hinderniß der Missionssache, und die Leute würden dem Evangelio haufenweise zufallen, wenn es nur nimmer eine Kaste gegeben hätte. So viele und erhebliche Uebel aber auch mit der Kasten-Einrichtung zur Zeit verbunden sind, so ist die Kaste doch nicht das Uebel der Uebel. Neben dem Kasten-Unfug steht auch eine Kasten-Ehre, und wer wollte leugnen, daß diese Einrichtung neben dem vielen Schlimmen, das sie von jeher erzeugen mußte, doch wesentlich beigetragen hat, dem sittlichen Verwesungsproceß, dem jedes heidnische Volk allmählig entgegenreift, Maß und Schranken zu setzen, durch ihr immerhin knöchernes Absperrungs-System die hohen Kasten vor der tiefen Verderbniß der niedern Kasten zu wahren, und so einen gewissen sittlichen Kern zu erhalten. Wer das Volk nur einigermaßen kennt, wird es ja nicht in Abrede stellen können und wollen, daß Leute von guter Kaste im Durchschnitt mehr sittlichen Halt zeigen, als die Pariahs, die beiläufig nicht minder steif an ihrer elenden Kaste hängen, und z. B. mit den noch tiefer stehenden Sakkili's (eine Schuhmacherkaste) nicht minder schwer Gemeinschaft machen werden, als ein Sudra mit ihnen selbst. Es wäre in der That traurig, wenn die Heranbildung eines eingebornen Lehrstandes auf eine Volksklasse, wie die Pariahs, beschränkt sein müßte! — Dazu kommt ferner, daß die Kasten-Einrichtung eine Seite hat, die unter Umständen sogar der Ausbreitung des Christenthums zum Vortheil gereichen kann. Der Kasten-Geist nämlich, wie er auf der einen Seite, am alten Herkommen mit unglaublicher Zähigkeit festhaltend, sich gegen jede Neuerung wie verzweifelt sträubt, treibt zuletzt der Neuerung selber zu, wenn dieselbe nur erst einen gewissen Anhang gefunden hat. Die reißenden Fortschritte des Christenthums unter den Schanar's im Tinnevelly-Distrikt in der neueren Zeit stehen mit dieser Eigenthümlichkeit des Kasten-Geistes, zu einem Theil wenigstens, in Verbindung.

Ich wiederhole es nochmals. Man thut der indischen Kasten-Einrichtung, die ja freilich des Schlimmen genug in sich schließt, durchaus Unrecht, wenn man ihr die geringen Fortschritte des Christenthums in Indien fast lediglich zur Last legt. Ich frage, wenn Kaste das eigentliche Uebel, und Kastenlosigkeit das eigentliche Gut ist, warum macht denn das Evangelium unter den ganz kastenlosen Berg- und Waldstämmen am allerwenigsten Fortschritte?

Eben so thut man häufig dem Geiste des Brahmanismus im Allgemeinen Unrecht. Stellt man das brahmanische System den übrigen Schattirungen des herrschenden Volksglaubens entgegen, so erscheinen allerdings manche der letztern dem Christenthum zugänglicher. Denkt man sich aber als Gegensatz dazu den vom Brahmanismus überwundnen Buddhaismus mit seinen skeptischen Tendenzen, so kann sich der Missionar in Ostindien nur Glück wünschen, daß er es hier mit dem Brahmanismus zu thun hat. Man hat oft die Mission in dem buddhistischen Ceylon gegen die Mission auf dem brahmanischen Festlande glücklich gepriesen. Aber wo sind die Thatsachen, die dazu berechtigen? Die holländische Regierung freilich hat durch die weltlichen Mittel, die sie dazu in Bewegung setzte, selbst aus den dortigen Buddhisten eine große Anzahl Namenschristen gesammelt; die gegenwärtigen protestantischen Missionare aber, die solche Mittel verschmähen, haben noch sehr wenig unter den rein buddhistischen Singhalesen ausgerichtet; fast alle Kirchen-Mitglieder nicht bloß, sondern selbst die regelmäßigen Zuhörer entstammen jenen sogenannten Regierungs-Christen, oder gehören den brahmanischen Hindu's zu.

Ich will mit dem Allen weiter nichts sagen, als daß Kaste und Brahmanenthum nicht die Uebel aller Uebel sind, obschon sie die Fortschritte des Christenthums nach innen und nach außen vielfach erschweren. Ich finde den Hauptsitz des Uebels in der bodenlosen Entsittlichung des ganzen Volkes, wie sie jedes heidnische System zuletzt erzeugen muß, besonders wenn, wie das hier der Fall war, Knechtschaft dazu schlägt. Die Alten rühmen die ausnehmende Wahrheitsliebe der Hindus; jetzt ist die Unwahrhaftigkeit grade der hervorstechendste Charakterzug, und die unbändige Fleischeslust vollendet den sittlichen Ruin. Daher bei den reichsten geistigen Anlagen die vollendetste Charakterlosigkeit, die sich um Vortheils willen gegen Alle schmiegt und in Alles fügt, im besten Falle aber, wo es ohne grobes Heucheln und Schmeicheln abgeht, doch stets des treibenden Stachels bedarf. Was Wunder denn, daß die Christen-Gemeinden dieses Landes, die zur Zeit obenein meist den verkommensten Volksschichten entstammen, in der Regel einen weit unkräftigern Schein in die Finsterniß des Heidenthums hinein werfen, als das erste kaum sichtbare Streiflein des jungen Mondes über den Abendhimmel, und wo sie nicht ernstlich und redlich gehegt und gepflegt werden, dem Christenthum zum Spott und der guten Sache zum Aergerniß gereichen. Was Wunder ferner (selbst wenn andre Gründe dazu nicht mit wirkten), daß die Herausbildung eines eingebornen Lehrstandes, ohne welchen die Mission unter einem Volke nie zur Mission für das Volk werden kann, so langsam voranschreitet, und eine gesunde Erziehung des heranwachsenden Geschlechts zur Zeit noch die Haupt-Aussicht bildet.

Glücklicherweise hat auch hier die Regel ihre Ausnahmen, und das Christenthum, das sich nie überlebt, kann zu seiner Zeit auch wohl ein überlebtes Volk neu gebären. O daß die Zeit, die der Herr der Kirche nach seiner Weisheit und Barmherzigkeit dazu ersehen hat, herbeieilen und die reichen Anlagen des Volkes aus dem tiefen Schutt der Verderbniß hervorziehen und daraus „Etwas machen wollte zu Lobe Seiner Herrlichkeit.“

III.

Reise in den Süden.

Nach Combaconum.

Combaconum, den 3. Januar 1851.

Vor allen Dingen wünsche ich Ihnen und allen Freunden in der Heimath ein reich gesegnetes Neujahr. Mir selbst ist, was das Aeußere anlangt, gar nicht neujährlich zu Muthe. Ich sitze, während ich dieses schreibe, in einem anmuthigen Gartenhäuschen dicht an dem romantischen Ufer des Cavery, der dem Lande seine Schätze so königlich freigebig gespendet hat, daß er selbst bereits wieder bettelarm geworden ist. Rings um mich breitet sich das parkähnliche Gehöfte des Miss. Nimmo aus, dessen grüne Matten von gewaltigen Mango-Bäumen so dicht beschattet werden, daß auch jetzt zur Mittagszeit nur hie und da das liebe Sonnenlicht hereinfällt. Da liegen denn unsre guten Reise-Ochsen, die mit ihren stattlichen messingverzierten Hörnern und mit ihren von der Kehle lang herabhängenden Hautlappen ganz stattlich aussehen, behaglich im Grase, während unser lahmer Knecht geschäftig um sie her hinkt.

Ehe ich Mayaveram verließ, ging ich nochmals auf ein paar Tage nach Trankebar hinüber. Obgleich dasselbe kaum acht Stunden von Mayaveram entfernt ist, so ist doch der Unterschied zwischen beiden Orten in mehr als einer Beziehung sehr bedeutend. Mayaveram eine rein-heidnische Stadt, Trankebar eine vorwiegend europäische. Dort die üppigste Natur und der dichteste Schatten, den man sich denken kann; hier freie sandige Meeresküste. Dort die tiefste Stille der Natur, die aber von dem Lärmen der Heidenfeste oft genug unterbrochen wird; hier ein ewiges Tosen und Branden, zumal in jetziger Jahreszeit, wo der Monsum sich erst allmählig zu beruhigen anfängt.

Es war mir eine rechte Freude, nun auch in Trankebar selbst einmal Tamulisch zu predigen, und zwar in der alten, aber schmucken Jerusalems-Kirche, wo die alten würdigen Vorkämpfer das Wort des Lebens verkündigt haben. Ich habe darin manches schöne Lied unserer Kirche mitgesungen, und der in das gegenüberliegende Missionshaus herüberschallende Orgelton hat uns Beide oft an die Zeiten erinnert, wo wir noch in der Heimath den vollen Segen kirchlicher Gemeinschaft genossen, der uns hier nur in beschränktem Maaße zu Theil wird. Nun Friede sei mit dir und mit denen, die in dir aus- und eingehen, du friedliches Gotteshaus unter den friedlichen Palmen!

Das liebe Weihnachtsfest feierten wir noch in Mayaveram. Der Weg zur Kirche war mit Guirlanden überhangen; vor die Kirchthüren hatte man Bananen gepflanzt und die Kirche selbst mit Kränzen von weißen Blumen ausgeschmückt. Leider brannte am heiligen Abend kein Weihnachtsbaum; dafür aber gab es allerlei künstliches Feuer, das die Tamulen sehr lieben. Unser Diener hatte uns eine Festlampe hergerichtet, indem er das Wasser, auf welchem das Oel schwimmt, roth färbte. An jedem der Festtage durften die tamulischen Christen auch von ihren eingebornen Dichtern gedichtete Lieder in ihrer tamulischen Weise zwischenein singen. Das europäische Ohr will erst gar keinen Geschmack daran finden; allmählig aber lernt es sich auch des tamulischen Gesanges freuen, dessen weicher, melancholischer Charakter zu der umgebenden Natur trefflich stimmt.[207]

Unter denen, die kurz vor meiner Abreise mir Lebewohl zu sagen kamen, war auch ein fremder Guru, ein Sudra, aus Kivalur bei Nagapatnam, der in Mayaveram mehrere Schüler hat, die er gelegentlich besucht und in der hochtamulischen Litteratur unterweist.[208] Ich war erst in der letzten Zeit mit ihm bekannt geworden und hatte in ihm einen wirklichen Gelehrten seines Volkes gefunden. Er zählt die grammatischen Sätze des Nannul, d. i. der guten Sprachregel, an den Fingern her; er sagt die Reihen der sinnverwandten Wörter im Schlafe her; er kann den Kural, das große Sittengedicht seines Volkes, sammt Erklärung auswendig. Das Beste aber an ihm ist, daß er offen bekennt, wenn er etwas nicht weiß, — eine in der That seltene Tugend der Tamulen so wie überhaupt der Hindu's, die aus lauter Gefälligkeit auch über das Auskunft geben, wovon sie kaum einen Begriff haben. Sonderbar, eine bunte Seifenkugel auf meinem Bücherrücke schien ihn mehr anzuziehen als die Bücher. Nicht eher wurde er ruhig, als bis ich die wunderbare Kugel herunterlangte und ihm unter die Nase hielt. Er verlangte zuletzt ein Zeugniß von mir über seine Sanscrit- und Tamul-Gelehrsamkeit; das, meinte er, wäre ihm 1000 Rupis werth. Die Tamulen nämlich schätzen Alles nach Rupis, und so süß ist ihnen der Klang derselben, daß ganze Schaaren herbeieilen und Einem stier auf die Hände sehen, wenn man etwa auf offener Straße eine Kleinigkeit an Jemanden auszuzahlen hat.

Ein Guru genießt bekanntlich eines fast päpstlichen Ansehns; er ist der wahre Vater des Schülers. Dennoch macht sich in den tamulischen „Schwaben-Streichen" (S. 34) der Volkswitz auch über die Gurus lustig, in denen Anspruch und Charakterwerth oft in so schneidendem Widerspruche stehen.

Einst wollten ein paar Narren ihrem Guru ein Rind verehren. Sie begaben sich zu einem Hirten.

„Nun ich hab da ein recht fettes Kuhlein, — dieweil ihr sagt, ihr wollt's für den Guru haben. Wie viel wollt ihr dran wenden?" Fünf Pagoden haben wir mitgebracht; dafür müßt Ihr uns das Thierlein lassen. „Ihr sollt's haben; aber merkt euch wohl, wenn ihr das Kuhlein melkt, müßt ihr den Fuß anbinden und das Horn fassen." Herzensfroh eilten die guten Jünger davon. Als sie die Kuh melken wollten, fehlte es an einem Stricke zum Anbinden; man rief den Guru, hieß ihn dicht daneben hinsetzen, und befestigte die Vorderbeine der Kuh an seinen zwei langen Haarzöpfen. Da fiel dem einen der Jünger ein, daß ja der Hirt gesagt hatte, man sollte beim Melken auch „das Horn fassen." Er holte in der Geschwindigkeit einen Lederarbeiter; der stellte sich vor die Kuh, faßte das mitgebrachte Horn und schmetterte gewaltig darein. Die Kuh scheute, überrannte zwei bis drei der umherstehenden Jünger und raste mit dem darangebundenen Guru über „Dorn und Stein" davon. Als der Guru am Ende doch noch mit dem Leben davon kam, war's als wäre er neu geboren worden.

Zu Neujahr endlich waren wir reisefertig. Unser Wagen (für 190 Rupis) war schon einen Monat vorher von Tritschinopoli angekommen; ein paar weiße Ochsen mit kühngeschwungnen Hörnern hatten wir (für 70 Rupis) auch gekauft; ein Fuhrmann, der die lange Reise nicht scheute, war mit großer Mühe gewonnen. Leider wollten ihn die Ochsen erst lange nicht anerkennen; so oft er nahte, drohten sie ihn zu spießen. Sie mochten wohl denken: „Was hinkt der Kerl auf einem Fuß?" Er war nämlich lahm. Zuletzt fehlte uns nur noch ein Küchenkorb, der unter den Wagensitz paßte. Der tamulische Korbmacher hatte ja nie einen Korb, der unter einen Wagensitz passen sollte, verfertigt; er wußte sich erst gar nicht zu helfen. Ich selbst mußte für ihn das Maaß nehmen.

Am Neujahrsabend brachen wir in Gottes Namen auf. Wir verbrachten die nächste Nacht und die Hälfte des folgenden Tags in dem schönen Rasthause zu Tiruvulangkadu (S. 103) und gelangten am Abend des zweiten Januar hier in Combaconum[209] an. Doch ich muß für dießmal schließen. So eben wird zum Mittagsessen gerufen, und nach demselben muß zur Weiterreise vollends eingepackt werden.

— ——

Nach Vediarpuram.

Vediarpuram, den 5. Januar 1851.

Seitdem ich Ihnen das letzte Mal schrieb, hat sich die Scene bedeutend verändert. Rings um mich her eine weite unfruchtbare Fläche, auf der Bäume nur mit Mühe gedeihen, und die Sonne, die darüber brütet, so blendend, daß ich zu erblinden fürchten müßte, hätte ich hier für längere Zeit zu bleiben. Um so freundlicher aber ist unser Wirth, Missionar Bower, der, obgleich ebenfalls im Lande geboren, die meisten Missionare in gründlicher Erforschung des Volkes, unter welchem und für welches er arbeitet, weit hinter sich läßt. Er ist ein tüchtiger Kenner der tamulischen Litteratur, dem ich bereits manchen lehrreichen Wink verdanke. Ich wünschte nur länger bleiben zu können.

Doch ich muß vor allen Dingen sagen, wie wir hierher gekommen sind. Bald nach dem Mittagsessen fuhren wir mit Herrn Nimmo in die Stadt, einst eine Hauptstadt des alten Tschola-Königreiches, und noch immer ein sehr bedeutender Ort. Wir begegneten unterwegs sehr nett und kostbar gekleideten römisch-katholischen Christen in zierlichen Wagen. Zuerst besichtigten wir den berühmten, mit sechszehn Tempelchen verzierten heiligen Teich, in welchen der Volkssage gemäß alle zwölf Jahre die heilige Ganga unterirdisch einströmt, und der daher auch alle zwölf Jahre eine Unmasse von Menschen aus allen Weltgegenden herbeizieht[210], trotzdem daß gewisse Dichter des Volks selbst die Wallfahrten nach der heiligen Ganga bei Kasi oder Benares, dem Sitze aller Heiligkeit, offen verlachen:

„Kasi, Kasi, Kasi! schreiend, rennst du, daß die Füße schmerzen.
Lauf und bade! Aber wird denn Weißes werden aus dem Schwarzen?“

Von dem heiligen Teiche ging es dann zu der Hauptpagode des hain-, teich- und tempelreichen Combaconum, die den vischnuitischen Anhängern des Ramanuja gehört.[211] Ich hatte Erlaubniß bekommen, dieselbe zu besteigen. Die umstehenden Brahminen versuchten mich durch die Bemerkung, daß die Treppe sehr schadhaft und mithin gefährlich sei, zurückzuhalten. Da ich aber fest blieb, so öffnete man das enge Loch, und ich folgte dem Fackelträger nicht ohne einigen Schauder. Die steinerne Treppe, die auf die Spitze der Pagode hinaufführt, läuft frei an der Wand hinan; die Stufen sind gerade nur so breit, daß Ein Mensch darauf stehen kann. Ich zählte deren 163, und 11 verschiedene Geschosse. Je weiter nach oben, um so schadhafter wurde die Stiege. Der kühn voranschreitende Fackelträger zeigte mir stets, wohin ich den Fuß zu setzen hatte. Im vorletzten Geschosse wollte mir der Muth fast ausgehen. Ich mußte über ein langes schmales Bret schreiten, zu dessen beiden Seiten eine Kluft gähnte. Da aber die mich begleitenden Hindu's, die an derlei schwindelnde Wege gewöhnt sind, keinen Anstand nahmen, darüber hinzuschreiten, so mochte ich nicht feiger sein als sie, und folgte ihnen, jeden Blick in die Tiefe sorgfältig vermeidend. Von der Spitze der Pagode hatte ich denn aber auch eine reichlich belohnende Aussicht über das Land ringsumher, ein wahres Meer von Grün, über das die sinkende Sonne ihr schönstes Gold hinstreute. O wann wird doch die Sonne der Gerechtigkeit über diesem zauberhaften Lande aufgehen! Schon länger als ein Jahrhundert hat die Mission in diesen Umgebungen gearbeitet, und noch ist nicht einmal die volle Morgenröthe hereingebrochen.

In Combaconum lebt ein sehr reicher Christ aus alter Zeit. Er besitzt ein ganzes Dorf, wird aber so vom Kastengeiste geplagt, daß er durchaus keinen Pariah in seine Capelle lassen will. Er wollte zur lutherischen Kirche zurücktreten, falls man Einen aus seiner Familie zum Pastor zu machen sich verbände. Natürlich wurde er mit seinem fleischlichen Ansinnen zurückgewiesen. Durch ihn übrigens ist das Missionsgehöft zu Mayaveram mit sämmtlichen Bauten an uns gekommen. Als er Mayaveram von der anglikanischen Gesellschaft verlassen sah, schrieb er an den englischen Collector Stokes in Guntur, und dieser veranstaltete eine Sammlung unter seinen Freunden, um die Missionsgüter in Mayaveram, die eben an die Heiden verkauft werden sollten, für unsre Gesellschaft zu erstehen.

Von der Pagode aus begaben wir uns auf einen der Predigtplätze des Herrn Nimmo. Es dauerte nicht lange, so sammelte sich eine Schaar aus den Heiden, angelockt von dem tamulischen Liede, welches ein paar Katecheten anstimmten. Nun hielt Herr Nimmo eine ziemlich lange Ansprache, deren Inhalt mir kaum für eine solche Versammlung angemessen schien. Alles lauschte vom Anfang bis zu Ende, und so echt tamulisch war die Art und Weise des Vortrags, daß man den Leuten das Vergnügen darüber auf den Gesichtern absehen konnte. Er schloß auffallender Weise mit dem apostolischen Segenswunsche, und noch ehe sich die Menge zerstreute, machten wir uns auf die Weiterreise. Es war Abends gegen 8 Uhr.

Glücklicherweise ist unser Reisewagen so eingerichtet, daß zwei Personen sich der Länge nach darin ausstrecken und schlafen können. Aber ehe es zum Schlafen kam, waren wir in Pavanasam, wo wir die Ochsen füttern und ein paar Stunden rasten ließen. Gegen 1 Uhr wurde wieder angespannt, und mit der aufgehenden Sonne langten wir hier auf dem Missionsgehöfte in Vediarpuram an, beide leider etwas unpäßlich, wahrscheinlich von dem starken Thaue, der in dieser Jahreszeit während der Nacht zu fallen pflegt.

Die Tamulen reden von sechs Jahreszeiten, jede zu zwei Monaten. Die erste, „Pflugzeit", beginnt Mitte August; dann folgen Kühle, Vorthau, Nachthau, Junghitze, Althitze. Der Beginn unsrer Reise fiel in das Ende des „Vorthaus".

Noch an demselben Tage hatten wir einen sehr interessanten Besuch von einem wohlhabenden Brahminen aus Mysore. Er kam zu Pferde an, an seiner Seite die mit Elfenbein ausgelegte Vina. Dieß ist eine Art Guitarre mit kesselartigem Boden und sieben Saiten, davon vier über den Steg, die andern drei aber daneben gespannt sind. Da wo die Schrauben für die vier obern Saiten sich befinden, bauscht sich ein kürbisförmiger Beutel von Holz mit einer Oeffnung. Ich hatte schon lange gewünscht, einmal einen guten Vina-Spieler zu hören, indem die Vina in der indischen Litteratur auch der Neuzeit eine so große Rolle spielt. Nichts geht dem Hindu über die süßen Laute der hochgefeierten Vina. „Nur das erste Lallen des Kindes," sagt der Dichter des Kural, „ist süßer als der Vina Ton für das Ohr des Vaters." Der brahminische Meistersänger ließ sich alsbald ganz behaglich auf den Divan nieder, mit untergeschlagenen Beinen, während einer seiner Schüler, ein schmucker Jüngling mit zarten ausdrucksvollen Zügen, ehrfurchtsvoll daneben stand. Der Letztere war in weißes Mussellin gehüllt, Schultern und Füße bloß. Der alte Sänger dagegen trug weiße Beinkleider und einen feinwollnen grauen Rock; um den mit der heiligen Rudrakscha-Kette gezierten oder vielmehr verunzierten Hals einen silber- und seidegewirkten Shawl und auf dem Haupte einen geblümten seidenen Turban. Sein bärtiges Gesicht, über das lange kein Scheermesser gekommen, war mit heiliger Asche tüchtig übertüncht. Er ergriff die Vina fast krampfhaft entzückt und fing bald in den Saiten derselben umherzurasen und zu wirbeln an. Zuletzt erhob er auch seine Simme und sang bald Canaresisch, bald Tamul, bald Hindostani und bald Sanscrit dazu; er ahmte sogar ein englisches Liedchen nach, das man ihm vorgegeigt. Auch der Schüler ließ sich zwischenein hören. „Dann strömte lieblich helle des Jünglings Stimme vor, Des alten Sang dazwischen wie dumpfer Geisterchor." Es war in der That ein ganz angenehmes Concert; nur durfte man dem alten Meistersänger, der sich je länger je mehr als ein Halbwahnsinniger geberdete, nicht in das über alle Maßen schmuzige und verzerrte Gesicht sehen. Er hätte übrigens die ganze Nacht fortgespielt und fortgesungen, hätten wir nicht endlich Einhalt gethan. So leidenschaftlich ist der unschöne Mann der schönen Kunst ergeben.

Bei einem spätern Besuche fanden wir auch Gelegenheit, über religiöse Gegenstände mit ihm zu reden. Er ist ungemein bewandert in der herrschenden Philosophie der Hindu's, dem sogenannten Vedanta. Er schauerte seine Sanscritverse nur so auf uns herab, natürlich stets in singendem Tone, und dazu mit den Fingern schnalzend. Einem solchen indischen Philosophen ist nicht minder schwer beizukommen, als unsern europäischen. Sie sind tausendfach verschanzt gegen die Wahrheit und haben eben so viele Schleichwege. Er machte ein ganz eigenthümliches Gesicht, als ich ihm sagte, daß die Vedas in Europa gedruckt würden. Wir Ketzer könnten sie ja unmöglich verstehen, meinte er.

Ich hatte mit ihm auch ein Gespräch über das uralte Soma-Opfer. Dieses käme, so behauptete er, gegenwärtig nur noch unter den Vedantisten vor, und auch da nicht allgemein. Zur Beseitigung meines Zweifels, daß in hiesiger Gegend die Somapflanze wohl gar nicht gefunden werde, brachte er mir des andern Tages mehrere Ranken derselben, und nannte mir den tamulischen Namen des Gewächses, Pulitcha Kodi d. i. saure Schlingpflanze.[212]

Am folgenden Tage war Sonntag. Ich hörte Herrn Bower vor einer Versammlung von etwa 150 Hinduchristen predigen, und zwar durchweg gesprächsweise, eine Methode, die gewiß unter den gegebenen Verhältnissen recht am Platze ist. Es ist unglaublich, wie schwer es den armen Pariah's wird — und der bei weitem größte Theil der Gemeinde besteht aus derlei Leuten — etwas zu begreifen. Auch hier wird noch immer das alte trankebarer Gesangbuch gebraucht. Wir sangen das schöne Lied: „O daß ich tausend Zungen hätte ꝛc." Leider war auch keine Spur der alten Melodie geblieben. Sie war bei dem längern Mangel deutscher Missionare in einen wahrhaften Djangel ausgeartet. Wenn ich schon bei der fünften Silbe war, so zogen sie sich noch um die erste herum, hinauf und herab. Das ist so tamulische Gesangweise.

Miss. Bower steht hier an der Spitze eines Seminars zur Ausbildung eingeborner Arbeiter für die Mission. Der Zöglinge sind gegenwärtig 53. Ein christlich gesinnter Engländer hat eine bedeutende Summe hergegeben zur Errichtung von sogenannten Scholarships d. i. Freistellen. Da er aber die Aufgabe der Kaste zur ausdrücklichen Bedingung für die Aufnahme in eine solche Freistelle gemacht hat, so melden sich zur Zeit meist nur Pariahs, die dabei nicht viel zu verlieren haben. Dieß erkennt Herr Bower selbst als einen großen Uebelstand, indem die Sudras die Pariahs an Charakter und Fähigkeit im Allgemeinen weit übertreffen. Bis jetzt ist nur erst Ein ordinirter Geistlicher aus dem Seminar hervorgegangen, wol aber eine ziemliche Anzahl von Schullehrern und Katecheten. Das Seminar hat unter anderm das Gute, daß darin auch die tamulische Litteratur zu ihrem Rechte kommt. Dagegen dünkt mich die Aufnahme des Griechischen und Lateinischen in den allgemeinen Lehrplan eine sehr fragliche Sache, unter den gegenwärtigen Umständen wenigstens. Daneben hat Herr Bower auch eine ziemlich bedeutende Gemeinde von etwa 600 Seelen zu besorgen. Ihr erster Gründer war Haubroe.

Ich höre, daß es in hiesiger Gegend einige Sudra-Gurus vischnuitischen Bekenntnisses giebt, die umherziehend an bestimmten Wochentagen Versammlungen halten und über irgend eine moralische Sentenz predigen. Sie ermahnen besonders nicht zu processiren, und sich der Armen und Kranken anzunehmen. Ihre Ansprache wird mit Gesang ein- und ausgeleitet. Diese heidnischen Laienprediger erfreuen sich in der That eines guten Lobes; sie gelten für besser, als die übrigen Heiden. Haben sie diese Art der Seelsorge den Missionaren abgesehen?

Miss. Bower erzählte mir von der vortrefflichen Architectur eines Linga-Tempels ziemlich an der Ausmündung des Vellar-Flusses: Avudeijar Kovil. Wenn ein Architekt einen Vertrag macht, so schreibt er etwa: „Ich will es nach den besten Mustern machen, Avudeijar Kovil ausgenommen.“ Wenn ich nicht irre, so sieht die Volkssage darin jenen Tempel, den Manikavasacher, als Minister des Königs von Madura, für das Geld baute, das er zum Ankauf von Pferden bekommen hatte.

Doch ich muß abermals schließen, da wir uns schon wieder zur Abreise zu rüsten haben.

Tanjore. Vellam.

Vellam, den 9. Januar 1851.

Am sechsten Januar zwischen sieben und acht Uhr des Morgens brachen wir von Vediarpuram auf und eilten nach dem nur drei englische Meilen entfernten Tanjore. Eine schöne Landstraße führt in die Königsstadt hinein. Die Umgegend nahm bald wieder den alten anmuthigen Charakter an: schattige Bäume zu beiden Seiten des Wegs; rings grünende Reisfelder, malerische Haine, luftige Pagoden, zierliche Tempel und Tempelchen, lotusüberwachsene Teiche, und auf der Straße und in den darangebauten Dörfern und Dörfchen das bunteste Leben. Fast vor jedem Hause mehr oder minder künstliche Malereien im Sande, ganz ähnlich denen, die man daheim auf den Torten u. s. w. sieht, und die weißen Sternchen und Kringelchen mit meist gelben Blumen besteckt. Die Heiden erwarten nämlich von Mitte

December bis Mitte Januar die Ankunft eines Gottes. Nur die Brahminen sehen ihn und die prophezeien dann aus der Farbe seines Gewandes den Lauf der allgemeinen Ereignisse.

Wir überschritten den Cavery, der auch hier, wie bei Combaconum, zur Hälfte den sandigen Boden zeigte. Dieser wimmelte denn aber von einer Unzahl von Wäscherslenten, die geschäftig ihr Tagewerk verrichteten, und die schön bewachsnen Ufer desselben nahmen sich in der Morgensonne lieblicher als je aus. Schon winkten uns die lustigen Pagoden der Königsstadt, und eben als wir an den Fuß der Festungswerke gelangten, kamen uns zehn bis zwölf der königlichen Elephanten entgegen, von jedem Alter und von jeder Größe, einige wahre Ungeheuer. Unser hinkender Fuhrmann konnte kaum schnell genug vom Bock herabkommen, um die Ochsen, die sich vor den wandelnden Kolossen entsetzten, nach der entgegengesetzten Seite umzudrehen.

Tanjore (S. 10 u. fgg.) das 50,000 Einwohner zählen soll, ist sehr angenehm. Alles so rein, frei, luftig. Allerdings eine rechte indische Königsstadt. Der Palast des Rajah, und die berühmte Pagode, ein Meisterstück indischer Kunst, ragen hoch über alle andern Gebäude weg. Dazu kommt die überaus üppige Umgebung.

Wir frühstückten bei der Wittwe des Missionars Irion, der im Dienste der Gospel-Propagation-Society stand. Sie bewohnt ein sehr einfaches, aber niedliches Häuschen mitten in einem ziemlich europäisch aussehenden Gärtchen. Auf ihrem Stuhl in der freundlichen Verandah lag ein altes (Hoffmannsches) Leipziger Gesangbuch. Sie spricht nämlich auch ein wenig Deutsch.

Darauf begaben wir uns zu dem Missionar Guest, dem entschiedensten Gegner lutherischer Mission, an dessen Thür ich aber grade deshalb nicht vorbeigehen mochte. Das weite Missionsgehöft ist ein wahrer Lustgarten; neben dem hübschen Missionshause liegt die von Vater Schwarz erbaute Kirche; in einiger Entfernung noch ein andres ziemlich bedeutendes Missionshaus, und dem Missionsgehöfte gegenüber das von Schwarz gestiftete Waisenhaus, ein mächtiges Gebäude, das durch seine Bauart an das Hallesche erinnert: es besteht aus vier Flügeln, die einen Hof umschließen. Etwa 50 Kinder und einige Wittwen werden darin vollständig unterhalten. Ein Grundstück, das ein früherer König der Mission schenkte, liefert die dazu nöthigen Mittel. Schulzimmer, Hospital und Bibliothek sind mit dem Waisenhause verbunden. In der letztern modern viele deutsche Manuscripte, als Predigten, Collegienhefte u. s. w., und dazu auch manches gute Buch, wie Starke's Commentar zur Bibel.

Von hier aus besuchten wir einen bejahrten Schüler des alten Vaters Schwarz, Vedanaichen mit Namen, um in ihm den ersten christlichen Dichter des Tamulenvolkes zu begrüßen. Da man ihn von unserm Kommen zuvor benachrichtigt hatte, so hatte er mit seiner ganzen Familie sich schnell in seine Sonntagskleider geworfen und erwartete uns mit ihr in der Verandah des Hauses. Der alte Meistersänger, auf hohen Holzpantoffeln, einen grünen Shawl über den Schultern, streckte uns in europäischer Weise vertraulich die Rechte entgegen, während die übrigen Glieder des Hauses uns in ächt indischer Weise begrüßten, die flache Hand auf die Stirn legend. Nun nöthigte uns der muntere Siebziger-Greis, dessen edle Gesichtszüge mich gleich von vorn herein angenehm berührten, in das Innere des Hauses hinein, ein offenes Viereck mit ringsum laufenden Verandahs, an deren innerer Seite die Zimmer liegen. Die Säulen der Verandahs waren durchweg mit Kränzen behangen, wahrscheinlich noch vom Weihnachtsfeste her. Der Alte ließ sich auf eine Art Sopha nieder und wir neben ihm auf europäischen Stühlen, rings um uns die Schaar seiner Kinder und Sängerschüler auf dem Boden, hinter uns aber eine ziemliche Menge von Zuschauern und Zuhörern. Nachdem ich ihn mit mir selbst und mit dem Zwecke meiner Reise bekannt gemacht hatte, ließ er die Kinder eins nach dem andern erst in der englischen und dann in der tamulischen Bibel lesen. Er selbst versteht kein Englisch; wenigstens spricht er es nicht, und so war ich genöthigt, seine eigne Sprache mit ihm zu reden. Da das ganze Haus ein Sängerhaus ist, so bat ich ihn, man möchte uns doch ein paar von ihm gedichtete christliche Lieder in tamulischer Weise vorsingen. Nun dazu brauchte es keines langen Nöthigens. Das Gesicht des alten Meistersängers leuchtete hell auf; Geige, Trommel und Schellen waren schnell herbeigeschafft, und nun sang alles, was Mund und Odem hatte, Klein und Groß, Kind, Knabe, Jüngling und Jungfrau. Seine schönsten Lieder sind die Weihnachtslieder. Nachdem eins derselben gesungen worden, bemerkte ich, daß ich selbst in Jerusalem und Bethlehem gewesen sei. Er sah mich groß an und frug dann nach diesem und jenem. Besonders erkundigte er sich danach, ob denn noch Juden in Jerusalem wohnhaft wären. Er hat nämlich eine große Liebe zu den Brüdern des Herrn nach dem Fleische. Vor einiger Zeit kamen einmal ein paar persische Jüden nach Tanjore. Man führte sie unter anderm auch zu ihm. „Also ihr seid die Brüder unsers Herrn? O ihr seid der ächte Oelbaum, wir Heiden blos die aufgepfropften wilden Zweige!" So sagend, umarmte und küßte er die seltenen Gäste, die gar nicht wußten, was ihnen widerfuhr. Seine besondere Liebe zu den Juden hängt übrigens auch mit eigenthümlichen Ideen vom tausendjährigen Reiche zusammen. „Wenn ihr wieder nach Jerusalem zurückkehrt, so werdet ihr auf dem Rücken der Heiden reiten!" so äußerte er sich denn auch im Laufe des Gesprächs eigenthümlich genug; Missionar Bower aber, der die jüdischen Gäste bei dem Dichter eingeführt hatte, hielt es für räthlich, diese Aeußerung lieber nicht zu verdolmetschen.

Nach etwa einem Stündchen brachen wir auf, und mit uns das ganze Sängerchor, das uns noch auf der Straße nachsang, während der alte Sänger, der in der That etwas Patriarchalisches an sich hatte, mit aufgehobenen Händen uns nachsegnete. Ich hatte ihm zum Abschiede eine Kleinigkeit in die Hand gedrückt. Er hat nämlich in der letzten Zeit seine kleine Pension von der königlichen Familie, bei der Vater Schwarz bekanntlich in hohen Ehren stand, verloren. Und warum? Der gegenwärtige König, welcher der Mission und allem was damit zusammenhängt im Herzen gram ist, hatte zu ihm gesprochen: „Dichter, sing' mir nun endlich auch einmal ein Lob auf meinen Gott." Der Sänger aber antwortete: „Mein König, ich bin ein Christ; ich kann nicht das Lob Deines Gottes singen."

Der Dichtergreis ist übrigens an Fruchtbarkeit dem Lande gleich, dem er angehört, und wenn man ihm irgend ein schmückendes Beiwort geben wollte, so könnte es kein andres sein, als „der Fruchtbare," ein Titel, den auch die alten Könige des Landes führten. Mehr als hundert verschiedne Werke und Werkchen sind aus seiner Feder geflossen, darunter auch polemisch-apologetische. Er hat mit den Anhängern des falschen Propheten, mit den Römern und mit den Arminianern zu Felde gelegen. Er hat auch mit Rhenius gehadert, der viel Wasser unter den guten Wein der alten Kirchenlieder gemischt hat. Er zürnte noch immer mit der englischen Traktatgesellschaft in Madras, weil sie ihm sein polemisch-apologetisches Schriftchen „Der Weg der Blinden" durch Zusatz und Weglassung entstellt hat. Der Mann ist in der That ein selbstständiger Charakter, und wenn sich in sein sonst so liebenswürdiges Wesen ein Gränlein Unbeugsamkeit mischen sollte, so kann es Einen doch freuen, einmal einen Hinduchristen zu sehen, der einen entschieden mannhaften Charakter zeigt und von dem Nationalfehler allzugroßer Bieg- und Schmiegsamkeit verhältnißmäßig frei ist.

Noch am Abend desselben Tages verließen wir das freundliche Tanjore mit all seinen theuren Erinnerungen und fuhren nach dem 7 englische Meilen entfernten Vellam, das ein wenig seitwärts von der Straße nach Puducottah liegt. Hier wurde die Gegend mit einem Male ziemlich öde. Der röthliche Laterit-Boden mahnte uns an die

Westküste. Der indische Mandelbaum jedoch, ein niedriger, strauchartiger, aber seine bis auf den Boden herabgehenden Aeste weithin breitender Baum, war gütig genug, die Armuth des Bodens auf eine gute Strecke hin zu beiden Seiten der Landstraße zu verdecken, und noch ehe wir Vellam erreichten, hatte die Nacht Alles um uns her in Schatten gehüllt.

Hier nun genießen wir seit zwei Tagen die Gastfreundschaft des Herrn G., dessen Bekanntschaft wir schon in Mayaveram machten. Er versieht hier die Stelle des Collectors. Der Hauptcollector von dem ganzen Tanjore-Distrikt, den er gegenwärtig zugleich mit vertritt, hat in dieser wüsten Gegend einen reizenden Park angelegt, der so dichten Schatten giebt, daß man in jetziger Jahreszeit selbst am Mittag darin lustwandeln kann. Unter dem Schatten der malerisch verstreuten Baumgruppen liegen mehrere europäisch bequem eingerichtete Häuser umher, und deren eins hat uns Herr G. freundlich eingeräumt. Ein lachender Blumengarten und ein seeartiger Teich verschönern das Ganze, und da der Boden hier ziemlich hoch und dabei wellenförmig ist, so ist es Einem fast zu Muthe, als lebte man auf einem Bergplateau, besonders da die Luft von allen Seiten rein, frisch und frei hereinstreicht. Ringsum nämlich breiten sich offne wenig bebaute und bewohnte Flächen aus. Nur ein Viertelstündchen vom Gehöfte liegt die von Vater Schwarz gestiftete Missionsstation der Gospel-Propagation-Society. Also auch hier die gesegneten Fußtapfen des theuern Gottesmannes. Miss. Regel, ein im Lande geborener Holländer, hat mit der etwas verwilderten Gemeinde in der letztern Zeit viel Noth gehabt. Sie verheiratheten sich mit Heiden und folgten heidnischen Festzügen, und als man nun strenge Zucht zu handhaben anfing, wurden sie gar rebellisch. Ich kann freilich nicht sagen, ob man die Sache auch beim rechten Zipfel anfaßte und sich in den richtigen Schranken hielt.

Sie können sich wohl denken, daß es uns in dieser zauberischen

Einsamkeit an nichts gebricht, und werden uns auch gern die kurze, aber angenehme Rast gönnen. Wir haben eine weite, beschwerliche Reise vor uns, und schon heute geht es will's Gott weiter, in das unwirthliche Gebiet des Tondaman von Puducottah, dem uns Herr G., als dermaliger Resident von Tanjore, bereits angemeldet hat. Dennoch ziehe ich im Allgemeinen das einfache, aber ganz zwanglose Leben in den öffentlichen Ruhehäusern vor. Ich bin nicht gewöhnt, mich von so vielen Bedienten umschwärmt zu sehen, und ich möchte lieber nicht spazieren gehen, als m r den Schirm, den ich Gottlob selber zu tragen noch stark genug bin, von einem übergefälligen, schnell daher stürzenden Polizeisoldaten halb mit Gewalt aus den Händen nehmen und von hinten her über mich halten zu lassen. Sonst freilich geht es in dem Hause unsres gütigen Gastfreundes vollkommen zwanglos her. Gestern Abend fuhren wir in dem prächtigen, mit zwei schwarzen Rennern bespannten Staatswagen aus, in welchem der englische Resident dem Könige von Tanjore seine Aufwartung zu machen pflegt. Da sahen wir denn auch zu unserm Erstaunen die zwei Hindus wieder, die, eine Anstellung suchend, sich allabendlich an dem Wege aufpflanzten, auf welchem Herr G. in Mayaveram seine allabendliche Spazierfahrt zu machen pflegte. Sie sind ihm auch hierher gefolgt, um das bereits viele Monate in Mayaveram geübte Geschäft, ihm alltäglich ihren Salam zu machen, unverdrossen fortzusetzen. So suchen sie durch ihre Geduld die Geduld des Collectors zu ermüden, und hoffen endlich doch noch das kleine Aemtchen mit drei bis sieben Gulden monatlich zu erjagen. O wenn doch die Hindus mit derselben Beharrlichkeit dem Reiche Gottes nachjagen wollten!

Schon packt der Knecht den Wagen, und der Koch, der zugleich alle andere Dienstleistungen mit versieht, legt die Matratzen und Kissen zum Schlafen hinein. Wir brechen noch heute Abend in das Land des Tondamans auf, das sich über den wasserlosen und daher ziemlich unfruchtbaren Hochboden südlich zwischen Tanjore und Tritschinopoli ausbreitet.

Die Kaller (S. 123, 178), die dort die Hauptbevölkerung bilden, erfreuten sich früher einer an Unabhängigkeit grenzenden Freiheit, die sie zu Freibeutereien benutzten. Die umwohnenden Regenten vermochten sie nicht zu zähmen. Schon unsre alten Missionare suchten an dem Hofe des Kaller-Fürsten zu Puducottah die Fahne des Evangeliums aufzupflanzen; noch immer aber schwingt dort die Zunft der Brahminen das Scepter. Die heidnischen Anti-Missionsredner, welche noch zu meiner Zeit die Vier-Veda-Gesellschaft zu Madras in's Land schickte, wurden am Hofe zu Puducottah viel lieber gehört — oder wenigstens gesehen —, als weiland Vater Schwarz.

Der erste ausführliche Bericht unsrer alten Missionare über das Land des Tondaman findet sich in den „Halleschen Nachrichten" vom Jahre 1775. Der Tondaman, ein Sudra „vom Palli[213]-Geschlechte" war damals tributpflichtiger Vasall des Nabobs von Arcot, ganz wie die übrigen 71 Polygars.[214] Sein ganzes Land[215] streckte sich 21 Stunden von Osten nach Süden, und eben so viele Stunden von Norden nach Süden. Etwa zwanzig Jahre früher betrug die „Breite von Norden nach Süden nur vier und ein halbes Katham" (das Katham zu drei Stunden); er hatte aber „von seinen Nachbarn in Süden und Norden nach und nach so viel mehr abgezwackt." Das Land war damals von allen Seiten drei Stunden breit von Wald umschlossen; ein wenig Ackerbau wurde nur an einigen Orten betrieben. Der Tondaman unterhielt an sechs Orten Gesandtschaften.[216]

Während der Kriegsjahre in der letzten Hälfte des vorigen Jahrhunderts marschirten zu wiederholten Malen Militärabtheilungen gegen die Kaller. Diese verübten zwar Grausamkeiten aller Art, richteten aber nichts aus. Da wandte sich die englische Regierung an Vater Schwarz; dieser lud die Käller-Häuptlinge zu sich und vermochte sie nicht bloß zur Wiedererstattung des Geraubten, sondern auch zu dem Versprechen, hinfort nicht mehr zu plündern, sondern das Land zu bauen. Schon damals nahm die lutherische Mission unter den Kallern ihren Anfang; sie mußte auch gleich durch einen tüchtigen Sturm hindurch. Fast wäre es zwischen den alten Heiden und den jungen Christen zu einem Kampfe auf Leben und Tod gekommen. Glücklicherweise ließen sich die Letztern von Schwarz noch zeitig genug bedeuten, ihren Feinden ja nichts Anderes als Gebet und Geduld entgegenzusetzen.

Der Vorfahr und Vater des jetzigen Tondaman leistete den Engländern in den Polygar-Kriegen bedeutende Dienste; sie machten ihn daher zu einem souveränen Fürsten. Noch jetzt steht dem Tondaman das Recht über Leben und Tod zu; er hat sich jedoch desselben, wie ich höre, noch nie bedient.

Doch ich muß schließen. Heute Abend geht es durch ziemlich wüste Gebiete. Der Herr behüte uns und Sie!

Puducottah. Tirupatur. Melur.

Tirupatur, den 15. Januar 1851.

Welch ein Wechsel in einem indischen Wanderleben! Wenn irgend wo des Apostels Wort vom Hoch- und Niedrigsein, vom Ueberfluß- und Mangelleiden gilt, so hier. Gestern in schloßähnlicher Herberge mit Schlaf-, Studir-, Speise-, und Badezimmern, Alles auf das kostbarste und bequemste eingerichtet, heute in einem stallähnlichen Ruhehause, die nackten Sparren zu Häupten und den aufgerissenen Estrich zu Füßen; gestern gebettet auf weichem Pfühl mit seidnen Vorhängen, heute hingestreckt auf eine über den blanken Estrich gebreitete Matte, den zusammengelegten Rock zum Kissen; gestern eine mit europäischen Genüssen, Bier und Wein nicht ausgenommen, wohlbesetzte Tafel; heute das alltäglich wiederkehrende Reisgericht auf dem mehr als einfachen Tische; gestern endlich in der Gesellschaft eines indischen Fürsten mit goldfunkelnder Bekleidung; heute zu Gaste bei einem schmuzigen, struppigen Pariah mit kaum einem Lappen um die Hüfte. Dennoch lassen sich diese Gegensätze, so schneidend sie auch sind, leicht genug ertragen; ja wie oft haben wir uns aus der Höhe in die Tiefe hinab, aus dem Ueberfluß in den Mangel hinein geradezu gesehnt. Anders verhält es sich mit dem Gegensatze: Gestern gesund, — heute krank. Leider hat sich auch dieser wieder mit eingestellt, und zwar für uns beide zugleich. Wir befinden uns beide sehr unwohl in dem häßlichen Ruhehause zu Tirupatur, dessen Luft und Wasser überdies so schlecht sind, daß wir trotz Unwohlsein wieder davon müssen, sobald wir nur irgendwie alle die Rippenstöße zu ertragen vermögen, die mit einem zweirädrigen Ochsenwagen, zumal auf indischen Seitenwegen, unzertrennlich verbunden sind. Morgen Abend, will's Gott, machen wir uns auf den Weg nach Melur, eine Strecke von etwa acht Stunden. Dort ist das nächste Ruhehaus, hoffentlich ein besseres, als dieses. Von Melur aus kommen wir dann wieder auf die Hauptstraße, die wir bei Tanjore verlassen haben. Dort sind es noch acht bis neun Stunden nach Madura, wo, wenn nicht auf ärztliche Hilfe, doch auf europäische Medicin und auf europäische Pflege zu rechnen ist. Der treue, barmherzige Gott, der uns noch in jeder Noth mit seiner Hilfe erschienen ist, wird uns auch in dieser Fremde nicht im Stiche lassen. Im Interesse der Mission haben wir den Abstecher nach Puducottah gemacht, das mitten in unwirthlicher und von Europäern selten besuchter Gegend liegt; so dürfen wir uns auch keine Vorwürfe machen, daß wir unsre eignen Wege gegangen, dürfen uns vielmehr ganz auf

Den verlassen, der Weg allerwege hat, — die indischen Wüsteneien nicht ausgenommen.

Doch Sie werden von Puducottah[217] hören wollen. Am 9. Januar Abends um zehn Uhr etwa brachen wir von Vellam auf und gelangten am andern Morgen mit Tagesanbruch in dem kleinen Ruhehause an, welches der König für europäische Reisende, die seine Hauptstadt besuchen wollen, bei Atanakottei, einem kleinen Dörfchen in ziemlich wüster Gegend, hat errichten lassen. (14 englische Meilen von Vellam.) Nachmittags gegen drei Uhr, nachdem die Haupthitze vorüber war, eilten wir der Residenz des Königs zu, des einzigen Fürsten im Tamulenlande, der bis jetzt völlig souverän geblieben ist und auch nicht einmal Tribut an die Engländer zahlt. Manche Strecken sehen gar nicht so wüst aus, als ich es mir vorgestellt hatte; hie und da gab es selbst lachende Reisfelder, und die allerdings dünn gesäeten Dörfer zeigten sogar Behäbigkeit. Was mir aber am besten gefiel, das war das Aussehen der Bevölkerung im Allgemeinen. Fast lauter kräftige Gestalten und ausdrucksvolle Gesichter. Auch die äußere Gestalt des Landes würde sich noch viel vortheilhafter ausgenommen haben, wenn es sich eines reichern Monsum-Segens erfreut hätte. Denn das Gebiet des Königs von Puducottah ist ein Land, das, um mit den Tamulen zu reden, „gen Himmel schauend steht", das ist: ein Land, das lediglich auf das Wasser von oben angewiesen ist. Es fehlt nämlich an allen berggebornen Strömen; nur hier und da schleicht ein Steppenflüßchen im Sande hin, darin wir auch nicht ein Tröpflein Wasser mehr gefunden haben möchten, wenn nicht der Monsum erst unlängst den Rücken gekehrt hätte. Unsre Mission besitzt mehre Grundstücke in dem Gebiete des Tondaman. Sie sind von nicht unbedeutendem Umfang, aber eben in Folge des unergiebigen Bodens von verhältnißmäßig geringem Werth. Dazu ist der Besitz nur bedingt; sie wurden von dem Vater des Tondaman für die Errichtung von Schulen bewilligt.

Gegen sieben Uhr des Abends kamen wir in die Nähe der Hauptstadt. Wir passirten kurz vorher einen großen Wald, aus dem uns von allen Seiten das wunderliche Geheul der Schakals entgegentönte. Sie kamen selbst bis dicht vor den Wagen heran spaziert, und da wir grade fast tageshellen Mondschein hatten, so konnten wir sie uns ziemlich genau betrachten. Sie haben etwas vom Wolf und etwas vom Fuchse.

Die eben so geschmackvolle als bequeme Herberge, die der König für seinen europäischen Besuch errichtet und mit den nöthigen Lebensmitteln sowol, als mit der nöthigen Bedienung versehen hat, liegt außerhalb der Stadt. Wir langten dort erst gegen acht Uhr an. Herr Ochs, der in Vellam zu uns gestoßen und von dort aus uns vorausgereist war, hatte bereits Besitz von dem untern Stockwerk genommen. Wir bezogen daher das obere, wo es weder an Raum noch an Bequemlichkeiten fehlte. Nach allen Seiten hin die schönste Aussicht über Felder, Gärten, Haine und Wälder. Von der prachtvollen Verandah überdieß ein freundlicher Blick in das geräumige und luftige Gehöft, das von Bäumen schön beschattet und mit verstreuten Nebengebäuden besetzt ist. Da hier alles, was Palme heißt, nur ausnahmsweise vorkommt, so gemahnte uns der Anblick fast an die Heimath.

Der nächste Tag, ein Sonnabend, war ein angenehmer Ruhetag. Der König war grade abwesend und wurde erst gegen Abend zurückerwartet. So durften wir ohne den Zwang des königlichen Besuchs die Annehmlichkeiten der königlichen Herberge in vollem Maaße genießen. Am Sonntag Morgen jedoch schon um sieben Uhr mußten wir in den steifen Frack hinein. Der königliche Wagen hielt vor der Thür, und heraus stieg der König mit seinem erlauchten Bruder, — ächt indisch gekleidet, in Sammtpantoffeln, rothgeblümten Beinkleidern, weißem Gewand und goldgewirkter Mütze mit grüner Feder.

Gegen neun Uhr begaben wir uns nach dem über eine Stunde entfernten Missionsgarten, dicht am Eingange von Puducottah von Tanjore her. Ein Theil desselben ist mit Bäumen bepflanzt, unter denen die kleine indische Citrone am besten zu gedeihen schien, der Rest mit einer Art Getreide, das aber aus Mangel an Regen sammt und sonders von der Sonne verbrannt war, und zwar hoffnungslos. Der Gärtner, der sieben Rupis Pacht zahlt, machte sich daher sogleich an mich mit der Bitte, man möchte ihm doch für dies Jahr einen Theil der Pacht erlassen. Wir schritten durch das versengte Getreide hin zur Kirche, einem armseligen Lehmhause mit drei gleich großen zellenartigen Gemächern. Was sich die Erbauer, die ursprünglich blos eine zeitweilige Hütte für den besuchenden Missionar im Sinne hatten, dabei gedacht, weiß ich kaum zu sagen. Es paßt weder für ein Wohn- noch für ein Bethaus. Das ganze Missionsgehöft liegt übrigens dicht am Saume des Djangels, und da die gedachte Hütte von ebner Erde aus aufgeführt ist, so muß das Wohnen darin höchst ungesund sein, zumal wenn es regnet. Herr Ochs predigte über den Epiphaniastext, und ich hielt nach der Predigt noch eine ganz kurze Ansprache an die paar Christen, die sich eingefunden hatten. Ich konnte dabei nicht umhin, mein Bedauern und mein Befremden auszudrücken, daß von den Christen in der entferntern Umgegend fast Niemand gekommen war. Der Katechet entschuldigte sie damit, daß unsre Ankunft den ferner Wohnenden unbekannt geblieben sei, und klagte so, ohne es zu wollen, sich selber an. Ich habe übrigens bei der großen Mehrzahl der eingebornen Christen stets die Bemerkung gemacht, daß sie von dem Verhältniß, in welchem sie zur Mutterkirche stehen, kaum ein rechtes Bewußtsein haben.

Sie sehen das Papier geht zu Ende, und dazu auch das Bischen Kraft, das mir mein Unwohlsein übrig läßt. Will's Gott, so beschreibe ich das nächste Mal meinen Aufenthalt in Puducottah noch vollends. Bis dahin Gott befohlen!

Melur, den 17. Januar 1851.

Meinem Versprechen gemäß führe ich Sie noch einmal in die Königsstadt Puducottah zurück, die jetzt schon mehr als zwanzig Stunden Weges hinter uns liegt.

Am Sonntag früh, wie gesagt, besuchte uns der Tondaman, der sich gern Radjah nennt und von seinen Unterthanen gar Maha Radjah genannt wird, während ihn die brittischen Behörden officieller Weise nur „Exellenz" tituliren. Er ist von einem englischen Collector erzogen worden und kennt daher die englische Etiquette nicht minder genau, als die Regeln der eignen Kaste. Darauf hin mustert er denn Einen auch von Kopf zu Fuß, und wehe! wenn etwa das Halstuch anders sitzt, als es der englische Gentleman zu tragen pflegt. Die Schlüsse, die er daraus ziehen würde, könnten gleich von vorn herein den Verkehr mit ihm wenn nicht abschneiden, so doch sehr verkümmern. Er würde denken, man sei entweder selbst kein voller Gentleman, oder aber man sehe ihn nicht für einen solchen an. Ich hatte übrigens gleich bei unsrer zweiten Zusammenkunft entschiednes Unglück. Er stellte mir nämlich seinen Secretär vor, und ich, in der Meinung es sei sein erlauchter Bruder, schüttelte ihm ganz kräftig die Hand. Da lagerte sich eine schwarze Wolke über die königliche Braue.

Die Unterhaltung mit ihm war ziemlich schwer. Aber nicht etwa, weil wir eine indische Sprache mit ihm zu reden gehabt; o nein! er würde, wenn man ihn in einer indischen Sprache anreden wollte, sich gradezu für beschimpft halten; er redet eben Englisch, die Sprache der großen Nation im fernen Westen, wo jeder Gentleman ein König ist. Auch nicht etwa, weil er sehr steif vor Einem dagesessen; o nein! obgleich er in englischer Weise sich in den Sessel warf und ein Weilchen ziemlich straff saß, so machten doch bald die einmal an's Unterschlagen gewöhnten Beine fortwährend Versuche, ihre übliche Stellung einzunehmen, und das sah eher nach allem Andern als nach Steifheit aus.

Die eigentliche Ursache liegt vielmehr in der Dürftigkeit seines Geistes. Eine tüchtige tamulische Ausbildung hat er nicht empfangen, und von englischer Bildung hat er blos den Gentleman-Firniß und vielleicht auch diese und jene Gentleman-Untugend angenommen. Von religiösen Dingen aber darf und mag er nichts hören. Fängt man davon an, so spricht er wohl: „Ueber diesen Punkt bitte ich mich zu entschuldigen.“ Er scheint nämlich ganz in den Händen der Brahminen zu sein.

Eine seiner ersten Fragen war, ob wir auch Uhren hätten. Ich ließ sogleich die Uhr meiner Frau holen, die, weil es noch so früh war, nicht mit herunter gekommen. Sie wurde gemustert, und weil sie nicht nach der Zeit in Tritschinopoli ging, von ihm eigenhändig zurecht gestellt. In gleicher Weise kamen auch die Ringe daran, und endlich gar mein Tagebuch, wo er ausdrücklich sehen wollte, was ich über Puducottah hineingeschrieben.

Für den Montag Nachmittag lud er uns zu einem Besuche in seinem Schlosse ein. Dasselbe liegt grade in der Mitte der Stadt, die an 13,000 Einwohner zählt und so gebaut ist, daß an jeder der vier Seiten des hochummauerten Schloßgehöftes vier sehr lange Straßen schnurgerade neben einander hinlaufen. Da dieselben bedeutend breit sind und die Häuser zu beiden Seiten im schönsten Grün geborgen liegen, so war es eine rechte Lust durch die Stadt hinzufahren.

Am Eingange des nicht unköniglichen Palastes empfing uns der Haushofmeister und führte uns in die von vielen hohen Pfeilern getragne Audienzhalle. Der König war eben im Bade. Es dauerte nicht lange, so erschien Se. Majestät selbst, offenbar hoch befriedigt, daß wir pünktlich gekommen waren. Ein paar Minuten ziemlich stummen Nebeneinandersitzens folgten. Der Saal war mit Staatsbeamten, Hofschranzen, Herolden, Pagen u. s. w. gefüllt: eine bunte Menge die uns von allen Seiten her neugierig anstarrte. Endlich nahm der König meine Frau an den Arm; Herr Ochs faßte den Bruder des Königs, der seinen Arm, zum Zeichen daß er geführt zu sein wünsche, auf's Gerathewohl ausstreckte; ich folgte, und hinter mir kam „eine lange Kette.“ — Der König führte uns durch dunkle Gänge und Treppen in ein helles, geräumiges Zimmer, das von europäischen Artikeln so überladen war, daß es vollkommen einem recht großartigen Galanterieladen glich. An der Decke ein Kronleuchter neben dem andern; unten Alles voll von Tischen, Sesseln, Divans u. s. w., an den Wänden eine Unmasse von Armleuchtern, und hie und da ein altmodisches Gemälde. Hier Flaschen mit Confekt, dort Nürnberger Spielzeug, hier Blumenvasen, dort europäische Mappen neben chinesischen und indischen Artikeln. Nun wieder eine gute Weile stummen Nebeneinandersitzens, nur mit dem Unterschiede, daß hier die Blicke der Umgebung nicht auf uns Europäer, sondern auf die schönen europäischen Sachen gerichtet waren.

Zuletzt führte uns der König in das Billardzimmer, wo auch ich, der ich nie der Erlernung dieses edlen Spieles obgelegen, mit Sr. Majestät eine Parthie spielen mußte, anfangs zur großen Belustigung der Hofleute über die Art, wie ich mich dazu anstellte. Der König lachte aus Leibeskräften, als ich nach Beendigung der Parthie bemerkte: „Ihr habt mich weidlich schwitzen machen!“ Er wußte, daß ich nie gespielt; dennoch freute er sich seines Sieges wie ein Kind.

Unterdeß war der Staatswagen, gezogen von zwei prächtigen weißen Rennern, fertig gemacht worden. Wir stiegen, gefolgt von sämmtlichen Höflingen, unter militärischen Ehrenbezeugungen, durch ein dichtes Gedränge von Zuschauern, die alle ehrfurchtsvoll die Hände über dem Kopf spitz zusammenlegten, in den Schloßhof hinab, voran ein geputzter Herold, der die Tugenden des Maha-Radjah allem Volk bekannt machte. Es war in der That eine großartige Scene trotz mancher nebenher laufenden Lächerlichkeit, und die Großartigkeit wurde noch erhöht durch die vielen ungeheuren Elephanten, die am Eingange des Schloßhofes aufgestellt waren. Unterwegs zeigte er uns das Haus seines „großen Ministers," vor welchem ein lumpiger Soldat in schmutziger rother Jacke Wache stand. Es war eine schöne Abend-Spazierfahrt. Alle Häuser waren, da grade ein Hauptfest gefeiert wurde, gesäubert und verziert; die Kinder hatten Blumen in den Haaren und die Rinder liefen mit gefärbten Hörnern und bemalten Leibern frei in den Straßen umher. Der König fuhr uns nach unsrer Herberge zurück und leistete uns den Abend, während wir speisten, Gesellschaft, — immer fragend, wie uns dies oder das schmecke. Kaum hatten wir das allerdings köstliche Brot gelobt, so bestellte er sogleich zwölf Stück für uns zur Weiterreise.

Meine Frau frug: Wie nennen Sie denn ihre Königin? Ich sahe im Geiste schon ein Ungewitter um seine Braue sich sammeln, denn im Orient frägt man Niemanden nach seiner Frau. Doch nein, die kühne Frage gewann im Frauenmunde eine andre Färbung; sie umspielte sein ganzes Gesicht mit dem hellsten Sonnenschein. Nun thauete Se. Majestät ganz auf. „Ich muß um neun Uhr fort; es ist heute ein Fest; da kommen alle meine Verwandten, Minister, Lords und Beamten. Wissen Sie, ich sitze dann auf meinem Throne, ganz voll Goldborten, am Halse meine Diamanten und meine Sterne, und dann fallen alle meine Verwandten, Minister, Lords und Beamten vor mir nieder. Wissen Sie, ich bin das Haupt der militärischen, der bürgerlichen und der kirchlichen Abtheilung." „„Ei so sind Sie ja auch Lord Bischof!"" Da erreichte sein königliches Entzücken die höchste Stufe; es fehlte wenig, so wären die mitentzückten Beine auf den Tisch zu liegen gekommen.

Am andern Morgen, wo Herr Ochs bereits abgereist war, machte der König wiederum seinen gewöhnlichen Morgenbesuch. Ich erklärte ihm, warum ich nach Indien gekommen sei und in welchem Verhältniß ich zu der hiesigen Mission stehe. Ich war schon nicht übel Willens, ihn um Steuerfreiheit für die in seinem Gebiete liegenden Missionsgüter zu bitten; im Laufe des Gesprächs aber änderte ich den schnell gefaßten Plan eben so schnell und verschob ihn auf eine andere Gelegenheit. Alles, was ihn an unserm Missionsgespräche interessirte, war äußerer Art. „Stehen die Missionare unter Ihnen oder stehen Sie unter den Missionaren?“ „Wie hoch beläuft sich ihr Gehalt?“ — das waren die zwei Hauptfragen, die er bei dieser Gelegenheit that.

Meine Frau übrigens war reichlich beschenkt worden. Was ihr besonders zusagte, war ein Kästchen von wohlriechendem Sandelholz, mit Ebenholz, Silber, Elfenbein und Perlmutter gar zierlich ausgelegt. Dennoch waren wir herzlich froh, als wir die Königsstadt im Rücken hatten.

Nachmittags am 14. Januar verließen wir die königliche Herberge und setzten uns in unsern traulichen Ochsenwagen. Wir kamen noch bei guter Zeit nach Tirumajam (13 englische Meilen) an einem seeartigen Teiche. Ich trat in das große Fort, fand aber die zweite Thür verschlossen. Unterwegs hatten wir mehrere Heerden europäischer Schafe gesehen. Schlafend gelangten wir von Tirumajam nach Tirupatur (15 englische Meilen), als eben die Sonne den ersten Lichtschimmer entsandte. (S. 233.)

In dem Rasthause zu Tirupatur, dem die schön bewachsnen Ruinen, wie es schien, einer alten Burg gegenüber liegen, ruheten wir bis zum folgenden Nachmittag.

Bald tauchten Berge zu unsrer Rechten auf; zu beiden Seiten des Weges oft Anger mit bedeutenden Heerden, besonders von Kühen und auch von Schafen; meist aber Felder, die, in der Regel abgeerntet, nur hie und da noch grünten. Nach Sutturs ingarcottah (8 engl. Meilen) kamen wir noch bei Hellem.

Etwa zwei Stunden vor Melur, das von dem letztgenannten Orte

13 englische Meilen entfernt ist, hatte der Monsum von einer Brücke ein Joch hinweggerissen. Ein Glück, daß wir Mondschein hatten; sonst hätte es uns übel ergehen können. Etwa eine Stunde von Melur (Oberdorf) liegt Kilur (Unterdorf). Von dort an steigt es allmählig; nackte Felsenmassen starren am Wege.

Wie froh waren wir, als wir gegen zehn Uhr in die von gewaltigen Bäumen überwölbte Prachtstraße, die von Tritschinopoli nach Madura führt, einlenkten und hier in Melur wohlbehalten anlangten. Das hiesige Rasthaus, dicht an der Hauptstraße, hat eine wundervolle Lage, — in der Ferne rings umher Berge und in der nächsten Nähe prachtvolle Baumgruppen. Ein einziger Banianenbaum mit nahe an hundert aus den herabfallenden Luftwurzeln gebildeten Stämmen breitet seine majestätischen Aeste über einen Umkreis von mehr als 200 Schritten, ein wahrer Lusthain in dessen Schatten die tamulischen Knechte ihr einfaches Mahl bereiten. Doch ich muß schließen und mich zur Weiterreise nach Madura schicken, das nur noch acht Stunden Wegs von hier entfernt ist.

Madura.

Madura, den 23. Januar 1851.

In dem Rasthause zu Melur, dessen einer Flügel sich über Nacht mit römischen Missionaren gefüllt hatte, war unsres Bleibens nur bis zum folgenden Nachmittag. Wie ein Ostindier unter Europäern, so etwa nahm sich das nächste Rasthaus zu Chittampatty (12 englische Meilen) unter seines Gleichen aus; es schien ursprünglich für Eingeborne erbaut zu sein. Wir nannten es frischweg das „Hotel zum freien Winde;" in unserem kleinen „Prophetenstübchen" froren wir förmlich Wir ließen noch vor zwei Uhr des Nachts wieder anspannen.

Wir hatten nur noch zehn englische Meilen bis Madura. Die Straße behielt zunächst noch ihren alten Charakter: zu beiden Seiten hochstämmige Bäume, meist Banianen, mit einzelnen Unterbrechungen, und alle Augenblicke eine ausgemauerte, jetzt trockne Lache; abgeerntete Felder mit weidenden Heerden, hie und da auch eine geschäftige Tenne; zur Rechten stets Berge, die bald näher, bald ferner, bei Madura weit zurücktreten. Wir merkten je länger je mehr, daß wir uns einer großen Stadt nahten. Die Palmyra und die Kokos, die wir so lange vermißt, zeigten sich wieder; breite Baumgänge dehnten sich vor uns aus, und rothstreifige Mandapams (S. 45), die zugleich den eingebornen Reisenden als Rasthäuser dienen, tauchten eines nach dem andern an unserm Wege auf. Es fehlte auch nicht an Tempelchen. Wir naheten offenbar nicht bloß einer sehr großen, sondern auch einer sehr heiligen Stadt. Mit Sonnenaufgang waren wir an dem ziemlich seichten Veicharu (S. 113), der von Badenden und von Wäschern wimmelte; ein gemauerter Weg führte durchhin. Wir umfuhren das weitläufige Madura (mit 36000 Einwohnern?) und nahmen von dem prächtigen Rasthause, eine gute Strecke außerhalb der Stadt, mit entzückter Seele Besitz. So wohlausgestattet hatten wir noch kein öffentliches Rasthaus gefunden.

Obgleich wir beschlossen hatten, dießmal in dem Fremden-Bungalow zu bleiben und alle gastfreundlichen Einladungen, von welcher Seite sie auch kämen, auszuschlagen, so scheiterte doch unsre Festigkeit bald an den vereinten liebevollen Bitten des Oberrichters der Provinz Madura, des Herrn Baynes, und seiner Gemahlin. Hier wohnen wir nun bereits mehrere Tage, wie Freunde oder vielmehr wie Kinder gehalten. Unser Zimmer, ein großer freundlicher luftiger Saal, hat die Aussicht auf einen Pracht-Teich, der von einer weiß und roth gestreiften Mauer eingefaßt wird, und zu dem zwölf stattliche Treppenfluchten hinabführen. In der Mitte desselben, auf grüner Insel, erhebt sich das pagodenartige Mausoleum eines gefeierten Madura-Königs, des Trimala Naiken nämlich. Dieser Teich führt den Namen Teppakulam (Floß-Teich), denn alljährlich wird auf demselben die Minatschi, „die fischäugige" Göttin, eine Form der Parvati, mit ihrem Gemahl, dem alten fabelhaften Madura-Könige Sokkalinga, einer Verkörperung des Siva, von den Brahminen in einem Flosse umhergefahren, das mit seinen Bambus-Hallen und seinen vergoldeten Kuppeln sich ganz stattlich ausnimmt. Wir kamen grade zu diesem abendlichen Feste; etwa zwanzig tausend Lämpchen rings um den 40 Acre haltenden Teich lichteten die Nacht zum Tage. Ein überraschender Anblick! Neben dem Teiche steht ein wunderschönes Mandapam mit einer Art Capelle für Trimala-Naikens Familie; fast griechisch nehmen sich die Säulen aus. Die Nachkommen des Trimala Naiken wohnen zu Vellikuritschi im Sivaganga-Gebiete, wo ihnen der Zemindar von Sivaganga zu ihrem Lebensunterhalte Land angewiesen hat.

Trimala Naika bestieg etwa 1625 den Thron. Unter seiner Regierung kam der berühmte und zum Theil auch wohl berüchtigte Robert de Nobili[218] nach Madura, ein Neffe des Cardinals Bellarmin, der in überrömischer Anbequemung den „westlichen Brahminen" spielte, das Christenthum in einem „fünften Veda" einschmuggelte, und sich ganz wie ein Brahmine trug und lebte. Man will seinen Einfluß am Hofe sogar in dem Styl des alten königlichen Palastes sehen. (S. 246.)

Als wir den Fremden-Bungalow mit dem Hause unsres englischen Gastfreundes vertauschten, sahen wir gleich „das südindische Athen" in seiner vollen Schöne. Das Fort, dessen frühere Lage wir zuerst passirten, ist abgetragen, und der Festungsgraben aufgefüllt. Madura hat schöne breite, und was das Beste ist, reinliche Straßen. Die Häuser, zum Theil zweistöckig, machen einen angenehmen und zugleich wohlhäbigen Eindruck; man bauet immer allgemeiner mit Kalk und Backsteinen. Die anglikanische Kirche leider ist äußerlich fast ohne alles kirchliche Gepräge; selbst die amerikanische nimmt sich stattlicher aus, am stattlichsten die katholische.

Unser Weg führte uns an einem eigenthümlichen Denkmale vorüber. Der englische Collector Blackburne war der erste, der die Straßen der Stadt erweiterte und verschönerte; die Eingebornen stifteten ihm zu Ehren, auf ragendem Pfeiler, eine große Laterne, die von der Pagode her mit Oel versehen wird. So lässet man sein Licht leuchten.

Bald darauf verließen wir die eigentliche Stadt; ein romantischer Baumgang nahm uns auf. Wohnhütten, Rasthallen, Tempelchen, europäisch-indische Häuser, und muhamedanische Mausoleen wechseln unter dem tiefen Schatten desselben mit einander ab; römische Gräber dicht am Wege fordern die Vorübergehenden zur „Fürbitte" auf. Dieser ganze Distrikt nämlich ist von Alters her eine rechte Burg des Papstthums; er soll über 30,000 Römische zählen. Die hiesigen Priester gelten für äußerst rührig.

Die Ruinen des alten königlichen Palastes erinnern fast an römische Großart; die Pfeiler, Bogen und Pilaster-Reihen tragen saracenisches Gepräge. Der Gerichtshof, an dessen Spitze mein Gastfreund steht, hält seine Sitzungen in den hohen und weiten Räumen dieses von Trimala Naiken entweder erbauten oder erweiterten Palastes. Die eigentlichen Trümmerhaufen sind weggeräumt und Häuser daraus gebaut worden. Von dem Dache hatte ich eine umfassende Rundsicht,[219] die im Norden und Westen von Bergen begrenzt wird.

Ich machte hier auch die sehr interessante Bekanntschaft des Collectors Parker. Dieser ist zugleich politischer Agent in Puducottah; der erste Minister des Tondaman hat ihm alljährlich die Rechnungen vorzulegen. Außer dem Richter und dem Collector sind nur noch fünf

Engländer in Madura; ein Gehülfe des Richters, ein Gehülfe des Collectors, ein Arzt, ein Officier und ein Anwalt. Diese paar Leute gehen gleichwohl mit dem Gedanken um, einen anglikanischen Geistlichen nach Madura zu berufen und ihm bei freier Wohnung 150 Rupis monatlichen Gehalts ihrerseits auszuwerfen.

Mein Gastfreund selbst führte mich in die große Pagode der Minatschi und des Sokkalinga, deren Bau man in das zehnte oder elfte Jahrhundert setzt — jene Zeit des erneuerten Eifers um Siva und seine Heiligthümer. Sie zieht durch ihren Ruf besonderer Heiligkeit große Schaaren Pilger von allen Orten herbei. Daher die vielen Rasthäuser und Rasthallen um und in Madura.

Trimala Naiken hat die Zahl der Pilgerherbergen durch ein prächtiges Mandapam aus grauem Granit, 312 Fuß lang und 125 Fuß breit, dicht vor der Pagode, vermehrt. Sechs Reihen von 25 Fuß hohen Säulen — zuweilen aus einem einzigen Stein — tragen das Dach. Die Sculpturen, womit alle Pfeiler bedeckt sind, zeigen eine gewisse Zierlichkeit; darunter findet sich auch die königliche Familie, er selbst und seine sechs Frauen.

Das ganze Tempelgebäude[220] deckt an 20 Acre Land. Man hat die Baukosten, nach jetzigem Maaßstab, auf mindestens eine Million Pfund Sterling angeschlagen. Vier prächtige Thorwege führen in den innern Tempelraum. Fledermäuse schwirren in den langen dunklen Gängen, die von vielen Lampen matt erleuchtet werden. Eine unheimliche Behausung!

Ich ließ mir natürlich auch den „goldnen Lotus-Teich" zeigen, neben welchem die „goldne Bank" stand, auf welcher, wie die Sage berichtet, die wissensstolzen, Siva-verachtenden Academiker[221] über neue Werke der Literatur zu Gericht saßen. Ich fand die Oberfläche des Teiches mit Grün überzogen und die Wände der umschließenden Halle mit schlechten Gemälden aus der Göttergeschichte bedeckt.

Hieher kam, — so sagt die Ueberlieferung — der Verfasser des Kural, Tiruvalluver, in welchem Siva selbst Mensch geworden, um die gottlosen Academiker von Madura zu demüthigen. Er brachte seinen Kural mit, um ihn zur Kritik vorzulegen. Die Academiker, die „selbst in den vier hundert Strophen des Tirukoweijar[222] hundert Fehler fanden," schraken bei der Lesung des wunderbaren Gedichtes zusammen, „wie wenn der Tiger auf die Schafheerde stürzt, — wie wenn das Feuer den Bambus-Wald faßt." Man stellte dem Dichter die üblichen Quer- und Scheer-Fragen, die zur Erlangung eines „academischen Grades" auch in Madura für nöthig galten; er beantwortete sie auf der Stelle in hochtamulischen Versen.

„Tiruvalluver! der Aufnahme deines Gedichtes steht noch ein Bedenken entgegen, dieses nämlich: wenn die Bank, darauf wir sitzen mit klassischen Werken in Berührung kommt, so macht sie von selber Platz; stimmt die nun bei, so hast du unser Aller Beistimmung." So sprachen die verzweifelnden Academiker. Nun legte Tiruvalluver sein Werk auf die goldene Bank, und siehe da, sie schrumpfte mit Einem Male so zusammen, daß sie nur für den Kural Platz ließ, die 49 Academiker aber in den „goldenen Lotus-Teich" schleuderte.[223] Wir wollen wünschen, daß er damals nicht so grün bewachsen war, als jetzt; sonst müßten sich die Herren Professoren in ihren weißen Gewanden eigenthümlich ausgenommen haben, als sie nun in großer Verwirrung aus dem Teiche heraufstiegen und den „göttlichen Dichter und seinen heiligen Kural" in 49[224] Strophen priesen.

Für jetzt noch ein paar Worte über die amerikanische Mission hierselbst. Sie hat bereits länger als ein Jahrzehnt in dem Distrikte von Madura gearbeitet und zählt jetzt 12 amerikanische Missionare, 71 Katecheten und Leser, 68 Schullehrer, — also 151 Arbeiter, auf 9 Stationen. Der Bericht von 1850 zeigt nicht mehr als 202 „Glieder in gutem Stande" (d. i. Glieder in voller kirchlicher Gemeinschaft) auf allen neun Missionsposten zusammen, meist Pariahs; und daneben Paller (hier in Madura wenigstens), Vellaler (besonders in Dindigul) und Schanars. Bedenkt man die bedeutende Masse arbeitender Kräfte, so muß das vorliegende Ergebniß ein sehr geringes genannt werden. Daneben aber stehen 66 Gemeinden, mit etwa 2000 Seelen, ganz eigner Art. Die amerikanischen Missionare nennen sie „christliche Gemeinden;“ es sind aber genau genommen weder Christen, noch Heiden. Es sind Leute, die „dem Heidenthum entsagt und sich verbindlich gemacht haben, den Sabbath zu halten, die Kirche zu besuchen und sich den Regeln der christlichen Religion anzubequemen.“ Katecheten oder Leser wohnen in ihrer Mitte und unterweisen sie; die Missionare aber besuchen sie gelegentlich, um sie „in ihren guten Entschlüssen zu bestärken und ihnen den Weg Gottes vollkommner auszulegen.“ Daß die hiesige Mission so wenig Glieder in voller kirchlicher Gemeinschaft aufzuweisen hat, kommt wohl auch mit daher, daß die amerikanischen Missionare in Madura die Taufe sehr lange hinausschieben und in Bezug auf die indischen Kastenverhältnisse nicht weise genug verfahren.

Ich fuhr mit einem der amerikanischen Missionare nach dem benachbarten Pasumalei, wo sie eine Art Seminar haben. Von den 33 Zöglingen desselben gehörten nur 23 der Kirche gliedlich an.

Morgen schon gedenken wir auf der berühmten Pilgerstraße nach Ramesseram, dem südindischen Benares, zu reisen. Wir haben uns hinlänglich erholt, um die saure Reise anzutreten. Herr Baynes hat den Weg vor uns her möglichst bereitet. Wir finden fast aller vier Stunden frische Postochsen aufgestellt, ein Lastwagen mit unserm Gepäck ist bereits vorausgeschickt, ein Polizeisoldat wird uns begleiten, und an den Ruhepunkten werden uns die Ortsbehörden mit Speise und Trank versehen. Einem Manne wie Herrn Baynes, dem ersten in der ganzen Provinz, steht freilich alles Mögliche zu Gebote. So legen wir die ganze Strecke von mehr denn 100 englischen Meilen in drei

Nächten zurück und können während der Tageszeit jedesmal in einem öffentlichen Ruhehause rasten. Kommen wir dann an das Meer, so steht schon ein Boot bereit, uns auf das „heilige Eiland" Ramesseram hinüberzusetzen. Dort ist ein schönes Ruhehaus für europäische Reisende. Wir freuen uns sehr auf die frische Seeluft. Hier in Madura nämlich wird die Hitze schon wieder drückend, und wer immer kann flieht auf die benachbarten Berge, wo 6000 Fuß über dem Meere europäische Wohnhäuser die von der Hitze des Tieflandes Gedrückten empfangen und ein freundliches Caminfeuer die tropische Sonne vergessen macht. Wenn wir dann auf Ramesseram ein paar Tage geruht haben, so gedenken wir, will's Gott, nach dem paradiesischen Ceylon hinüberzusegeln, und bei einem lieben Landsmann in dem romantischen und stets kühlen Candy wieder einmal auf längere Zeit zu rasten.

Ramnad.

Ramnad, eigentlich Ramanathapuram[225] „Stadt Rama's des Herrn" — man braucht nur diesen Namen zu hören um zu wissen, daß das nächste Ziel unsrer Reise in den Augen der Hindus ein sehr heiliges war.

Am 23. Januar Nachmittags um 5 Uhr setzten wir uns in den Pferde-bespannten Wagen unsres lieben Gastfreundes und bestiegen dann in Manalur („Sanddorf?"), vier englische Meilen von unsrem Wohnhause am Ostende der städtischen Anlagen, unsren vorausgeschickten Ochsenwagen. Sobald es dunkel wurde, stellte sich ein Fackelträger ein und endlich auch ein Polizeisoldat, die beide auf jeder Station wechselten. Unsre Ochsen wurden auch einmal abgelöst, denn der Pilgerweg von Madura nach Ramnad und Ramesseram ist des vielen Sandes wegen ein sehr beschwerlicher. Der Cotwal in Muttunandel (21 englische Meilen von Madura), der die Postochsen besorgt hatte, kam selbst mit an den Wagen und ließ mich aus meinem süßen Schlummer wecken, wahrscheinlich damit ich mit eignen Augen seine Dienstbeflissenheit sehen und höchsten Orts rühmen möchte. Früh gegen 5 Uhr waren wir in Paramagudi, wo die Ranni („Fürstinn") von Ramnad ein kleines Ruhehaus für europäische Reisende errichtet hat. Die Sperlinge, die darin hausten, theilten es ungern mit uns.

In diesem Orte, einem Weberdorfe, das Maraver, Kaller und Schanars bewohnen, fanden wir in dem Munsiff, einem Ostindier, einen angenehmen und gefälligen Mann. Er war schon von Madura aus beordert worden, uns mit seinem trefflichsten Kari zu bewirthen seine Küche nämlich stand in dieser Beziehung bei Herrn Baynes, den sein Berufsweg zuweilen durch Paramagudi nach Ramnad und Ramesseram führte, in dem allerbesten Geruche. Von dem Munsiff erfuhr ich auch, daß eine Naiker-Kaste, offenbar militärischen Charakters, von Trimala-Naiken her in Paramagudi wohnt. Wahrscheinlich die Familie des Königs im weiteren Sinne.

Abends um sieben Uhr fuhren wir mit unsern eignen Ochsen bis Pugalur Sattiram. Von dort brachten uns Postochsen gegen zwei Uhr Morgens nach Ramnad. Eine angenehme Ueberraschung, als wir in dem schönen Hause, das die Ranni von Ramnad für europäische Gäste erbaut hat, auf Silber-blinkendem Tische etwas ganz Gutes für den „leidigen" Magen fanden. Der dortige Hof hatte sich eine kleine Ungnade bei meinem lieben Gastfreunde in Madura zugezogen; dafür wurde nun die Verpflegungs-Ordre von dorther um so dienstbeflissener ausgeführt. In dem besten europäischen Hotel hätten wir es nicht besser haben können. Dazu kam, daß alle Diener Christen waren.

In einem wahrhaft fürstlichen Tragsessel erschien noch am Vormittage der Bruder der Ranni, in dessen Händen die Verwaltung ist, — ein schöner Mann in mittleren Jahren mit offnem, lebhaftem Auge. Schwere Gold-Ketten hingen an seinem Halse; prächtige Ringe saßen auf seinem Finger; eine Art Dolch in goldner Scheide prangte an seiner Seite. Dicht neben ihm stand ein Page mit der Betel-Büchse und ein andrer mit dem Speichelnapfe. Ein großes Gefolge von Hofleuten umgab ihn.

Er ließ sich frisch in eine Unterredung ein. Das konnte er gar nicht fassen, warum wir Europäer doch das „süße Heim" verlassen, — und warum ich nach dem sandigen Ramesseram reiste, da ich an die Heiligkeit des Ortes doch nicht glaubte. In einem daran sich schließenden religiösen Gespräche wollte er „von dem Buchstaben an den Geist" apellirt wissen; er brauchte dabei als Bild die Apfelsine, wo doch der Saft Alles, die Schale nichts sei! O des deutschen Philosophen am Throne zu Ramanathapuram. Wir hatten eigentlich beschlossen, schon gegen Abend weiter zu reisen. Unser hoher Gastfreund bat aber so inständig einen Tag zuzugeben, daß wir nicht widerstehen konnten. Er selbst wollte in Bezug auf die Aufstellung der Postochsen die nöthige Contre-Ordre geben.

Nachmittags sahen wir auch den Polizei-Präfecten, einen Telugu-Brahminen, bei uns. Man fühlte es ihm ab, daß er sich nur mit Mühe dazu entschlossen hatte, dem Ketzer aus dem Westen seine Aufwartung zu machen.

Gegen Abend erwiederten wir den Besuch des Bruders der Ranni. Musik empfing uns in der alten Burg des „Brückenhüters."[226] Wir mußten zuerst in dem Rama-Linga-Vilasam „der Rama-Linga-Halle" niedersitzen. Dann führte uns der Bruder der Ranni in ein oberes Gemach und zeigte uns seine Götter. Zuletzt wurden wir bekränzt, mit Rosenwasser besprengt und dann mit Musik entlassen.

Die Gegend von Ramnad ist die Vorhalle zu dem heiligen Ramesseram. Die Pilger, die aus ganz Indien nach Ramesseram strömen, bereiten sich hier gewissermaßen vor. Bei Devipatnam[227] baden sie zuerst in der Fluth des Meeres, das der Uebergang des göttlichen Streiters, Rama, nach dem dämonischen Ceylon für immer geheiligt hat.

Dicht bei diesem Orte erhebt sich am Ufer der See ein prachtvoller Banianenbaum, ein seltner Gast in diesen Regionen des Sandes. Unter den weiten Schatten desselben liegt ein einfaches Grab, auf welchem die Worte stehen: „Jesus ist meine Hoffnung; Alles ist Frieden." Es ruhen daselbst die sterblichen Ueberreste der Frau des amerikanischen Missionars Todd, die hier mitten unter den Heiden im Jahr 1835 starb.

Mit diesem Grabe hat es eine ganz besondre Bewandtniß. Als den amerikanischen Missionar Taylor vor einigen Jahren sein Weg in jene von Europäern gar selten besuchte Gegend führte, fand er zu seinem Erstaunen die Oberfläche des Grabsteins reichlich mit Oel gesalbt und einige Lampen davor brennen. Er frug die umherstehenden Heiden, Römer und Muhamedaner, was das zu bedeuten habe. Sie antworteten: „Es geschehen hier Wunder." Jetzt fiel es dem Missionar wie Schuppen von den Augen: man hatte die verstorbene Missionarsfrau zu einem Gegenstande abgöttischer Verehrung gemacht. Wem fällt da nicht die Stelle Weisheit Salomonis 14, 15 — 16 bei, die uns über die Ursprünge des Götzendienstes belehrt. „Ein Vater, so er über seinen Sohn, der ihm allzufrüh dahingenommen ward, Leid und Schmerzen trug, ließ er ein Bild machen, und fing an den, so ein todter Mensch war, nun für Gott zu halten und stiftete für die Seinen einen Gottesdienst und Opfer. Danach mit der Zeit ward solche gottlose Weise für ein Recht gehalten, daß man auch mußte Bilder ehren aus der Tyrannen Gebot." Wir haben es hier mit etwas ganz Aehnlichem zu thun: die bewundernde Liebe der Lebenden macht aus dem abgeschiedenen Geiste einen Genius.

Ramnad ist bekanntlich ein Hauptort der Maraver (S. 181), deren Tapferkeit in der tamulischen Poesie hochgepriesen wird.[228]

„Wie eine Tigerheerde, wie Löwen und Schlacht-Elephanten „rennend in das Kampf-Getös des Fürsten der glühenden Haide — „wo die von heftigem Zorn, Stolz und Ruhmbegier brausende Schlacht „schwer schreitet, — kämpften sie den Kampf, zischend gewaltiglich. —"

„Dem Anschwellen der Männerschlacht-Fluth mich entgegenstem„mend, mit dem Schwerte halt' ich Stand. Ich will — o du Heiß„muthiger mit der helljauchzenden Seele und dem sieghaften Fuß„ring — meinen Leib opfern; Andre mögen des Palmsafts Freude „schlürfen. —"

„Der die Feinde eingegarnt, — der Königssohn — öffnet (den „Gefallenen) die Brust, windet die mit dem Spieß gefaßten Einge„weide sich um als Kranz, und ohn' Aufhören zischend, wirft er den „Leib umher. Die Trommel braust, während das Schwert, von der „Hand gefaßt, sich schwenkt."

Der kriegerische Muth der Maraver ist längst gebrochen; in dem Angesichte des Bruders der Ranni glaubte ich noch einige Funken sprühen zu sehen. Einer so freien Stirn und einem so freien Munde wenigstens war ich unter den allzuzahmen Hindus noch nie begegnet.

Der Koch des Bungalow klagte, die Christen in Ramnad seien wie „Ein Frosch unter tausend Schlangen;" nur der Bruder der Ranni mache keinen Unterschied zwischen Heiden und Christen; alle Andern hätten „Honig auf der Zunge, und Gift im Herzen." Er selbst habe früher in allen möglichen Dissenter-Missionen bei allen möglichen Missionaren in allen möglichen Stellungen gedient, bis man ihn habe zwingen wollen, sich an einem sogenannten „Prüfungsessen" zu betheiligen. Das habe er als Vellalen nicht thun können; in der Kirche wohl sei die Aufhebung alles Kastenunterschiedes in der Ordnung, nicht aber im gewöhnlichen Leben.

Auch in Ramnad sah ich die gesegneten Spuren von „Vater Schwarz.“ Das Kirchlein daselbst wurde von ihm für Engländer und Eingeborne zugleich erbaut; jetzt ist es in den Händen der englischen Propaganda. Diese hatte für die kleine Gemeinde der Eingebornen in Ramnad damals den landesgebornen Nachkommen eines Deutschen aus Sachsen als Katecheten angestellt, der vielleicht seitdem die „Diakonen-Sporen“ verdient hat. Man verzeihe mir den Ausdruck! Aber die englische Propaganda hat eine große Menge von Ostindiern in Dienst und Sold, die zuerst als Katecheten angestellt, und wenn sie sich als gute „Mehrer“ der Gemeinde erfinden lassen, zu „Diaconen“ und zuletzt auch zu „Priestern“ befördert werden. Diese Doppel-Aussicht auf größere Ehre und bessern Sold spornt dann natürlich sehr, die Zahl der Gemeindeglieder möglichst zu erhöhen, und da die sogenannten Ostindier selten Leute von grund-gediegnem Charakter sind, die englische Propaganda aber in Bezug auf ihr Missionspersonal bisher nicht grade wählig war, so kommt es wohl vor, daß ein solcher Katechet zur Erreichung seines Zweckes einen Streifzug in nachbarliches Missions-Gebiet unternimmt. Die amerikanischen Missionare in Madura wollten den anglikanischen Katecheten in Ramnad bei einem solchen Unternehmen ertappt haben. Ich verzichte auf den Charakter eines spruchfähigen Richters zwischen beiden Partheien; das aber muß ich zur Steuer der Wahrheit sagen, daß mir der englisch-redende Landsmann in Ramnad bei aller Dienstfertigkeit gegen mich nicht durchweg gefallen hat. Ich bedaure von ganzen Herzen alle Abkömmlinge von Europäern in Ostindien, — auch wenn sie keine Mischlinge sind, — die nicht mindestens in der Heimath erzogen wurden und so zur natürlichen die geistige Ebenbürtigkeit gewannen.

Der Katechet hatte das Stück Land, das die Ranni für Missionshaus und -Garten hergeschenkt, an Leute ausgethan, die mit grünen Waaren handeln; diese zahlten nur eine kleine Pacht und waren dafür zur allmähligen Instandsetzung verpflichtet. So war denn neben dem eben erst in Bau genommnen Missionshause bereits ein kleiner Garten aufgesprossen. Ich begab mich des andern Tages auch dorthin. Als ich heimkehrte, sah ich das alte „Kaufhaus" und das alte Gefängniß. Dort „Werdelust", hier Ruin.

Ramesseram.

Zu Ende waren bald die zwei „schönen Tage" von Ramanathapuram; betrübten Herzens sagten wir Valet der wohleingerichteten Herberge des „heiligen Brückenhüters" oder vielmehr der Brückenhüterin; denn der letzte Herr von Ramanathapuram hinterließ eine kinderlose Wittwe. Alles hatte sich dort fein gütlich gethan; selbst unsre Oechslein hatten sich kugelrund gegessen; sie konnten in dem tiefen Sande kaum ausschreiten, als wir am 26. Januar mit Sonnenuntergang unser Angesicht gen Ramesseram[229] wandten.

Das war eine angst- und beschwerdevolle Nachtreise. Nach den ersten neun Meilen sollten wir frische Ochsen finden. Keine Spur! Der nebenherschreitende Polizeisoldat wußte nicht einmal, daß wir auf Umspann rechneten. Hatte unser fürstlicher Gastfreund die nöthigen Befehle nicht gegeben oder waren sie nicht ausgeführt worden? Jedenfalls hatte uns das Haus des „Brückenhüters" schlechtere Dienste geleistet, als jener wackre Urahn dem pilgernden König von Madura. Noch ein paar Meilen schleppten sich unsre Thiere hin; dann mußten wir aussteigen. Ich selbst half den Wagen schieben. So kamen wir gegen Mitternacht mit „Mühe und Noth“ bis zu dem Sattiram etwa auf der Mitte des Weges. Dort rasteten wir bis früh drei Uhr und versuchten dann unser Heil von Neuem. Trotz Locken und Schlagen, trotz Schieben und Stoßen wollten die Thiere abermals nicht weiter. Endlich fanden wir ein paar Postochsen; allein sie waren sehr klein und nur an Karren gewöhnt; unser Reisewagen bewegte sich von ihren Anstrengungen auch nicht um einen Zoll weiter. Der Knecht spannte nun den stärksten derselben mit unserm stärksten zusammen. So rückten wir „sacht von Ort zu Ort,“ bis etwa vier Meilen weit von dem nächsten Ziele unsrer Reise. Dort nahmen uns die rückkehrenden Ochsen unsres vorausgeschickten Lastwagens in's Schlepptau und brachten uns zuletzt auf dem gräßlichsten Pflaster — zwei halb aufgerißene Reihen von Quadern — glücklich nach Dhoni-Turey, „Schiffs-Anfurt.“

Der Herr der Maraver zu Ramnad ist in der That ein „Fürst der glühenden Haide, wo die von heftigem Zorn, Stolz und Ruhmbegier brausende Schlacht schwer schreitet“ (S. 254); der Weg von Ramnad nach Dhoni-Turey wenigstens macht ganz diesen Eindruck. Eine kümmerliche Allee führt zuerst durch unwirthlichen Sand; zu beiden Seiten wüste Flächen mit vereinzelten Baumgruppen. Hie und da jedoch stößt man auch auf Oasen des Anbaues. „Was soll man sich wundern, daß die Lüge weicht und Ruhm stets aufsprießt? Fahren lassend den glänzenden, tönenden Preis, die Welt bestritten zu haben, erschien vor Zeiten, wo hier bloß Stein und kein Land erschien, mit dem Schwert der Ansiedler und ist nun alt worden in diesem Lande.“ [230]

Nach drei bis vier Stunden Weges zeigt sich links eine Einbuchtung der nahen Salzfluth. Zuletzt kommt man in eine Waldwildniß, die aber hie und da von Palmyra-Gruppen, und endlich auch von Kokos-Palmen unterbrochen wird.

Diese Waldwildniß gefiel mir nicht übel. Zwar waren die Bäume mit ihren beinahe korallenartigen Aesten fast alle dornig, und die Blätter mehr grau, als grün; allein die Formen derselben fesselten das Auge; hier stellten sie einen Schirm dar, da eine Laube, dort eine Wand. Darüber wucherten roth- und weißblumige Schlingpflanzen, und Sträucher mit einer gelben Blüthe, die der Flatterrose ähnelte, drängten sich dazwischen. Den zuweilen angerartigen Boden deckten Blümchen, die an das Vergißmeinnicht erinnerten. Hier zwitscherten Vögel, dort flatterten bunte Schmetterlinge, hier grasten Ziegen, dort sprangen Pferde, hier spielten Eichkätzchen, dort erhoben sich weiße Wasservögel. Auch von Menschen belebte sich die Straße je länger je mehr, und als nun endlich der Seewind die „glühende Haide“ zu unsern Füßen und die noch heißere Sonne über unsern Häuptern kühlte, da vergaßen wir unsern Verdruß, daß wir, statt vor Sonnenaufgang, erst gegen Mittag nach Dhoni-Turey kamen.

Von Dhoni-Turey mit einem sehr belebten Sattiram brachte uns ein Boot über den gerade sehr ruhigen Kanal in einer halben Stunde nach Pamben auf dem Kokos-umsäumten Ramesseram. Durch tiefen, mit Korallen untermischten Sand schritten wir, unsre letzten Kräfte daransetzend, dem öffentlichen Rasthause zu, das, auf einer kleinen Erhöhung ziemlich dicht am Strande gelegen, die erquickende Seeluft aus der ersten Hand empfängt. Kein irdischer Pflanzendunst mischt sich da in diese ambrosische Gabe von See und Himmel; der saftarme Pflanzenwuchs von Dhoni-Turey setzt sich hier fort, wie denn Ramesseram vor Zeiten offenbar mit dem Festlande drüben ein Ganzes gebildet hat. Die Bäume rings um das Rasthaus zu Pamben haben zwar die Schirmform, — sie stehen fast wie ungeheure Pilze da, — aber sie sind schlechte Sonnenschirme; die dornigen Aeste mit dem ärmlichen Blätterwerk verstreuen nur spärlichen Schatten über den glühenden Sand. Hinter dem Rasthause jedoch hat ein Eingeborner der Ungunst des Bodens einen ganz hübschen Garten abgerungen; eine Rose zum Geschenke bringend, bot er uns alsbald nach unsrer Ankunft sein Gemüse feil. Jeden Morgen während unsres fünftägigen Aufenthaltes in Ramesseram stiegen wir an das Gestade hinunter, um Seepflanzen in allen Farben, allerliebste Muscheln und — Korallen zu sammeln. Das war denn endlich einmal eine Probe von „Indiens Korallenstrand.“

Zu unsrer großen Freude trafen wir hier eine deutsche Familie. Der Mann war der Nachkomme eines Brandenburgers, der, zuerst Schreiber bei dem holländischen Commodore Rosen, später eine Art Unterstatthalter in Tuticorin wurde, endlich aber, als die „verhaßten“ Engländer an die Stelle der Holländer traten, abdankte. In seiner liebenswürdigen Frau fanden wir die Tochter eines deutschen Missionars, später holländischen Predigers in Colombo. Er — ein alter grundehrlicher Bursche — flößte uns die lebhafteste Theilnahme ein. Früh verwaist, wurde er anfänglich von Missionar John in Trankebar erzogen; sein böser Stiefbruder aber, der sein Theil am väterlichen Erbe in die Tasche steckte, brachte ihn wider Willen auf ein Schiff, ebenso seinen jüngern Bruder, nur leider nicht auf dasselbe. Er hatte nun jede Spur von seinen Verwandten verloren; wie ein „Mann ohne Schatten“ lebte er auf dem sonnigen Ramesseram — im Dienste einer Nation, die er, wie sein Vater, nicht liebte. Er war nämlich bei der Mauth angestellt und machte außerdem bei dem Tempel von Ramesseram eine Art „Constabler.“ Mit dem „commandirenden Offiziere“ — dem einzigen europäischen Mitbewohner des Eilandes, hatte er so gut wie keinen Verkehr. So — ich möchte fast sagen „unter Larven die einzige fühlende Brust“, seufzte er nach seinen Verwandten in Deutschland, die er nicht kannte, und mit denen er, wenn er sie gekannt hätte, nicht einmal in einen ordentlichen Briefwechsel treten konnte: er und seine Frau hatten ja — ächt deutsch! — die deutsche Muttersprache längst vergessen. Der letztere Verlust war bei seinem Alter unersetzlich; seine deutschen Verwandten hab’ ich seitdem für ihn gefunden. Mein fremdzungiger aber deutschherziger Landsmann borgte mir sein Pferd zu einem Ritt nach dem Tempel von Ramesseram, dem heiligsten in ganz Südindien: das dortige Lingam hat ja, der Ueberlieferung nach, Rama selbst gestiftet zur Sühne für vergoßnes Blut unweit der Stelle, wo eine Reihe von Klippen nach Manar bei Ceylon hinüberläuft, — nach der Meinung der Hindus Ueberbleibsel jener Felsenbrücke, die Rama zur Hinüberschaffung seines Heeres nach dem barbarischen Ceylon über den Golf von Manar baute. Die acht englische Meilen lange Pilgerstraße ist mit großen Quadern gepflastert; Tulpenbäume und später besonders Tamarinthen beschatten sie, je länger je dunkler. Zu beiden Seiten starrt dieselbe dornige, von Schlingpflanzen überkleidete und von Schaf- und Kuhheerden beweidete Wildniß wie drüben bei Thoni-Turey. Trotzdem machen sich hie und da auch Kambu- und Keveru-Felder, Palmyra's und Kokos, ja sogar Bananen bemerklich. Der ganze Weg ist für die Pilger eingerichtet. An zwölf, zum Theil verfallne, Mandapams laden zu Rast und Herberge. Dem Mandapam gegenüber unter schattigen Bäumen sieht man in der Regel eine steinerne Platform. Selten ein eigentlicher Teich, häufiger ein Brunnen, und am allerhäufigsten eine einfache Vertiefung im Sande, zuweilen ausgemauert. Allenthalben Verkäufer.

Ich fand die Straße von Zureisenden und Abziehenden reich belebt; am Wege lagerten bunte Gruppen — waschend, kochend, essend, singend, schlafend. Dicht vor der Stadt sah ich einen prächtigen Teich mit einem eben so schönen Mandapam Schaaren von Pilgern um sich sammeln; man badete dort — und ließ sich scheeren. In Ramesseram selbst fehlt es nicht an guten Herbergen; die schönste haben die Setti's (Kaufleute) gebaut; auch das königliche Sattiram im Angesicht der Pagode ist sehr geschmackvoll. Auf dem netten Bazar fallen besonders die vielen Muschelhaufen in's Auge.

Kaum hatte ich die h. Stadt betreten, so nahm mich ein Polizeisoldat unter seine Obhut; ein Sudra-Cicerone stellte sich, mir eine Citrone bietend, zur Verfügung; Brahminen umdrängten und geleiteten mich. Man beförderte mich mittelst einer Leiter auf das Tempeldach, das, eben erst getüncht, im Scheine des Mittags so blendete, daß ich kaum sehen konnte. Von da stieg ich die noch ein Stock hohe Pagode hinan, unter welcher von Abend her sich der Eingang in den Tempelhof öffnet. Eine leidliche Aussicht über die sandige Insel, die nach Westen hin in frisches Grün gekleidet erscheint, that sich da oben auf. Schade, daß die indischen Pagoden keine frei ausschauende Platform haben; freie Ausschau ist dem Hindu-Geiste zuwider. Die Krone dieser Pagode aber hatte, statt der üblichen vier, gar nur zwei Lugen, und die nach Osten gestattete nur die Aussicht über das Tempel-Ganze.[231] Ich quetschte mich in die nach Westen hinein.

Die mit dem Heiligthum in Ramesseram verbundene Brahminenwelt zerfällt in zwei Hauptklassen: „Arier" (500?) und „Parikschei-Pattamar" (100?)[232]. Die Ersteren, Smarta-Brahminen (S. 134) aus Nandi-Gramam im Gangeslande, haben den eigentlichen Tempeldienst, die Letzteren, theils Telugu-Smarta's, theils canaresische Madhavas (S. 139), versorgen die Pilger mit dem Nöthigen und verrichten wohl auch gewisse religiöse Ceremonien in den Pilgerherbergen.

Eben hatte sich zwischen beiden Partheien ein heißer Streit entzündet. Die Arier behaupteten, der herrliche Rama habe ihnen und ihnen allein den Gesammtdienst in und bei den von ihm gestifteten Heiligthümern überantwortet; ihre Vorfahren aber hätten vor längerer Zeit einen Theil ihrer Rechte eben an die Parikschei-Pattamar verpfändet; den wollten sie nun zurückhaben. Sie beriefen sich dafür auf eine alte Inschrift, aus der aber nur hervorgehen soll, daß die Arier unter den Brahminen von Ramesseram „vorragen".

Da der Proceß noch schwebte, so fiel das Gespräch sehr bald

darauf. In meiner Pagodenluge mußte ich beide Partheien geduldig anhören; je Einer von beiden Seiten hockte vor der innern Oeffnung. Interessant war es mir, die auffallende Weiße des Ariers und die eben so auffallende Schwärze des Andern wahrzunehmen. Hier wurde das Sprüchwort „Unter den Brahminen keine Schwärze und unter den Pariahs keine Weiße“ in seiner ersten Hälfte zu Schanden.

Was das Heiligthum von Ramesseram Schönes hat, das gipfelt in den 230 Schritte langen Hallen, die das Tempel-Viereck umgeben. Hier ist in der That Freiheit und Geschmack. Sie wurden eben ausgebessert. An einer Stelle hielt man offenbar Kadscheri; mehrere Schreiber kauerten mit Griffel und Palmblättern am Boden umher.

In einem benachbarten Mandapam pflegte ich der Mittagsruhe. Ein Vorhang wurde improvisirt; das Gestell, das den Gott bei feierlichen Umzügen aufnimmt, machte ich zur Lagerstätte.

Als ich durch die Straße der Arier abzog, entstand eine allgemeine Bewegung. Ich glaube gar, sie hielten mich für einen officiellen Horcher in Bezug auf die „brennende Frage“ von Ramesseram. Man umringte mich und wollte das Ergebniß meiner Untersuchung hören.

Auf dem Rückwege nach Pamben sah ich neben Einheimischen, die uns mit Holz und Eßwaaren zum Verkauf entgegenzogen, Hunderte von heimkehrenden Pilgern. Vier riesige Burschen fielen mir besonders auf; sie kamen wahrscheinlich aus dem hohen Norden; ihre Gesichtsfarbe war gar zu weiß. Jeder Pilger trug ein Bündel auf dem Kopfe oder eine Bambusstange auf den Schultern mit Matten, Töpfen und andern Reisegeräthschaften. Wie mancher derselben mochte mit „mühseliger und beladener“ Seele gekommen sein, und nun doppelt mühselig und beladen in die ferne Heimath zurückpilgern.

———

VI.

Reise in das Innere von Ceylon.

Erste Abtheilung.

Von Pamben nach Colombo.

So waren wir denn der interessanten Insel abermals nahe gekommen, wo bei einer fast paradiesischen Natur das Heidenthum seine besten Streitkräfte gewissermaßen auf Einen Punkt zusammengezogen hat. Auf Ceylon nämlich sind die drei mächtigsten Gestalten des Heidenthums den innigsten Bund eingegangen: das Brahmanenthum, das fast die ganze vorderindische Halbinsel unter seinem Joche von Stahl und Eisen gefangen hält, das Buddhathum, das mehr als ein Drittel der gesammten Menschheit auf seiner „dürren Haide im Kreise umherführt“ und der Teufelsdienst, der seine feurige Geißel über ganz Afrika, alle Südseeinseln und einen großen Theil von Asien schwingt.

Wir fürchteten schon, daß es uns auf Ramesseram eben so gehen könnte, als weiland auf Point Calimere (S. 61), besonders weil wir auch unsre gehörnten Reisegefährten in das abgöttische „Paradies“ von Ceylon mit hinüber zu nehmen wünschten. Da mit einem Male lief ein hundert und fünfzigtonniges Schifflein an, das von Vizagapatam her eine Ladung Reis nach Point de Galle führte, um dort Kokosnüsse und Strickwerk aus Kokosfasern einzunehmen. Diese „Trial“ d. i. „Prüfung,“ endete, was ihr Name besagte; denn der Capitän, ein junger Engländer, wollte uns und unsre Oechslein nach Colombo fördern.

Am Morgen des 1. Februars bestiegen wir das Schiff, das an dem südlichen Ende des Kanals in ziemlicher Entfernung vor Anker lag. Wir sahen dabei die Maschine, die, an der Vertiefung des Kanals arbeitend, die Anzahl durchfahrender Schiffe fortwährend mehrte. Erst um zwei Uhr wurden wir segelfertig; dann aber ließ uns ein günstiger Wind der langersehnten Insel entgegentanzen. Als wir am andern Morgen auf das Verdeck traten, flogen die grünen Säume ihres Gewandes an uns vorüber. Wäre der Wind dem Norden vollkommen treu geblieben und nicht zu weit nach Osten hinüber geirrt, zuletzt aber ganz unstät und dazu kraftlos geworden, so hätten wir vielleicht auf Ceylon bereits zu Mittag essen können, so aber warfen wir erst nach sechs Uhr in dem Hafen von Colombo Anker, oder vielmehr bei dem Hafen, denn der Kapitän wollte das Hafengeld sparen. Da sich unterdeß ein heftiger Wind erhoben hatte, so bekam das Schifflein so gewaltige Stöße, daß ich fast über Bord geworfen wurde. Wir beschlossen daher, trotz der bereits eingebrochnen Nacht, sogleich an's Land zu gehen. Der „Midshipman" ließ sich willig finden, uns in einem Boote abzusetzen. Gefährlich war, bei dem reißenden Wellengebrause, die Uebersiedlung in dasselbe, gefährlich auch, bei der völligen Dunkelheit, die Steuerung zwischen den ankernden Schiffen mit ihren hemmenden Tauen, gefährlich endlich, bei der Unbekanntschaft des Midshipman mit den dortigen Oertlichkeiten, die Landung an der steilen Hafenmauer. Wir waren sehr dankbar, als wir der paradiesischen Insel endlich an den Busen oder vielmehr zu Füßen sanken — wir wurden nämlich halb hinaufgezogen und halb hinaufgestoßen, so daß wir, oben ankommend, uns in der ehrfurchtsvollsten Lage des ehrfurchtsvollen Morgenlandes befanden. Ein englischer Soldat, der uns wohl für Schmuggler hielt, eilte uns entgegen, trat aber beim Anblick einer Dame sogleich in die Schranken der Bescheidenheit. Zur Aufsuchung des „wirthlichen Daches," das uns der holländische Geistliche in Colombo angeboten, war es zu spät geworden. Unser Soldat bot uns sogleich die Wachstube zur ersten Nachtherberge an; er wollte uns die Fremde, die er aus eigner Erfahrung an seinem noch immer heimwehkranken Herzen kannte, in seiner Weise erleichtern helfen. Mehr als eine Rücksicht jedoch bewog uns zu dem Versuche, in einem englischen Gasthause ein Unterkommen zu finden. Der Wirth zum „Royal-Hôtel" maß uns zwar mit Blicken zwiefachen Mißtrauens, denn wie in aller Welt können zweibeinige Wesen, die sich zur Fortbewegung ihrer eignen Füße bedienen und ohne dienendes Gefolge auftreten, der raren Species, „Gentleman" und „Lady" zugehören? Dennoch — ich kann mir das Wunder heute noch nicht erklären — dennoch wurden wir nicht hinausgewiesen; wir bekamen sogar eine Art Zimmer mit einem Bette — und keinem Stuhle, dicht neben der lärmenden Gaststube, von der uns nur eine spanische Wand trennte. Das war die erste Nacht auf dem paradiesischen Ceylon.

Am andern Morgen kamen unsre Diener mit Wagen, Ochsen und Gepäck. Die englischen Beamten des „Trial" hatten unsern Küchenkorb um fast alles, was zu trinken war, zu erleichtern für gut gefunden; sie waren wohl Mitglieder einer Enthaltsamkeitsgesellschaft mit Zwangsgrundsätzen; der Portwein und der Rum schien ihnen besonders mißfallen zu haben, denn davon hatten sie uns auch nicht einen Tropfen gelassen. Die Mauth verlangte von unserm Wagen, den sie zu 150 Rupis veranschlagte, fünf Procent des Werthes als Eingangszoll, und die Schiffer und Lastträger, die unsre Diener, Thiere und Sachen in zwei Booten an's Land geschafft, suchten sich durch ungeberdiges Schreien und beharrliches Nachlaufen noch einige Thaler Trinkgeld mehr zu erwerben. Das war der erste Morgen auf dem paradiesischen Ceylon.

Erst als wir in einer Droschke zu unserm Gastfreund Palm fuhren, hatten wir Zeit uns angenehmern Eindrücken hinzugeben. Das waren kühlere Lüfte, als die zwischen Ramnad und Dhoni-Turey; Rasen und Bäume prangten hier in saftigem Grün. Sobald sich das Auge der Menschenwelt zuwandte, blieb es an dem großen Schildpattkamme, womit der singhalesische „Gentleman" sein Haar nach hinten kämmt und zurückhält, zuerst eine ziemliche Weile hangen. Dieser Kamm in den langen schwarzen Haaren giebt ihm ein weibisches Ansehen. Er trägt über den Beinkleidern einen weiten Faltenrock, und wenn er größerer Kühle wegen darüber noch eine Jacke zieht, so nimmt sich jener Faltenrock fast wie ein Unterrock aus. Das erhöht dann das weibische Ansehn noch um Vieles. Da unser Gastfreund weiter als eine Stunde vom Fort, auf der Ostseite von Colombo wohnte, so bekamen wir gleich einen guten Theil der Stadt zu sehen, die einen so europäischen Eindruck machte, daß es keines allzugroßen Phantasie-Aufwandes bedurfte, um sich nach „Old-England" hinüberzuträumen, besonders wenn ein englischer Herr mit schwarzem Frack und mit schwarzem Hut in seinem rossebespannten „Phaeton" oder „Buggy" allersteifest an uns vorübersauste.

Sonderbar, daß die steife englische Sitte trotz des tropischen Klima's auf Ceylon so wohl gedeiht: selbst die Visitenzeit von „Old-England" mitten in der Gluth des Tages hat man neben der nordischen Tracht beibehalten. Schon mancher Engländer mag hier zu einem Märtyrer der heimischen Etiquette geworden sein.

„Sei uns der Gastliche gewogen, der von dem Fremdling wehrt die Schmach!" Mit solchen und ähnlichen Gefühlen entstiegen wir unsrer Miethdroschke, als sie vor einem freundlichen Hause am Saume der östlichen Anlagen von Colombo Halt machte. Gleich nach der ersten Begegnung mit der Familie Palm fiel der Stein vom Herzen, der auf unsrer langen Reise schon so oft gefallen, manchmal aber auch liegen geblieben war, und noch vor Ablauf einer Stunde fühlten wir uns ganz zu Hause.

Die Gemeinde des Herrn Palm von etwa 1500 Seelen besteht aus Abkömmlingen der Portugiesen, die meist Handwerker sind, und der Holländer, die sich in der Regel eines Aemtchens als Schreiber, Aufseher u. s. w. erfreuen. Daher die durchweg europäische Kleidung bei der vollständigsten Farbenscala in der alten holländischen Kirche,[233] wohin ich meinen lieben Gastfreund gleich am ersten Abend zu einer Art Bibelstunde begleitete. Während die anglikanische Kirche, in welcher der Bischof predigt, fast wie ein Magazin aussieht, nimmt sich diese holländische Kirche ganz stattlich aus. Es kann daher kaum befremden, daß der englische Bischof, der gern eine wohlfeile aber würdige Kathedrale hätte, den Antrag stellte, die Regierung möchte doch die schöne Kirche für den anglikanischen Gottesdienst bestimmen: „cujus regio, ejus religio." Der Vater des Herrn Palm hatte auf Bitte des Bischofs von Calcutta den Anglikanern die Abhaltung ihres Gottesdienstes für die Eingebornen in der holländischen Kirche gestattet; dafür wollte nun der Bischof von Calcutta die Holländer hinaustreiben. Reichst du einem römischen und — einem anglikanischen Bischof den kleinen Finger, so faßt er flugs die ganze Hand, und mehr als das. Es giebt nur wenig Ausnahmen.

Schon am folgenden Tage dachten wir an unsre Weiterreise in's Innere, uns eine nähere Bekanntschaft mit Colombo nach der Rückkunft vorbehaltend. Die „Mail", welche die etwa 72 englische Meilen weite Reise nach Kandy in Einem Tage zurücklegt, war in jener „allergeschäftigsten Zeit für die Pflanzer" schon auf eine ganze Woche im Voraus besetzt; so konnten wir uns dieser Fahrgelegenheit, die übrigens außerordentlich theuer ist (die Person 25 Rupis), bei unsrer Ungeduld nicht bedienen. Wir entschlossen uns daher kurz und gut, das Unerhörte zu thun und in unserm Ochsenwagen nach Kandy hinaufzureisen.

Die Folge lehrte, daß es auch unter den Engländern auf Ceylon Leute giebt, die sich über gewisse Vorurtheile der Etiquette hinwegzusetzen wissen; grade die angesehensten Familien in Kandy schämten sich unsres Umgangs nicht. Wir fanden, daß sich das Gerücht von unserm Ochsenwagen wie ein Lauffeuer durch die ganze Europäer-Welt verbreitet hatte; man fabelte sogar, daß wir darin kochten.

Von Colombo nach Kandy.

Die Straße von Colombo nach Kandy kann sich sehen und wird sich selbst suchen lassen; man hat Hügel abgetragen, Thäler gefüllt und den Aufstieg zu dem Hochgebirge im Innern so allmählig gemacht, daß er nur an wenigen Stellen selbst dem Pferde sauer wird. Die Oberfläche des ziemlich breiten Kunstweges wetteifert an Härte und Glätte fast mit einer Tenne, denn man hat mehrere Lagen lateritartigen Gesteins in nassem Thon und Kies zerstampft und sie mit grobem Sand überstreuet. Es soll aber auch die Strecke bis Kandy (72 engl. Meilen) ihre zwei hundert tausend Pfund gekostet haben.

Auf diese „große Militärstraße,“ die den Pflanzern im Innern der Insel so treffliche Dienste leistet, begaben wir uns am 4. Februar, erst in der Kühle des Abends, nicht ohne ein gewisses Bangen, wie wir hier mit unsern tamulischen Ochsen fahren möchten. Hatten wir doch nicht einmal ganz sicher ermitteln können, ob sie ihr gewohntes Futter — Linsen und Reisstroh — unterwegs finden würden. Den Bergmarsch hatten sie noch nie versucht; und an das Klima und Wasser von Ceylon mußten sie sich auch erst gewöhnen.

Bald nachdem wir Colombo hinter uns hatten, überschritten wir die lange Schiffsbrücke über die Kalani Ganga und betraten sodann die erwähnte Kunststraße, die zuerst den Fluß in ziemlicher Nähe begleitet. Zu beiden Seiten dicht am Wege selten unterbrochne Fruchthaine, hoch und üppig. Zwischenhin verstreute Hütten, die sich zuweilen gruppiren oder gar in Bazare verdichten; drin kauerte hie und da eine trauliche Gruppe, während der Eine eine Fackel aus Kokosblättern in der Hand hielt. Fuhrleute kochten unter den Palmen am

Wege ihr einfaches Abendessen und fügten zu dem Bilde häuslicher Behaglichkeit das Gemälde öffentlicher Zwanglosigkeit. Die Lichter in den Häusern und die Feuer unter den Bäumen nahmen kein Ende.

Der Weg wimmelt um diese Jahreszeit von zweirädrigen Karren mit Kaffeesäcken. Die aus Kokoszweigen geflochtene Wagendecke hat fast die Form eines umgestülpten Kahns. An der Seite sah ich regelmäßig einen Wasserkrug und ein wenig Feuerholz befestigt; obenauf lag stets ein Bündel Stroh und unten hing eine Laterne. Die Singhalesen sind bekanntlich Buddhisten, und die Religion der Buddhisten verbietet die Tödtung lebendiger Wesen. Nie und nirgends aber hab' ich abscheulichere Thierquäler gesehen, als diese buddhistischen Kärrner; oft hat mir beim Anblick ihrer herzlosen Härte gegen ihre elenden Oechslein das Herz geblutet und das Blut vor Entrüstung gewallt. Mögen sich das die europäischen Lobredner buddhistischer Milde merken.

Um unsre Ochsen für die lange Reise möglichst zu schonen, hatte ich bald nach Ueberschreitung der Schiffsbrücke über die Kalani Ganga den Wagen um das Gewicht meiner Person erleichtert, das, obschon die tropische Sonne einen großen Theil desselben hinweggeschmolzen, doch noch immer nicht unbedeutend war. Unser lahmer Fuhrmann zwar protestirte dagegen; es stieß hart an gegen sein Anstandsgefühl, den „Gentleman" nebenher laufen zu sehen, während er selbst auf dem Bocke saß; denn daß er lahm war, ließ sich ja nicht jedem Vorübergehenden zurufen. Ich konnte indeß seiner zarten Seele diese Striemen und Schwielen nicht ersparen.

So schritten wir denn, ich und die Oechslein, mit wonnedurchrieselter Seele — ich wenigstens — durch die ambrosische Nacht hin. Der Abendwind hatte längst aufgehört in den Kronen der Kokospalmen zu säuseln; dennoch fand ich es kühl, grade so recht zum Marschiren. Erst zwei und eine halbe Stunde nach Mitternacht machten wir Halt zu Koërupe, der ersten Station der „Mail-Coach," 14 bis 15 engl. Meilen von Colombo. Ich ließ nach einem zweistündigen Schlummer in unserm Reisewagen von neuem anspannen. Wir hatten bis nach Veangode, wo wir die erste längere Rast zu halten gesonnen waren, noch neun engl. Meilen.

Sobald die Sonne heraufkam, wurde mir selbst auf schattiger Straße, in dem verhältnißmäßig kühlen Ceylon, das Marschiren sauer. Ich ließ mir aus dem Wasserkrug, den ich an dem Hause eines Eingebornen befestigt sah, einen Labetrunk reichen. Die Aufstellung solcher Wasserkrüge für Reisende gehört zu den buddhistischen „guten Werken." Eine Kokosschale zum Schöpfen lag hier daneben.

„Hat der das Verdienst, welcher das Wasser eingießt und für die trinkende Zunge hinsetzt? oder etwa der, welcher unterwegs Halt macht und trinkt?" läßt in einer tamulischen Streitschrift[234] der Sivait den Buddhisten sagen zu Erhärtung des Satzes, daß man zwar nicht selbst tödten, wohl aber von dem Fleischer bereits Getödtetes essen dürfe; der Sivait jedoch entgegnet treffend: „Ei, weil man weiß daß du's essen wirst, schlachtet man, und bringt es dir zu essen, und so fällt man deinetwegen in Schuld, denn für Nichtessende schlachtet Niemand." An diese Stelle wurde ich lebhaft erinnert, als mir der „gutthätige" Buddhist das „Wasser eingoß und für die trinkende Zunge hinsetzte."

Meine nächste Sorge war nun, Stroh für die Oechslein und Eier für unsern Kaffee einzukaufen; Milch nämlich ist auf der ganzen Strecke von Colombo bis Kandy nicht zu haben. Fast um zehn Uhr erreichten wir — ich und die Oechslein todtmüde — das Rasthaus zu Veangode auf einem anmuthigen Hügel dicht an der Straße. In der Mitte eine offne Halle, und vorn und hinten eine luftige Verandah! wir konnten es uns nicht wohnlicher wünschen. Nach vorn zu fiel der Blick auf die Landstraße zu unsern Füßen, nach hinten auf das auf das stille Gehöfte, wo im Schatten gewaltiger Bäume unsre gehörnten Reisegefährten behaglich ruhten.

Die öffentlichen Rasthäuser im Tamulenlande stehen in der Regel unter der Aufsicht dienstunfähiger Sipahis. Diese müssen gegen eine gewisse Taxe den Reisenden mit Holz, Eier, Milch, Geflügel u. s. w. versehen; der Aufenthalt selbst ist umsonst. Die öffentlichen Ruhehäuser in Ceylon aber sind meist an Eingeborne verpachtet,[235] die gradezu den Wirth machen. So fanden wir denn auch in dem Rasthause zu Beangode eine lange, lange „Preisliste" angehängt: „Madeira 3 S. 6 D.; französischer Claret 3 S.; europäische Fruchttorte 3 S.; einfacher Pudding 1 S. u. s. w. u. s. w." Wie war uns denn? Waren wir wohl auf Ceylon oder in London?

Erst am folgenden Tage konnten wir uns von der süßen Rast zu Beangode trennen, nachdem wir daselbst den größten Theil meiner siebenunddreißigsten Geburts-Feier still verlebt hatten. Um drei Uhr des Nachmittags brachen wir auf. Bald zeigten sich die ersten Hügel, fast alle von rundlicher Form. Der stets sanft ansteigende Weg lief allmählig in ein grünbeschattetes Thal ein, das uns fast an die sächsische Schweiz und an den Harz erinnerte. Die Sonne sank; allenthalben rührten sich die Hausfrauen, besonders mit dem Herrichten von Appams oder Reiskuchen, zum großen Theil wohl für den Verkauf an die Kärrner, deren Zahl eher zu- als abnahm.

Unter den Fruchtbäumen, welche die unvergleichliche Landstraße bis hieher fast ununterbrochen zierten, thun sich besonders hervor die fürstliche Kokos, die jungfräuliche Areka, die üppige Banane, der mächtige Jackbaum, die Yam mit den Kalla-ähnlichen Blättern in Riesenform, und der Kaschnuß-Strauch, der hier als stattlicher Baum dahertritt. Die Fülle dieser Fruchtbäume nimmt selbstverständlich mit dem Eintritt in das Bergland ab, und eine wo möglich noch größere Fülle gewaltiger Waldbäume nimmt die Stelle derselben ein; doch kommen selbst die Kokos- und andre Palmen in Thälern und Gärten auch höher hinauf vor.

Um 7½ Uhr erreichten wir Ambapusse (zehn bis elf engl. Meilen von Veangode). Dort ist das vierte Rasthaus. Wir aber zogen es vor unser einfaches Abendessen in der Verandah eines Magazins einzunehmen. Die Matte wurde ausgebreitet, wir setzten uns darauf, und bald dampfte vor uns eine Tasse Kaffee mit hartgekochten Eiern. Gegenüber am Wege kauerten zwei Singhalesen, die uns jeden Schluck und Bissen in den Mund hineinzählten. Darauf schlüpften wir in den Wagen und versuchten ein wenig zu schlafen. Eine fast mehr als patriarchalische Lebensweise in dem paradiesischen Ceylon!

Da ich den ganzen Weg von Veangode bis Ambapusse gefahren war, so zeigten sich meine Beine am nächsten Morgen um zwei Uhr abermals laufwillig. Die Straße windet sich von hier über den ersten hohen Berg. Noch in der Dämmerung traten wir in ein sehr weites, von Feldern bedecktes und von großartigern Bergen umschloßnes Thal. Um sieben Uhr waren wir in Ambanpittia (9 englische Meilen von Ambapusse.)

Hier wurde uns in dem Hause eines römischen Singhalesen ein Obdach während der Gluth des Tages. Was wir bisher in fast allen singhalesischen Wohnungen gesehen, das fanden wir auch hier: Sopha, Tisch und Stühle. So weit hat die europäische Cultur die guten Tamulen noch nicht „beleckt." Unser Gastfreund tractirte uns mit Reiskuchen und Jackfrucht. Vorweg aber zeigte er uns sein singhalesisches Gebetbuch mit einer Miene, als wollte er sagen: „Denkt ja nicht, daß ich ein elender Buddhist bin, ich bin wie ihr ein Christ, und was ihr da eßt, ist von Christenhand bereitet und gezogen; laßt es eurem christlichen Gaumen wohl schmecken!" Nun es saß sich in der Kokosgedeckten Verandah des lehmenen Hauses am schattigen Bergabhange gar gemüthlich; über unsrem runden Tische bauten die Vögel des Himmels so zwanglos, als wäre das Haus unsres Gastfreundes die Arche Noahs.

Um 4½ Uhr gings weiter. Der Weg wurde immer romantischer. Unter den Waldbäumen paradirte auch der gelbliche Bambus; an einer Stelle standen Bananen bis auf die Berge hinauf. Bald senkte sich der Weg tief hinab, lief dann lange in einem weiten Thale hin und wand sich endlich an einem tiefen Abgrund wieder hinauf. Erst um neun Uhr liefen wir in das Rasthaus von Utuankande ein (8 bis 9 engl. Meilen von Ambanpittia). Die Unmasse von Lastwagen, womit wir die Straße bedeckt fanden, hatte uns aufgehalten.

Der Wirth, ein Halbportugiese, brachte uns sumpfiges Wasser zum Trinken, wollte uns aber gleichwohl noch um zehn Uhr ein „Dinner" aufdringen. Als wir am andern Morgen erwachten, hatten wir weit und breit fast eine Harz-Aussicht vor uns.

Nachmittags um 3 Uhr setzten wir uns aufs neue in Bewegung, nicht ohne Sorge, was unsre Thiere zu dem etwas steilen Hauptpaß sagen würden, der etwa vier englische Meilen von Utuankande anhebt und nach andern drei Meilen bei Kaduganava endet, wo man Kapitän Dawson, dem Erbauer dieser wahren Kunststraße zwischen Colombo und Kandy, ein Denkmal gesetzt hat. Wie eine Schlange wand sich der Weg empor, dort zur Linken hoch aufschießende Berge, zur Rechten ein gähnender Abgrund. Der lahme Fuhrmann, dem die umgebende Natur bisher noch nie den Mund geöffnet, kicherte mir zu: Eijâ, yenna pallam „Herr, was ist das für eine Tiefe!" Die Nacht brach herein, und lange Reihen von Lastwagen mit brennenden Laternen besetzten den Schlangenweg mit wandelnden Lichtschnüren. Hinter Kaduganava läuft die Landstraße ganz eben zwischen Bergen hin. Zwischen dem 66. und 67. Meilenstein schlugen wir unser Nachtquartier auf — im Wagen nämlich. Am folgenden Morgen schon um drei Uhr aufbrechend, erreichten wir noch im Dunkeln die berühmte

Brücke über die Mahavaliganga bei Paradinia (13 bis 14 englische Meilen von Utuankandy.) Sie besteht aus einem einzigen Bogen aus Ferole-Holz (Satinwood) von 205 Fuß Spannung, und dieser Bogen ist so sinnreich gefügt, daß sich jedes Stück herausnehmen und wieder einsetzen läßt, ohne die Sicherheit des Ganzen zu gefährden. Wie staunten die stolzen Kandyer, die einer ihrer Sagen gemäß das Unternehmen anfangs als Wahnwitz verlachten, als sie die Brücke über dem mehr als 60 Fuß tiefen Abgrunde frei schweben sahen.

Der Mann, der bei der Brücke als Zolleinnehmer angestellt war, schien ein Tamule zu sein; unser tamulischer Ochsenwagen öffnete ihm das Herz. Wir aber hatten keine Zeit, über diesen „süßen" Gegenstand lange mit ihm zu plaudern. Wir hatten noch ziemlich vier englische Meilen bis Mahaneura oder Kandy.

Der von Strecke zu Strecke zunehmende Anbau legte von dem ackerbaulichen Fleiße der Kandyer das beste Zeugniß ab. Sind sie doch auch Meister in der Kunst der Bewässerung, ohne welche die Terassencultur, zu der hier die Natur selbst nöthigt, nicht möglich ist.

Mit Tages-Helle erreichten wir Kandy, die Hauptstadt der Centralprovinz, — bis zum Jahre 1825 die Hauptstadt eines unabhängigen Königreichs.

Landsmännische Liebe hatte bereits für eine Wohnung gesorgt; dieselbe Liebe versah uns nun auch mit allem, was sonst noch noth war. Unser junger Gastfreund, der, in einem englischen Geschäfte angestellt, lange Zeit nur Englisch gesprochen hatte, konnte troß dem ächt deutschen Guß und Fluß seines Herzens, für seine Zunge erst lange nicht den Zug und Schwung deutscher Rede finden.

Die Singhalesen und die christlichen Bestrebungen der Gegenwart.

Es ist schon aus reingeographischen Gründen höchst wahrscheinlich, daß die Urbewohner von Ceylon mit der Urbevölkerung des gegenüberliegenden Festlandes verwandt sind.[236] Daß sie wie jene dem Dämonendienste anhingen, ist über allem Zweifel erhaben. Schon der brahmanische Rama hatte der Sage nach mit den Unholden jener Insel gekämpft, das heißt doch offenbar, daß schon in ältester Zeit der Dämonendienst auf Ceylon sich dem Eindringen brahmanischer Gesittung widersetzte, und als der Buddhaismus in Ceylon einzog (245 v. Ch.), fand er die Masse der Singhalesen noch immer in den Banden des Teufelsdienstes.

Der Teufelsdienst ist auch heut zu Tage noch die eigentliche Volksreligion, und ich habe sogar behaupten hören, daß er eher im Zu-, als im Abnehmen begriffen sei. Seine eigentliche Burg lag bisher im Süden; „aufmerksame Beobachter" wollen die zunehmende Entartung der dortigen Bevölkerung an Leib und Seele gradezu auf die Häufigkeit der nächtlichen Orgien zurückführen, in denen sich der Teufelsdienst vollendet.

Jene nächtlichen Orgien bilden gewöhnlich den Schluß der sogenannten Teufelstänze, die wie fast alle Ceremonien des Dämonenthums in der Nacht vorgenommen werden. Man sammelt sich etwa unter den Aesten eines mächtigen Baumes. Die Trommel läßt sich hören; nach dem Schalle derselben tanzt der Yakadura oder Teufelspriester, eine Fackel in der Hand und hohle Metallringe am ganzen Leibe. Seine Bewegungen werden immer rascher, seine Geberden gräßlicher, sein langes Haar wilder, seine Augen stierer. Geheimnißvoll nähert er sich der Person, der dieser ganze Hokuspokus frommen soll. Er gebietet ihr vielleicht auch selbst zu tanzen, niederzuknieen, zu laufen, stehen zu bleiben, aus Leibeskräften zu schreien u. s. w. u. s. w. Solche und ähnliche fieberhafte Aufregungen sind, auch wenn sie nie in zuchtlose Auftritte ausliefen, auf Leib und Seele wohlthätig einzuwirken natürlich nicht geeignet. Mit Teufelsceremonien aber ist das ganze Leben der Singhalesen durchflochten und durchwachsen; Krankheiten besonders, deren Ursache nicht klar zu Tage liegt oder deren Entfernung auf dem gewöhnlichen Wege nicht gelingen will, treiben die Leute zu dem Yakadura mit seinem geheimnißvollen Hokuspokus.

Der Teufelsdienst lehnt sich auch in Ceylon an die Verehrung der brahmanischen Götter, besonders des furchtbaren und gefürchteten Kartikeja, des indischen Kriegsgottes, dessen Dienst vielleicht von den Tamul-Königen, als Kriegern, am meisten begünstigt wurde.[237] Wo der Teufelsdienst blühet, da blühet auch die Verehrung des Kartikeja, im Süden nämlich: hat doch dort eine ganze Provinz, Kattegram, von dem Gotte seinen Namen.

Hatte der Brahmanismus mit seinen greifbaren Göttergestalten nicht die Kraft, das vorgefundene Dämonen-Wesen auf dem indischen Festlande ganz zu überwinden, so wird es uns nicht Wunder nehmen, wenn wir die Religion des Buddha mit ihren aschgrauen Philosophemen, die von der „allgemeinen Leere“ anheben und bei dem „Verwehen der Seele“ enden, über denselben handfesten Feind in Ceylon noch viel weniger obsiegen sehen.

Der Dämonendienst kommt mit seiner vorgespiegelten „Hülfe in jeder Noth,“ den allgemeinen Bedürfnissen des menschlichen Herzens scheinbar entgegen; so muß es denn der Buddhapriester, der nicht einmal einen „schlafenden Gott“ im Himmel hat, geschehen lassen, daß in Zeiten, wo die Noth an's Leben geht, seine geistlichen Kinder an den Altären der Hindugötter oder gradezu der Teufel Hülfe suchen.

Daß der ceylonische Buddhaismus im Grunde atheistisch ist,[238] wird Niemand, der von vorgefaßten Meinungen frei ist, noch ferner leugnen. Als vor einigen Jahren ein liebedienerischer Buddhapriester zu Gunsten Lord Torrington's, der bekanntlich bei dem letzten Aufstande (1848) einen damit verwickelten buddhistischen Geistlichen im Amts-Ornate hatte erschießen lassen, eine Vertrauens-Adresse zusammengebracht hatte, wurde dieselbe von andrer Seite her öffentlich abgelehnt und zwar mit dem ausdrücklichen Bemerken, man könne aus der Erwähnung eines „allmächtigen Gottes" darin die unbuddhistische Fassung[239] des Ganzen von selbst abnehmen, indem nach buddhistischer Ueberzeugung nur die eigne That aus einem frühern Dasein als naturnothwendige Folge unser Schicksal in diesem Leben bestimme. Diese Aeußerung ließe sich zwar allenfalls als bloße Leugnung einer lebendigen Vorsehung fassen; allein mehrere Missionare auf Ceylon, die mit buddhistischen Priestern genauer verkehrten, haben mir versichert, daß von diesen selten auch nur ein Versuch gemacht wurde, ihr atheistisches Nichts mit schönen Redensarten zu umnebeln.

Mit der Leugnung des Daseins Gottes steht die Leugnung einer ewigen Fortdauer des menschlichen Geistes in der innigsten Verbindung; ihr „Verwehen der Seele" (nirvana) ist ein Verwehen in das reine Nichts, während das Seelen-Verwehen der brahmanischen Vedantisten ein Verwehen in das wahre Sein zum Sinne hat.

Wo Alles aus dem Nichts entspringt und zu allerletzt in das Nichts verrinnt, da hat die Sittlichkeit selbstverständlich keinen wahren Halt. Gleichwohl ist im Buddhaismus Tugend das erste und das letzte Wort. Das ganze Tugendgeschwätz schrumpft aber, genau besehen, in die Maxime zusammen: Uebe nur Werke der Frömmigkeit an Buddha und an seinen Priestern, so trägt die Tugend Buddha's als Kahn die schweren Steine deiner Sünden sicher über den Strom des Verderbens; die Strafe kommt dann wenigstens nicht in dem nächsten Zustande deines Seins, du müßtest denn einen Vater, eine Mutter, einen Heiligen oder einen Buddha ermordet oder eine Spaltung in der Priesterschaft angerichtet haben.

„Tödten darfst du nie; bereits Getödtetes essen aber magst du immerhin.“[240] So halten's auch die ceylonesischen Buddhisten — unter denen es übrigens sogar Fischer giebt — unbeirrt durch das strenge Wort: „Was für eine Art von Entsagung übst du denn, daß diejenigen, die dich füttern (die Fleischer nämlich), in Schuld fallen?“[241] Ist doch, einer Sage zufolge, Buddha selbst an einem guten Stück Schweinefleisches gestorben. Also auch die buddhistische Entsagungs-Theorie steht in Ceylon fast nur auf dem Papiere.

Schon im 11. Jahrhundert ging bekanntlich eine Gesandtschaft nach Siam, um reine Lehre zu holen; eine andre in der zweiten Hälfte des achtzehnten Jahrhunderts brachte von dort wenigstens die in Ceylon erloschne priesterliche Vollweihe zurück. Da aber der König von Kandy die Ertheilung derselben nur an Velaler (S. 171) und die Vollziehung der damit verbundnen Feierlichkeiten nur in seiner Residenz verstatten wollte, so wandten sich, kurz vor Ablauf des letzten Jahrhunderts, Halbpriester aus dem Stande der Tschalier oder Zimmtschäler im südlichen Ceylon nach Amarapura in Birmah um die Vollweihe und erhielten sie. Seitdem hat sich die buddhistische Priesterschaft in zwei Heerlager geschieden, die sich aufs bitterste befeinden und verketzern, das eine mehr im Süden, das andre mehr im Norden. Die Amarapura-Priester im Süden haben mit der brahmanischen Abgötterei sowohl als mit dem Teufelsdienste vollständig gebrochen. Als neue Emporkömmlinge auf eigne Hand übertreffen sie an Fleiß, Gelehrsamkeit und Eifer die faulen Siam-Priester in ihren reich dotirten Klöstern bei weitem. In der Provinz Saffragam hatten sie bereits so festen Fuß gefaßt, daß man der Meinung war, es bedürfe nur einer gewissen Entscheidung des Gerichtshofes in Sachen der Tempelgüter, um sämmtliche Priester und Laien der Amarapura-Secte zuzuführen. Die Siam-Priester haben fast alle Achtung in den Augen des Volkes verloren; die Nähe ihrer Tempel ist in Bezug auf Ausschweifung gradezu sprüchwörtlich geworden. Daß die Amarapura-Secte zur priesterlichen Vollweihe (Upasampada) Leute aus allen Klassen und Ständen zuläßt, kann diese natürlich nur noch populärer machen. Ihr damaliger Oberpriester, aus Dadalla in dem District von Galle, hieß „Alankara Sirisumana Mabadhamma Raja Guru Ganachariaya." Ein Ohr-ausfüllender Name!

Daß die Siam-Priester vom Stolze der Kaste nicht frei sind, haben wir bereits gesehen; auch die „Häuptlinge halten die Kastenunterschiede aus Gründen der Selbstsucht sowohl als des Aberglaubens aufrecht." Der Buddhaismus freilich verwirft die Kaste und verkündigt die Gleichheit aller Menschen; dennoch ist „die Idee der Kaste in den Anhängern desselben auf Ceylon fest gewurzelt." Doch ist es mehr der Stolz des Kastengeistes, als der Aberglaube der Kasteneinrichtung, was auch dem ceylonesischen Buddhisten anklebt. Enthaltung von Zusammenessen und Zwischenheirath trennt auch hier die Stände, namentlich im Innern Ceylons; es fehlt aber die Idee ceremonieller Befleckung. In den Küstenstrichen, wo europäischer Verkehr schon Jahrhunderte lang an den alten Schranken gerüttelt hat, ist die Kaste noch weit mehr auf das Maaß unsres Ständeunterschiedes herabgesunken.

Als im Jahre 1815 Kandy in die Hände der Engländer überging, erklärte der damalige Statthalter Brownrigg, wie es scheint, auf den Rath ängstlicher Diplomaten: „Die Religion des Buddha, zu der sich die Häuptlinge und Bewohner dieser Provinzen bekennen, ist unverletzlich; ihre Bräuche, Diener und gottesdienstlichen Orte sollen erhalten und geschützt werden." Dieses Versprechen wurde mehr als gehalten; wir sehen ein paar Jahre nachher die englische Regierung sogar ihr christliches Siegel drücken unter die Bestallung eines buddhistischen Oberpriesters!! Daß sie auch die Verwaltung der buddhistischen Tempelgüter über sich nahm, kann uns danach nicht weiter befremden. Ueber diese Einmischung „welche die Religion Buddhas vor den Räubereien, der Verachtung und der Untreue ihrer eignen Bekenner sicherte“ jubelten die Priester Buddhas; sie hätten „den heiligen Cirkel gern“ noch „dichter“ geschlossen gesehen. Brownrigg selbst zwar hatte nach Dämpfung des blutigen Aufstandes von 1818 die Gelegenheit wahrgenommen, seine und seines Volkes christliche Ehre einigermaßen zu retten, indem er die anstößige Klausel des Vertrags von 1815 dahin milderte, daß „die buddhistische Religion die Rücksicht erfahren solle, die man ihr in frühern Zeiten erzeigt habe;“ dennoch bedurfte es noch manches Schreis des öffentlichen Unwillens und manches fulminanten Schreibens von den Behörden in England, ehe man sich aus der einmal eingenommnen falschen Stellung ganz zurückzog, und noch im September 1851 hörte ich in Madras die „Ceylon Times“ gegen die Regierung donnern, die, von einer kleinen Parthei singhalesischer Häuptlinge und Priester bearbeitet, ihre Schritte der endlich aufgegebnen Stellung wieder zuzuwenden Miene mache, indem sie die Empörung von 1848, die dem eigenmächtig unbesonnenen Statthalter Lord Torrington Amt und Ehre gekostet, unter dem Gesichtspunkte eines Religionskrieges auffassen zu müssen glaube.

Nur den Aristokraten und Hierarchen, denen „die Fabel“ von Buddha die Kisten und Kasten füllt, läßt sich ein eigentlicher Eifer um den väterlichen Aberglauben beimessen; die Buddhisten gewöhnlichen Schlags sind um so gleichgültiger, als die Portugiesen mit ihrem Lock- und danach die Holländer mit ihrem Lock- und Zwangs-Missionssysteme die buddhistische „Ueberzeugungstreue“ in weiten Kreisen gekirrt und gezähmt haben. Eine gewisse religiöse Gleichgültigkeit muß ja überhaupt einer Religion eigen sein, die in allgemeine Moral so gut wie aufgeht.

Ich habe mich oft gewundert, den Buddhismus in Missionsberichten als so äußerst zugänglich geschildert zu sehen. O ja, er ist wol zugänglich, — wie der Friedhof zugänglich ist. Der Missionar darf in jedes Buddhistenhaus gehen und alle Gefäße des Hauses stehen ihm zu Gebote; da tritt keine Kaste, kein ceremonielles Vorurtheil zwischen ein; er darf auch das Wort des Lebens reden, frei und ungehindert. Allein laß auch die lebensvollsten Töne über den Todtenacker hin erschallen, — die Todten wachen nicht auf davon.

Das Brahmanenthum ist allerdings minder zugänglich, aber bei weiten mehr anfaßbar, insofern es eine größere Masse gegebner Wahrheiten, wenn auch in gräulichster Verstellung, in sich birgt, die sich als willkommne Anknüpfungspunkte von dem christlichen Sendboten gebrauchen lassen. An dem Herzen des brahmanischen Götzendieners mit seiner Scheingenüge prallen vielleicht die christlichen Pfeile zuerst ab; allein er wird sich in der Regel leichter getroffen fühlen, und es wird ihm, wenn einmal der verwundende Widerhaken sitzt, schwerer fallen sich denselben herauszuziehn; — es kostet ihm eben sein Herzblut. Der Buddhist dagegen, dessen religiös-leeres Herz nichts zu verlieren hat, wird von vorn herein viel geduldiger zuhören; allein ihm fehlt im Allgemeinen zu sehr die Lebendigkeit des Gewissens, als daß das vernommene Wort einen Stachel in ihm zurücklassen sollte; er kann das schärfste Schrift-Wort, ohne daß es ihn verwundet, viel länger und öfter hören.

Allein — so möchte etwa Jemand entgegnen — der Erfolg straft deine Ansicht Lügen: das Missionary-Register von 1854 weiß nur von 842 Abendmahlsgenossen in Verbindung mit den protestantischen Missionen unter den brahmanischen Tamulen im Norden Ceylons, während es die den protestantischen Missionen unter den buddhistischen

Singhalesen zugehörigen Abendmahlsgenossen auf 2135 angiebt, — ohne jedoch zu sagen, wie viele davon Europäer oder halbblütige Ostindier sind. Darauf erwiedre ich Folgendes:

Es giebt unter den 2135 Abendmahlsgenossen wohl nur sehr wenige, die auf dem Wege der Mission zur christlichen Taufe gelangten. Die holländische Regierung freilich hat zu ihrer Zeit ganze Schaaren von Buddhisten zur Annahme der Taufe und zur Unterzeichnung ihrer Glaubensartikel bewogen. Das war aber eine Mission eigner Art. Sie hatte in der einen Hand das Evangelium und in der andern Regierungsstellen oder dem Aehnliches. Dennoch sollten die Missionare in Ceylon nicht so sehr klagen, daß ihnen die holländische Regierung durch ihr unweises Verfahren den Weg verbaut habe. Gott hat Gutes aus dem Bösen hervorgebracht. Stammen doch fast alle Ceylonesen, die in den Missionsberichten von dorther als Mitglieder der verschiednen Missionskirchen aufgeführt werden, aus jener holländischen Zeit. Es ist wahr, die Meisten jener Regierungschristen, wie man sie zu nennen pflegt, können sich mit nicht viel mehr als mit ihrer Taufe und dem darin enthaltnen christlichen Namen als Christen ausweisen, und gar Viele tragen kein Bedenken, dem Buddhapriester sowol, als dem Teufelspriester gelegentlich ihren Beitrag zu einem Opfer zu geben. Allein sie haben doch einen Haken im Gewissen, bei dem sie der Missionar fassen kann, und der Widerspruch, in dem sie mit sich selber stehen, ist wenigstens eine gute Handhabe. Fast alle Singhalesen, die in den Missionsberichten aus dem buddhistischen Ceylon als Mitglieder der verschiednen Missionskirchen aufgeführt werden, waren früher „Regierungschristen.“ So habe ich es bei allseitiger Erkundigung allenthalben gefunden. Zur Steuer der Wahrheit muß ich hiebei noch bemerken, daß auch unter denjenigen Mitgliedern des sogenannten Regierungschristenthums, die noch mit keiner protestantischen Mission in kirchengliedlicher Verbindung stehen, es immerhin Einzelne giebt, die sich aus religiösen Grundsätzen der heidnischen Religionsmengerei enthalten. Man darf überhaupt nicht meinen, als hätten die Holländer bloß getauft und sich sonst um den christlichen Unterricht ihrer Täuflinge und Bekehrten auch gar nicht bekümmert.

Von den oben erwähnten 2135 Abendmahlsgenossen kommen 516 auf die Baptisten, die seit 1812 in Colombo und seit 1841 auch in Kandy wirken, und diese vertheilen sich auf nicht minder als 118 Orte. 1416 gehören den Wesleyanern, die sich im Jahre 1814 unter den Tamulen in Jaffna niederließen, und von dorther schon im Jahre 1819 die bedeutendsten Orte der buddhistischen Westküste mit Schulen besetzt hatten, ihr gegenwärtiges Hauptquartier der singhalesischen Mission aber in Colombo haben.[242] Die übrigen 203 werden von den Anglikanern in Anspruch genommen, die im Jahre 1818 Kandy, 1819 Baddagame (12 bis 13 engl. Meilen von Galle) und später auch Cotta (sechs engl. Meilen von Colombo) besetzten.[243]

Die umfänglichste Thätigkeit im Schulsache entwickeln die Wesleyaner, die in 53 Schulen 2297 Schüler unterrichten; auf sie folgen die Baptisten, deren 43 Schulen 1217 Schüler zählen; zuletzt kommen die Anglikaner, die zwar 71 Schulen, aber nur 933 Schüler haben. Dafür aber erfreuen sich die Letztern einer bedeutenden Bildungsanstalt höhern Ranges.[243]

Auffallend stark stellt sich das Missionspersonal der Anglikaner dar: außer 9 europäischen 3 eingeborne Missionare, 18 Katecheten, 71 Gehülfen und 23 Gehülfinnen; zusammen 124 Personen. Es ist demnach sehr wahrscheinlich, daß ein gut Theil der 203 Communicanten irgendwie im Dienste und im Solde der Mission oder der Missionare stehen werde. Am mäßigsten nimmt sich das Personal der Wesleyaner aus: 16 Missionare (darunter 12 eingeb.), 7 Missionsgehülfen aus den Eingebornen und 10 Katecheten. Mitten inne an Umfang steht das Personal der Baptisten: 3 Missionare, 11 eingeborne

Prediger und 39 Lehrer; dafern nicht etwa die Zahl der Lehrer bei den 53 Wesleyanischen Schulen, die in der vorstehenden Angabe offenbar nicht inbegriffen sind — wenigstens nicht vollständig — das Verhältniß ändert.

Am umfangreichsten ist die Wirksamkeit der Römischen, die bekanntlich schon seit dem Anfang des 16. Jahrhunderts auf Ceylon arbeiten. Der tamulische Norden mit eingerechnet, mag sich die Zahl der Seelen, die zu ihrer Kirche gehören, auf mehr denn 200,000 belaufen; zählten sie doch bereits im Jahre 1717, wo obenein die heftigsten Stürme des niederländischen Fanatismus über sie hin sausten, an 70,000 Glieder, und Sir Emm. Tennent weiß von 116,000 (83,561 Singhalesen, 31,951 Tamulen und 1141 Europäern) unter 33 ordin. Priestern mit mehr als 500 Katecheten und Gehülfen.

Erst 1836 wurde Ceylon, das bis dahin zur Diöcöse Cochin gehörte, selbständig; etwa zehn Jahre später theilte man es in zwei Vicariate, das zu Jaffna und das zu Colombo. Das letztere soll vom August 1849 bis 1850 nicht minder als 282 Seelen aus dem Heidenthume und 1247 aus den „reformirten Religionen" in den Schooß der römischen Kirche aufgenommen haben. Das protestantische Publicum in Ceylon mißtrauete jedoch dieser Angabe, indem es „die falschen Zahlen in Bezug auf römische Schulen, die alljährlich in den Kalendern paradirten, nicht so bald vergessen konnte." Daß die 1247 Bekehrten aus „den reformirten Religionen" fast lauter sogenannte „Regierungschristen sind," braucht wohl kaum bemerkt zu werden. Aus deren Reihen vornehmlich stärken seit 1806, wo die Engländer die holländischen Zwangsgesetze vollständig aufhoben, auch die Römischen ihre Reihen, und das gelingt ihnen bei dem sinnlichen Charakter ihres Gottesdienstes natürlich viel besser als den protestantischen Sendboten, die außerdem grundsätzlich Niemanden in ihre Gemeinschaft aufnehmen, von dessen Herzensbekehrung sie nicht menschlicher Weise überzeugt sind.

Der apostolische Vicar von Jaffna sagt in einem Schreiben vom 8. Dec. 1852: „Den Predigern dieser Religion stehen die mächtigsten Mittel zu Gebote, und doch kommen sie zu Nichts: ein schlagender Beweis, daß es ihnen an der göttlichen Sendung und an der Gnade von oben fehlt."[244] Auf diese Weise legen sich die Römischen ihre Erfolge zurecht, die wir zum Theil ihrem opferfähigen Eifer mit Freuden zugute schreiben wollen, zum größten Theile aber ihrem sinneberauschenden Gottesdienst, ihrer verderbten Lehre, und ihrer unevangelischen Anbequemung zurechnen müssen.

Derselbe kirchliche Würdenträger hatte sich damals in einem öffentlichen Berichte bitter ausgelassen auch über das „Wohlleben der Frauen und Kinder protestantischer Sendboten." Ein anglikanischer Missionar zu Chundiculy hatte gegen das Ganze sehr gut geschrieben, die Verheirathung aber nur mit Berufung auf die Freiheit, die der Apostel Paulus für sich in Anspruch nimmt (1 Cor. 9, 5), zu rechtfertigen gesucht. Nun wir verlangen nicht, daß alle protestantischen Sendboten ehelos bleiben, ja wir können das nicht einmal wünschen; aber Jammerschade ist es doch, daß es unter ihnen so gar Wenige giebt, die sich „um der Noth willen" jener von dem Heidenapostel beanspruchten Freiheit mit demselben Apostel begeben, und so „um des Himmelreiches willen" das in vollkommen evangelischer Weise leisten, was die katholischen Missionare meist nur in gesetzlicher Weise auf sich nehmen.[245] Emmerson Tennent hat in seinem Werke über das Christenthum in Ceylon den römischen Christen ein besseres Lob gegeben, als den protestantischen, namentlich hervorhebend, daß sich die ersteren mit dem Buddhaismus weit weniger behelligen als die letzteren. Hiezu muß ich jedoch bemerken, daß unter jenen „protestantischen Christen" hirtenlose „Regierungschristen" aus der holländischen Zeit zu verstehen sind, nicht solche, die den protestantischen Missionsgemeinden gliedlich zugehören. Ich will den Römischen ihr seelsorgerliches Verdienst um ihre Pflegebefohlenen nicht schmälern; das aber darf nicht außer Rechnung bleiben, daß für die Römischen ein Hauptreiz zur Theilnahme an den buddhistischen Ceremonien wegfällt — das sinnliche Schaugepränge; das haben sie ja im eignen Hause eher besser als schlechter.

In der Central-Schulcommission,[246] deren Präsident der jedesmalige Colonial-Secretär ist, war damals auch Bischof Bravi, jenes „leuchtende Gestirn", bei dessen Erhebung zum apostolischen Vicariat von Colombo im Jahre 1849 die Römischen in ihrer naiven Beglückwünschungsadresse sich so freueten, wie „die Weisen aus dem Morgenlande, da sie den Stern sahen."

Die Regierung unterstützt nicht bloß die englischen Schulen der anglikanischen Mission in Jaffna jährlich mit 150 Pfund, die der wesleyanischen mit eben so viel und die der amerikanischen gar mit 200 Pfund; sie unterhält auch selbst eine Menge Bildungsanstalten in Ceylon. Im Jahre 1849 wurden, nach Abzug des Schulgeldes, das etwa 931 Pfund betrug, ungefähr 6713 Pfund für die Zwecke des öffentlichen Unterrichts von ihr verausgabt. Die Zahl der Schulen belief sich, — die von ihr unterstützten Missionsschulen in Jaffna eingerechnet — auf 76, die der Schüler auf 4951, wovon aber nur 3825 ordentlich kamen.

Die „Academie" zu Colombo ist eine Art Gymnasium. Ein Theil der Zöglinge, deren damals 26 waren, bildet sich für das Rechtsfach, ein Theil für das kirchliche Amt vor. Die Erstern müssen später noch zu einem Juristen in die Lehre, die Letztern in das „College" zu Calcutta.

Von den drei Centralschulen zu Galle, Colombo und Kandy, deren Hauptzweck die Ausbildung für das Kaufmannswesen ist, war zu meiner Zeit die erstere ganz und die letztere zeitweilig aufgehoben. Die zu Colombo zählte 62 Schüler.

In der nur von Christen besuchten Normalschule zu Colombo sollten hauptsächlich Singhalesen zu tüchtigen Lehrern an den Elementarschulen gebildet werden, unter denen es — namentlich auf den Dörfern — auch solche giebt, wo nicht bloß mittelst des Englischen, sondern auch des Singhalesischen unterrichtet wird. Dem mit der Wesleyanischen Mission verbundenen Dr. Kessen war die Leitung der Central- und der Normalschule zugleich übertragen.

Eben hatte sich die von der europäischen Wissenschaft angeleuchtete Jugend Colombo's zur Herausgabe eines halb belehrenden und halb unterhaltenden Magazins aufgerafft. Sogenannte „Burghers", d. i. mehr oder minder reinblutige Nachkommen der frühern europäischen Beherrscher Ceylon's, standen an der Spitze, und auch ächte Singhalesen betheiligten sich daran. Der Name des Blattes „Young Ceylon" klang wohl schlimmer als er gemeint war; denn die Politik hatte man vorsichtigerweise ausgeschlossen. Der Herausgeber des „Colombo Observer" — Baptist, Freikirchler und Verfechter einer freisinnigen Politik, — kündigte jede Nummer dieses in der That nicht übel geschriebenen Magazins mit einem Trompetenstoße an, besonders die, welche auf seine vorherige Anregung das Freiwilligkeitsprincip in Bezug auf das Schulwesen zu vertreten suchte. Herr Elliot galt überhaupt als „Protector" der Eingebornen, gleichviel ob Halb- oder Vollblut; von ihm nahm das „junge Ceylon" allenfalls einen väterlichen Verweis hin. Dieser blieb nicht aus, als der „Observer" in dem Verfasser eines Artikels der fünften Nummer einen Speichellecker zu erkennen glaubte, der das „Kuckuksgeschrei" des alle „Burgher" tief verachtenden „Examiner" widerhallte.

Dem britischen Kaufmann lacht das Herz, daß die culturlustigen Singhalesen die Manufacturen von Manchester, Leeds, Sheffield und Birmingham bereits zu schätzen wissen, die höhern Stände aber sogar nach den besten Weinen ihr Auge erheben und auch dem englischen

Bier nebst Schinken, Butter, Käse, Lachs, Confect, Anchovies &c. &c. Gerechtigkeit wiederfahren lassen.

Seitdem die Engländer in's Land gekommen, hat der Reisverbrauch so zugenommen, daß Familien, die vor zwanzig bis dreißig Jahren etwa alle vierzehn Tage einmal Reis zu essen pflegten, sich nun diesen Luxus jede Woche ein paar Mal erlauben. Die europäischen Westen und Jacken, Hemden und Hosen, Hüte und Schuhe haben sich seitdem auch um ein Bedeutendes vermehrt. Einer der wesleyanischen Missionare freuete sich darüber mehr als billig; er meinte mit dem westlichen Kleide zögen die Leute „westliche Ideen" an.

Wir wollen über diesen Punkt auch den Inspector des Gefängnisses in Colombo hören:

„Bei der Berechnung der Fortschritte, welche das Verbrechen in Ceylon macht, sollte man nicht vergessen, daß das Volk innerhalb der letzten paar Jahre in der Cultur weit vorgegangen. Es ist eine anerkannte Thatsache, daß eine gewisse Art von Verbrechen in demselben Maaße zunimmt, als in Folge der wachsenden Cultur neue Luxusmittel in die Gesellschaft eingeführt werden. . . . . . Was zuerst für Luxus galt, wird allmählig Bedürfniß . . . . und dieses spornt entweder zu größerer Kraftanstrengung . . . . oder es verleitet zu Unehrlichkeit, Betrug, Schwindel u. s. w. So bildet es dann die Grundlage zu jenen Plagen der menschlichen Gesellschaft, zu den „Verbrechen gegen das Eigenthum. Unsre Listen zeigen, daß diese Art von Gesetzesbruch in Ceylon bedeutend vorwiegt." [247]

Der Singhalese ist, als ein verzognes Kind der liebevollsten und freigebigsten Natur, in der Regel unbeschreiblich träge; er möchte von den Genüssen der fremden Cultur wohl naschen, kann sich aber zur Erwerbung derselben im Schweiße seines Angesichtes nur schwer entschließen. Ja wenn ihm der europäische Markt seine Gaben eben so ungezwungen in den Schooß schüttete, wie die Kokospalme, der Jackbaum und der Kaffeestrauch vor seiner Hütte die ihrigen! So wird denn die europäische Cultur für Viele zu einem Fallstrick, und selbst wo sie die Betriebsamkeit steigert, mehrt sie selten das wahre Lebensglück: die „westlichen Ideen," besonders wenn sie sich auf „Madeira, Champagner, Porter, Ale" u. s. w. ausdehnen, kommen selten ohne westliche Untugenden, und wehe, wo diese mit den einheimischen Lastern sich vermählen!

Aufenthalt in Kandy.

Romantischer kann kaum eine Stadt liegen als die alte singhalesische Königsstadt in ihrem Felsenbecken, das ungefähr anderthalb Stunden lang und halb so breit ist. Amphitheatralisch umschließende Berge werfen ihre düstern Schatten in das Auge von Kandy, das so freundlich zu ihnen emporblickt, ich meine den vom letzten Könige gegrabnen See, dessen Rand von Häusern und Villen angenehm belebt wird.

Von einer der östlichen Höhen schweift das Auge über große wellenförmige Flächen, die, hie und da mit majestätischen Baumgruppen besetzt, beinah den „Eindruck eines englischen Parks in riesigem Maaße machen." Leider fehlen die belebenden Spuren des Menschen in diesem großen Naturparke; man sieht weder Anbau, noch Wohnungen; melancholisch wälzt die Mahavali-Ganga über Klippen und Untiefen ihre Schiff- und Bootlosen Fluthen. Im Hintergrunde erhebt sich eine wildzerrißne Bergreihe, aus welcher der dunkle Kegel des Honasgiri 4980 Fuß hoch emporstrebt.

Der Weg um den See ist der beliebteste Spaziergang; dort tummelt sich die europäische Welt allabendlich zu Roß und zu Wagen. Die kleine Insel im See dient nichts weniger als romantischen Zwecken; sonst eine Art Sanssouci für den König, trägt sie jetzt das Pulvermagazin; dicht am Rande des Sees aber ladet ein nettes Bibliothekgebäude zu unterhaltender und belehrender Lectüre. Ganz in der Nähe öffnen zwei europäische Gasthäuser ihre Hallen, das eine vornehmlich den Beamten, das andre den Pflanzern, meist „schottischen Leuten.“ Auch auf Ceylon hat die schöne Redensart einige Geltung: „So und so viel englische Herren, so und so viel schottische Leute, so und so viel irische Burschen (fellows), und ein Pack Ausländer.“

Mit einem der schottischen Pflanzer wurden wir bald auf das innigste bekannt; die liebliche Frau des liebenswürdigen Mannes hatte die einleitenden Schritte dazu gethan. Er war einer der ersten Europäer, die den Kaffee-Bau in Ceylon versuchten und ist nun einer der wenigen britischen Besitzer, die an Ort und Stelle leben. Beide, Mann und Frau, nehmen an Allem, was sich auf die Ausbreitung des Reiches Gottes bezieht, den herzinnigsten Antheil.

Auch in einer englischen Dame fand meine Frau eine freundliche Gesellschafterin. Die Regierung hatte ihr eine englische Schule für singhalesische Mädchen übergeben. Sie zahlte ihr 200 Pf. jährlichen Gehaltes. Damit konnte sie sich recht wohl Wagen und Pferde halten. Das kam dann auch meiner armen Frau zugute. Unsre Oechslein durften ja, trotzdem daß man ihre schneeige Weiße, ihre edle Gestalt und ihre schwunghaften Hörner bewunderte, auf den Tummelplätzen der schönen Welt nun und nimmer erscheinen, und eine Dame zu Fuße — „the very idea!“ (der bloße Gedanke!) würden die Engländer sagen.

Mit dem anglikanischen Missionar daselbst, Herrn Oakley, wurden wir minder bekannt. Dieser bewohnte damals einen beiseit und doch nahe gelegnen Hügel, den die Regierung der Mission geschenkt hatte.

Ringsum die üppigste Natur! Ein mächtiger Brotfruchtbaum beschattete die sehr behagliche Verandah des durch und durch wohnlichen Hauses. Ein romantischer Aufenthalt!

Erst in neuester Zeit hat die anglikanische Mission von da aus auch unter den reinen Kandyern, die fast alle auf dem Lande zu suchen sind, einigermaßen Fuß gefaßt; der Bericht von 1853 spricht von der ersten kandyschen Frau, die wahrscheinlich je in die anglikanische Kirche getreten. Das meist von rein-kandyschen Palankinträgern bewohnte Dorf Ratmewela, 4 Stunden von Kandy, nennen die neuesten anglikanischen Berichte den interessantesten Außenposten.

Ich war eines Sonntags in der Missions-Kirche auf dem vorerwähnten Hügel. Der eingeborne Gehülfe versah den liturgischen Dienst, ein Küster gab die Lieder an, und der Missionar las seine singhalesische Predigt. Alles gut anglikanisch. Die Zuhörerschaft bestand aus zehn bis funfzehn Kostschülerinnen, deren jede der Mission jährlich neun Pfund kostete, und aus mehren Erwachsnen, deren Zahl nicht eben groß war, indem selbst das Miss.-Register von 1854 erst von 35 Communicanten weiß.

Unter diesen Kirchgängern zeigte sich die „europäische Cultur" auf ihrem Gipfel. Einige waren in voller europäischer Gala; Andre hatten daneben den singhalesischen „Unterrock" beibehalten; fast alle aber trugen die allersteifesten „Vatermörder." Ich kam mir gegen diese vollendeten Europäer ordentlich singhalesisch vor, und als ich zwei jener bevatermörderten Singhalesen in ihre eleganten europäischen Kutschen schlüpfen sah, wie war mir denn da — mir „Mann mit dem tamulischen Ochsenwagen?"

Die Tracht der Frauen, obschon auch nicht ohne europäischen Einfluß, war wenigstens geschmackvoll; ein seidner Rock, braun und gelb gewirkt, eine feine weiße Jacke nach altdeutschem Schnitte mit Manschetten, an Hals und Händen Schnüre von Perlen und Steine, in dem üppigen Haar brillante Kämme von Schildpatt, Pfeile und Nadeln von Gold und Silber. Meine Frau hielt diese Tracht für die schönste, die sie je gesehen.

Bei dem anglikanischen Missionar lernte ich auch den anglikanischen Caplan kennen, — einen Deutschen von Hause aus, und der auch Deutsch konnte, obgleich er seine theologische Bildung in England empfangen hatte. Er bewohnte damals eine Höhe, deren Name „Fairyland" zwar durchaus nicht romantisch gemeint ist, (die Kaffeepflanzung, die einen Theil des Abhangs bedeckt, gehörte früher einem gewissen Fairy), eine romantische Ausdeutung („Feenland") aber sehr wohl zuläßt. Während wir langsam hinanritten, hatten wir einen herrlichen Blick auf Kandy, das, auch wie ein Feenland, aus dem Morgennebel=Meere emportauchte. In weniger als zwei Stunden waren wir bei dem Wohnhause angekommen. Auf der eigentlichen Höhe, noch etwas weiter hinauf, etwa 1000 Fuß über Kandy, eröffnete sich uns eine prachtvolle Aussicht, auch in die Berge von Kurnegalle und Matele. Der Tag, den wir bei Herrn Vandadelsen zubrachten, verfloß, wie wenige auf unsrer Reise, so gar „spiegelrein und eben." Die Höhe von Fairyland war aber auch eine wahrhaft „olympische."

Herr Vandadelsen, früher Missionar, genoß als Seelsorger der Anglikaner eines allgemeinen Vertrauens, zu dem selbst der Herausgeber des „Colombo Observer," der unerbittliche Kritiker des ganzen „Church Establishment" das bischöfliche Haupt nicht ausgenommen, seinen Beitrag gab. Der anglikanischen Kirche in Kandy, worin er allsonntäglich predigte, sieht man keine „Knauserei einer kaufmännischen Regierung" an, wie das so oft auf dem indischen Festlande der Fall ist. Auf der Stelle, auf welcher sie sich erhebt, erhob sich sonst ein heiliger Buddha=Baum (Bogaha) neben altem Gemäuer. Die Eingebornen hatten nichts dagegen, daß er der christlichen Kirche Platz machte.

In dem singhalesischen Missionsgehülfen, den ich in der englischen

Missionskirche die Liturgie hatte lesen hören, fand ich, trotz europäischem Rock und europäischer Mütze, bei näherer Bekanntschaft einen recht verständigen Mann. Auch ihm schien die Hoffnung gewisser Engländer, ganz Ceylon werde bald englisch reden, eine große Thorheit; auch er nannte die Heiden, die englisch lernen und doch nicht Christen werden, gewaltig aufgeblasen. Er machte mir überhaupt manche interessante Mittheilung. An der Küste, sagte er, seien fast alle Buddhisten getauft, und selbst unter den Buddha- und Teufelspriestern fänden sich Leute, die es sich durchaus nicht nehmen ließen, die überkommene Ehre der Taufe auf ihre Kinder zu vererben.

Einen minder günstigen Eindruck machte mir der Hülfsmissionar der Baptisten, die damals keinen europäischen Arbeiter in Kandy hatten, ein Tamule aus Jaffna. Der Mann, ein wahrer Riese, trug über dem weißen Gewande einen langen weißen Shawl; elegante „Vatermörder" steiften ihm den Hals, und das bunte Kopftuch hatte er so gewunden, daß es zwei Hörner bildete. Er konnte nur von vierzehn Getauften reden, gab jedoch nicht undeutlich zu verstehen, daß die anglikanische Mission gelegentlich auch aus dem Baptistischen Netze fische. Seine Gesellschaft hatte damals eine Schule in der Nähe von Kandy unter jenen Ausgestoßnen, die früher das Scharfrichteramt versahen. Ein verworfenes Geschlecht! Die erste Schule, die man zu ihrem Besten eingerichtet, steckten sie in Brand.

Mein tamulischer Baptist machte eine höchst bedenkliche Miene, daß Vandadelsen für seine Kirche gemalte Fensterscheiben aus London mitgebracht hatte. Der gute Mann fürchtete nun, daß die Römischen ihren Bilderdienst damit beschönigen würden. Er hielt wohl den anglikanischen Geistlichen gradezu für einen halben Römling. Dessen Vorgänger war leider zur römischen Kirche übergetreten und zwar „mit Eclat."

Nun wird es Zeit, daß ich den Leser zu dem berühmten Dalada

Malagawa „dem Palaste des Zahnes" führe, d. i. dem Tempel, wo man jenen „Zahn Buddha's" aufbewahrt, den die britische Regierung im April 1815 unter den glänzendsten Feierlichkeiten der heiligen Stätte wiedergab. Ueber eine Zugbrücke trittst du durch ein räumiges Thorweg ein. Dein Blick wendet sich zuerst einem sechseckigen Thurme zu. Ein von den schauerlichsten Erinnerungen umschwebtes Gebäude! Von dem obersten Stockwerk desselben — einer offnen Gallerie — hoch über dem Bereich eines feindlichen Angriffs auf seine geheiligte Person, — sah „der ceylonesische Caligula*" den raffinirtesten Menschenquälereien zu. Er ließ die armen Opfer auf Pfähle spießen, ihnen siedendes Blei in den Mund gießen oder auch das Fleisch mit heißen Zangen Stück für Stück vom Leibe zwicken; ja die Frau seines ersten Ministers, die ihn erzürnt hatte, mußte die Köpfe ihrer sieben Kinder, eines nach dem andern, in einem Mörser stoßen. Aehnliche Martern sieht man in der Verandah des äußern Tempels abgebildet, an dessen Ecke, rechts vom Beschauer, der Thurm, grausiger als der „Hungerthurm" zu Pisa, liegt.

In dem obern Stock des innern Tempels logirt, sechsfach eingehäust, der heilige Zahn. Offenbar von Elfenbein gebildet, soll er dem äußersten Ende eines Elephanten-, nach Andern eines Eberhorns ähneln. Also wahrscheinlich aus jener glorreichen Zeit, wo Buddha, der den Schmerz alles Lebens als den seinen fühlt, „Löwe, Jackal, Tiger" u. s. w. wurde, „um allenthalben Recht und Ordnung aufzurichten."[248]

Gleich am äußersten Eingange, — und das ist auch bei andern buddhistischen Tempeln der Fall, — liegen Steine mit einer Art Rose in der Mitte und mit Blumengewinden ringsum. Die in Stein und Holz geschnittnen Figuren, die, meist feierliche Umzüge darstellend, Wände und Pfeiler allenthalben zieren, sind überhaupt das Schönste,

* Starb vor etwa 23 Jahren als Staatsgefangner in Madras.

was an dem jämmerlich zusammengeknäuelten „Palast des Zahnes“ zu sehen ist: die „edle Treppenflucht, die luftigen Bogen und die imposanten Colonnaden“ können sich der Raumverhältnisse wegen nicht recht geltend machen.

Erst nachdem wir uns von der Regierung einen Erlaubnißschein verschafft hatten, öffneten sich uns die massiven Thüren des eigentlichen Heiligthums mit ihren ehernen Schranken. Fast hätten uns die stark duftenden Blumen an dem mit gewaltigen Elephantenhauern verzierten innern Zugange, wo wir zu warten hatten, unverrichteter Sache hinweggetrieben. Auch wir bewunderten das äußere Gehäuse des Zahn's, — das, fast wie eine Glocke mit Griff, ein Dhagop im Kleinen — von Edelsteinen und Goldketten bedeckt, auf einem Tisch mit silberner Platte steht. Ein an einer Goldkette aufgehängter Vogel von Rubinen, blauen Sapphiren, Emeralden, Katzenaugen u. s. w. zog besonders unsre Blicke auf sich. Die Fülle der Edelsteine verbirgt das Gold, darin sie gefaßt sind.

In einem andern Gemache des Tempelgebäudes sahen wir an der Wand einen alten singhalesischen Radjah im königlichen Ornat, und ihm zur Linken einen buddhistischen Kirchenfürsten mit einem Schirme. Ein Hindugötze, — Krischna oder Vischnu — stand dem heiligen Manne harmlos zur Seite. Man zeigte uns auch einen siamesischen Buddha, den ein längliches Gesicht von dem ceylonesischen mit rundlichen Wangen auszeichnet.

Dicht bei dem Tempel liegen die Gebäude des früheren Palastes. Der Thronsaal ist in einen Gerichtshof umgewandelt. Er wurde eine Zeit lang auch als Kapelle von den Engländern benutzt. Eine mittendurch hinlaufende Doppelreihe von Pfeilern und Bogen (wenn ich nicht irre, aus dem Mahagony-ähnlichen Kalamanderholz) mit künstlichem Schnitzwerk gab ihm fast das schöne Ansehn einer Kirche. An die Stelle des Thrones hatte man ein Pult gesetzt. Wo sonst der König hauste, wohnt jetzt der britische Regierungsagent, — damals Mr. Buller. Wie sich die Zeiten geändert haben!

Daß in Kandy, welches jetzt fast nur von Singhalesen aus den Seeprovinzen, von Muhamedanern und Tamulen bewohnt, von den reinen Kandyern aber gemieden wird, sich Niemand mehr um die alten „Löwen-Könige" besonders kümmert, verkündete uns laut genug der stille Ort, wo ihre Gebeine ruhen. Von den fünf bis sechs Dhagop-ähnlichen Monumenten fanden wir nur eins noch ziemlich erhalten, von den andern konnten wir kaum die Form erkennen. Um eines derselben hatten sich die Wurzeln eines Buddhabaumes so eingewühlt, daß erst nach längerer Untersuchung der wahre Bestand zu Tage kam. Eine Treppe führte uns von diesem melancholischen Orte aufwärts zu einem Tempelchen, der nichts für sich hat als seine malerische Lage.

Einen sehr besuchten Buddha-Tempel sahen wir im Dumbera-Thale, unfern Kandy, seitwärts von der Straße nach Kondisalle. In anmuthige Schatten gehüllt, sieht er in das schöne Thal hinab: im Hintergrunde der Honasgiri (4980 Fuß) und die „Knuckles" (6128), wo damals ein Westphale Kaffee baute. Eine Hindugottheit hält die Hut an dem Eingang des Tempels, in welchem ein colossaler Buddha mit rothem Ueberwurfe aufgestellt ist. Auch hier verbreiteten Blumenopfer — darunter die Baumwoll- und die Schuh-Blume — betäubende Düfte. Wir fanden Decke und Wände bemalt: Buddha's, Buddhaheilige, Könige, Flüsse mit Fischen u. s. w. Am merkwürdigsten war mir das Bild eines Wagens, dessen Rad der vornaufstehende Fuhrmann mit einer Stange treibt.

In dem botanischen Garten zu Paradinia, der sich keiner besondern Pflege zu erfreuen schien, sahen wir mehrere für uns neue Gewächse. Am meisten interessirte uns der Muscatnußbaum mit seinen kleinen gelben Blüthen und Früchten von dem Aussehen und von der

Größe einer Aprikose. Ein wunderschönes Roth zeigt die Blume, die um die Nuß sitzt.

Der prächtigste Spazierweg zu Kandy ist „Lady Hortons walk.“ Einen Berg in halber Höhe umkreisend, gewährt er eine kostbare Aussicht erst auf die Dumbera-Berge und später auf Kandy selbst. In dem Garten, der das „Pavillon“ des Statthalters umschließt, nimmt er seinen Anfang und findet dort auch sein Ende.

Der damalige Statthalter war Sir G. Anderson, ein Schotte, früher Statthalter von Mauritius. Er nahm mich sehr huldvoll auf und behielt mich gleich zum Familienfrühstück bei sich. Den Gegenstand unsres Gespräches bildete das neue Werk von Emmerson Tennent über das Christenthum in Ceylon, das ich auf seinem Tische vorfand. Sir G. Anderson war der erste Europäer auf Ceylon, den ich gegen die in jenem Werke noch immer nicht entschieden zurückgewiesene Annahme von einem höhern Alter des Buddhaismus als des Brahmanismus nur irgend einen Zweifel äußern hörte.

Ich fand, daß selbst einer der wesleyanischen Missionare, der dort für den tüchtigsten Kenner des Buddhaismus gilt, sich in dieser Beziehung auf die Schriften der Buddhisten berief, worin ausdrücklich erklärt wird, daß Sakja Muni bloß ein verfallenes System wieder aufgerichtet habe. Nun ja, der Urkeim, aus welchem sich der Buddhaismus, dieser Todfeind alles „Gegebnen“ entwickelt hat, ist viel älter als der Brahmanismus; er ist uralt. Den ersten Ansatz zu allen Zweifelsystemen finden wir schon 1 Mosis 3, 1. In diesem Sinne hatte Sakja Muni vollkommen Recht, wenn er sich für einen bloßen „Wiederentdecker“ erklärte, denn obschon seine Angriffe zunächst auf das brahmanische Heidenthum zielten, so berührten sie doch jene Urelemente allgemeiner religiöser Wahrheit mit, die Römer 1, 19. 20. und 2, 15. zu dem „Gegebnen“ gerechnet sind. Ein Urstoff oder ein Urgeist? das war die große Frage, die schon lange vorher die Geister der arischen

Indier in Anspruch genommen hatte. Sie war in der brahmanischen Gotteslehre zu Gunsten des letzten Gliedes bereits so gut wie beantwortet. Sakja Muni erklärte sich wieder für einen Urstoff und strich damit in seiner Glaubenslehre den Begriff „Gott", und in seiner Sittenlehre den Begriff „Gewissen" gar aus.

Lord Torrington kam in der ersten Hälfte von 1847 nach Ceylon. Am 26. Juli wurde ein angeblicher Nachfolger der alten Kandy-Könige im Tempel zu Dambul gekrönt. Lord Torrington ließ Truppen aus Madras holen. 18 der Gefangnen wurden durch Kriegsgerichte zum Tode verurtheilt, darunter auch ein Priester in vollem Ornat. Das Gerücht nannte den letztern unschuldig; er habe zwar mit dem „König" in Verbindung gestanden, sei aber nicht sein Anhänger gewesen. Es scheint, Lord T. war von zweideutigen Freunden umgeben, die sich freuten, wenn er sich als Statthalter unmöglich machte. So viel ist ganz gewiß: Der Colonialsecretär hatte früher Hoffnung auf die Statthalterstelle gehabt, seine politische Parthei hatte ihn aber nicht durchgebracht; zweideutig ist das Benehmen desselben, bei seiner Rückkehr nach England, jedenfalls gewesen. (Siehe auch Ausl. 1853, Nr. 37).

Wir durften während unsres sechswöchentlichen Aufenthaltes in Kandy einer sehr interessanten Feierlichkeit beiwohnen. Die Königin Victoria nämlich hatte eben einen hohen Orden für Sir Anderson überschickt, wie man meinte, aus politischen Gründen, denn das Ansehen des Statthalters war in der öffentlichen Meinung sehr gesunken. Ließ doch der Colombo Observer den unmittelbaren Vorgänger von Sir Anderson, den unglücklichen Lord Torrington, mit einem „Geheul des öffentlichen Unwillens" von dem Eilande scheiden; seinem eben nicht edlen Witzworte zufolge hatten die Burgher's gegen das Ansinnen, einen Strick für den Gouverneur zu kaufen, als zu kostspielig feierlich protestirt. An dem Tage, wo der Oberrichter,

Sir Oliphant, dem neuen Statthalter den Orden im Namen der Königin umhängen sollte, wollten die Zuzüge der benachbarten Häuptlinge an der Spitze ihrer Leute gar kein Ende nehmen. Vornweg schritt stets ein Trupp von Spielleuten, Tänzern und Sängern, hinterher ein Trupp von Fahnenträgern. Es läßt sich schwer sagen, was daran das Possirlichste war; die Fahnen bestanden zum Theil in alten Taschen- oder Halstüchern. Nur die Häuptlinge nahmen sich wahrhaft stattlich aus. In weißem bauschigem Gewande, mit einem gürtenden Goldreifen und großem altdeutschen Kragen, auf dem Haupte ein viereckiges Barett, etwa mit Goldblumen auf weißem Grunde, — so stolzirten sie einher auf ihren geputzten Elephanten.

Durch Ehrenpforten aus Kokos- und Bananenzweigen gelangten wir unter quetschendem Gedränge in den Saal, wo die Feierlichkeit vor sich gehen sollte. Der Aide de camp nahm meine Frau an den Arm und stellte sie Lady Anderson vor, die in einfacher aber geschmackvoller Kleidung zur rechten Seite einer mit Guirlanden verzierten Tribune saß. Am Stuhle der Königin stand links der Regierungsagent, und rechts der anglikanische Bischof. Die linke Seite des Saales nahmen die Häuptlinge, die rechte die Muteliars ein; weiter unten standen die Europäer. Endlich donnerten die Kanonen; man blies mit aller Macht das englische Nationallied „God save the queen!“ An der Spitze der Procession erschien Sir Oliphant in rothem Mantel mit weißer Schärpe und Böffchen, — eine überaus possirliche Erscheinung in dieser alterthümlichen Tracht — und nahm als Stellvertreter der Königin von dem Stuhle derselben Besitz. Alles erhob sich wie vor der gegenwärtigen Majestät. Ein Beamter verlas den Auftrag der Königin und Sir Oliphant hielt eine kurze Lobrede auf Sir Anderson; es war als ob sein neckischer Anzug zu jedem Worte gelacht hätte. Der gute Mann sah aber gar ernst aus — und der Statthalter auch. Der knieete nieder, als ihm der zugedachte Orden an einem rothen Bande umgehängt wurde und schob sich rückwärts hinaus, immer und immer wieder gegen den Stellvertreter der Königin sich tief verneigend. Nachher paradirten noch die Elephanten der Häuptlinge, kleine und große, in festlichster Gala.

Reise nach Dambul.

Unmöglich konnte ich Kandy verlassen, ohne die berühmten Felsentempel von Dambul gesehen zu haben. Eine Vergleichung derselben mit den Felsentempeln zu Salsette war dabei mein Hauptinteresse.

Am 17. Februar Nachmittags 4 Uhr 1851 verließ ich in meinem Ochsenwagen die alte Hauptstadt der Kandy-Könige. Ein enges, aber lieblich bebautes Thal führt im Angesichte des Honasgiri, auf dessen Abhängen zur Zeit der Kaffeeernte an 1500 Kulis beschäftigt werden, innerhalb einer Stunde an die Fähre über die Mahavali-Ganga. Ich fand den Fluß so seicht, daß die Schiffer, im Wasser stehend, die Fähre schieben mußten.

Die Straße windet sich nun in einem zuerst ziemlich uninteressanten Thale allmählig aufwärts; Bazar- und Fuhrleute, und hie und da europäische Pflanzer zu Pferd mit langen Stiefeln und tuchumwundenem Hute belebten sie. Bald gewinnt auch die Natur wieder ihre ceylonesische Schönheit. Die Berge zur Linken treten dicht heran und bilden oft jähe Tiefen voll saftigen Grüns und silberner Bächlein. Den Weg selbst säumen Kokos-, Bananen- und Jackbäume. Die Häufigkeit des Talipots — der höchsten Palmenart — mit seinen fünfzehn Fuß breiten fächerförmigen Blättern an langen Stielen, giebt der Landschaft ihr eigenthümliches Gepräge.

Es dämmerte schon, als ich die Höhe des Passes von Ballakadave (9—10 engl. Meilen von Kandy) erreichte. Von dort schlängelt sich der Weg zwei Stunden lang nach dem 700 Fuß tiefer gelegenen Matele hinunter. Blühende Kaffeepflanzungen und dazu gehörige Gebäude auf den Hügeln umher mildern die Wildheit der Berge. An siebzig europäische Besitzungen zählt dieser Distrikt, der seinen Namen bald von den Dumberabergen, an denen hin er sich streckt, bald von dem benachbarten Matele empfängt. Die beiden Sammelpunkte der dortigen Kaffeeplantagen, auf denen zur Zeit der Ernte an 20,000 Kulis beschäftigt werden, sind Relugas und Dotalagala.

Zwei lange Häuserreihen durchziehen das freie, offne, luftige Thal von Matele mit einem Bezirksgerichtshofe. Ich fand dort in Folge der vielen benachbarten Pflanzungen das regste Leben: allenthalben Schlafende und Singende, Kochende und Essende, Spielende und Schwätzende in größern oder kleinern Gruppen.

Nachdem ich in Matele ein paar Stunden der Nacht im Wagen verbracht hatte, ließ ich wieder anspannen. Bald merkte ich mit Schrecken, daß die Kaffeepflanzungen und damit auch die guten Straßen ein Ende hatten. Ausgewaschne Stellen und mächtige Steine schüttelten abwechselnd den Wagen so, daß ich jeden Augenblick fürchtete, er würde nun zerschellen, nachdem schon mehrere Fensterscheiben zerklirrt waren. Die aufgehende Sonne zeigte mir tiefe Waldwildniß zu beiden Seiten der Straße. Schlingpflanzen mit rothen und weißen Prachtblüthen in dem dichten Grün erfreuten das Auge, zwitschernde Waldvögel das Ohr, bunte Schmetterlinge, über den Weg gaukelnd, die Phantasie. Nur die Nase war nicht zufrieden: zu stark duftete die Blüthe der Schlingpflanze und die gesammte üppige Pflanzenwelt.

In dem Rasthause zu Nalande (30 engl. Meilen von Kandy), wo

ich gegen 9 Uhr anlangte, fand ich einen Irländer, der in rothtuchenem Ueberwurf auf stattlichem Pferde mich und meinen Ochsenwagen schon unterwegs gemustert hatte. Er war mit allen Arten von käuflichen Wassern, Bieren und Weinen reichlich versehen, und da die Kunde, daß ein längst erwarteter Trupp Pferde zum Verkauf über Ramesseram, Manar, Aripo und Anarajapuram endlich im Anzuge sei, die irische gute Laune noch um viele Procent erhöht hatte, so fiel auch für den armen Deutschen im Ochsenwagen etwas von den kostbaren Erquickungen ab.

Ich erschrak nicht wenig, als mir von allen Seiten versichert wurde, daß eine Weiterreise zu Wagen rein unmöglich sei, und mein Irländer entsetzte sich, daß ich nun die Reise zu Fuß vollenden wollte. Leider war in dem ganzen Orte Niemand aufzutreiben, der uns die allerunentbehrlichsten Sachen tragen wollte; der Singhalese, dem die liebe Natur das Nöthige fast in den Schooß schüttet, giebt sich zu derlei Dienstleistungen selten her. So entschloß ich mich denn kurz und gut, mit einer Flasche Bier und einer geflochtnen Matte die noch übrigen 15 Meilen allein zu ziehen. Das ging dem gutmüthigen Irländer an's Herz. Er schaffte Rath, indem er mir einen seiner tamulischen Kulis mitgab. Die Elephantenfurcht desselben lachte er hinweg, und ich half mit einem blanken Rupi nach. Fügen mußte ich mich jedoch in die unangenehme Bedingung, nicht zu reisen während der Zeit, die sonst „keines Menschen", in Indien aber wohl des europäischen Wanderers „Freund" ist. So brachen wir denn, noch in voller Hitze, gleich nach 2 Uhr auf.

Fast wurde mir das Gesicht zu lang und der Muth zu kurz, als sich bald hinter Nalande Flüsse und Sümpfe in den Weg legten. Da ein böser Morgennebel meine gewöhnliche Unpäßlichkeit wieder aufgewühlt hatte, so trug ich meine Füße zu entblößen Bedenken; ich versuchte daher, mich auf hingelegten Steinen hinüberzubalanciren. Das erste Mal gings; das zweite Mal rutschte ich ab. Da half nichts, —

die Stiefeln mußten von nun an jedesmal herunter. Einmal führte eine ganz dünne Stange über einen knietiefen Morast. Fein den Mund danach haltend, schwankt' ich glücklich hinüber. Ein andermal mußt' ich an einer Springstange über einen „der stygischen Sümpfe" schweben, der mir die Weiterreise durchaus wehren wollte.

Trotzdem war der Weg so interessant, daß ich mich zuweilen von Entzücken durchrieselt fühlte. Einmal umfing mich eine wahre Waldnacht; der Bäche aber, die kaum gesehen durchhin rauschten, konnte ich mich nicht von Herzen freuen; wußte ich doch daß sie mit heillosen Miasmen schwanger gehen. Davon schienen die Vögel nichts zu wissen; sie jubelten durch die grüne Nacht hin.

Etwa auf der Mitte zwischen Liandura (7 bis 8 Meil. von Nalande) und Dambul (7 bis 8 Meil. von Liandura) lief uns das letzte Flüßchen über den Weg. Aus tief überhangenden Laubgewölben brach es hervor, und der glühende Durst ließ mich auf einen Augenblick die stygische Natur desselben vergessen. Ich trank, schrak aber schon nach dem ersten Schlucke zusammen. Das Wasser hatte einen sonderbaren Geschmack, und schon fühlte ich, — war es die Furcht oder die Wirkung des Trunkes? — wie sich mein Magen dagegen empörte. Ich griff auf der Stelle zur Brandyflasche, die ich für Krankheitsanfälle allerlei Art beständig bei mir führte, und zwang mir möglichst viel jener für mich so unangenehmen Flüssigkeit hinunter. Das schien für den Augenblick zu wirken.

Dicht am Flusse unter hohen Bäumen saß ein kranker Pariahjüngling, den eine Karawane tamulischer Kulis, die über Dambul, Anarajapuram und Manar nach Ceylon herüber kommen und heimkehren, krank in dieser Waldöde zurückgelassen. Er kauerte neben einem angezündeten Baumstamme; ihm zur Seite lag sein Reisegepäck — eine Hand voll Lumpen. Da die hereinbrechende Dämmerung die Schauer der Wildniß mehrte, so machte der unheimlich rieselnde Fluß, in Verbindung mit der Jammerscene an seinem einsamen Ufer, einen wahrhaft acherontischen Eindruck.

Die armen tamulischen Kulis auf Ceylon! Sie sollen zwar jährlich eine große Masse Geld, besonders in Silber, aus Ceylon mit hinwegnehmen; allein sie müssen auch dafür viel frieren und noch mehr arbeiten.[249] Diese Leutchen leben in der Regel noch dürftiger als in ihrer Heimath von Reis und Pflanzenspeisen; ihrem Gotte aber — sie weihen dazu den ersten besten Stein, der etwas absonderlich aussieht — bringen sie auch hier dann und wann ein Huhn zum Opfer. Sie zerlegen dann wohl das Herz in vier Theile und werfen diese in die vier Winde. Auf jeder Besitzung findet sich unter einem überhangenden Felsen oder unter einem breitästigen Baume ein roher Altar, von wo allnächtlich ein Licht herschimmert und gelegentlich auch eine rohe Musik ertönt.

Die Herren auf Delta-Estate (S. 321) machten den Versuch, ihre Kulis anzusiedeln. Sie gaben ihnen Acker, sie gaben ihnen freie Zeit; vergebens. Die „süße Heimath" hatte auch für diese Armen ihre unwiderstehlichen Reize. Ich begegnete auf meinem Wege nach Dambul mehr als einer heimkehrenden Karavane. Einmal hielt eine lange, lange Reihe, spärlich zugedeckt und daher eng aneinander gedrängt, dicht am Wege ihre nächtliche Ruhe; ein sogenannter „Pariahhund" machte den Nachtwächter. Bei einer andern tamulischen Reisegesellschaft sah ich auch ein ganz altes Mütterchen an ihrem Stabe daher wanken. Mancher soll auf diesem Wege, wohl hauptsächlich in Folge der thauigen Nächte und des bösen Wassers, zu Grunde gehen. Der kranke Jüngling unter dem Baume war ja eben auch liegen geblieben. Mein landsmännischer Gastfreund in Kandy sah einmal unter ähnlichen Umständen einen sterbenden Kuli, den schon die Geier umschwebten.

Der Pariah, der mich begleitete, nahm sich so ganz anders wie seine Zunftgenossen in ihrer Heimath. Er verlangte seine Cigarre; auch sagte er ohne Umstände: „Herr hilf mir die Sachen auf den Kopf legen.“ Eine solche Freiheit wird sich ein tamulischer Kuli in seinem Vaterlande nicht leicht gestatten. Das arme Volk fühlt sich eben in Ceylon anders, als auf dem indischen Festlande. In Ceylon sind die Kastenverhältnisse bei weitem milder; der europäische Pflanzer kann den Arm des tamulischen Arbeiters nicht entbehren, und dieser letztere beansprucht daher einen verhälnißmäßig hohen Lohn. Soll man sich dann wundern, wenn hie und da der frühere Knechtssinn in allzugroßen Freisinn umschlägt?

In Einem Stücke jedoch glich mein Kuli seinen Brüdern im Tamulenlande auf ein Haar, — in der Feigheit nämlich. Mit haarsträubendem Entsetzen sah und zeigte er mir zu wiederholten Malen Elephantenspuren. Das Wort Yânei („Elephant“,) hatte seine Zunge förmlich in Beschlag genommen und machte nur zuweilen einer Frage nach der Meilenzahl, nach dem Traglohne und nach dem Trinkgelde Platz. Als nun vollends die schwarze Nacht hereinbrach, so wurde seine Stimme gar weinerlich, und ich hatte vollauf zu thun ihn nur halbwege zu trösten, — und dabei nachzukommen; denn „die Angst beflügelte den eilenden Fuß; ihn jagten der ‚Feigheit‘ Qualen.“ Ein Glück war's, daß der Weg von dem letzterwähnten Flüßchen an ziemlich breit und grade wurde. Dennoch stolperten wir einer nach dem andern und ein Mal über das andere über Wurzeln. Erst um acht Uhr schimmerte uns ein tröstliches Licht entgegen. Hochauf athmete mein tamulischer Begleiter — oder vielmehr Vorrenner. Auch ich freute mich, als ich, von Elephanten unzertreten, bei dem etwas einsam gelegnen Rasthause von Dambul anlangte. Der singhalesische Aufseher fand es bequemer, gleich durch das erste beste Fenster einzusteigen. Verwundert folgte ich auf dem wunderlichen Wege. Drinnen löste sich das Räthsel. Alle Fensterläden waren zerbrochen; und in den allgemeinen

Ruin derselben war, mit Ausnahme des Tisches, sämmtliches Hausgeräth mit verwickelt. Da gab es kaum noch etwas zu ruiniren oder zu stehlen. Mit Mühe machte ich mir einen Stuhl zurecht, — mit Mühe ein erträgliches Nachtlager. Mit Stangen und darauf gehängten Kleidungsstücken brachte ich endlich auch ein leidlich geschloßnes Schlafzimmer zu Stande, und mit den zerbrochnen Stühlen verbarricadirte ich mich. Im Uebrigen legte ich mein Haupt in den Schooß dessen, der „nicht schläft, noch schlummert.“ Und siehe „ich lag und schlief ganz mit Frieden.“

Am nächsten Morgen sehr früh erklomm ich Dambulu Galle, „den Felsen von Dambul“,[250] der, etwa 600 Fuß hoch, so ziemlich auf der Mitte seines südlichen Abhangs die vier Grottentempel trägt, deren ältester, der Maharadja Vihara, — priesterlicher Ueberlieferung zufolge — ungefähr hundert Jahre vor Christo von dem Könige Walagam Bahu erbaut wurde. Ich hatte zuerst acht bis zehn Minuten auf dem Wege, der mich Tags zuvor nach Dambul gebracht, zurückzugehn; dann wandt' ich mich rechts durch Gärten und Gebüsch den nackten, sonnigen Fels hinan, in welchen nicht einmal Stufen gehauen waren. Ein Priester in gelbem Gewande, ein gutmüthiger Alter, der zu allen meinen Fragen lächelte, gesellte sich bald als Führer bei.

Die Platform vor den Grotten, die alle in Einer Reihe liegen, ist nicht so gar „eng;“ sie hat einigermaßen die Gestalt einer Terrasse. Auf den heiligen Baum, der dieselbe zum Theil angenehm beschattet, schien mein Priester auch gar nichts zu geben; ich durfte mir ohne Weiteres einen Zweig herunterbrechen. Unter ihm sitzend und den Blick über die dichtbewachsnen Berge von Matele hinschickend, mag es sich da bei dem Lispeln seiner Blätter ganz sänftiglich träumen lassen.

Ich sah zuerst den Deva-Radjah-Vihara. Vor dem liegenden Buddha in colossaler Größe, — er ist ja an 30 Fuß lang — fand ich frische Opfer an Früchten und Blumen. Einen Vischnu, von dem

Ritter redet, konnte ich nicht entdecken. Dem Namen des Heiligthums zufolge („Götterkönig-Grotte"), sollte man allerdings einen von den brahmanischen großen Göttern darin erwarten. Es wurde mir gleich bei diesem Vihara die volle Gewißheit, daß bei den Felsentempeln von Dambul die Natur dem Künstler vorgearbeitet hat.

Darauf führte mich mein immer lächelnder Priester in den Maha-Radja-Vihara. Die beiden Königsgestalten, die dieser Grotte den Namen geben, stehen sehr im Hintergrunde, der eine, Nisankai, rechts in der Ecke, der andre, Walagam Bahu, links. Nun das ist eben die Stellung der Könige im Buddhaismus, die „als vorzügliche Glieder der Gemeinde" den Interessen derselben ganz besonders zu dienen berufen sind. Maitri, der nächst künftige Buddha, hat auch das Ansehn eines Königs; sollen ja doch sämmtliche Buddha's dem Kschatrija-Geschlechte entstammen. Ich sah außer den drei Göttern, Vischnu, Rama und Natha, die eine sehr untergeordnete Stellung einnehmen, oben an der Wand auch den brahmanischen Ganesa abgebildet.

Nahe an 50 Buddha's stehen an den innern Wänden dicht neben einander. Sie unterscheiden sich nur durch ihre Stellung: der eine meditirt mit untergeschlagnen Beinen, der andre segnet, der dritte lehrt.

An der Decke oben wimmelt es von Arhat's (einer Art buddhistischer Heiligen). Alle sind von einer weißen Glorie umschwebt. Die einen haben eine Hand auf dem Herzen liegen, die andern haben eine Hand feierlich erhoben.

Die charakterlose Gleichförmigkeit der Gesichtszüge in den Buddha's sowohl als in den Arhat's bei der maßlosen Menge derselben macht einen geistertödtenden Eindruck. Diese Fülle und dabei diese Oede! Wo soll auch der Geist herkommen bei einem Systeme, das nur eine Materie kennt, und wo die Individualität bei einer Philosophie, die alles aus der allgemeinen Leere entwickelt und dahin zurückleitet.

Da lob' ich mir denn wenigstens die buddhistischen Felsentempel zu Salsette, deren nackte Oede jedenfalls großartig ist.

In den „innersten oder hintersten Tempel" durft' ich nicht, wohl aber in den Alut Vihara („die neue Grotte"), den der Kandy-König Kirti Sri erst um Mitte des vorigen Jahrhunderts einrichtete. Auch dort befindet sich ein ausgestreckter Buddha in colossaler Größe. Wie alle seines Gleichen läßt er, auf die Rechte gestützt, die Linke grade hinliegen. Der Ausdruck dieser Buddha's zeigt allerdings eine große „Milde", aber nicht in dem höhern Sinne gemäßigter Kraft. Sie ruht auf der Unterlage einer gewissen Schlaffheit.

Auch ich war über dem Steigen und Sehen schlaff geworden. Zur Herberge zurückgekehrt, speiste ich schon vor zehn Uhr meinen mittäglichen Kari, und wußte dann nichts Besseres zu thun, als zu schlafen. Allein schon nach zwölf Uhr weckte mich mein ungeduldiger Reisegefährte. „Die Elephanten, Herr, die Elephanten, Herr! Wir müssen gehen." Was wollt' ich machen? Ich stand auf und ging. Unterwegs frug mich mein Begleiter, ob der Gott, den ich gesehen, ein „sehr, sehr hübscher" Gott sei.

In Liandura mußt' ich ein Weilchen rasten. Ich frug nach einem Ei; endlich brachte man eins; ich bat um Feuerholz; endlich, endlich bekam ich welches; ich bat um Wasser; endlich, endlich, endlich war es da. In so glänzendem Lichte hatte ich die singhalesische Trägheit noch nie gesehen. Eine Gruppe von Eingebornen, die sich alle nicht gern zu rühren schienen, umkauerte mich, während ich eine mühsam bereitete Tasse Kaffee, dem das schlechte Wasser einen gräulichen Geschmack gab, mit Anstand hinunterzuschlucken mich bemühte.

Es war schon dunkel, als wir Nalande erreichten. Mein lahmer Knecht war ganz Rührung über die Strapatzen seines Herrn. Er zog mir die Stiefeln aus und bearbeitete eine gute Viertelstunde lang meine Beine dermaßen, daß auch nicht eine Spur von Müdigkeit zurückblieb.

Während er mit diesem Liebeswerke beschäftigt war, strich er mich gegen den Kuli, der sich nun in ehrerbietiger Entfernung von dem stolzen Sudra zu halten hatte, auf das Glänzendste heraus. Was er am meisten bewunderte, das war meine Ausdauer zu Fuße: so hatte er noch keinen „Weißen" laufen sehen.

Mit Mondes-Aufgang ließ ich anspannen; mit Tages-Grauen war ich in Matele. Den Aufstieg nach Ballakadave fand ich dießmal besonders lieblich; eben lüftete der Nebel hie und da seinen Schleier. In Ballakadave wollt' ich eigentlich über Mittag bleiben; da fiel mir mein Irländer ein, der mich für den Rückweg eingeladen hatte; er wohnte nämlich nicht weit von der Fähre über die Mahavali-Ganga. „Fuhrmann", frug ich „können die Ochsen noch sechs Meilen gehen?" — „„Ei freilich Herr,"" erwiederte dieser offenbar etwas piquirt, „daß ich ihm — er betrachtete sich und seine Ochsen als Ein und dieselbe moralische Person — so gar wenig zutraute." Ich ließ nun bei der nächsten Quelle halten, um mich vor allen Dingen meines Bartes zu entledigen. Diese öffentliche Procedur versetzte den lahmen Burschen in die angenehmste Laune. Die müden Oechslein bekamen nun auch etwas gesungen.

Gegen 11 Uhr waren wir an der Fähre. Ein bei der Brückenmauth angestellter Malaie zeigte mir den Weg zu dem Hause des Irländers, etwas abseits auf einem schön bewachsenen Hügel. Er saß eben mit einigen Pflanzern bei einem großartigen Frühstück. Einer derselben, von „Temple-Stone" bei Ambagamme, versicherte mich, es sollte mir unter den dortigen Pflanzern an einem Pferde nicht mangeln, wenn ich von da aus den Adams-Pik zu ersteigen wünschte. Leider konnte ich von seiner zuvorkommenden Einladung keinen Gebrauch machen. Wie wenn ich von Blei gewesen wäre, so lag mir die Erschöpfung in allen Gliedern, als ich in der Abendkühle nach Kandy zurückkam.

Ich konnte die Reise nach Dambul während meines ganzen Aufenthaltes in Ceylon nicht verwinden; der „acherontische“ Trunk zwischen Liandura und Dambul, an den ich schon nicht mehr gedacht hatte, machte mich für mehrere Tage sogar bettlägerig. Unter solchen Umständen wäre es unverantwortlich gewesen, hätte ich die Tour nach dem Adamspik, zu der ich keinen ausdrücklichen Beruf hatte, mit ihren ungewöhnlichen Strapatzen unternehmen wollen.

Ausflug nach Neura Ellia.

Was die Blauen Berge für die Europäer des südindischen Festlandes sind, das ist die Höhe von Neura Ellia für die Europäer in Ceylon — ein Ort der Erfrischung und der Erholung von den Leiden der tropischen Sonne, die, wenn auch auf dem dichtbegrünten Insellande mit zwiefachem Monsum verhältnißmäßig mild, es doch nicht verläugnen kann, daß sie in einer Entfernung von sieben Graden ihren Weg am Himmel stets in scheitelrechter Linie wandelt.

Was uns nach Neura Ellia zog, war nicht so sehr das Ziel selbst, als der Weg dahin, einer der malerischsten Gebirgspässe, der, zum Theil aus dem Felsen herausgearbeitet, in seinem Laufe von 49 engl. Meilen noch fast um 4000 Fuß über die Lage von Kandy hinaus steigt. Auch eine geschicktere Feder als die meine würde an der Schilderung der Naturschönheiten, durch welche er mitten hinführt, zu Schanden werden. Du wanderst dort, — um mit meinem lieben Freund Baynes in seinem „Ramble in the East“ zu reden — in „einem Eden von Einöde“ und würdest dich doch gar nicht wundern, wenn dir jede Wendung um die nächste Ecke ein Dorf, traulich in den Schatten der Bäume hingeschmiegt, vor Augen stellte. Die göttliche Allmacht selbst hat hier eine sichtbare Gestalt gewonnen, und doch könnte man dich glauben machen, ein menschlicher Genius von gewaltigen Mitteln habe jenen silbernen Wasserfall hier über Felsentreppen und dort durch dichtes Gebüsch geleitet, ein menschlicher Genius habe diesen Hain, dessen mannichfaltige Blätter so wunderbar gegen einander abstechen, gepflanzt und geordnet. Auf der kühnen Felsen-Braue da darfst du dir ein Ritterschloß erträumen, und in jenem stillen Winkel dort eine „Hütte für ein glücklich liebend Paar."

Am 1. März Morgens um 5 Uhr brachen wir von Kandy auf. Es war schon hell, als wir die Brücke von Paradinia passirten (S. 276). Zu beiden Seiten unfruchtbare Hügel, überkleidet von einer Art Farrenkraut mit Büscheln eines für das Hausthier ungenießbaren Grases; dicht an der Straße aber, die sich meist in der Nähe der Mahavali-Ganga hält, hie und da terassenförmige Reisfelder. In demselben Maaße, wie bei Gampolla (13 Meil. von Kandy) die unfruchtbaren Hügel sich heben, nimmt auch der Anbau zu. Etwa auf der Mitte des Weges nach dem ebengenannten Orte ließen wir uns in einem Hause am Wege einen „buddhistischen" Kaffee kochen; in Gampolla selbst aber, wo wir noch vor elf Uhr anlangten, machten wir ohne Weiteres bei dem Zolleinnehmer — einem baptistischen Christen, wie sich später herausstellte — Mittag. Eine steile Treppe führte uns in ein kleines Zimmer, das einzige des an eine Bergwand gelehnten Häusleins — wo wir, außer einem schönen, in der Gewerbsschule zu Marotto[253] gefertigten Schranke von Jack-Holz, ein ganz nettes Bett mit einem Tischchen davor fanden. Wir machten den letzteren zu unsrer Mittagstafel.

Nachdem wir den hemmenden Fluß im Rücken hatten, wurde die Landschaft immer wilder und gebirgiger. Wäre der Regen und meine alte Unpäßlichkeit nicht zwischenein getreten, so hätte es schon hier nicht schwer gehalten, der Mutter Natur träumend in den Schooß zu sinken. So aber schleppte ich mich mühsam hinter dem Wagen her, den unsre zwar starken, aber im Steigen ungeübten Thiere nicht minder mühsam bergan schleppten. Erst um 8 Uhr erreichten wir in finsterer Nacht das heißersehnte Rasthaus zu Pusilawa, — das zweite und mittlere auf der Straße nach Neura Ellia — (8 engl. Meilen von Gampolla), nachdem schon lange zuvor mehr als Ein loser Wicht von Glühwurm uns die lichtvolle Nähe desselben vorgegaukelt hatte.

Da der Regen auch am andern Morgen noch andauerte, so blieben wir vorerst in der theuern aber angenehmen Herberge, die ein Reisender vom Jahre 1832 als „eine elende Erdhütte" bezeichnete, und die nun, von schönen weißen „Mondblumen" umblühet, auf ihrem Hügel recht wohl ein englisches „cottage" vorstellen konnte. Ein deutscher Israelit hatte ganz in der Nähe eine Kaffeepflanzung, die, von den schönsten Rosen eingefaßt, mit ihren schneeigen Blüthen wie ein Lustgarten dalag. Landsmännisches Gefühl trieb mich mitten durch den Regen auf ein Stündchen zu ihm.

Eine Stunde nach Mittag brachen wir auf. Bald hinter Pusilawa schon zieht die Natur ein aus Erhabenheit und Anmuth gewirktes Kleid an. Wolken zum Greifen hingen leider für dießmal einen undurchdringlichen Schleier über das liebliche Thal zur Rechten, das, lang, eng und tief, von reichen Feldern, zum Theil in Terassenform, geschmückt und von vereinzelten Hütten unter Baumgruppen oder in kleinen Gärten belebt wird; — über die majestätischen Berge ringsum, die, an Form meist ausgesucht phantastisch, zuweilen einen verfallenen Thurm, zuweilen eine ganze Stadt in Ruinen vorspiegeln; — über die dunkeln Wälder, die Abhang und Gipfel schmücken, — und über die brausenden Wasserfälle, die, an einem Punkte zu fünfen sichtbar, über die Felsen stürzen, hier in dunklem Gebüsch verschwindend, und dort wieder in der Sonne wie Silber glitzernd. Erst auf dem Rückwege durften wir diese Naturherrlichkeiten ordentlich sehen und genießen. Auf dem Hinwege waren wir froh, als wir — gegen vier Uhr — in dem Rasthause zu Rambodde (11 engl. Meil. von Pusilawa) einliefen. Der Regen verschleierte nicht bloß die Natur, sondern machte auch die Luft zu einem nassen Schwamme, und die Gießbäche, die über den Weg an steiler Bergseite hinbrausten, vermehrten das Gefühl der Feuchtigkeit, die mir bei meinem Gesundheitszustande so sehr zuwider war.

Ich hatte schon beschlossen, meine Reisegefährtin in dem Rasthause zu Rambodde zu lassen und allein zu Fuß nach Neura Ellia hinaufzugehen, indem das ewige Steigen und Winden, hauptsächlich aber die Unmasse spitziger Steine auf der sonst so schönen Straße die Weiterfahrt mit unsren armen Thieren unmöglich zu machen schien. Allein die Betrunkenheit des Wirthes — eines Schotten aus Glasgow — der beiläufig nur Eine Tasse zur Verfügung hatte, — in dem einsamen Hause zwang uns, am nächsten Morgen das unmöglich Scheinende zu versuchen, und zwar um so mehr, als über Nacht Diebe eingebrochen waren und dem zu spät Ernüchterten unter andern auch seine paar Vorräthe gestohlen hatten.

Schon gegen sechs Uhr machten wir uns daher wieder auf den Weg; wir hatten noch einen Aufstieg von etwa 3000 Fuß auf elf englische Meilen, und dann einen Abstieg von nahezu 1000 Fuß auf etwa zwei Meilen vor uns, ehe wir das glückliche Thal von Neura Ellia zu betreten hoffen durften. Eine Weile ging es noch ziemlich eben fort; die Oechslein marschirten tapfer, und ich selber freute mich „jedes meiner Schritte" durch jene herrliche Natur, über die heute „ein unbewölkter Zeus" hinlachte. Dicht am Wege sahen wir ein nettes Kirchlein liegen, das die Pflanzer aus den benachbarten Bergen von Zeit zu Zeit vor dem Angesichte dessen sammelt, der hier in Berg und Thal, in Wald und Wasserfall auch für die Heiden so laut redet — „ob sie ihn fühlen und finden möchten." In einem buddhistischen Hause (zu Ballegalle, „Vielstein"?) suchten wir nachzuholen, was uns der Schotte in seiner Kirchenmaus-Armuth am Morgen nicht hatte gewähren können.

Wir selbst hatten uns an Kaffee und Eiern weidlich gestärkt; unsre Oechslein aber brachen bald nachher mit blutendem Huf einmal über das andere in die Kniee. Wir mußten auf offner Straße liegen bleiben; der Himmel hatte sich umwölkt; er weinte wieder und unser Herz weinte auch.

Meine arme Frau im Wagen zurücklassend, ging ich auf Kundschaft aus, ob ich etwa eine menschliche Wohnung irgendwo entdecken möchte. Ein menschliches Wesen fand ich schon nach einem Viertelstündchen hastigen Vorausschreitens, einen Tamulen, der ein benachbartes Kaffeemagazin zu hüten hatte. Er zeigte mir den Weg zu einem englischen Plantagen-Aufseher, dessen Haus auf einem Hügel dicht an der Straße lag. Dieser hatte von seiner heitern Höhe aus unser Unglück gesehen und meine Frau bereits mitleidig hinaufgeholt. Ich krempelte rasch meine Beinkleider hinunter, als ich sie von dem Hügel herab mir zuwinken sah; ich hielt sie nämlich für eine fremde Dame.

In dem Häuslein zu Kundegalle („Fels-Stein?") — so heißt jene Kaffeepflanzung — wurde uns das schwere Herz bald um einige Centner leichter. Unser gütiger Wirth ließ von seinen Leuten auch unsre armen Oechslein heraufführen. So waren wir wieder alle hübsch beisammen. „Aufs neue lachte ein unbewölkter Zeus" über uns, und unser Herz lachte mit. Das Panorama von diesem Punkte aus gilt, wenn ich nicht irre, für das schönste auf dem ganzen Wege nach Neura Ellia. Nicht satt sehen konnte sich das Auge. Berge thürmten sich über Berge; hier das dunkelste Grün, dort das lichteste Blau! Es fehlte nur das Leben.

Am andern Morgen ließ unser Wirth meine Reisegefährtin in einem Tragsessel weiter schaffen. Ich selbst schritt wacker voraus. Mein Engländer, früher Soldat, begleitete mich eine Strecke. Er erzählte mir mit sichtbarem Wohlgefallen, wie des Abends und Morgens große bärtige Affen aus dem Dickicht hervorkämen, um sich in dem Flusse da unten zu waschen. Da er schon nach einer Viertelstunde umkehrte, die Sesselträger aber mich erst viel später einholten, so konnte ich mich in die hochromantische Einsamkeit nach Herzenslust versenken. Wie ein schöner europäischer Herbstmorgen, so umfing es mich. Der meist geschloßne Weg wand sich fort und fort an dichtbewachsnen Bergen hin, allenthalben plätscherten überbrückte Gießbäche. Wo der Sonnenschein durch das Berg- und Walddunkel brach, da sah ich mehr als einmal einen Kuli aus dem heißen Tamulenlande, der in diesen kühlen Regionen ein Sibirien fand, fröstelnd hinkauern. Einer, dem der heimische Laut aus meinem Munde das Herz zu schmelzen schien, pflückte mir Brombeeren. Er wußte wohl kaum, daß seine Dankbarkeit einen so guten Griff gethan hatte; die wohlbekannten Beeren hatten für mich auch etwas Anheimelndes. Nach sieben Meilen steten Steigens erreichten wir die Höhe des Passes; nun ging es noch etwa drei Viertelstunde wieder abwärts, und wir waren in Neura Ellia (15 engl. Meilen von Rambodde).

Neura Ellia (6,222 Fuß hoch) liegt in einer wellenförmigen Fläche von etwa zwei Stunden im Umfang; rings ragen Berge bis zu 2000 Fuß Höhe darüber hin. Von dort herabrinnende Wässerchen bilden einen Fluß, der, von Rhododendren umblühet, die grasbewachsne Ebne südwärts durchschlängelt. Auf jeder Seite des Thales hebt sich, bis zu den steilen, in ewiges Grün gekleideten Höhen, der Grund allmählig. Auf den kleinen Erhöhungen nicht fern vom Fuße der umwallenden Berge liegen, meist wie „niedliche cottages in gemäßigten Himmelsstrichen mit Kamin, gedieltem Flur und Fensterscheiben," die Wohnungen der Europäer, die hier oben bei einem Thermometerstand, der sich stets zwischen 30 und 50 Grad Fahrenheit hält, das Frösteln wieder zu lernen wünschen.[252]

Gleich das erste Häuslein beim Eintritt in die Ebne muthete uns an. Wie sollte es auch nicht? Die blauen Wicken in dem Gärtchen davor sprachen ja deutsch, und die Wurzelthüren am Häuslein recitirten gar einen Vers aus Schiller: „Raum ist in der kleinsten Hütte" u. s. w. Wäre die Besitzerin, Lady Oliphant, da gewesen, so würden sich uns die letzteren ohne Weiteres geöffnet haben.

Erst um neun Uhr langten wir im Rasthause an. Ich gerieth beim Suchen danach in ein englisches Privathaus. „Mein Herr, ist dies das Rasthaus?" Was, Herr, Sie können mein Haus für das Rasthaus halten? „Bitte, Herr, wo ist es denn?" Ich wills Ihnen sagen, Herr, wenn Sie Zeit haben. „Ich habe wenig Zeit, Herr!" Herr, wie so denn? „Ich bin sehr hungrig, Herr." (Mich von Kopf zu Fuß messend) Was ist denn mit Ihnen los, Herr? — „Ich bin eben zehn Meilen gegangen, Herr!" — Nun da gerade gegenüber ist das Rasthaus, Herr.

Nachdem ich mich nothdürftig ausgeruhet und an einem kräftigen Frühstück gestärkt hatte, erklomm ich sogleich den höchsten Punkt der Insel, den Pedrotallegalle, zu dessen Füßen das Rasthaus liegt. Ich brauchte dazu trotz aller Eile anderthalb Stunden, denn der schmale Fußpfad durch das Walddickicht, das nie eine Aussicht zuläßt, ist zuweilen so steil, daß man die Hülfe der Hände zum Klettern nicht entbehren kann, und dabei sehr schlüpfrig; hier stellen dir garstige Wurzeln unversehens ein Bein, und dort legt sich ein gefallener Baumriese flegelhaft über den Weg. So todtenstill hatt' ich Mutter Natur nie gesehen; ein summender Käfer, ein aufgeschrecktes Waldhuhn, ein rieselnder Bach vermochte mich zu schrecken. Leider war, als ich den englischen „flag-staff" auf der höchsten Spitze des Pedrotallegalle erreichte, die Sonne in einem Ocean von Wolken versunken. Nur über die Ebne von Neura Ellia und die nächsten Berge durfte das Auge schweifen, und auch das nur für einige Minuten; der Ocean von Wolken schlug alsbald um mich zusammen. Ich eilte rasch hinunter und fand, daß ich mehrere interessante Besuche, unter andern den des anglikanischen Caplans von Neura Ellia, eingebüßt hatte.

Gegen vier Uhr verließen wir Neura Ellia. Einen kostbaren Schatz nahmen wir mit hinweg — einige Metzen Linsen für unsre Oechslein, die schon lange gedarbt hatten. Hätten wir nicht der Wirthin von befreundeter Hand aus Kandy ein sehr annehmliches Geschenk überbracht, wer weiß ob man uns, auch gegen noch bessere Worte und noch schwereres Geld, von jenem gesuchten Artikel etwas abgelassen hätte. Wir legten die zehn englischen Meilen bis Kundegalle in weniger als drei Stunden zurück. Die hereinbrechende Nacht und drohende Wolken mahnten uns, mit den europäischen Blumen und Blümchen am Wege nicht zu lange zu äugeln.

Am nächsten Morgen waren unsre Thiere noch nicht reisefähig. Wir beschlossen daher, noch ein paar Tage auf dem reizenden Hügel zu verleben; wir ahnten nicht, daß er uns zu einer Hölle im Kleinen werden sollte. Die Frau unsers Wirthes nämlich, die das Scepter führte, wurde von einer Kranken in eine benachbarte Pflanzung gerufen; nun ließ der gutmüthige, aber rohe Mann alle Zügel schießen. Er kaufte von einem vorüberfahrenden Wagen, der Arrak für das Militär in Neura Ellia geladen hatte, eine gute Quantität desselben und machte sich und das ganze Haus (du mußt uns ausnehmen, lieber Leser) damit betrunken. Unser Koch hatte nichts Besseres zu thun, als unsern Schatz, die Linsen, wegzuschenken, und der lahme Knecht verwahrloste die Ochsen so, daß sie zuletzt wie losgelaßne Furien durch die Kaffeepflanzung sausten. Biß sie der Hunger oder hatten sie mitgezecht? Schon wurden auch die Ochsen des Wirthes, zwei schwarze Ungeheuer, grimmig; da zum Glück kam, die das Scepter führte. Ihr diplomatisches Auge sah sogleich was vorgefallen und so groß war ihr feldherrliches Talent, daß sie selbst mit einer trunknen Armee die Ordnung in einer Stunde herstellte. Unterdeß erzählte mir der immer gesprächiger werdende Eheherr die Geschichte vom Riesen Goliath. Er war ganz unglücklich, daß er sich auf den Namen des „kleinen Mannes mit der Schleuder" nicht besinnen konnte; ich aber wollte ihn unter den gegebenen Umständen in biblischer Geschichte nicht unterrichten. Auf die fromme Stimmung folgte zuletzt eine ärgerliche; er drohte „Mr. Graul" sammt „Mrs. Graul" zum Hause — nicht einfach hinauszuwerfen, nein mit Fußtritten hinauszustoßen. Wir zogen uns rasch in unsre Schlafkammer zurück, mußten aber auch da noch sein Grollen in dem anstoßenden Schlafgemach vernehmen.

Ein ungeheuerliches Gefühl beschlich uns bei der Entdeckung, daß wir uns nicht verriegeln konnten. Erst der Morgen brachte das Gefühl der Sicherheit. Nun waren wir aber auch fest entschlossen, für die Freiheit Alles daran zu setzen.

Geleitet von unserm Wirthe, der über Nacht zum Lamme geworden, setzten wir uns in Bewegung; aber bald warfen sich unsre Ochsen hin. Da war kein Fortkommen. Unser Pflanzer gab uns nun vier seiner Kulis zur Weiterschaffung des Wagens. Zwei zogen; zwei griffen in die Räder; ich selbst schob und dirigirte; der Knecht aber führte die Ochsen behutsam über die spitzigen Steine. Mit Einem Male schoß das Gefährt mit seiner theuern Last schnurstracks dem Abgrunde zu; einer der Kulis nämlich hatte in Folge einer kleinen Quetschung plötzlich losgelassen und die Andern waren seinem Beispiele gefolgt. Gott Lob, daß die Deichsel gegen einen Baumstamm, grade am Saume des Abhanges, fuhr und so den Wagen stemmte.

Da wir in dem Rasthause zu Rambodde einen Geistesverwandten unsres Wirthes wußten, so sprachen wir über Mittag lieber in der ersten besten singhalesischen Hütte ein. Dort speisten wir, umgeben von Hunden, Katzen, Enten, Hühnern, — Singhalesen, Tamulen und einem afrikanischen Knaben. Auf einem Bunde Stroh hielt ich nachher Sieste.

Es dämmerte schon, als wir vor „Delta-Estate", ein Stündchen vor Pusilawa, ankamen. Dort wohnte — so hatten wir gehört — ein deutscher Plantagenverwalter. Bei dem hofften wir ein gastlich Dach und neue Kulis zur Weiterbeförderung unsres Wagens zu finden. Ich ließ meine Frau in dem letzteren und stieg nicht ohne Beklommenheit den Berg hinan. Erst nach einer halben Stunde erreichte ich die Wohnung.

Der gute Landsmann, der den beschmutzten Fußgänger für einen deutschen Abenteurer halten mochte, wollte uns erst in das Kaffeemagazin schaffen. Als ich aber bestimmt erklärte, daß ich unsern Wagen vorzöge, und mich sogleich entfernte, so sah er mich noch einmal genauer an. Sein Auge blieb, wie vorher an meinem beschmutzten Stiefel, so jetzt an meinem unwilligen Blicke hangen. Er lud uns nun wenigstens zum Abendessen ein und bot zur Herauf- und Wiederhinunterbeförderung meiner Reisegefährtin ein Pferd an. Ich selbst holte die Widerstrebende herauf; auch ich war noch nie unter so demüthigenden Umständen einer Einladung gefolgt. Wir brauchten aber unbedingt Hülfe, sollten wir nicht auf der Landstraße liegen bleiben, und hier allein war der Mann, der sie uns gewähren konnte. Ich zweifelte nicht, daß bei näherer Bekanntschaft noch mehr als eine kräftige Mahlzeit, deren wir übrigens auch gar sehr bedurften, sich für uns ergeben würde.

Ich hatte recht gerechnet. Mit jedem Glase Champagner wurde der Landsmann freundlicher, und zuletzt war von Fortgehen nicht mehr die Rede. Wir mußten noch zwei Tage in seiner Familie bleiben.

Ein reizender Aufenthalt war's. Rings ein wahres Amphitheater von Bergen, und der Hügel selbst, den die wohnliche Behausung krönte, von Kaffeebäumen mit einer strotzenden Fülle schneeiger, duftiger Blüthen wie überkleidet. Es war dieß, wenn ich nicht irre, die größte Besitzung in Ceylon; 1100 Acres prangten bereits mit Kaffeepflanzungen, und ich weiß nicht, wie viele erst noch zu klären waren. Sie gehörte damals einem Grafen, ich glaube von deutscher Abkunft, in Paris. Unser Landsmann war bei einer der deutschen Gesandtschaften als Freiwilliger beschäftigt gewesen; jener Graf aber hatte ihn von der diplomatischen Laufbahn abwendig gemacht — „Grau, junger Freund, ist alle Theorie!“ — und ihn als Verwalter in seine ceylonesischen Pflanzungen geschickt. Der Mann schien hier, „unter blühenden Kaffeebäumen,“ den Tausch durchaus nicht zu bereuen; für ihn waren die „grünen“ Bäume zugleich „golden.“ Also, in diesem Lichte betrachtet, doch kein ganz falsches Bild, wenn Meister Göthe sagt: „Und grün des Lebens goldner Baum.“

Kulis schafften unsern Wagen von da nach Kandy. Wir selbst trabten am 9. März „hoch zu Roß“ der alten singhalesischen Königsstadt entgegen.

So befriedigend endete die Tragikomödie unsrer Ochsenfahrt nach Neura Ellia.

———

Anmerkungen.*

1. (S. 6) Etwa Mêttu (Höhe) — pâleijam (Vorwerk, Lager)? Ich kam, auf meinem Wege von dort nach Trankebar, bis Pooliarpolliam (zwischen Caroor und Tritschinopoly), durch eine Unmasse von Orten, die, in ihrer englischen Form, alle auf Polliam (Pâleijam?) enden (Tarump., Numbianp., Ummap., Mooroongap., Nauchp., Puchap., Dopoop., Mullagump., Karrapp., Shinganp., Govindap., Pasupathyp., Kalliap., Pooliarp.).

2. (S. 7) „Ostindier" (East-Indians) ist ein weniger verletzender Name für „Halbkaste" (half-caste), — d. i. landesgeborne Mischlinge. Sie lieben sich in neuerer Zeit auch Eurasier (Eurasians), d. i. Europa-Asiaten, zu nennen.

3. (S. 8) Tamul. eigentl. Sì (von dem sansc. Çrì „Heil")-Rankam (sprich Sìrangam) „Heiliges Flußeiland".

4. (S. 8) Tamul. eigentl. Tirisirâpalli (auch Tirisirapuram) „Stadt des Dreihäuptigen" (des Kuvera, Gottes des Reichthums?).

5. (S. 8) Kâvêri „erhaltender See" (Kâ = Kâkkum „erhaltend"; êri ein Teich oder See zur Bewässerung)? Sollte die Ableitung nicht zu künstlich sein, so würde der Name des Flusses der Wirklichkeit vollkommen entsprechen, denn der Kâvêri ist allerdings ein ungeheurer Bewässerungsteich, der das Land erhält. (Der tamulische Nil.) — Das Wort Kâvêri heißt übrigens auch „Eisensand".

6. (S. 9) Sapeijatakkam „Beugung vor der Versammlung" d. i. vor dem kritisirenden Collegium der Gelehrten. — Das Werk, von wel-

* Wo die tamulischen Worte mit römischen Charakteren gedruckt sind, da findet, wenn kein „sprich" beigesetzt steht, eine von der Aussprache völlig absehende genaue Uebertragung der Buchstaben statt. Was in der Schrift ausgezeichnet ist, hat einen mehr oder minder lingualen Charakter. Die gutturalen, palatalen und dentalen N-Laute habe ich, da sie sich durch ihre Stellung vor organverwandten Consonanten von selbst charakterisiren, unbezeichnet gelassen. Durch l' wird jener, der Tamulsprache eigenthümliche Laut bezeichnet, der zwischen r, l und dem französischen j in je in der Mitte schwebt, und dabei lingualer Natur ist, d. h. mit zum Gaumen aufwärts gekehrter Zunge gesprochen wird.

chem hier die Rede ist, heißt Iru sameija vilakkam „Beleuchtung der zwei Secten". Ich habe es, auf Palmblättern geschrieben, mitgebracht.

7. (S. 10) Diese Zwölf, die sogenannten Âl'vâr (spr. Âzhvâr) — „Untersinkende" sc. auf dem Wege des Nirvâna — heißen: „Pôjkeijâl'vâr, Pûtattâl'vâr, Pêjâl'vâr, Tirumal'ikeijâl'vâr, Nammâl'vâr, Maturakavijâl'vâr, Kulasêkarâl'vâr, Pattarpirânâl'vâr, Sûtikkoduttanâssijâr, Tontaratippotijâl'vâr, Tiruppânâl'vâr, Tirumankeijâl'vâr". Ein Bericht über die 12 Âl'vâr soll in dem noch ungedruckten Kuruparamparâpirapâvam „Herrlichkeit der Guru-Folge", das zu erwerben ich Aussicht habe, enthalten sein.

8. (S. 10) Tivvijappirapantam „Göttliches Gedicht" (von den 12 Âl'vâr; siehe Anm. 7.), I, 4. (Madras-Ausgabe.)

9. (S. 10) Tivvijappirapantam, II, 2, 8.

10. (S. 10) Tivvijappirapantam, II, 2, 9.

11. (S. 10) Tamul. eigentl. Tansâvûr (spr. Tandjâvûr) „Stadt des Tansan".

12. (S. 11) In dem sogenannten h. Fort sind bloß Tempel. In dem andern wohnt der Radja, dem zuletzt auch die Herrschaft über die bedeutenden Vorstädte genommen wurde, weil er, um eine neue Straße zu machen, den Leuten über Nacht einige hundert Häuser niederreißen ließ, ohne irgend welche Entschädigung.

13. (S. 13) Ein Mehreres über Tanjore siehe S. 226—229.

14. (S. 14) Ueber die Geschichte der tamulischen Liederübersetzung siehe das Leipziger evang.-lutherische Missionsblatt 1852, S. 129—137.

15. (S. 15) Tamul. eigentl. Tarankampâdi (spr. Tarangampâri).

16. (S. 15) Appam eine Art plinsenähnlicher Reiskuchen, die am besten in Pondicheri und Trankebar gebacken werden. Das Wort ist zur Uebertragung von „Brot" im Vaterunser gewählt worden. Ein Wort, welches Reis („das tägliche Brot" der Hindus) bedeutet, könnte dazu passender erscheinen; die alten Missionare aber ließen sich in ihrer Wahl des Wortes wohl von der Rücksicht auf das h. Abendmahl, wo eine solche Bezeichnung natürlich nicht passen würde, bestimmen.

17. (S. 16) Ein berühmter sivaitischer Lyriker. Siehe S. 115, Madras-Ausgabe.

18. (S. 16) Bedanaichen. Siehe S. 227.

19. (S. 17) Die meisten Schiffe, die jetzt bei Trankebar landen, kommen von Madras, Mauritius und Colombo, um Reis zu laden.

20. (S. 18) Der eigentliche Monsum beginnt auf der Ostküste um Mitte October und hört gegen Mitte December auf, die Eingebornen aber rechnen die Regenzeit im weiteren Sinne (d. i. die Zeit, wo es regnen kann) ein ganzes halbes Jahr.

21. (S. 20) Eig. Val'akkam, Brauch, Sitte. (Etym. „Alterthum".)

22. (S. 20) Die Franziskaner hatten von alter Zeit her eine Kirche in Trankebar. 1761 kamen die ersten Jesuiten (8 bis 10) dahin, zogen aber 1765 wieder ab. (Siehe Fenger's Geschichte der Trankeb. Mission, übers. von Francke, S. 231.)

23. (S. 21) Der ganze nördliche Theil der Stadt ist von Hindus bewohnt; die beiden südlichsten Theile der von Westen nach Osten laufenden Straße sind mit europ. Häusern besetzt. Im Norden, ziemlich dicht an der Stadtmauer, liegt ein Fischerdorf; in dem südöstlichsten Winkel der Stadtmauer das Fort Dansburg, das die Engländer damals abzutragen im Sinne hatten.

24. (S. 22) Die Haare von Kinderköpfen werden als besonders wirksam erachtet; daher Kinderleichen nicht selten ausgegraben werden.

25. (S. 24) Vergl. Fenger's Geschichte der Trankebarer Mission, S. 224—230.

26. (S. 25) Uppâru „Salzfluß".

27. (S. 25) Nânalâru, Rohrfluß (?). Nântalâru würde „Feuchter Fluß" heißen.

28. (S. 26) Santirapâdi (spr. Sandirapâri) „Mond-Stadt". Hier hat der dänische Gouverneur Christensen schöne Baumanlagen gemacht.

29. (S. 26) Die gemeinschaftliche Gemahlin der fünf Pandavas.

30. (S. 27) Ueber Eijenar siehe S. 131.

31. (S. 27) Von kutam „irdenes Wassergefäß" und apishêkam „Salbung, Weihe". (Weihe mittelst des Wassergefäßes.)

32. (S. 27) Das Kusa- oder Darbha-Gras ist bekanntlich das Gras, das die Hindus bei allen ihren religiösen Ceremonien gebrauchen.

33. (S. 27) Pireiyâru (spr. Püreijâru) „Mondsichel-Fluß".

34. (S. 27) Pûvarasu — von pû „Blüthe" und arasu „Ficus religiosa" — Hibiscus populneus L.

35. (S. 27) Eigentl. Kâttupâleijam „Wald-Vorwerk".

36. (S. 27) Ol'ukumankalam „Fließend Gut".

37. (S. 27) Ueber die Kuravar siehe S. 185.

38. (S. 28) Issilati „Feigenbaum-Fuß"? (Issil = Issi, Ficus virens L.?)

39. (S. 28) Iluppei oder Iruppei im Tamul. (Bassia longifolia L.)

40. (S. 28) Im Tamul. Muntirikei. 100 Stück der mandelartigen Nüsse kauft man für etwa 3 Pfennige.

41. (S. 28) Eine gute Tamarinde soll an 15 Rup. einbringen.

42. (S. 28) Kiri oder Kiripilley („Kiri-Kind") = Viverra Mungo.

43. (S. 28) Mêttupâleiyam. Siehe Anm. 1.

44. (S. 28) Ueber die Pallar siehe S. 185 u. 191.

45. (S. 29) Eigentl. Kâttussêri „Walddorf".

46. (S. 29) Eigentl. Tampirân „Seine Herrlichkeit" — religiöser Titel (eigentlich gewisser eheloser Saiva-Sannjasis).

47. (S. 29) Ein Vêli ungefähr 5 Acres.

48. (S. 30) Perija-mânikka-panku „Groß-Edelsteinstheil".

49. (S. 30) „Pflüger".

50. (S. 31) Wir bezahlten für das Tausend ungefähr 1½ Rup.

51. (S. 31) Nach Mauritius gehen die Tamulen als Taglöhner und als Handelsleute. Nach einer Reihe von Jahren kehren selbst die erstern, die dort bis 17 Rup. monatlich verdienen, aber freilich auch theurer leben, oft mit 1000 Rup. zurück. — In einem der letzten Jahre sollen 98,000 Hindus (darunter 30,872 von Madras) nach Mauritius gegangen sein. — Die tamulischen Kuli's bilden eine der bedeutendsten Arbeiterklassen unter den Tropen; man findet sie jetzt nicht bloß mehr auf den asiatischen und afrikanischen, sondern auch auf den amerikanischen Inseln.

52. (S. 31) Eigentlich Putussêri (spr. Puthutchêri) „Neu-Ort".

53. (S. 33) Das folgende Gedicht Mânikkavâsakar's ist aus seinem Tiruvâsakam: einer Sammlung von Hymnen zum Preise Sivas. (Siehe S. 117 in der von Vêtagirimutaliâr besorgten und in Sintâttiiripêttei zu Madras gedruckten Ausgabe vom Jahre 1844.) Die Ueberschrift lautet: Aufbruch zum h. Kriege. Weltkampf. — Was ich mit „Trommel des Worts" (Wort im Sinne von Veda) übersetzt habe, läßt sich auch mit „lärmende Trommel" geben, und statt „der Klugheit weißen Schirm" läßt sich auch „den mondförmigen weißen Schirm" übersetzen. Die Zweideutigkeit ist wohl beabsichtigt.

54. (S. 33) Die Hymnen des Samaveda von Th. Benfey, Theil 1, Prap. 3, Abth. 2, Dec. 5, Vers 9.

55. (S. 33) Siehe Benfey's Uebersetz. der Samaveda-Hymnen S. 226, Anm. 9.

56. (S. 34) Mûtar Katei „Narren-Erzählungen". Siehe die angeführte Erzählung Katâsintâmani S. 116 in der Ausgabe des Supparâjamutaliâr.

57. (S. 35) Ueber Eijenar siehe S. 131.

58. (S. 36) Am Frontispiz des Tempels sieht man Eijenar auf einem Elephanten; zu seiner Rechten eine Frau mit gelblichem Gesicht, die Pûranei, seine Gemahlin; zu seiner Linken eine Frau mit grünlichem Gesicht, die mir als Porkotijâl („Gold-Schlingpflanze")* bezeichnet wurde.

59. (S. 36) Vêmpu oder vêppu-maram = Melia Azidarachta.

60. (S. 36) Pûmpattanam „Pracht-Stadt". Ein Lobgedicht auf das Sivaheiligthum zu Caverypatanam findet sich in dem sogenannten

* Die Gold-Farbe gilt als die Farbe der Schönheit, und „Schlingpflanze" ist eine ganz gewöhnliche Metapher für „Frau".

Têvâram oder Mûvarpâtal („Drei-Gesang"), eine Sammlung von Lobliedern auf die verschiedenen Sivaheiligthümer, von den berühmten Vorkämpfern des Siva-Cultus: Sampantar, Appar und Sundarar.

61. (S. 38) Eig. Kattumaram („zusammengebundnes Holz"). Ein solches Floß besteht aus drei zusammengebundnen Stücken Holz von gleicher Stärke; das mittlere ist jedoch länger, zugespitzt und an beiden Enden ein wenig umgebogen.

62. (S. 39) s. Nampi's Akapporul Vilakkam, Akattineijijal, 24.

63. (S. 39) Sittampalam oder Sittamparam (auch Sitamparam) „Geist-Halle". Vergl. Anm. 79. Einige schreiben Sirrampalam (spr.: Sittambalam); das würde „kleine Halle" heißen; es ist aber wohl nur fehlerhafte Schreibart.

64. (S. 39) Unter den fünf Linga-Tempeln sind der zu Kânsipuram (Conjeveram), — dem Erd-Linga gewidmet — und der zu Sittambalam — dem Aether-Linga geweihet — die berühmtesten. Ein Wasser-Linga-Tempel befindet sich zu Tiruvâneikkâvu (bei Tritschinopoly), ein Feuer-Linga-Tempel zu Tiruvanâmalei (Tiroonomalee „H. unnahbarer Berg"), ein Luft-Linga-Tempel zu Tirukâlatti (Calustry „Heil. Schwarzer Elephant" weil dort ein schwarzer Elephant den Gott Siva anbetete).

Die fünf Linga's haben Bezug auf die körperlichen Hüllen der Seele, die, aus den fünf Elementen gebildet, sich in der nachstehenden Stufenfolge verfeinern: Erde, Wasser, Feuer, Luft und Aether.

65. (S. 39) Siva tontar oder auch Nâjanmâr. Einige zählen 72. Ein Verzeichniß derselben siehe Tokeippêr Vilakkam von Vêtagirimutaliâr unter Arupattumûnrutokei. Die auf sie bezüglichen Legenden finden sich in dem Perija Purânam. (Siehe S. 161.)

66. (S. 40) Tiruvâsakam (Anm. 53), S. 53. Das Gedicht, dem die Verse entnommen sind, ist Ânandâtitam „Freuden-Ueberschwang" betitelt.

67. (S. 40) Sie führen den Titel Tirukkôveijâr und sind von Najanappamutaliâr von Pondicheri herausgegeben worden.

68. (S. 41) Sâvati (Choultry) und Sattiram sind öffentliche Ruhehäuser für einheimische Reisende; ein Sâvati ist ein kleineres Rasthaus.

69. (S. 41) Vaidjêsvaran („Herr der Aerzte")?

70. (S. 41) Beschi, ein Italiener, empfing seine Erziehung in dem Römischen Collegium, kam 1700 nach Goa und lebte später unter andern auch in Mailapur bei Madras. Unter seinen zahlreichen Werken im Tamulischen stehen Tonnûl Vilakkam (eine hochtamul. Sprachlehre) und Satur Akarâti (ein Wörterbuch in vier Abtheilungen, deren erste die verschiedenen Bedeutungen eines Worts enthält, die zweite die verschiedenen Benennungen eines Dinges angiebt, die dritte die verschiedenen Arten eines Gegenstandes specificirt, und die vierte eine Art

Reim-Lexicon bildet) oben an. Seine Anweisung für Katecheten (Vêtiar Ol'ukkam) ist selbst von den Wesleyanischen Missionaren (ich glaube, mit einigen Veränderungen) herausgegeben worden. Seine polemisch-apologetischen Schriften (z. B. Pêtakamaruttal) athmen größtentheils einen sehr bittern Geist gegen die luth. Kirche. Sein Têmpâvani, zu Ehren des Herrn, der Maria und des Joseph, in 30 Gesängen, strotzt von morgenländischem Bombast. Sein Tirukâvalûr* Kalampakam ist ein Gemisch aller möglichen Versarten.

Beschi gilt, unter dem Namen „Vîramâmunivar", selbst bei den heidnischen Tamulen als einer ihrer Classiker.

71. (S. 41) Anspielung auf die von Vischnu's Fuß herabfließende Ganga.

72. (S. 41) Folgende Bemerkungen über tamulische Prosodie und Consonanz dürften manchem meiner Leser nicht uninteressant sein.

Eine Silbe, bestehend aus einem langen Buchstaben** mit oder ohne folgenden Consonanten (â, mâ; âl, mâl), oder aus einem kurzen Buchstaben mit oder ohne folgenden Consonanten (a, ma; al, mal) heißt ein nêr asei („grade Bewegung"); zwei Silben, wovon die erstere ein einfacher kurzer Buchstabe, die folgende aber ein kurzer oder langer Buchstabe ist, mit oder ohne folgenden Consonanten (patu, patâ; patum, patâm), sind ein nirei asei („Reihen-Bewegung").

Fängt nun ein Wort mit einem einfachen kurzen Buchstaben an, so wird zuerst ein nirei asei abgezählt (puli in pulimâ ist ein nirei asei; ebenso aber auch itum in itumpei); fängt es mit einem langen Buchstaben an, so kann dieser natürlich nur ein nêr asei bilden (tê in têmâ ist ein nêr asei).

Wenn, nachdem das ganze Wort auf diese Weise scandirt ist, noch ein kurzer Buchstabe übrig bleibt, so gilt er als ner asei. (So ist, in atanki, atan ein nirei- und ki ein ner asei.)

Aus der mannichfachen Verbindung dieser asei miteinander entstehen vier Hauptklassen metrischer Füße (sîr):

I. solche, die aus 1 asei bestehen.

A.	1 ner	(nâl)***
B.	1 nirei	(malar).

II. solche, die aus 2 asei bestehen.

A.	2 ner	(têmâ)
B.	1 nirei, 1 ner	(pulimâ)
C.	2 nirei	(karuvilam)
D.	1 ner, 1 nirei	(kûvilam).

* Dieß ist ein berühmter Ort der Römer. Beschi baute dort eine Kirche.

** Der Vocal, der dem Consonanten folgt, bildet mit demselben nur Einen Buchstaben. (Danach ist kâ ebensowohl nur Ein Buchstabe als â; nicht aber ak.)

*** Diese Beispiele geben zugleich die Namen für die metrischen Füße her.

III. solche, die aus 3 asei bestehen, deren letztes ein nêr ist.*
A. 3 ner (têmânkâj)
B. 1 nirei, 2 ner (pulimânkâj)
C. 2 nirei, 1 ner (karuvilankâj)
D. 1 ner, 1 nirei, 1 ner (kûvilankâj).

IV. solche, die aus 3 asei bestehen, deren letztes ein nirei ist.**
A. 2 ner, 1 nirei (têmânkani)
B. 1 nirei, 1 ner, 1 nirei (pulimânkani)
C. 3 nirei (karuvilankani)
D. 1 ner, 2 nirei (kûvilankani).

Die Verbindung dieser Füße zu bestimmten Versmaßen unterliegt sehr strengen Gesetzen: so muß in gewissen Versmaßen das asei, das den vorstehenden sîr endet, den folgenden anfangen u. s. w. u. s. w.

Die tamulischen Verse haben außerdem eine doppelte Consonanz, die eine zu Anfang der Zeilen („etukei"), die andre in der Mitte (mônei). Zur erstern, die unserm Reim am nächsten kommt, gehört, daß, in den entsprechenden Zeilen, die Quantität des ersten Buchstabens die gleiche, der zweite Buchstabe aber (wo möglich ganz) derselbe sei. Die zweite, die unsrer Alliteration entspricht, gründet sich auf das Gesetz, daß der Buchstabe, der eine Zeile beginnt (oder doch ein ähnlicher), wenigstens einen der folgenden Füße anfangen muß. Hier ein Kuralvers als Beispiel für Prosodie und Consonanz:

1) Malar misei	jêkinân	mân ati	sêrntâr
nirei nirei	ner nirei	ner nirei	ner ner
(karuvilam)	(kûvilam)	(kûvilam)	(têmâ)

2) Nilamisei	nitu	vâl'vâr
nirei nirei	ner ner	ner ner
(karuvilam)	(têmâ)	(têmâ).

Die etukei liegt in Ma-la und Ni-la (ma und ni haben gleiche Quantität; la und la aber sind identisch). Die mônei liegt für die erste Zeile in ma, mi, und mâ; für die zweite in ni und nì.

73. (S. 42) Eigentl. Sì (v. Çrì) - Kâl'i (spr. Sìchâzhi).

74. (S. 42) In Schialli lebte unter andern Sampantar. Auch Muttuttân**d**avar stammt von dorther. Seine Kìrttanam (eine Art liturgischer Lobpreisungen) auf Sabânâtar (den Gott von Sittambalam, = Siva) sind 1845 zu Madras gedruckt worden.

75. (S. 42) Fast bei jedem bedeutenden Tempel hat der König von Tanjore ein Absteigequartier.

76. (S, 43) Siehe meine Bibliotheca Tamulica, 1. Bd., S. 98.

---

* Hier ist bloß ein nêr zu Nr. II. hinzugefügt.
** Hier ist bloß ein nirei zu Nr. II. hinzugefügt.

77. (S. 45) Ueber die „Viertausend-Brahminen" siehe S. 121.

78. (S. 46) Auch Vischnu hat dort, außer Mâtâ („Mutter" = Parvati) und Pilleijâr (Ganesa), ein Heiligthum.

79. (S. 46) Außer der Sit-Sapei („Geisthalle") ist dort auch eine Têva-Sapei („Götterhalle" — der Ort, wo sich alle Götter zur Anbetung Sivas versammeln), eine Nirutta-Sapei („Tanzhalle" — der Ort, wo der Gott tanzte, und wo seine Verehrer noch stets zu Ehren des Gottes eine Art Tanz aufführen), eine Kanaka-Sapei („Goldne Halle") und eine Sittira-Sapei („Bild-Halle").

80. (S. 46) Eigentl. Tiruvâtavûrarpurânam = „Purânam des (Mânikkavâsâkar) von Tiruvâtavûr („Heiliger-Streit-Ort")". Eine englische Uebersetzung des sechsten Kapitels findet sich in Journal of the Ceylon Branch of the Roy. As. Soc. 1846, No. II, S. 63 u. fgg.

81. (S. 47) „Siva's Auge", die Eläocarpus-Beere. Eine Kette davon gebraucht der Sivait als eine Art Rosenkranz.

82. (S. 48) Nicht alle Sivaiten folgen dem sogenannten Seivâsâram „Saiva-Brauch" (d. i. Enthaltung von allen Fleischspeisen). Diejenigen, die ihm folgen, sind besonders die Guru's, die Mutaliâr's, die Satti's und die Vêlâlar.

83. (S. 48) Eigentl. Fleischesser. Siehe Band III, Anm. 62.

84. (S. 48) Jadjnavalkja I, 111.

85. (S. 48) Bhagavadg. Gesang 2, Vers 45 u. 46.

86. (S. 49) Bibliotheca Tamulica, sive opera praecipua Tamuliensium, edita, translata, adnotationibus glossariisque instructa a Carolo Graul. Lipsiae, 1854. Dörffling & Franke. Der erste Band, in deutscher Sprache, enthält drei Schriften zur Erläuterung des Vedantasystems (Uebersetzung und Erklärung): Kaivaljanavanita, Panchadaçaprakarana und Âtmabôdhaprakâçika. Der zweite bringt den tamulischen Text der erstgenannten Schrift mit englischer Uebersetzung, Glossarien und sprachlichen Anmerkungen, so wie einen Abriß der tamulischen Grammatik nebst leichten Lesestücken mit Transliteration, doppelter Uebersetzung (interlinear und frei) und einer vollständigen grammatischen Analyse. In dem ersten sowohl als in dem zweiten Bande findet sich auch eine Erklärung von etwa hundert sanscritischen, auf das Vedanta-System bezüglichen Kunstausdrücken.

87. (S. 49) Bibl. Tamulica, Tomus I, p. 58.

88. (S. 50) Jadjnavalkja I, 113.

89. (S. 56) Der englische Name Calymere ist aus **Kallimêtu** („Euphorbia-Hügel") entstanden.

90. (S. 56) Vêtâranijam „Veda-Wald". Nicht weit davon ist ein Ort, der den Namen des Agastja trägt.

91. (S. 58) Eine Art Ober-Peon mit etwa 15 Rup. monatlichen Gehalts. Ein Tassildar (einheimischer Collector) hat etwa 100 Rup. monatlich.

92. (S. 58) Kôtikkarei „Eckufer" (Kap-Ufer).

93. (S. 59) **Purapporul** von Eijanâritan, in dem Kapitel über Potuvijal, unter der Kilavi „**Kâtuvâl'ttu**".

94. (S. 60) Wir zahlten für das Stück 12 gute Groschen, was nach Hindubegriffen nicht billig ist. Für ein Huhn verlangten sie hier drei gute Groschen, während es in Trankebar nur einen kostete.

95. (S. 64) Sämmtliche französische Besitzungen in Ostindien haben nur Einen Gouverneur, — in Pondischery; es ist aber ein Administrator in Kareikal, ein zweiter in Mahi, ein dritter in Chandernagor.

96. (S. 65) Beliebte Dramen sind: Rama, Bharata, Sakuntala, Haritschandra, die Kuraver-Frau von **Kurrâlam** u. s. w.

97. (S. 71) Gewöhnlich **Kollitam**, richtiger vielleicht Kollitam „Nord-Ort". Der Coleroon ist sehr reißend; er fordert jedes Jahr seine Opfer an Menschenleben.

98. (S. 72) Eigentl. Tiruveijâ**ru** „Heiliger Fünf-Fluß"?

99. (S. 76) Zwei Drittel desselben sind irische Katholiken. Außerdem sind dort zwei einheimische Regimenter.

100. (S. 80) Er ist dem Siva als Tâyumânasvâmi („der Gott, der auch eine Mutter wurde", indem er sich einer armen Waise annahm) gewidmet. Siehe das letzte Kapitel in Tirisirâmalei-Purâ**n**am.

101. (S. 86) Eigentl. Mâjûram „dem Pfau zugehörig".

102. (S. 86) Mayaveram hat, so weit ich es habe erkunden können, 26 Heiligthümer. Darunter sind nur etwa vier bis fünf vischnuitische. Unter den sivaitischen befinden sich ungefähr sieben für Ganesa, eben so viele für böse Gottheiten weiblichen Geschlechts und drei bis vier für böse Gottheiten männlichen Geschlechts.

103. (S. 86) Vira Sâmi Ajjeru**t**eija Kâsijâttireissarittiram. Madras; printed at E. Gordon's press. 1835. S. 21.

104. (S. 87) Bambus zahlt gar keine Abgabe.

105. (S. 91) Der Mörtel hier ist doppelter Art: Muschel- und Steinkalk, und obgleich er dreimal mehr auszuhalten hat, doch dauerhafter.

106. (S. 94) Siehe Anm. 18.

107. (S. 96) Nach Stevenson (schottischem Caplan in Bombay).

108. (S. 98) Alle in Klöstern lebenden Sanjasi's (sansc. Adhîna S. „abhängige S.") nennt man „Tampirân"; siehe Anm. 46, den Vorsteher aber Perijatampirân „Groß-Tambirân".

109. (S. 103) Er war ein Velalen aus Tinnevelly, wo seine Familie noch immer den Titel Kavirâjer („Dichterfürst") führt. Schon im fünften Lebensjahre schrieb er eine Hymne zum Preise des Kartikeya zu

Tritschendur und bald darauf eine andere zum Lobe der Minatchi Ammen zu Madura. Er stand später an der Spitze eines Klosters zu Benares. (Siehe Vorrede zu Stocke's Uebersetzung des Nitinerivilakkam; Madras 1830.)

Das Kloster zu „Tarumapuram" sowohl als das zu „Tiruvâtuturei" sind in den Händen der Velaler.

110. (S. 103) Berühmte „Matam" oder Klöster sind auch in Madura, Sittambalam, Conjeveram. Die zu Tiruvarur (wovon das erste Kavi der Manu nîti kanta purânam in dem Perijapurânam handelt) und zu Kavistala (zwischen Combaconum und Valangkamân?) stehen mehr im Rufe der Frömmigkeit als der Wissenschaftlichkeit.

111. (S. 104) „Achtglied" diejenige Art religiöser Prostration, wobei acht Glieder in Betracht kommen: Stirn, beide Schultern, Brust, beide Hände und Füße.

112. (S. 113) Kural, Theil II, Decade 74, V. 7.

113. (S. 113) Die classischen Grenzbestimmungen in Bezug auf das Tamulenland sind: 1) im Osten Kuna- oder Kil'katal (Ostmeer), 2) im Westen Kutaku Malei (das Kurggebirge), 3) im Süden Kumari oder Kannijâkumari (Cap Comorin), und 4) im Norden Tiruppati oder Vatavênkatam (das nördliche Vênkatam, im Gegensatz zu dem südlichen bei Madura).

114. (S. 113) Im Süden die „Arumbaly* lines". (Sie beginnen etwa vier engl. Meilen nördlich vom Cap Comorin; nach einem Lauf von etwa fünf M. ist dann die ziemlich zwei M. lange stark befestigte Oeffnung); vier M. weiter nördlich ein andrer Paß (Punahgoody fast gegenüber); noch 75 M. nordnordwestlich davon eine dritte Oeffnung, der Arangole**-Paß (nahe bei Sheucottah). — Der durch die letztgenannte Ghatspalte blasende Westmonsum wird, an der Seeküste, von Tritschendur bis zur Provinz Ramnad gespürt.

115. (S. 114) Kural, Theil II, Decade 74, V. 7.

116. (S. 115) Führt doch bekanntlich einer der Tschola-Könige den Titel Kâttuvetti „Wald-Fäller".

117. (S. 115) Punanâtu. Der Beherrscher des Landes selbst führte den Titel Punanâtan „der Wasserländische".

118. (S. 116) Kûrei (ein gewisses Zeug, das dort gewebt wird) und Nâtu (Land).

119. (S. 122) Siehe den folg. Band unter „Ausflug nach Sadras".

120. (S. 122) Siehe den folg. Band unter „Die Sieben Pagoden".

121. (S. 122) „Kânsipuram", auch „Kassi" (sprich Katschi). Siehe den folgenden Band unter „Reise nach Conjeveram".

---

* Arumval'i „schwerer Weg"?

** Bei Lassen Ariangavali. (Ind. Alterth. 1, 55.)

122. (S. 123) Ueber **Tontei-mantalam** („Dienst-Land“?). Taylor neigt zu der Annahme, daß dieses Gebiet (das früher von weit größerm Umfang war, als der von dem jetzigen Tondaman von Puducottah beherrschte District) ursprünglich eine dem Tscholakönigreiche untergeordnete Herrschaft war. Siehe Taylor's „Oriental Historical Manuscripts“, Band II, S. 66.

123. (S. 125) Auf der Westküste fand ich das Sanscritwort Bhûta für Dämon in gewöhnlichem Gebrauch; im Tamulenlande bedient man sich in der Regel des ächttamulischen Pêj (Pêjkôvil, Teufels-Tempel). Wenn dieses Wort einem Thiere, einer Pflanze oder sonst einem Dinge adjectivisch vorgesetzt wird, so bedeutet es „wild, schlecht, toll“. Eine Ableitung des Wortes weiß ich nicht anzugeben.

124. (S. 129) Kotumpâvi. Diese Figur stellt offenbar den allgemeinen Sündenbock dar. — Wenn Âditya Purâna unter den Bränchen, die nur in den drei ersten Zeitaltern Geltung hatten, „das Opfer eines Stieres, eines Menschen, oder eines Pferdes“ mit aufzählt, so kann man kaum anders, als annehmen, daß früher auch die arische Bevölkerung sich an den Menschenopfern hier und da betheiligte. (Siehe Lois de Manou, par A. Loiseleur Deslongchamps, S. 462.)

125. (S. 129) Siehe Eiyanâritan, **Akapporul**, Kânsippatalam, Pêjkkânsi.

126. (S. 129) Man unterscheidet zwischen dushta dêvatâ („böse Gottheit“) und bhûta („Dämon“). Ich besitze eine Liste von 123 Namen der erstern und von 40 Namen der letztern Klasse. Die Zahl der namhaften Bhuta's wurde mir übrigens als sich auf 721 belaufend angegeben. Man sagte mir außerdem von 1008 (wohl nur nach der Zahl der Sivatempel; vergl. Anm. 133) Sâttân's*. Darunter sind: Kutti-S. (der kleine S.), Pal'ukkâ-S. (der nicht alternde S.), Malei-S. (der Berg-S.), Pî-S. (der Dreck-S.), Sappâni-S. (der lahme S.), Ninampitunki-S. (der Fett-verschlingende S.), Pinantinri-S. (der Leichen-fressende S.), Miruka pajankara-S. (der Thier-schreckende S.), Koleivili-S. (Hochgrund-S.), Amirta-S. (Ambrosia-S.) u. s. w.

127. (S. 131) Auch Keijanâr.

128. (S. 131) Ein Titel solcher Sudra-Hierophanten ist: **Marulamakkal** „Kinder der geistigen Verwirrung“.

129. (S. 131) Die lichte Form soll Eijanâr appan, die düstere Eijanâr Perumâl genannt werden.

130. (S. 131) Siehe Anm. 126.

131. (S. 132) Die Sivaiten behaupten natürlich nicht bloß, daß ihre Religion aus dem Norden stammt, sondern auch, daß sie die Ur-

---

* Der hebräische Name des Teufels, etwa durch Muhamedaner eingeführt? Die Tamulen setzen ihn in Verbindung mit Sâttan (einem Menschennamen).

religion ist. Die fünf Urstämme, die als aus dem Gesichte des Sadâçiva hervorgegangen dargestellt werden, nennen sie Âdi saiva (Ur-Sivaiten). Siehe Perija Purânam S. 78 (Madras-Ausgabe), und Sâti-Pêta-Nûl.

132. (S. 132) Suppiramanijan (der sanscr. Kârtikêya) hat fünf namhafte Plätze der Verehrung: 1) Tirupparankunram (Skandamali bei Madura), 2) Pal'ani (Pyney), 3) Tiruvêrakam, 4) Tirussîraleivâj (Tritschendur), 5) Sôleimalei (Alagarmali bei Madura). — Als den sechsten rechnet man: Kunrukal „die Hügel" im Allgemeinen, als deren Schutzherr er gilt.

133. (S. 133) Man giebt 1008 Siva- und 108 Vischnu-Heiligthümer an. (Ich besitze eine vollständige Liste der letztern.)

134. (S. 135) Der eine ist Putukôttei in Tinnevelly. Die Anhänger des Sakti-Dienstes linker Hand, die sich dort zu ihren nächtlichen Orgien versammeln, sollen den Namen Ettu el'uttu vêtakârar („Leute mit dem Veda der sieben Buchstaben") führen. — Der andere ist Perijapâleijam in der Nähe von Madras. „Dort — so sagt der in Anm. 103 erwähnte Reisebeschreiber — existirt Paramâtmâ in der Gestalt der Sakti, und die Leute vollbringen dort, dem Dienste der Finsterniß (Tâmasa) hingegeben, ihre Gelüste." (S. 1.)

135. (S. 135) Der Hauptort der Djainas westlich von Conjeveram scheint Tschittambur zu sein. Siehe Basler Magazin 1844, III, Abschn. 5 u. 6.

136. (S. 136) Das Pansâtsaram. Es giebt ein dreifaches Pan., ein himmlisches, ein geistiges und ein leibliches. Erstens das himmlische: Aus dem Lichte dieses Mantra's, das sich weder sprechen noch schreiben läßt, emanirt die Suttamâjei oder der reine Aether, daraus Param, das „höchste Princip", daraus Paratôkam „höchste Lieblichkeit", daraus Paramâttumâ „höchste Seele", daraus Paramasivam „höchste Seligkeit". — Zweitens das geistige: Die Symbole dieses Mantra können mindestens geschrieben werden. Sie sind â, u, m (ôm), vintu, nâtam. Sie emaniren in folgender Ordnung: Parasivam, nâtam, vintu, m, u, â. Aus diesen fünf mystischen Gewalten stammen die fünf höhern Götter: Satâsivam, Îsvaran, Iruttiran, Sivan, Vishnu, Piramâ, und die entsprechenden Sakti's. — Drittens das leibliche: Dieses läßt sich schreiben und sprechen. Es lautet: Na, ma, si, vâ, jâ („Preis sei dem Siva!"). Die ganze Weltschöpfung in ihrer elementlichen Fünftheilung entstammt demselben.

137. (S. 137) Es werden hierbei folgende Schriften genannt: Tiruvâsakam (s. Anm. 53), Têvâram (s. Anm. 60) und Tâjumânavar. (Die philosophisch-mystischen Gedichte des letztern — Tiruppâtarrirattu — sind 1851 zu Madras gedruckt worden.)

138. (S. 147) Siehe Lassen's Indische Alterthumskunde, Th. I, S. 527 u. fgg.

139. (S. 149) Siehe Bd. III, Anm. — Auch D. Max Müller hat in seinem „Letter to Chev. Bunsen", wesentlich aus denselben Gründen, für einen Zusammenhang der Dravidasprachen mit den turanischen sich entschieden erklärt. — Ich habe an der angeführten Stelle (Bd. III, S. 349, Anm. 131) vergessen, auf das Gesetz der Vocalharmonie hinzuweisen, das in den tatarischen Dialecten so allgemein ist, und auch in der Dravida-Familie bis zu einem gewissen Grade vorkommt. Im Telugu z. B. heißt paluku sprechen, und paliki gesprochen habend; das eine i hat offenbar das andre nach sich gezogen. Aus paliki wird durch Anhängung von tini „Ich sprach"; die beiden i dieses Anhängsels verdanken ihren Ursprung sicherlich auch dem harmonisirenden Einflusse der vorhergehenden Vocale. Ein ähnlicher Einfluß zeigt sich in dem Negat. palakanu ich spreche nicht; hier hat das negirende a in ka das u in lu ebenfalls in ein a verwandelt.

Die seitdem veröffentlichten Arbeiten Kölle's in Bezug auf afrikanische Sprachwissenschaft scheinen die Thatsache, daß auch ein Theil der afrikanischen Sprachen auffallende Aehnlichkeiten mit dem turanischen Sprachgeist zeigt, in hohem Grade zu bestätigen. Ueber das Woher dieser Erscheinung läßt sich zur Zeit noch nichts Bestimmtes sagen.

140. (S. 149) Ich habe in Indien zuweilen ein großes Gewicht auf diese lexicalischen Anklänge des Tamulischen an die westarischen Sprachen legen hören (z. B. kuru, curtus, kurz; kulir, kühl, cool; pen, femina; mâ, mas; suvei, sap, Saft; pul'uti, pulvis; tûsi, dust; man, manere; pun, Wunde; irumpu, iron; surunku, to shrink, schrumpfen; peru, bairan (goth.) to bear, gebären; kol, to kill; vânku, (emp)fangen, u. s. w. u. s. w.; allein hierbei ist die bekannte philologische Thatsache nicht außer Acht zu lassen, daß oft die unähnlichsten Wörter stammverwandt sind, die ähnlichsten aber auch gar nichts mit einander zu thun haben.* Solche Wörter, deren Anklang an westarische durch das Sanscrit geschichtlich vermittelt ist, können ohnehin nicht in Betracht kommen.

141. (S. 149) Arriani Hist. Ind. VII.

142. (S. 149) Lassen, Ind. Alterthumsk. I, S. 161.

143. (S. 150) Siehe Band III, S. 240 u. 343, Anm. 95.

144. (S. 150) Beide Namen — Paleijar und Polijar — sind, so

---

* So klingt z. B. pêru (sprich pôru) „das Erzeugte, das Kind" vollständig mit „Bör" d. i. „Erzeugter" (ein germanischer Göttername) zusammen, und das um so mehr, als das schließende u in dem tamulischen Worte elidirbar ist und nur Tenues am Anfange tamulischer Worte stehen können; der Grundbegriff des peru aber, von dem pêru kommt, ist nicht „tragen" (wie in Bör), sondern „bekommen". (Vergl. das engl. get und beget.)

gut wie Pulijar, ursprünglich mit „Puleijar“ (Bd. III, S. 330, Anm. 62) identisch. — Die Polijer sind die in Hörigkeit versunknen Urbewohner der Pulney-Berge, die Paleijer die freigebliebnen Urwäldler. Ueber beide im folgenden Bande, bei Gelegenheit der anglikanischen Mission auf den Pulney-Bergen, ein Mehreres.

145. (S. 150) Lassen, Ind. Alterth. I, 161.

146. (S. 152) Siehe S. 262.

147. (S. 152) Tenkalei und Vatakalei. Die letztern kamen aus dem Norden und behielten eine Vorliebe für ihre heiligen Bücher in der Sanscritsprache (bes. für das von Ramanuja verfaßte Çrî Bhâshja. Die erstern ziehen das Tivvijappirapantam (Anm. 8) vor; beide aber machen darauf Anspruch, Bekenner der zwei Vedas genannt zu werden. Ein im Jahre 1850 in Madras gedrucktes Werkchen „Srimat Tennâsârijar Pirapâvam“ verficht die Würde des Südzweigs.

148. (S. 153) Siehe S. 8.

149. (S. 153) Siehe Anm. 8.

150. (S. 156) Siehe S. 39.

151. (S. 159) Nach Manu im achten Lebensjahre, von der Empfängniß an gerechnet, oder, bei großem Eifer nach dem Studium der Vedas, im fünften Lebensjahre; nach Einigen auch beliebig, je nach der Sitte der Familie (Jadjnavalkja 1, 14). — Die heilige Schnur selbst besteht zwar aus 21 Fäden, diese aber sind in drei Strehnen geordnet. (Vergl. Manu 2, 44.)

152. (S. 160) Diese neun Körner sind: Nellu (Reis), payaru (eine Hülsenfrucht), uluntu (phaseolus radiatus L.), kêl'varaku (cynosurus coracam), kampu (holcus spicatus L.), kârâmani (dolichos Catiang L.), tuvarei (cytisus L.), tinei (panicum italicum L.), kollu (Glycine tomentosa L.? oder Gram, eine Art Linsen?).

153. (S. 160) Vâl'ei, wohl zusammenhängend mit vâl' „gesegnet sein“.

154. (S. 161) Siehe Anm. 65.

155. (S. 162) Das Tâli — ein Ornament am Halse der Frau — vertritt die Stelle des Traurings. Es giebt viele Arten desselben, z. B.: pon- (von Gold), pottu- (cirkelförmig), nâkku- (zungenförmig), râma- (mit einer Râmafigur darauf), kuntu- oder mani- (mit einer kleinen Kugel daran), tattu- (plattförmig), sanku- (eine Muschel, besonders in Tinnevelly gebräuchlich), siru oder utkal'uttu- (ein kleines Tali, am Halse befestigt, nicht auf die Brust herabhängend), irattei- (Doppel-T.), kajirru- (Schnur-T.), mara- (von Holz*), siluvei-tâli (Kreuz-T., von Christen getragen).

---

* In alter Zeit hing der Richter der Frau eines Schuldners, der das Gold-Tali gepfändet worden, eines von Holz um.

156. (S. 167) Tamil' ist dem Tamulen synonym mit inimei („Süßigkeit").

157. (S. 167) Sâti pêtaka nûl („Werk über die Kastenunterschiede") weist den Sudras offenbar Ackerbau, Viehzucht und Handel an, — und fügt dann noch als Viertes „Handwerke zum Nutzen der drei arischen Kasten" hinzu.

158. (S. 168) „Er, das Haupt der Ur-Vanikar's, empfängt des Pflügers Gewinn, zieht geräuschvolle Kuhheerden auf, theilt fehlerlose Waaren aus, lernt die Vedas durch und durch, geht dem Feuer(-Opfer) nach, und giebt Spenden, die er nicht für sich bewahrt." **Purapporul** von Eijanâritan, Vâkeippatalam, Vânikavâkei. Sollte nicht das „Ur" (âdi) auf solche anspielen, die sich im Laufe der Zeit gemischt haben?

159. (S. 168) Die Sudras heißen auch Manmakkal „Kinder des Bodens".

160. (S. 168) Als z. B. Sôl'apurattu setti, Sittakâtu setti, Âtûr setti.

161. (S. 168) Nâttukôttei-setti. Sie verehren besonders den Kriegsgott. Bei ihnen ist das Tolleikkâtu („Loch-Ohr") bräuchlich; d. h. sie durchbohren das Ohr und zerren es so lang als möglich. Die Frauen tragen das Sankutâli (Anm. 155), die Männer, bei festlichen Gelegenheiten, das Katukkan (Ohrring).

162. (S. 171) Die Vanikar zu Tanjore, zu welchen viele Römer gehören, sind theils Perun tâli katti vellân setti („vellân-setti's, die das große tâli umbinden"), theils Sanku siru tâli (Anm. 155.) katti v. s. Unter ihnen herrscht convivium, aber nicht connubium. Es sind eigentlich Handelsleute der ackerbauenden Klasse (Vêlâlar).

163. (S. 171) „Die Beschützung des Landes kommt den Kriegern zu. — Beiden, den Theologen und den Kriegern, gehört das Geschäft der Gesandtschaft. — Wenn aber ein ausgezeichneter Name vorhanden ist, so ist Beides zur Uebernahme geeignet auch für die beiden Andern; d. i. Vaisja's und Sudra's" (Akapporul von Nampi, I, 74—76). Den Vêlâlar'n insbesondere wird die Fähigkeit, Gesandte (Minister und Gelehrte) zu werden, zugesprochen.

164. (S. 171) Kankâkulam.

165. (S. 171) Kârâlar (kâr Dunkel, Wolke, Regen, Pflügezeit, und âlan Handthierer) = Pflug-Handthierer.

166. (S. 172) Kinder, gewissermaßen des Königs. Pillei scheint geradezu in der Bedeutung von Königssohn vorzukommen. (Siehe Purapporul von Eijanâritan, II, 7, 8, 9, 11.) Vergl. kurisil „männliches Kind, König, Edelmann".

167. (S. 174) Kôtteiparru (oder pattu?) - Vêlâlar.

168. (S. 175) Tol'uva Vêlâlar. Früher sollen sie Mâlei Vannâr („Abend-Wäscher"?) geheißen haben. Sie sind theils Sivaiten, theils Vischnuiten.

169. (S. 175) Akamuteijân („Hausbesitzer"). Oder vielleicht Akampatijan? (Jemand, der im Innern des Palastes oder der Pagode zu thun hat).

170. (S. 175) Kârkâtta V. („Regenwartende V.").

171. (S. 145) Iteiyar „Mittlere" (zw. Ackerbauern u. Kaufleuten).

172. (S. 145) Taruma-kilei.

173. (S. 177) Siehe Akapporul von Nampi I, 22.

174. (S. 177) Siehe Anmerk. 169. „Ulvêleikârar" („Innen-Beschäftigte").

175. (S. 177) Kôtpattu (?) A.

176. (S. 177) Râsapôsa (?) A. Es giebt auch Pillûr- und Karumpûr-A.

177. (S. 178) Akapporul. Ich gedenke nächstens eine Uebersetzung des Akapporul von Nampi, das ein bedeutendes Licht auf die häuslichen Verhältnisse der Hindus wirft, in der Zeitschrift der Deutschen Morgenl. Ges. zu geben.

178. (S. 179) Vergl. was im folg. Bande bei Gelegenheit der Missionen der anglik. Propaganda über die Valeijer bei Erungalore gesagt ist.

179. (S. 179) Nâttu-Kallar. Sie zerfallen in viele Abtheilungen, als: Vellûr-K., Ârûr-K., Nâttân-K. ꝛc.

180. (S. 180) Siehe das Purapporul von Eijanâritan, Venriperuntinei, unter Êrukolvenri („Sieg im Stierfang").

181. (S. 181) Vergl. Band III, S. 332, Anm. 77, 1.

182. (S. 181) Vergl. Band III, S. 347, Anm. 123.

183. (S. 182) Siehe Purapporul von Eijanâritan, Vetsippatalam, Tutinilei.

184. (S. 182) Konteiyan kûttattu maravar. Sie zerfallen in mehrere Kilei oder „Zweige" („der Großmutter-Zweig, der Mutter-Zweig, der älteste Bruder-Zweig" u. s. w.), die sich nicht unter einander verheirathen.

185. (S. 182) Die Atappa (oder Ateippa)-kârar heißen auch Kal'uku malei santânakârar „die Abkömmlinge von Kal'uku malei" („Adlersberg"). Dort nämlich (im Gebiete des Zemindars von Ettijâpuram, in Tinnevelly) soll ihr Âtikôvil („Urtempel") sein.

186. (S. 182) Ein Mehreres siehe Maravar sâti sarittiram. Das tamulische Manuscript, das ich bloß excerpirt habe, befindet sich in der College-Bibliothek zu Madras. (Marava Sathi Vernanam." Translated with introd. observ. by W. Taylor, Madras Journal of Lit. and Sc. Vol. IV, 1836.)

187. (S. 183) Sânân (= Sândrâr, eine ähnliche Kaste an der Nordküste Ceylons?). Siehe „The Tinnevelly Shanars: a sketch of their religion and their moral condition and characteristic as a caste etc. By the Rev. R. Caldwell, Missionary, at Ideyengudi, Tinnevelly. Madras, 1850.)

188. (S. 184) Z. B. in Salem. Siehe den folg. Band.

189. (S. 185) Er nennt sich gern Valankamattân („Rechte-Hand-Kastenmann") vorzugsweise.

190. (S. 185) Vêlân, von demselben Worte, aus welchem Vêlâlan gebildet ist, vêl nämlich („Arbeit").

191. (S. 185) Kuravar, von kunru Berg. Die Grundbesitzer auf den Pulney-Bergen finde ich Cwaravars genannt (Mad. Quart. Miss. Journal 1852, 370); dieß ist offenbar derselbe Name. — Man redet von Murankatti-K. („Sieb machenden K."), von kûtei mutei-K. („Korb und Schirm machenden K."), von Pâmpâtti-K. („Schlangen spielen lassenden K.") u. s. w. u. s. w.

192. (S. 187) Sie essen nicht, wie die übrigen Kuravar, Schweinsfleisch.

193. (S. 187) Patinettâm perukku „die 18te Fluth", d. i. die Fluth am 18ten Tage.

194. (S. 188) Ottan.

195. (S. 188) Vannân.

196. (S. 188) Ampattan.

197. (S. 189) Pareijar von Parei „Trommel". Man hat das Wort wohl auch als eine verderbte Form von „Puharri" oder „Puharriyah" angesehen; die umgekehrte Annahme möchte bei weitem mehr Wahrscheinlichkeit haben.

198. (S. 190) Andere sind: Tipparei „Feuer-Pariah" (der, bei einem gewissen Feste, den Topf mit dem Feuer trägt?); Ampupparei „Pfeil-Pariah" (Jäger?); Murasapparei (murasam ist eine Art Trommel) u. s. w.

199. (S. 193) Wenn ich hier und im Folgenden von Buddhisten rede, so will ich es in dem allgemeinen Sinne genommen wissen, in welchem es die Djaina's (Samanar, Arukar im Tamul.) mitbefaßt. Die tamulischen Gelehrten behaupten, daß von den Buddhisten im engern Sinne gar keine tamulischen Schriftwerke existiren. (?) Folgende Werke hauptsächlich gelten ihnen, außer den im Text genannten, als djainaitisch: 1) das Akattiam (das älteste grammat. Werk, das dem Agastya zugeschrieben wird), 2) das Tolkâppiam (das zweitälteste gramm. Werk), 3) Nâlati (ein gnomisches Gedicht, der Vorläufer des Kural), 4) Nampi's Akapporul Vilâkkam (Lehre von den erotischen Sujets), 5) Sintâmani (Geschichte des Sivakan, eines Djaina-Fürsten). Die drei letzten Werke tragen ihren nicht-brahmanischen Ursprung an der Stirn. — Daß Djaina's insbesondere als Verfasser der classischen philologischen Schriften gelten, scheint aus einem alten Sprichwort hervorzugehen: „Was Philologie anlangt — die Philologie der Samaner! was Glauben (patti, von dem sansc. bhakti) anlangt — der Glaube der Saivas! was Erlösung (mutti, von dem sanscr. mukti) anlangt — die Erlösung der Vaischnavas!"

200. (S. 193) Der Verfasser nennt sich Pavananti, Sohn des Sanmatimuni von Sanakei (Sanakapuram), — und seinen Patron den „löwenhaften" Kankan (ebenfalls Buddhist), Fürsten eines Districts zwischen Madura und Ramnad.

201. (S. 193) Das Werk selbst heißt Tivâkaram. Man hält den Sêntan nicht sowohl für den Verfasser, als für den Patron. Aeltere Manuscripte sollen, statt mit dem Namen Sivan, mit dem Namen Arukan beginnen: dieß einer der innern Hauptgründe, daß das Werk von einem Djaina herrührt.

202. (S. 202) Mantala purushan, ein Djainakönig. Sein Werk (Sûtâmani nikantu) ist später, als das Tivâkaram.

203. (S. 193) Die neuern lexicographischen Werke von Bedeutung sind, der Zeitfolge nach, von Beschi, Fabricius und Rottler. Das allerneueste Werk der Art ist: A Manual Dictionary of the Tamil language, publ. by the Jaffna Book Society 1842. Es ist ganz in tamulischer Sprache geschrieben und daher nur für denjenigen von Nutzen, der bereits eine tüchtige Kenntniß des Tamulischen erlangt hat.

204. (S. 197) Ich meine die Musterverse für Kriegspoesieen in dem oftgenannten Purapporul des Eijanâritan.

205. (S. 198) Nalassakkiravarttikatei.

206. (S. 203) Siehe Purapporul des Eijanâritan, Potuvijarpatalam, Mûtânantam.

207. (S. 216) Der tamulischen Weisen (Irâkam), deren Wahl von Ort, Zeit, Dichtungsart und Stimmung abhängt, sind 32. Sie bilden 8 Gruppen, jede zu vier; die erste von diesen je vier wird als Mann, die andern werden als dessen Frauen bezeichnet. Jeder dieser 8 Gruppen steht eine Gottheit vor, und je zwei derselben eignen einer der vier Kasten.

208. (S. 216) z. B. im Kural und im Nâlati (siehe Anm. 199).

209. (S. 218) Kumpakônam „Wasserkrugs-Krümmung". In Combaconum soll es ein Heiligthum des Kumpêsan (Herr des Wasserkrugs") geben, wo, statt eines Götzenbildes, ein mit Erde gefülltes Wassergefäß verehrt wird.

210. (S. 219) Das betreffende Fest heißt Mâmakam. Es wird alle 12 Jahre im Februar zur Zeit des Vollmonds gefeiert. (Dem Ursprunge nach ganz dasselbe, wie das früher zu Tirunawai am Ausfluß des Ponani begangene Nationalfest. Siehe Band III, S. 257.)

211. (S. 220) Combaconum hat etwa zwölf große und ebensoviel kleine Pagoden. Die Hauptpagode ist dem **Sârnkapâni** („der den Bogen Çârnga in seiner Hand hält" i. e. Vischnu) gewidmet.

212. (S. 223) Asclepias acida. Nach Dr. Royle wird diese in den alten religiösen Ceremonien der Hindus so wichtige Pflanze in dem Gangesthale nirgends gefunden, wohl aber in der Bombay-Präsidentschaft in Central-Indien bis zur Coromandelküste, desgleichen im Pandjab und in der indischen Wüste.

213. (S. 232) **Palli**, nicht zu verwechseln mit **Pallan**. (Seite 185.)

214. (S. 232) Eigentl. **Pâleijakkârar**, d. i. Leute, die einem **Pâleijam** (urspr. „Lager", dann „District eines Feudal-Häuptlings") vorstehen.

215. (S. 232) Utcijar-têvan-sirmei. „Es ist in seinem Lande ein beinahe unzugänglicher Berg, Pushpakamalei („Blumenberg") genannt, welcher seine (des Königs) Retirade ist, wenn er von einem Feinde angegriffen wird. Er soll nur einen einzigen Zugang haben, welcher mit Kanonen besetzt ist, daher ihn noch kein Feind erobert hat, wie denn beständig für ein bis zwei Jahre Vorrath von Lebensmitteln oben in Bereitschaft gehalten wird." Hallesche Missionsnachr. 1775, S. 1643.

216. (S. 232) 1) „In Madras bei den Engländern; 2) bei dem Hof des regierenden Nabobs; 3) bei dessen ältestem Sohne oder in Tritschinopoli; 4) bei dem Dabhir, welcher die Bestellung der Felder in dem Tanjore'schen Lande zu besorgen hat; 5) bei dem Atschna-Pandiden, der von dem Nabob als Gouverneur in Arcot gesetzt ist, und welcher alles Land vom Collaram-Fluß bis an den Kanawai (oder den Paß in den Gebirgen, durch welchen die Marattier einzudringen pflegen) unter sich hat; 6) bei dem Haider-Alli-Chan." Hallesche Missionsnachr. 1775, S. 1644.

217. (S. 235) **Putukkôttei** („Neu-Burg"), nicht zu verwechseln mit dem der Küste naheliegenden **Pattukkôttei** („Seiden*-Burg"), das, weil ihm eine Art Backwater zugute kommt, noch immer in lebhafter Verbindung mit Ceylon steht. In der Gegend von **Pattukôttei** (und nicht von **Putukkôttei**, wie Lassen, Ind. Alterth. I, S. 159, annimmt) dürften demnach die *Βατοι* zu suchen sein; sie waren wahrscheinlich nichts anderes als die dortigen Handthierer mit **Pattu** „Seide".

218. (S. 245) Ueber seine eigenthümliche Accommodationstheorie siehe „Geschichte der katholischen Missionen in Ostindien, von Müllbauer", S. 186 fgg. Sie wird von Müllbauer offenbar zu günstig beurtheilt.

219. (S. 246) Im Norden: **Sôlei malei** (dort ein Tempel des **Suntararâsan**), **Siru malei**, **Natta malei**; im Westen: **Nâka malei**,

---

* In dortiger Gegend wird viel Seide gebaut und gewebt (namentlich in Manargudi).

Pasu malei (mit einer Perumâl-Pagode); im Süden drei große Seen; im Osten die römische Kirche, und die der Amerikaner.

220. (S. 247) Vier große Kôpuram (Pagode) und fünf kleine.

221. (S. 247) Die sogen. Sankattâr.

222. (S. 248) Dieses Gedicht (siehe Anm. 67) ist offenbar viel jüngern Ursprungs.

223. (S. 248) So in der Lebensbeschreibung des Tiruvalluver als Anhang zur Ausgabe des Kural von Vêtakirimutaliâr. Etwas anders nach Taylor, Orient. Hist. Manusc., Vol. I., Page 178.

224. (S. 248) Siehe Tiruvalluvamâlei („Kranz des T.") in der Anm. 223 erwähnten Ausgabe des Kural.

225. (S. 250) Die Spitze, in welche Ramnad ausläuft, heißt Râmanâta-kôti „das Cap von Ramnad". In dem ptolem. κῶρυ ακρὸν steckt sicherlich das tamul. kôti (spr. kôri) „Cap", — ein Name, der noch vielen andern Punkten auf jener Küste zukommt. (Vergl. Anm. 92. — Lassen, Ind. Alterthumsk. I, 159. Anm.) Es giebt auch ein Tanuskôti („Bogen-Cap") (wenn ich nicht irre, an der Ceylon zugekehrten Spitze von Ramesseram). Siehe Anm. 227. — Die καρεοι der Alten sind offenbar nichts anderes als die „Meeranwohner" von karei, Ufer (kareijan, ein Meeranwohner, Fischer). Noch sind viele Orte in dortiger Gegend, die auf karei endigen (Kôtikarei bei Point Calimeere; Âttankarei am Ausfluß des Maduraflusses; Kil'karei bei Ramnad)*.

226. (S. 252) Sêtupati. Siehe A chronicle of the Acts of the Sethupati's etc. in Taylor's Or. Hist. Manusc. Appendix, 49 fgg.

227. (S. 253) Dann gehen sie (an Ort und Stelle empfangenen Mittheilungen zufolge) nach Navapâshânam („Neun-Stein"; dort sollen nämlich neun Steine, von Rama in der See aufgerichtet, sein), dann nach Tanuskôti, dann nach Tirupullâni (7 engl. M. südlich von Ramnad, mit einem Vischnu-Tempel), dann nach Tiruputtirakôsamankei (8 M. südwärts von Ramnad, mit einem Siva-Tempel) und zuletzt nach Râsarâsêsvari amman, Tempel im Palaste des „Brückenhüters". (Die Halle neben dem letztern Tempel heißt Râma linga vilâsam (Ramalinga-Halle).

228. (S. 257) Purapp., Karantei, 4, 11, 9.

229. (S. 256) Siehe Taylor's Orient. Hist. Manusc. II, 27.

230. (S. 254) Purapp., Karantei, 14. Dort ist von „Maravern" die Rede.

231. (S. 261) Folgenden Gottheiten sind die Hauptschreine ge-

---

* Careas erscheinen in den römischen Missionsberichten aus dem 16. Jahrh. neben Parava's u. s. w. (Geschichte der kathol. Miss. in Ostindien von M. Müllbauer, 1852, S. 187).

widmet: Râmanâtan, Sapâpati (Siva), Visvanâtan, Peiravan, Sêtumâtavar, Anumân, Amman, Visvesvaran, Visâlâtsi.

232. (S. 261) Parîtsei Pattamâr „Aufsichts-Priester".

233. (S. 268) In Colombo sind folgende Kirchen und Capellen: 1 schottisch-presbyterianische; 1 holländisch-reformirte; 2 englische Kirchen für Europäer und 2 für Eingeborne (Portugiesen, Singhalesen und Tamulen); 2 wesleyanische Capellen (eine davon für Europäer); 2 baptistische Capellen (eine davon für Europäer); 8—10 römische Kirchen.

234. (S. 272) Siehe meine Uebersetzung derselben in der Zeitschr. der Deutschen Morgenl. Gesellschaft, Band 8, Heft 4.

235. (S. 273) Der dortige Pächter zahlte jährlich 2 Pfd. 2 Sch.

236. (S. 277) Im Singhalesischen — das Elu, die alte Form desselben eingeschlossen — finden sich sehr viele Tamulwörter, als: il* Erde (eigentl. wohl „Ort"), eliya Licht (tamul. oli), widulja Blitz (tamul. iti), valiye Schwanz (tamul. vâl), kaelaena Wald (tamul. kâtu), gala Stein (tamul. kal), padija Stufe (tamul. pati), immaja Leiter (tamul. êni), perawâja Trommelschläger (tamul. pareijan), kurulla Vogel (tamul. kuruvi), poraja Gefecht (tamul. pôr), pinna Thau (tamul. pani), pata Seide (tamul. pattu), nangi die junge Schwester (tamul. tankassi), akkâ die ältere Schwester (tamul. akkâl), appâ der Vater (tamul. appan) u. s. w. u. s. w. Viele dieser Worte dürften freilich auf geschichtlichem Wege in die singhalesische Sprache eingeschleppt worden sein; es sollte mich aber wundern, wenn das auch in Bezug auf solche Worte wie il, nangi, akkâ u. s. w. der Fall wäre. — Nur eine genauere Untersuchung der singhalesischen Grammatik kann in dieser Beziehung zur vollen Entscheidung führen.

237. (S. 278) Der brahmanische Kriegsgott ist überhaupt der Gott des Berglandes. (Siehe Anm. 132.)

238. (S. 279) Die Buddhisten in Nepal freilich sprechen auch von einem Âdi Buddha „Ur-Buddha" (vergl. Stuhr, Die Religionssysteme der heidnischen Völker des Orients, II, 171., und Lassen, Ind. Alterthumskunde, II, 1084 und 1176.), und auch die alten classischen Wörterbücher führen als einen der gangbaren Namen Buddhas Âdidêva „Urgott" auf; ja in dem Commentar zu Sivanjânasittiâr (siehe meine Uebersetzung in der Zeitschrift der D. M. Ges. Bd. 8, Heft 4, S. 727) kommt auch der Name Âdibuddha gradezu vor. Ob man aber mit diesen Bezeichnungen allenthalben den Begriff eines höchsten göttlichen Wesens, von welchem die Schöpfung der Welt ausgegangen, oder hier und da auch nur den Gedanken, daß Sakja Muni nicht der erste Buddha gewesen, damit verbunden wissen wolle, bedarf erst noch eines näheren

* Dies ist nur noch im Hochtamulischen, in der Bedeutung von „Ort, Haus" 2c., gebräuchlich; im gewöhnl. Tamul. existirt es bloß als Partik. zur Bildung des abl. localis.

Nachweises. Der Commentator des Sivanjânasittijâr scheint den Ausdruck zunächst bloß auf frühere Transmigrationen Buddhas zu beziehen (s. am ang. Orte). Es läßt sich übrigens leicht genug verstehen, daß der Buddhaismus, wo er in engerer Verbindung mit dem brahmanischen Hinduthume blieb, seinem System eine Art theistischer Spitze anzusetzen oder vielmehr anzuleimen sich veranlaßt fühlte. Ein heiliger Ernst ist es ihm vielleicht nirgends damit gewesen.

239. (S. 279) Sie soll von einem excommunicirten Priester angestiftet worden sein.

240. (S. 280) Siehe S. 729 in dem unter 234 angeführten Hefte der Zeitschrift der Deutschen Morgenl. Gesellschaft.

241. (S. 280) S. 736 in dem unter 234 angeführten Hefte der Zeitschr. der D. M. Ges.

242. (S. 242) Die übrigen Orte sind Negombo, Nillegalle, Kandy, Kornegalle, Seedua, Galkisse, Angulamy, Morotto, Pantura, Caltura, Galle, Amblangodde, Belligam, Matura, Dondra und Goddapitiya.

243. (S. 285) Siehe den folg. Band.

244. (S. 287) Siehe Jahrbücher der Verbr. des Glaubens 1853.

245. (S. 287) Ein Mehreres über die römischen Ausstellungen an dem protestantischen Missionswesen gedenke ich in den „Missionsnachrichten der ostindischen Missionsanstalt zu Halle" (vergl. Jahrgang VII, Heft I) so wie in der Kirchlichen Zeitschrift von Kliefoth und Mejer zu geben.

246. (S. 288) Seit 1841. Sie zählt nicht über 9 Glieder (darunter ein anglikanischer, ein presbyterianischer, und ein römischer Geistlicher oder Laie.)

247. (S. 290) Report of the Wellicadde Gaol, Colombo, Ceylon, by A. G. Green. Colombo 1850.

248. (S. 296) Zeitschrift der Deutschen Morgenl. Gesellsch. Bd. 8, Heft 4, S. 727.

249. (S. 306) Tabelle über die Zu- und Abzüge tamulischer Kuli's in den Ceyloner Häfen, von 1841—1848.

Jahr	Angekommen			Abgereist		
	Männer	Frauen	Kinder	Männer	Frauen	Kinder
1841	4,523	363	164	4,243	274	117
1842	9,025	279	166	10,691	345	228
1843	6,298	162	248	18,977	694	482
1844	74,840	1,181	724	38,337	825	535
1845	72,526	698	177	24,623	145	36
1846	41,862	330	125	13,833	48	23
1847	44,085	1,638	417	5,897	79	33
1848	12,308	504	229	12,749	229	65

Man nimmt an, daß die Kuli's von 1841—1846 385,000 bis 400,000 Pfd. St. mit in ihr Vaterland zurücknahmen; der Werth des Reises, der während derselben Zeit hauptsächlich von der Malabar- und Coromandel-Küste nach Ceylon eingeführt wurde, wird auf 2,116,189 Pfd. St. abgeschätzt. Man glaubt übrigens, daß von 1841—1848 nicht weniger als 70,000 Kuli's in Ceylon starben.

250. (S. 308) Siehe Ritter, Ostasien. Band IV. Zweite Abth. S. 255.

251. (S. 313) Siehe den folgenden Band.

252. (S. 317) Beobachtungen vom Jahre 1849 zufolge fielen von 187 „regenlosen" Tagen 70 in den Januar, Februar und März, während 132 Tage „mit Sonnenschein und Regenschauern" über den Rest des Jahres ziemlich gleichmäßig vertheilt waren. Von 28 Tagen „mit heftigem Regen" kamen 18 auf Juni, Juli und August, während von 18 Tagen „beständigen Regens" 11 in dieselbe Periode fielen.

Zusätze.

Zu S. 123, Zl. 2 von unten: „Die Zählung vom Jahre 1839 ergab als Gesammtbevölkerung der Madras-Statthalterschaft, in welcher die Tamulen etwa die Hälfte der Einwohner ausmachen, an 14 Millionen; die vom Jahre 1851 aber, die mir seitdem zu Gesicht gekommen, weist 22 Millionen auf. Danach dürfte die gegenwärtige Gesammtzahl der Tamulen sich leicht auf 11 Millionen belaufen."

Zu S. 245, Zl. 8 von unten: „Hough (Christianity in India, III, 238.) spricht von einem „fünften", andre von einem „vierten" (an der Stelle des Atharva-Veda?). Vergl. Geschichte der kathol. Miss. in Ostindien, von Müllbauer, S. 177.

Druck von Ackermann u. Glaser in Leipzig.